# 理论热点辨析

## ——《红旗文稿》文选·2017

红旗文稿编辑部 编

学习出版社

图书在版编目（CIP）数据

理论热点辨析：《红旗文稿》文选.2017 / 红旗文稿编辑部编. --北京：学习出版社，2018.6

ISBN 978-7-5147-0851-6

Ⅰ.①理… Ⅱ.①红… Ⅲ.①政治理论－文集 Ⅳ.①D0-53

中国版本图书馆CIP数据核字(2018)第113075号

## 理论热点辨析
lǐlùn rèdiǎn biànxī
——《红旗文稿》文选·2017
红旗文稿编辑部　编

| 责任编辑：李　琳　刘玉芬 |
| 技术编辑：贾　茹 |

出版发行：学习出版社
　　　　　北京市崇外大街11号新成文化大厦B座11层（100062）
　　　　　010-66063020　010-66061634　010-66061646
网　　址：http://www.xuexiph.cn
经　　销：新华书店
印　　刷：北京盛通印刷股份有限公司
开　　本：787毫米×1092毫米　1/16
印　　张：30.75
字　　数：423千字
版次印次：2018年6月第1版　2018年6月第1次印刷
书　　号：ISBN 978-7-5147-0851-6
定　　价：80.00元

如有印装错误请与本社联系调换

# 世界性三大治理难题与习近平新时代中国特色社会主义思想

（代序）

李 捷

透析当今世界种种乱象，症结集中在世界性的政党治理、国家治理、全球治理三大治理难题上。首当其冲是政党治理。世界上的不少政党，党首管不住自己的政党，党纪松弛，人心涣散。党首也不像党首的样，结果闹得政坛像秀场，相互攻讦、丑闻叠现。特别是西方模式的选举党，更是软弱涣散，政见难以统一，更不要说采取统一行动了。再就是国家治理。这一难题在西方国家表现特别明显。不但种族鸿沟在加剧，而且社会阶层鸿沟也在迅速扩大。原先引以为荣的中产阶层如今也每况愈下，心态再难以保持平和。面对此起彼伏的社会矛盾和难题，整个国家机器的运转陷入了逆循环，效率低下，难以形成共识，难以形成强有力的举措，更不要说解决问题。而问题越是难以解决，政府与国会就越陷入相互指责和争论之中，一筹莫展。在政党治理和国家治理之外，全球治理更是乱象叠出、举步维艰。原先，美国等西方发达国家那样卖力地推销经济全球化、区域经济一体化、全球气象治理等，如今却来了个一百八十度的"脑筋急转弯"，变成"逆全球化"、"贸易保护主义"、脱欧废约等的积极践行者，把整个国际秩序搅得更加混乱。更有甚者，美国等西方国家继续以过时的冷战思维处理地缘政治危机、恐怖主义问题、难民问题等，不仅没有把矛盾和纷争平息下来，反而令其更加激化；不仅没有把问题理出头绪，反而使之更加复杂。总之，当今世界不仅出现了百年未有之大变局，而且出现了这三大治理难题。这些治理乱象，大多源自西方，又以西方国家表现为甚，由政党治理乱象殃及国家治理，又由国家治理乱象殃及全球治理。

与西方之乱成为鲜明对照的，是中国之治。在政党治理、国家治理、全球治理方面，中国以独特的优势开辟了破解之道，为世界树立了榜样，作出了举世公认的贡献。这特别突出地体现在党的十八大以来以习近平同志为核心的党中央在治国理政方面的新成就新突破新境界上。

在政党治理方面，关键是解决三大难题。一是如何惩治腐败，二是如何统一意志，三是如何具有强大的社会动员能力和组织实施能力。党的十八大以来，以习近平同志为核心的党中央以全面从严治党为引领，以严惩腐败、严纠"四风"为突破口，充分发挥把纪律挺在前面、把权力关进制度的笼子的强大威力，精心打造纪律检查、政治巡视、党内监督三把利剑，严肃党内政治生活，营造良好党内政治生态，取得了今非昔比的显著成效。特别是党的十八届六中全会，明确了习近平总书记全党和党中央的核心地位，强调维护党中央权威，全党上下的政治意识、大局意识、核心意识、看齐意识显著增强，为把中国共产党建设成为世界上最强大的政党奠定了坚实的政治基础。中国共产党不可撼动、无可替代的领导力、凝聚力、动员力、执行力、公信力，为世界所公认。

在国家治理方面，关键是把握四大环节。一是精准研判、科学决策、民主决策、高效决策环节，二是精准平衡、统领全局、协调各方、科学谋划环节，三是精准施策、监督落实、及时纠偏环节，四是精准调控、防范风险、补齐短板环节。党的十八大以来，以习近平同志为核心的党中央坚持以人民为中心的发展思想，坚持稳中求进工作总基调，把新发展理念作为定盘星和指挥棒，统筹推进"五位一体"总体布局，协调推进"四个全面"战略布局，牢牢抓住适应把握引领经济发展新常态这个主脉，坚定不移推进供给侧结构性改革这个主线，全面做好稳增长、促改革、调结构、惠民生、防风险各项工作，全面带动中国特色社会主义各项事业稳步走向质的飞跃新阶段。特别是党的十八届三中、四中全会，将制度建设和国家治理提到前所未有的新高度，将完善和发展中国特色社会主义制度、推进国家治理体系和治理能力现代化作为全面深化改革的总目标、全面依法治国的重要内容，把马克思主义民主政治理论和国家学说提升到了一个新境界，为"四个全面"战略布局的提出奠定了坚实的理论基石。全面建成小康社会、全面深化改革、全面依法治国、全面从严治党的战略布局，既有战略目标，也有战略举措，每一个"全面"都具有重大战略意义，都是国家治理体系和治理能力建设的核心内容。全面建成小康社会作为国家治理的战略目标，全面深化改革、全面依法治国、全面从严治党作为国家治理的三大战略举措，共同勾画出完善和发展中国特色社会主义制度、推进国家治理体系和治理能力现代化的战略蓝图。中国之治与西方之乱恰成鲜明对比，进一步彰显出中国特色社会主义制度的优越性，极大地增强了中国特色社会主义道路自信、理论自信、制度自信、文化自信。

在全球治理方面，种种乱象集中体现在三大领域中。一是经济全球化进程出现"逆全球化"的严重干扰，二是全球气候治理出现美国悔约退出的严重阻力，三是各国共同应对传统安全因素和非传统安全因素的努力遭遇冷战思维的严重威胁。党的十八大以来，以习近平同志为核心的党中央冷静观察、科学研判、把握大势、主动作为，在坚定不移走和平发展道路、积极构建中国特色大国外交的同时，积极构建和平发展合作共赢的国际关系新格局，推动构建人类命运共同体，为处于"十字路口"的全球治理提供了合理可行的中国方案，并通过"一带一路"建设为全球治理树立了中国榜样。特别是习近平总书记关于国际形势和中国大政方针的系列重要论述，一方面，深刻指出人类正处在大发展大变革大调整时期，正处在一个挑战层出不穷、风险日益增多的时代，和平赤字、发展赤字、治理赤字是摆在全人类面前的严峻挑战；另一方面，指出各国之间的联系从来没有像今天这样紧密，世界人民对美好生活的向往从来没有像今天这样强烈，人类战胜困难的手段从来没有像今天这样丰富。在此前提下重申"四个决心"不会改变，即中国维护世界和平的决心不会改变，促进共同发展的决心不会改变，打造伙伴关系的决心不会改变，支持多边主义的决心不会改变。并郑重向世界各国发出倡议，坚持对话协商、共建共享、合作共赢、交流互鉴、绿色低碳，以建设一个持久和平、普遍安全、共同繁荣、开放包容、清洁美丽的世界，努力构建人类命运共同体。中国方案、中国榜样，为陷入窘境的全球治理指明了前进方向。

当今世界，正处于百年不遇的大变局中。当今中国，正处于由大变强的关键时刻。当今中国与世界的关系，也正发生着历史性的重大变化，中国正以从容自信稳健步伐走近世界舞台的中心。在各种变化之中，有一点是可以肯定的，中国的发展强盛，带给世界的决不是新一轮"国强必霸"的角逐，而是和平发展合作共赢的希望。

指引中国共产党和中国人民走向美好未来的制胜法宝，正是习近平新时代中国特色社会主义思想。这一科学理论，集中体现了当代中国智慧与中国思维，它对政党治理、国家治理、全球治理难题的成功破解，不但具有鲜明的中国特色、中国意义，而且具有深邃的时代价值、世界意义。

# 目 录

## ◎ 政治热点问题辨析

- 学习研究毛泽东思想　为实现新的历史任务
  　　而斗争 / 张全景　003
- 理论创新与实践创新的良性互动和新时代新思想的
  　　创立 / 李　捷　010
- 走好中国特色社会主义人间正道 / 李殿仁　021
- 党在社会主义建设时期的巨大成就不容抹杀 / 梁　柱　028
- 马克思主义理论创新的典范 / 侯惠勤　040
- 关于怎么理解马克思主义的几个重要问题 / 周新城　049
- 怎样正确认识共产主义理想？ / 张　斌　汪先平　056
- 高举 21 世纪马克思主义的思想旗帜 / 双传学　063
- 习近平治国理政思想的理论贡献
  　　——"五大问题"和"五大规律" / 姜　辉　070
- 中国特色社会主义是改革开放以来党的全部理论和
  　　实践的主题 / 戴木才　079

- 中国特色社会主义永葆活力的不竭源泉和
　　根本保证 / 汪亭友　087
- 中国特色社会主义政治制度的比较优势 / 胡鞍钢　杨竺松　096
- "四个全面"为中国特色社会主义注入新内涵 / 朱炳元　108

## ◎ 党建热点问题辨析

- 党的理论创新的根本路径
　　——学习毛泽东关于理论创新问题论述的
　　　几点认识 / 谢　毅　119
- 高度重视理论：党的十八大以来的一条重要
　　历史经验 / 田心铭　124
- 从列宁的建党思想看严格党内政治生活的
　　极端重要性 / 尹汉宁　133
- 共产党人要念好马克思主义"真经" / 梅荣政　140
- 树立"四个意识"就要坚定不移地维护
　　党中央权威 / 周维现　149
- 理想信念是中国共产党的核心竞争力 / 陶良虎　154
- 马克思主义政党就要旗帜鲜明地讲政治 / 龚　云　159
- 任何党员都不能拿政治纪律和政治规矩当儿戏 / 苑秀丽　166

## ◎ 民主热点问题辨析

- 突破西式民主政治逻辑　走中国自己的政治道路 / 张树华　173
- 西式民主制度局限性的集中暴露
    ——对英国"脱欧"和美国大选的
    反思 / 刘仁营　肖　娇　180
- 揭穿西式选举民主的"神话" / 张　程　189
- 从所谓"完美的民主国家"到"有瑕疵的
    民主国家" / 佟德志　199
- 西方民主的衰败与中国民主的蓬勃生机 / 田改伟　203
- 欧洲难民危机：西式民主输出的灾难性后果 / 狄英娜　210

## ◎ 经济热点问题辨析

- 以创新的经济发展理论丰富中国特色社会主义
    政治经济学 / 洪银兴　221
- 党管国企　有理有据 / 江　宇　232
- 树好国有企业应有形象是党和人民的期盼 / 宋方敏　241
- 只有建立中国特色的现代企业制度才大有可为 / 张瑞敏　248
- 坚决加强和完善党对国有企业的领导 / 卢　江　259
- 辩证认识国有企业的制度功能、社会功能和
    经济功能 / 王　鸿　266

- 中国方案开启经济全球化新阶段 / 何自力　271
- 新自由主义对中国未来发展的潜在危害 / 陈培永　278

## ◎ **文化热点**问题辨析

- 文化自信是制度自信和国家竞争实力的
  　基础 / 张　勇　胡福明　287
- 在历史的启示中坚定文化自信，弘扬中华优秀
  　传统文化 / 严昭柱　296
- 文化自信的来源及价值 / 汤　恒　306
- 红色文化与文化自信 / 刘润为　320
- 中国文化与马克思主义 / 秦　哲　329
- 在攀登文艺高峰征途上高擎理想信念旗帜 / 董学文　340
- 网络评论是大家和专家的共同事业 / 易涤非　347
- 红色文化传统的断裂与苏联的解体 / 丁恒星　355

## ◎ **社会思潮**问题辨析

- 警惕错误思想对马克思主义核心话语的消解 / 王雪冬　363
- 决不允许用西方"普世价值"消解社会主义
  　核心价值观 / 凌胜银　胡志彬　陈茂霞　370
- 不能将中国的独立公正司法与西方的"司法独立"
  　混为一谈 / 尹国明　379

- 全面正确理解人权概念、人权话语以及话语体系 / 张永和 386
- 党史国史研究中抵制历史虚无主义的三个关键抓手 / 宋月红 393
- 坚决抵制与克服历史虚无主义 / 高希中 400
- 警惕网络历史虚无主义传播的新趋势 / 黄星清 409
- 唯物史观视阈下口述史料价值与历史虚无主义批判 / 周 进 416

## ◎ 国际热点问题辨析

- 如何看待西方资本主义世界的新变化？ / 丁原洪 427
- 美国新自由主义兴衰的权力逻辑 / 王学军 程恩富 432
- 世界秩序的转折点与21世纪美国的沉疴 / 杨光斌 林雪霏 439
- 近年来美国学者对中国共产党的肯定性评价越来越多 / 薛念文 孙 健 450
- 欧洲难民危机暴露出西方制度弊端 / 宋鲁郑 457
- 民粹主义的蔓延与欧洲的未来 / 史志钦 刘力达 464
- 美国网络意识形态输出战略没有变 / 李艳艳 471

# 政治热点问题辨析

# 学习研究毛泽东思想
# 为实现新的历史任务而斗争

张全景 [*]

习近平总书记在纪念毛泽东同志诞辰 120 周年座谈会上的讲话中指出:"毛泽东同志是伟大的马克思主义者,伟大的无产阶级革命家、战略家、理论家,是马克思主义中国化的伟大开拓者,是近代以来中国伟大的爱国者和民族英雄,是党的第一代中央领导集体的核心,是领导中国人民彻底改变自己命运和国家面貌的一代伟人。"今天,我们要进行具有许多新的历史特点的伟大斗争,必须坚持毛泽东思想的指导,学习毛泽东的思想方法、工作方法和领导方法。

## 一、实现新的历史任务,进行新的伟大斗争,必须坚持马克思主义的理论指导

马克思列宁主义是我们立党立国的指导思想。这是中国人民经过长期

---

[*] 作者:中共中央组织部原部长。

艰难探索而作出的正确抉择。毛泽东说过：从1840年的鸦片战争到1919年五四运动的前夜，共计70多年中，中国人没有什么思想武器可以抵御帝国主义。中国人被迫从帝国主义的老家即西方资产阶级革命时代的武器库中学来了进化论、天赋人权论和资产阶级共和国等项思想武器和政治方案，组织过政党，举行过革命，以为可以外御列强，内建民国。但是这些东西也和封建主义的思想武器一样，软弱得很，又是抵不住，败下阵来，宣告破产了。①

十月革命一声炮响，给我们送来了马克思列宁主义。中国工人阶级的先锋队在十月革命以后学了马克思列宁主义，成立了中国共产党。正如习近平总书记指出的那样："马克思列宁主义，为中国人民点亮了前进的灯塔；1921年中国共产党的成立，使中国人民有了前进的主心骨。"经过28年艰苦曲折的斗争，我们党带领中国人民建立了新中国，马克思列宁主义也成为我们党的指导思想。毛泽东在中华人民共和国第一届全国人民代表大会第一次会议上的开幕词中，向全世界庄严宣告："指导我们思想的理论基础是马克思列宁主义。我们有充分的信心，克服一切艰难困苦，将我国建设成为一个伟大的社会主义共和国。"② 马克思列宁主义永远是引领我们不断前进并取得胜利的伟大旗帜。

在新的历史时期，实现新的历史任务，进行新的伟大斗争，必须坚持马克思主义的立场、观点和方法。马克思主义的立场、观点和方法，实际上就是阶级立场、阶级观点和阶级分析的方法。《毛泽东选集》第1卷第一篇就是《中国社会各阶级的分析》，写得多么深刻、多么透彻啊！如何运用马克思主义的阶级分析的方法，毛泽东是我们的光辉典范。今天，我们也十分迫切需要有这样一篇文章，分析当前我国社会的阶层状况、主要矛盾和历史任务，指导我们开展新的伟大斗争。对于共产党来说，不讲马克思主义的阶

---

① 《毛泽东选集》第4卷，北京：人民出版社1991年版，第1513—1514页。
② 《毛泽东文集》第6卷，北京：人民出版社1999年版，第350页。

级立场、阶级观点、阶级分析，就不是共产党了。特别是在国际上还存在社会主义和资本主义两种制度的今天，讲阶级分析是最大的实事求是。这也是敌对势力一听阶级分析、阶级斗争就火冒三丈，恨得要死、怕得要命的关键所在。

在新的历史时期，实现新的历史任务，进行新的伟大斗争，必须坚持共产主义远大理想。不忘初心，继续前进。毛泽东在中国共产党第七次全国代表大会上的口头政治报告中指出："共产主义的纲领就是消灭私有制，消灭阶级"；有人说，"你们的纲领实在好，如果你们不叫共产党，我就加入"；"很多美国人也要我们改名称，我们若是改了名称，他们就喜欢了。他们喜欢我们改成国民党，大概世界上最好的名称莫过于国民党了"。[①] 说白了，共产党不讲共产主义了，那些反动派才放心。党的十八大以来，习近平总书记反复强调共产党员和党的各级领导干部必须坚定共产主义远大理想，具有十分强烈的现实针对性。我们一定要记住，中国人民和世界人民是向往共产主义的。这是历史发展的大趋势。

在新的历史时期，实现新的伟大任务，进行新的伟大斗争，必须坚持推进马克思主义中国化。毛泽东在读《政治经济学教科书》时的谈话中说过："马克思这些老祖宗的书，必须读，他们的基本原理必须遵守，这是第一。但是，任何国家的共产党，任何国家的思想界，都要创造新的理论，写出新的著作，产生自己的理论家，来为当前的政治服务，单靠老祖宗是不行的。"[②] 当然，马克思主义基本原理必须坚持。如果连马克思主义基本原理都否定了，还谈得上什么运用和发展马克思主义？还如何推进马克思主义中国化？还如何进行具有许多新的历史特点的伟大斗争？马克思主义不是教条，是行动的指南，必须与实际紧密结合，研究新情况，解决新问题。

---

① 《毛泽东文集》第3卷，北京：人民出版社1996年版，第323—324页。
② 《毛泽东文集》第8卷，北京：人民出版社1999年版，第109页。

## 二、实现新的历史任务，进行新的伟大斗争，必须把握中华民族和世界进步潮流

2017年是十月革命胜利100周年。1917年列宁领导的俄国十月社会主义革命的胜利，标志着世界发展进入一个新的时代。毛泽东指出："第一次帝国主义世界大战和第一次胜利的社会主义十月革命，改变了整个世界历史的方向，划分了整个世界历史的时代。"① 1920年，上海的共产主义小组起草了《中国共产党宣言》，提出："共产主义者的目的是要按照共产主义者的理想，创造一个新的社会……共产党将要引导革命的无产阶级去向资本家争斗，并要从资本家手里获得政权——这政权是维持资本家的国家的；并要将这政权放在工人和农人的手里，正如一九一七年俄国共产党所做的一样。"② 这说明，中国早期觉悟了的共产主义者，已经敏锐地意识到世界潮流发生的根本变化，并坚定地选择了共产主义这条新道路。

20世纪中叶，随着苏联社会主义建设的不断深入，随着帝国主义势力的逐渐衰退，随着中国共产党领导的中国革命的节节胜利，世界格局发生了根本性的变化。这种变化使得"西方资产阶级的文明，资产阶级的民主主义，资产阶级共和国的方案，在中国人民的心目中，一齐破了产。资产阶级的民主主义让位给工人阶级领导的人民民主主义，资产阶级共和国让位给人民共和国。这样就造成了一种可能性：经过人民共和国到达社会主义和共产主义，到达阶级的消灭和世界的大同"。③ 中国新民主主义革命胜利以后，中国共产

---

① 《毛泽东选集》第2卷，北京：人民出版社1991年版，第667页。
② 中共中央党史资料征集委员会：《共产主义小组》（上），北京：中共党史资料出版社1987年版，第49—50页。
③ 《毛泽东选集》第4卷，北京：人民出版社1991年版，第1471页。

党领导中国人民选择的是社会主义制度，而不是资本主义制度，这是符合中华民族和世界的进步潮流的。但是，社会主义革命和社会主义建设取得胜利后，仍然存在资本主义复辟的危险，苏联和东欧一批社会主义国家改变颜色，就证明了这一点。

当前，国际力量对比发生深刻变化，新兴市场国家和一大批发展中国家快速发展，国际影响力不断增强。这是近代以来国际力量对比中最具革命性的变化。同时，由于国际金融危机对世界经济的冲击，使得资本主义国家对社会主义国家的渗透更加猖狂、更加多样化，国际局势变得更加错综复杂。但是，我们要始终坚信，社会主义事业是工人阶级和世界各国人民的共同事业，是世界进步潮流，是实现中华民族伟大复兴中国梦的必由之路。我们必须坚持中国特色社会主义道路自信、理论自信、制度自信、文化自信。这样，进行具有许多新的历史特点的伟大斗争，就有了正确方向和充足底气。

### 三、实现新的历史任务，进行新的伟大斗争，必须坚持全心全意为人民服务

全心全意为人民服务是中国共产党的根本宗旨，是毛泽东思想的核心和本质。毛泽东和中国共产党在领导中国革命和建设的历史进程中，始终坚持人民的主体地位，坚持党的群众观点、群众路线。毛泽东在党的七大政治报告中指出："人民，只有人民，才是创造世界历史的动力。"[1] 他始终把和最广大人民群众取得最密切的联系，作为共产党人区别于其他任何政党的显著标志和优良作风。

1945年7月，毛泽东在延安回答黄炎培提出的如何跳出"其兴也勃焉，

---

[1]《毛泽东选集》第3卷，北京：人民出版社1991年版，第1031页。

其亡也忽焉"的历史周期律的问题时,自信地说:"我们已经找到新路,我们能跳出这周期律。这条新路,就是民主。只有让人民来监督政府,政府才不敢松懈。只有人人起来负责,才不会人亡政息。"①

周恩来在《学习毛泽东》一文中指出:"毛主席坚持原则之中有两点值得我们学习:一、坚持方向;二、实现方向。方向的实现,只有一个人懂或者少数人赞成是不成的,要在群众中实现。要实现原则,就要使它具体化,使它能得到多数人的同意,多数人都来执行。坚持真理是会遇到困难的。毛主席不仅指出了原则,而且还制定具体的政策、策略来实现这个原则,每个历史时期的政策都是适合这个时期的。"②"毛主席在坚持真理、实现真理中还有一个经验,就是他所提出的原则总是照顾大多数,为着大多数人民的利益。"③

毛泽东思考任何问题的出发点和归宿都是以大多数人民的利益为准则。他不仅考虑人民的根本利益,而且还考虑到柴米油盐等细枝末节。他不愧为中国共产党的伟大领袖。

对于马克思主义执政党来说,坚持全心全意为人民服务始终是一个根本性的问题。苏联共产党的《联共(布)党史简明教程》的结束语中,曾经引用古希腊英雄安泰的故事——安泰力大无比,但是这力量来源于他的母亲大地之神盖伊。安泰是在空中被对手杀死的,因为他的双脚脱离了大地,也就无法补充和吸取能量了。如果把共产党比作安泰,人民群众就是大地母亲。不坚持人民主体地位,不全心全意为人民服务,共产党就会失去人民群众的拥护和支持,就会一事无成。回顾苏联共产党的历史,真是一语成谶!

因此,我们要进行具有许多新的历史特点的伟大斗争,就必须坚持全心

---

① 参见中共中央文献研究室编:《毛泽东传(1893—1949)》,北京:中央文献出版社1996年版,第719—720页。
② 《周恩来选集》上卷,北京:人民出版社1980年版,第335页。
③ 《周恩来选集》上卷,北京:人民出版社1980年版,第338页。

全意为人民服务的根本宗旨。只有这样，我们才能赢得最广大人民群众的支持和拥护，才能始终立于不败之地。

## 四、实现新的历史任务，进行新的伟大斗争，必须坚持中国共产党的领导

中国共产党的领导是中国特色社会主义最本质的特征。毛泽东在新中国社会主义建设伊始就说过："中国共产党是全中国人民的领导核心。没有这样一个核心，社会主义事业就不能胜利。"[①] 这是被历史证明了的颠扑不破的真理。我们要坚定不移地改革开放，进行新的伟大斗争，实现新的伟大任务，必须按照党的十八届六中全会精神要求，全面加强党的建设，特别是加强干部队伍建设，抓好关键少数。

"纵观千古存亡局，尽在朝中任佞贤。"这是多么深刻的道理和活生生的现实啊！实现中华民族伟大复兴，进行具有许多新的历史特点的伟大斗争，关键在党。我们必须增强党要管党、从严治党的自觉，提高党的执政能力和领导水平，增强党自我净化、自我完善、自我革新、自我提高的能力。实践证明，以习近平同志为核心的党中央是有这个能力的，一定能够使我们党成为中国特色社会主义事业的坚强领导核心！

*《红旗文稿》2017 年第 7 期*

---

[①]《毛泽东文集》第 7 卷，北京：人民出版社 1999 年版，第 303 页。

# 理论创新与实践创新的良性互动和新时代新思想的创立

李 捷[*]

党的十九大的最大历史性贡献,就是把习近平新时代中国特色社会主义思想确立为我们党必须长期坚持的指导思想。2015年1月23日,习近平总书记在中央政治局第20次集体学习时强调:"要根据时代变化和实践发展,不断深化认识,不断总结经验,不断实现理论创新和实践创新良性互动,在这种统一和互动中发展21世纪中国的马克思主义。"习近平新时代中国特色社会主义思想,恰恰是在这种理论创新和实践创新的良性互动中形成并不断发展、不断推动党和国家事业发生历史性变革的。

## 一、习近平新时代中国特色社会主义思想是怎样创立的?

人民情怀、问题导向、坚强意志、文韬武略、战略谋划、踏石留印,

---

[*] 作者:求是杂志社社长。

是习近平总书记的领袖风范和意志品质。这一点深深地印记在他所创立的习近平新时代中国特色社会主义思想之中，深深地印记在他带领全党全国各族人民共同开辟的中国特色社会主义新时代之中。

### （一）习近平新时代中国特色社会主义思想，是在全面从严治党、严惩腐败中创立的

习近平总书记坚持问题导向，以顽强的斗争精神、补天填海的气概，以"得罪千百人、不负十三亿"的使命担当，正风肃纪反腐，挽狂澜于既倒，逆转了多年形成的"四风"惯性。全面从严治党从中央政治局立规矩开始，从落实中央八项规定精神破题，从"打虎""拍蝇"的反腐攻坚战率先突破，严明党的纪律，严肃党内政治生活，强化党内监督，解决"灯下黑"，打通"中梗阻"，破除体制机制障碍、冲破利益藩篱，果断查处周永康、薄熙来、郭伯雄、徐才厚、令计划严重违纪违法问题，铲除政治腐败和经济腐败相互交织的利益集团，有力维护了党中央权威和集中统一领导。5年来波澜壮阔的实践充分证明，把全面从严治党摆上战略布局英明正确，在实现伟大复兴的关键时刻，校正了党和国家事业前进的航向，使党经历了革命性锻造。

### （二）习近平新时代中国特色社会主义思想，是在正本清源、全面加强党的领导中创立的

党政军民学，东西南北中，党是领导一切的。中国特色社会主义最本质的特征是中国共产党领导，中国特色社会主义制度的最大优势是中国共产党领导。但是很长时期以来，存在着党的领导被严重弱化、虚化的现象，甚至不敢理直气壮地讲坚持党的领导。党的十八大以来，习近平总书记在主持召开的一系列重要会议上，开宗明义就是旗帜鲜明地强调坚持党对一切工作的领导，无论哪个领域、哪个方面工作，无一不是从加强党的领导抓起，最终落脚在强化党的建设上。通过这些举措，澄清了模糊认识，夺回丢失的阵地，把走弯了的路调直，树立起党中央的权威，弱化党的领导的状况得到根本性扭转。

### （三）习近平新时代中国特色社会主义思想，是在形成"四个全面"战略布局中创立的

党的十八大以来，国内外形势变化和我国各项事业发展都给我们提出了一个重大时代课题，这就是必须从理论和实践结合上系统回答新时代坚持和发展什么样的中国特色社会主义、怎样坚持和发展中国特色社会主义。从打通历史与现实、理论与实践、国内与国际的战略层面来说，破解这一重大时代课题的总枢纽，就在于如何统揽伟大斗争、伟大工程、伟大事业、伟大梦想，如何统筹推进"五位一体"总体布局。经过一段实践探索创新，习近平总书记从坚持和发展中国特色社会主义全局出发，系统提出并形成了全面建成小康社会、全面深化改革、全面依法治国、全面从严治党的"四个全面"战略布局，并通过党的十八届三中、四中、五中、六中全会，形成了协调推进"四个全面"战略布局的时间表、路线图、任务书、军令状。"四个全面"战略布局，既有战略目标，也有战略举措，每一个"全面"都具有重大战略意义。全面建成小康社会是我们的战略目标，全面深化改革、全面依法治国、全面从严治党是三大战略举措，形成了"四个全面"相辅相成、相互促进、相得益彰的治国理政新格局，使我们党的长期执政水平进入了一个新境界。与此同时，还提出坚持"四个自信"，为中国特色社会主义注入新的时代内涵，进一步增强坚持和发展中国特色社会主义的政治定力，为实现党和国家的宏伟目标提供强大精神支撑。

### （四）习近平新时代中国特色社会主义思想，是在扎实推进"五位一体"总体布局中创立的

党的十八大以来，我国经济发展的显著特征就是进入新常态。增长速度要从高速转向中高速，发展方式要从规模速度型转向质量效率型，经济结构调整要从增量扩能为主转向调整存量、做优增量并举，发展动力要从主要依靠资源和低成本劳动力等要素投入转向创新驱动。这些变化，是我国经济向形态更高级、分工更优化、结构更合理的阶段演进的必经过程。能不能带领

全党和全国人民实现如此广泛而深刻的转变，对党的治国理政能力是一个新的巨大挑战。

为了紧紧抓住并处理好适应、把握引领经济发展新常态这个贯穿发展全局和全过程的大逻辑，习近平总书记深刻总结我国和世界各国发展经验，提出了创新、协调、绿色、开放、共享的新发展理念，把它作为转换思想的新理念、推动工作的指挥棒，推动中国特色社会主义"五位一体"总体布局在顶住巨大风险压力、攻坚克难中上了新台阶，开创了稳中求进的新格局。

经济建设上，提出要坚持质量第一、效益优先，贯彻落实以人民为中心的发展思想，以供给侧结构性改革为主线，推动经济发展质量变革、效率变革、动力变革，提高全要素生产率，坚定实施科教兴国战略、人才强国战略、创新驱动发展战略、乡村振兴战略、区域协调发展战略、可持续发展战略、军民融合发展战略，突出抓重点、补短板、强弱项，坚决打好防范化解重大风险、精准脱贫、污染防治的攻坚战。

政治建设上，提出坚持中国特色社会主义政治发展道路，发展社会主义协商民主，健全民主制度，丰富民主形式，拓宽民主渠道，保证人民当家作主落实到国家政治生活和社会生活之中。提出全面依法治国是中国特色社会主义的本质要求和重要保障。必须把党的领导贯彻落实到依法治国全过程和各方面，坚定不移走中国特色社会主义法治道路，完善以宪法为核心的中国特色社会主义法律体系，建设中国特色社会主义法治体系，建设社会主义法治国家。

文化建设上，提出要培育和践行社会主义核心价值观，牢牢掌握意识形态工作领导权，不断巩固马克思主义在意识形态领域的指导地位，巩固全党全国人民团结奋斗的共同思想基础。提出推动中华优秀传统文化创造性转化、创新性发展，继承革命文化，发展社会主义先进文化，提高国家文化软实力。

社会建设上，提出增进民生福祉是发展的根本目的。要在发展中补齐民生短板、促进社会公平正义,深入开展脱贫攻坚,保证全体人民在共建共享发展中有更多获得感,不断促进人的全面发展、全体人民共同富裕。加强和创新社会治理,维护社会和谐稳定,确保国家长治久安、人民安居乐业。

生态文明建设上,提出要坚持人与自然和谐共生。必须树立和践行绿水青山就是金山银山的理念,像对待生命一样对待生态环境,统筹山水林田湖草系统治理,实行最严格的生态环境保护制度,形成绿色发展方式和生活方式,坚定走生产发展、生活富裕、生态良好的文明发展道路,建设美丽中国,为全球生态安全作出贡献。

### (五)习近平新时代中国特色社会主义思想,是在构建中国特色大国外交、构建人类命运共同体中创立的

党的十八大以来,中国正在前所未有地稳步走近世界舞台中心,中国理念、中国发展、中国方案也前所未有地受到国际社会特别是广大发展中国家的关心关注和赞誉。同时,中国强大起来以后,会不会重蹈"国强必霸"的历史覆辙,也成为国际社会关注的话题。习近平总书记提出,中国人民的梦想同各国人民的梦想息息相通,实现中国梦离不开和平的国际环境和稳定的国际秩序。中国始终高举和平发展合作共赢的旗帜,始终不渝走和平发展道路,坚持正确义利观,树立共同、综合、合作、可持续的新安全观。习近平总书记还首创"一带一路"建设,提出并倡导共商共建共享原则。坚持推动构建人类命运共同体,坚决反对逆全球化和贸易保护主义,始终做世界和平的建设者、全球发展的贡献者、国际秩序的维护者。

以上这些新理念新思想新战略,从时代和实践中来,具有坚实的实践基础,又强有力地指导和推动党的十八大以来的伟大实践,使党和国家事业发展出现了历史性变革,为新时代坚持和发展中国特色社会主义、推进党和国家事业提供了基本遵循,为发展 21 世纪马克思主义、当代中国马克思主义作出了历史性贡献,充分显示了习近平新时代中国特色社会主义思想的科学性、时代性、真理性、实践性的高度统一。

## 二、中国特色社会主义新时代是怎样开辟的？

上面，我们着重从实践创新对理论创新的推动上，回顾了习近平新时代中国特色社会主义思想的创立过程。下面，我们再从理论创新对实践创新的推动上，看一下中国特色社会主义新时代是如何开辟的。

我们有充分的理由说，中国特色社会主义新时代，是在习近平新时代中国特色社会主义思想指导下开辟的。

习近平新时代中国特色社会主义思想在形成和发展过程中，即在实践中发挥了巨大指导作用，根本原因就在于，它继承和发扬马克思主义理论品质，以发现问题、解决问题为导向，将坚定信仰信念、鲜明人民立场、强烈历史担当、求真务实作风、勇于创新精神和科学方法论贯穿于发现问题、解决问题、指导实践的全过程之中，呈现出当代中国马克思主义实践第一的鲜明理论特色。

党的十八大以来，在习近平新时代中国特色社会主义思想的指导下，解决了许多长期想解决而没有解决的难题，办成了许多过去想办而没有办成的大事，推动党和国家事业发生历史性变革，集中地体现在打了几个攻坚战、啃下了几个硬骨头。

第一，打赢了强力反腐败、持久反"四风"的攻坚战。

第二，打赢了中国经济发展稳中求进、企稳向好、迅速转型升级的攻坚战。

第三，打赢了精准扶贫、深度贫困地区扶贫攻坚战。

第四，打赢了污染治理、生态治理攻坚战。

第五，打赢了意识形态和网络治理攻坚战。

第六，打赢了确立党对军队绝对领导与国防和军队改革攻坚战。

第七，打赢了全面加强党的领导、扭转党的领导弱化虚化被动局面攻坚战。

这些带有根本性、全局性、开创性的攻坚战的胜利，彰显了习近平新时代中国特色社会主义思想的巨大威力，推动我国经济由高速增长阶段转向高质量发展阶段，推动我国发展站到了新的历史起点上，促成了我国社会主要矛盾的转化，推动中国特色社会主义进入新时代。正如刘云山同志所说："实践和理论的逻辑就是：新时代提出新课题，新课题催生新理论，新理论引领新实践。党的十八大以来这5年，党和国家各项事业之所以能开新局、谱新篇，根本的就在于有习近平新时代中国特色社会主义思想的科学指引。"

习近平新时代中国特色社会主义思想的创立过程深刻生动地说明，习近平总书记所指出的"要根据时代变化和实践发展，不断深化认识，不断总结经验，不断实现理论创新和实践创新良性互动，在这种统一和互动中发展21世纪中国的马克思主义"，实际上是对马克思主义中国化基本经验的深刻总结。

马克思主义中国化，立足点是马克思主义基本原理同中国实际相结合，同中华传统文化精华相融合；取之不尽、用之不竭的力量源泉是时代变化和实践发展；有效途径是"三个不断"，即不断深化认识，不断总结经验，不断实现理论创新和实践创新良性互动。

不断深化认识，是理论创新的基本前提。如果思想僵化了、停滞了，甚至偏离了正确政治方向，就会犯颠覆性的无可挽回的历史性错误。所以党的十九大报告告诫全党同志要"永不僵化、永不停滞"。

不断总结经验，是理论创新的根本途径。总结经验的大忌有二，一是浅尝辄止，浮于表面；二是虚夸浮夸，"工作干得好，不如总结搞得好"。总结好的经验，必须靠真抓实干，必须靠真正解决问题，必须靠实践创新。所以党的十九大报告告诫全党同志要"勇于变革、勇于创新"。

不断实现理论创新和实践创新良性互动，是理论创新的最佳状态和最高境界。时代是思想之母,实践是理论之源。我们要在迅速变化的时代中赢得主动,要在新的伟大斗争中赢得胜利,要在伟大实践中推进实践基础上的理论创新,就要在坚持马克思主义基本原理的基础上,以更宽广的视野、更长远的眼光来思考和把握国家未来发展面临的一系列重大战略问题,在理论上不断拓展新视野、作出新概括,不断推进理论创新、实践创新、制度创新、文化创新以及其他各方面创新。

我们要珍惜并自觉运用马克思主义中国化的上述基本经验,在理论创新和实践创新的统一和互动中发展 21 世纪中国的马克思主义,21 世纪中国的马克思主义一定能够展现出更强大、更有说服力的真理力量。

## 三、习近平新时代中国特色社会主义思想有哪些原创性的理论贡献?

党的十八大以来,围绕时代课题产生的理论创新与实践创新的良性互动,催生了许多原创性的理论贡献。这些原创性理论贡献,集中体现在党的十九大报告中概括提出的"八个明确"上。

第一个明确,指明了新时代坚持和发展中国特色社会主义的总任务及其实现途径。

第二个明确,指明了新时代我国社会主要矛盾的转化及其解决途径。

第三个明确,强调中国特色社会主义事业总体布局是"五位一体"、战略布局是"四个全面",强调"坚定道路自信、理论自信、制度自信、文化自信"。

第四个明确,指明了全面深化改革总目标。

第五个明确,指明了全面推进依法治国总目标。

第六个明确,指明了党在新时代的强军目标。

第七个明确，指明了中国特色大国外交的两大目标任务，即，推动构建新型国际关系，推动构建人类命运共同体。

第八个明确，指明了加强党的全面领导的极端重要性，提出新时代党的建设总要求，突出政治建设在党的建设中的重要地位。

这"八个明确"与"十四个坚持"紧密相连，为我们全面把握习近平新时代中国特色社会主义思想的核心要义、深刻内涵、实践要求，提供了一把思想的锁钥。正如刘云山同志指出的那样，在习近平新时代中国特色社会主义思想中，"最重要、最核心的内容就是党的十九大报告概括的'八个明确'"，"这'八个明确'，高度凝练、提纲挈领地点明了习近平新时代中国特色社会主义思想的主要内容，构成了系统完备、逻辑严密、内在统一的科学体系"。"围绕贯彻落实习近平新时代中国特色社会主义思想，报告提出了新时代中国特色社会主义基本方略，并概括为'十四个坚持'"。"这'十四个坚持'，既是习近平新时代中国特色社会主义思想的重要组成部分，也是落实习近平新时代中国特色社会主义思想的实践要求"。我们对"八个明确"和"十四个坚持"这两者同习近平新时代中国特色社会主义思想的关系上，既要做全面的统一的理解和把握，也要注意到这两者出发点相同又各有侧重的情况。

习近平新时代中国特色社会主义思想的这些原创性理论贡献，不仅全面地、系统地丰富和发展了中国特色社会主义理论体系，而且对马克思主义基本原理的丰富发展，也作出了原创性的贡献。

在政治经济学原理方面，坚持发展论与阶段论的辩证统一，提出了在我国正处于并将长期处于社会主义初级阶段不变的社会历史条件下，我国社会主要矛盾已经发生了从人民日益增长的物质文化生活需要和落后的社会生产之间的矛盾转变为人民日益增长的美好生活需要和不平衡不充分的发展之间的矛盾的重要变化；坚持运用好"看不见的手"与"看得见的手"的辩证统一，提出了充分发挥市场在资源配置中的决定性作用和更好发挥政府作用的重要理论；坚持发展是执政兴国第一要务与坚持以人民为中心的发展思想的辩证统一，提出了我国经济发展进入新常态的重要论断，创造性地提出贯彻落实新发展理念；坚持社会供给与社会有效需求的辩证统一，提出深入推进供给侧结构性改革的重大决策。

在科学社会主义原理方面，提出中国特色社会主义是科学社会主义理论逻辑与中国社会发展历史逻辑的统一；提出要坚定中国特色社会主义道路自信、理论自信、制度自信、文化自信；提出以人民为中心的发展思想；提出社会主义意识形态建设必须把握和处理的七个重大关系；提出中国特色社会主义最本质的特征是中国共产党领导，中国特色社会主义制度的最大优势是中国共产党领导，党是最高政治领导力量。

在马克思主义国家学说方面，提出全面深化改革的总目标是坚持和完善中国特色社会主义制度，不断推进国家治理体系和治理能力现代化；提出发展社会主义协商民主，健全民主制度，丰富民主形式，拓宽民主渠道，保证人民当家作主落实到国家政治生活和社会生活之中；提出全面依法治国是中国特色社会主义的本质要求和重要保障。

在马克思主义国际政治学说方面，提出坚持推动构建人类命运共同体；提出打破"国强必霸"的旧时代逻辑，顺应和平发展合作共赢的时代潮流，实现中国梦与世界人民美好梦想的互联互通共享。

在马克思主义执政党建设学说方面，提出打铁必须自身硬，党要团结带领人民进行伟大斗争、推进伟大事业、实现伟大梦想，必须毫不动摇坚持和完善党的领导，毫不动摇把党建设得更加坚强有力；提出新时代党的建设总要求，是要坚持和加强党的全面领导，坚持党要管党、全面从严治党，以加强党的长期执政能力建设、先进性和纯洁性建设为主线，以党的政治建设为统领，以坚定理想信念宗旨为根基，以调动全党积极性、主动性、创造性为着力点，全面推进党的政治建设、思想建设、组织建设、作风建设、纪律建设，把制度建设贯穿其中，深入推进反腐败斗争，不断提高党的建设质量，把党建设成为始终走在时代前列、人民衷心拥护、勇于自我革命、经得起各种风浪考验、朝气蓬勃的马克思主义执政党；提出"不忘初心、牢记使命、永远奋斗"的新时代共产党人精神；提出构建党统一指挥、全面覆盖、权威高效的监督体系，把党内监督同国家机关监督、民主监督、司法监督、群众监督、舆论监督贯通起来。

  当今，中国正在日益走近世界舞台的中心，遇到并要着力破解的许多难题，既是从自身发展与国家治理中提出来的，也是各国发展与全球治理面临的共同课题。党的十八大以来马克思主义中国化的伟大实践又一次证明，当代中国的马克思主义不仅具有鲜明的时代特色和中国特色，而且能够在占世界总人口 1/4 的文明古国中，以其具有普遍意义的原创性理论创造，不断为马克思主义基本原理注入新鲜的时代内涵和实践内涵。我们坚持的理论自信，不仅包括对理论在中国广袤土地上的真理性的自信与坚守，而且更应当包括对这一理论对于世界发展进步的真理性的自信与坚守。我们完全有理由自信！

*《红旗文稿》2017 年第 23 期*

# 走好中国特色社会主义人间正道

李殿仁[*]

中国特色社会主义道路是中国共产党领导全国各族人民进行的伟大探索。这条前无古人的道路,既不是"传统的",也不是"外来的",更不是"西化的",而是我们"独创的",是一条人间正道。走好中国特色社会主义人间正道,是全党全国人民的光荣历史责任,也是中国未来发展和一切事业兴衰成败的关键。我们要充分认识这条道路的历史价值、理论价值与实践价值及其时代意义,全力以赴沿着这条人间正道大步前进,去创造中国特色社会主义现代化和中华民族复兴伟业。

## 一、中国特色社会主义是社会主义,而不是什么别的主义

"中国特色的社会主义"是 1982 年 9 月 1 日邓小平在中国共产党第十二次全国代表大会开幕词中首次提出来的,但是,邓小平没给"中国特色社会主义"下明确定义,这就把"中国特色社会主义"的定义权交给了当代中国

---

[*] 作者:国防大学原副政委兼纪委书记、教授。

人。从现在看来，这未尝不是一种高超的政治智慧和思想解放。从发展的观点来看，随着时代发展和历史进步，我们的后来人也会对这个问题作出新的回答。

中国特色社会主义的本质是什么？邓小平在1992年南方谈话中特别指出："中国特色社会主义的本质，是解放生产力，发展生产力，消灭剥削，消除两极分化，最终达到共同富裕。"① 后来，他又提出"三个有利于"标准，是搞中国特色社会主义永远都不能背离的基本要素、基本原则，必须坚定不移地在实践中坚持、巩固和完善。那么，中国特色是什么？就是中国特色社会主义有别于其他社会主义的中国因素。即在当今中国这个近14亿人口的大国，在这个生产力不发达的大国，面对处于并将长期处于社会主义初级阶段的基本国情，我们党采取什么样的路线方针政策来建设社会主义，这就有了中国特色社会主义之"特"。正因为如此，中国特色社会主义不同于苏联和东欧各国的社会主义，不同于现在越南、古巴和朝鲜的社会主义，也不同于马克思和恩格斯当年所设想的社会主义，更不同于圣西门、傅立叶等提出的空想社会主义。

分析中国特色社会主义这个命题要坚持哲学上的两分法、两点论。它既是普遍的，又是特殊的；既是民族的，又是世界的；既遵循一般规律，又极富首创精神。中国特色社会主义首先是社会主义，是切合中国实际的社会主义，不是别的什么主义，更不是西方的资本主义。其次，才是中国特色，绝不能把顺序搞颠倒了。当前，有一个不好的倾向，谈社会主义的人少了，谈中国特色的人多了；有的人从实用主义出发看问题，把中国的问题归结于社会主义，把成绩归结于中国特色，完全把二者割裂对立开来；有的人甚至撤掉了中国特色社会主义的本质和灵魂，大谈特谈中国特色，这无异于本末倒置，缘木求鱼，是极其荒谬的。中国特色社会主义是中国共产党领导中国人

---

① 《邓小平文选》第3卷，北京：人民出版社1993年版，第373页。

民历经革命、建设和改革三大阶段，经过千辛万苦探索出来的科学社会主义，是在遵循马克思主义基本原则的基础上，根植于中国大地、反映中国人民意愿、适应中国和时代发展进步要求的科学社会主义，是呈现出中国特色、中国风格、中国气派，富有生机活力的科学社会主义。这种主义不但拯救了中华民族的命运，改变了中国的面貌，振奋了中国人的精气神，还催生出中国模式、中国道路、中国方案，并在国际上引起强烈反响，得到了广泛认同，这就使中国特色社会主义既符合中国特殊国情，又具有世界意义。

## 二、中国特色社会主义来之不易，我们要倍加珍惜，永远坚持和发展

无论是东方还是西方，无论大国还是小国，走什么道路，实行什么主义，关键要看这个道路和主义能否有效解决本国所面临的历史性课题。"鞋子合不合脚，自己穿了才知道。"一个国家的发展道路合不合适，只有这个国家的人民才最有发言权，别人无权指手画脚，品头论足。

实践证明：中国特色社会主义是历史的结论，实践的必然，人民的选择。中国特色社会主义道路不会凭空产生，也不会从天而降，而是中国共产党带领全国人民历尽千辛万苦、付出各种代价取得的根本成就。它可以追溯到中国近百年的奋斗史、发展史和探索史，乃至中华民族5000年文明史。鸦片战争以来，中华民族积贫积弱，屡遭列强入侵，被沦为殖民地半殖民地，中国近代百年的历史性课题是"救亡"。为救亡图存，中国无数的仁人志士上下求索，探索运用过各种主义、各种药方、各种道路，但都没有解决根本问题。十月革命一声炮响给中国送来了马列主义，催生了中国共产党。经过28年艰苦卓绝的革命，党带领全国人民推翻了三座大山，从根本上改变了中国人民的命运，让中国人成为真正解放的人、自由的人、发展的人。所以，习近平

总书记指出:"中国特色社会主义道路是近代以来中国人民对其他救国途径的尝试全部碰壁之后作出的历史性选择。"

历经90多年的艰苦奋斗、创造、积累,我们党创造了中国特色社会主义道路、中国特色社会主义理论体系、中国特色社会主义制度、中国特色社会主义文化四大根本成就,使中国的发展站在由大向强转变的全新历史起点上。实现中华民族伟大复兴的中国梦,是中国共产党和全体中国人民面临的重大历史性课题。这个梦不是要使中国回到汉唐盛世,重温历史辉煌,也不是追求西方资本主义的现代文明,而是以马克思主义为指导,进一步建设和发展以人民为中心的中国特色社会主义现代化强国。党的十八大以来,以习近平同志为核心的党中央领航中国特色社会主义的巨轮自信前进,使中国前所未有地靠近世界舞台中心,前所未有地接近实现中华民族伟大复兴的目标,前所未有地具有实现这个目标的能力和信心,中国道路越走越宽广,中国越来越有希望。

### 三、中国特色社会主义是一个集道路、理论、制度和文化"四位一体"的伟大事业、伟大实践

中国特色社会主义道路不是封闭僵化的老路,不是改旗易帜的歪路,也不是西方强加给我们的邪路,而是我们独立自主探索出来的一条人间正道。只有这条道路而没有别的道路,能够引领中国进步、实现人民福祉。同时,我们的道路坚持以人民为中心,走的是和平发展、共同富裕之路。这条道路的基本理念是自己好,也要让别人好,中国要携手世界各国努力打造人类命运共同体,这也是社会主义的终极目标。

中国特色社会主义理论体系是开放的、发展的,更是自成系统的。党的十八大以来,习近平总书记着眼时代发展和任务变化发表了一系列重要讲话,

丰富和发展了马克思主义理论宝库，把中国特色社会主义理论提高到一个新的境界，成为当代科学社会主义的"新版本"。习近平总书记强调要把中国特色社会主义放到中华民族5000年灿烂文化中来考察，放到世界社会主义500年发展史中来考察，放到近代以来170多年中华民族发展历程中来考察，放到中华人民共和国成立60多年的持续探索中来考察，放到改革开放近40年的伟大实践中来考察，放到世界发展变革的大格局中来考察，放在中国人民根本利益和世界人民共同利益的大立场、大视野上进行考察，这就从时空观的维度全景展现了中国特色社会主义的大逻辑、大内涵。这是对马克思主义理论原创性的突破，也是党对如何认识社会主义所作的清晰界定。在此基础上，习近平总书记提出了一系列治国理政、内政外交、建党建国建军的新思路、新理念、新方略，不断丰富中国特色社会主义的实践特色、理论特色、民族特色和时代特色。

中华人民共和国成立之后，中国共产党坚持以人民为主体，以全心全意为人民服务为根本宗旨，提出一套以人民为中心的基本政治制度体系。即人民代表大会制度、中国共产党领导的多党合作和政治协商制度、民族区域自治制度以及基层群众自治制度等基本政治制度，公有制为主体多种所有制经济共同发展的基本经济制度，以及与这些基本制度相适应的文化制度、社会制度等具体制度。这一制度体系是社会主义基本原则所必需的，是管道路、管方向、管根本的。只要坚持好发展好这一制度体系，无论中国怎么发展和变革，中国特色社会主义都不会走样、走偏和转向。

中国特色社会主义文化是人类先进文化的重要成果。它包含了中华民族5000年奋斗创造的优秀传统文化，包含了中国共产党和中国人民伟大斗争中孕育的革命文化，包含了我国近40年改革开放创造的时代文化，同时也吸收了世界各国各民族的有益文化，形成了以社会主义核心价值观为内核，与各地区、各单位、各行业具体实践相结合的中国特色社会主义先进文化。这一先进文化塑造人的思想，凝聚着人心和力量，提振着人们的精气神，是中国特色社会主义文化的灵魂和血脉。实践永无止境，道路的探索、理论的创新、制度的完善、文化的繁荣发展也没有终点。这四大要素必将在推动中国特色社会主义的伟大实践中不断得到验证、补充、发展和完善。

## 四、中国特色社会主义道路是曲折的，但前途是光明的，我们要充满信心

中国特色社会主义的建设和探索，从来不是一帆风顺的。同样，坚持和发展中国特色社会主义也不会是一帆风顺的。每代人都有属于自己那一代人的长征路，都有自己的历史责任。在通往实现中国梦的新长征的道路上，我们还会遇到无数的"娄山关""腊子口"需要征服，还有许多"雪山""草地"需要跨越。不管前面的道路有多难，只要中国共产党人不忘初心，充满信心，就一定能不断前进，书写出中国特色社会主义的新辉煌。那么，我们充满信心的依据在哪里？

一是我们有了深厚的经济、政治、文化基础。经过改革开放近40年的发展，我们具备了深厚的经济、政治、文化基础，正处于从起飞向冲刺阶段的历史性跨越。我们已由世界的边缘走向中心，由原来的随着走、跟着走、追着走到现在领着走，由规则的遵守者到现在的规则制定者，中国道路、中国模式、中国方案已得到许多国家的认可和仿效。

二是我们有坚实的群众基础。中国特色社会主义事业归根到底是人民群众的事业，没有人民群众的参与和支持是不可能的。坚实的群众基础永远是我们赢取未来的重要依托。历史是最好的教材，它使广大人民群众认识到，中国特色社会主义的道路、理论、制度和文化在实践中是被证明了的科学真理。现实是最好的清醒剂，广大人民群众已从中国日新月异的发展变化中亲身体验到，只有社会主义才能发展中国。在与国家共奋进中，人民群众的国

家情怀、社会责任、德才素质普遍得到提高和增强。

三是有中国共产党坚强有力的正确领导。中国特色社会主义之"特"有很多，但最根本的特征就是中国共产党的领导。这是我国独有的政治优势，在一定程度上也是西方敌对势力最惧怕的一条。所以，他们千方百计地攻击、抹黑中国共产党。这也恰恰从反面证明：领导我们事业的核心力量，办好中国的事情，必须也只能是中国共产党。有了中国共产党的坚强领导，有了以习近平同志为核心的党中央，全国人民在进行具有许多新的历史特点的伟大斗争中，在坚持和发展中国特色社会主义事业的伟大征程中，就有了主心骨，这是中华民族之幸、中国之幸、中国人民之幸。

我们这个党已经走过了90多年的光辉历程，使国家和民族的命运发生三个"深刻改变"，作出三个"伟大历史贡献"，实现了三次"伟大飞跃"。以党的十八大为标志，党和国家各项事业都站在了一个新的起点上，我们自信地走在了中华民族伟大复兴的道路上。实践表明：社会主义不仅能打破一个旧世界，建设新政权，而且也能够建设一个新世界，创造经济发展奇迹，消灭贫穷，消除贫困，搞好社会治理，实现国家现代化。正如习近平总书记所讲的，我们对中国特色社会主义充满了道路自信、理论自信、制度自信和文化自信。

历史没有终结，也不会终结。中国特色社会主义事业是一代又一代中国共产党人带领人民干出来的，打拼出来的，接力奋斗出来的。中国的每一步发展，都是中国特色社会主义事业的前进；每一个阶段目标的实现，都是中国特色社会主义事业的胜利。中国特色社会主义正焕发着勃勃生机，前途无限光明！

*《红旗文稿》2017年第2期*

# 党在社会主义建设时期的巨大成就不容抹杀

梁 柱[*]

习近平总书记指出，我们党领导人民进行社会主义建设，有改革开放前和改革开放后两个历史时期，这是两个相互联系又有重大区别的时期，但本质上都是我们党领导人民进行社会主义建设的实践探索。这一论述科学地指明了两个发展时期内在的辩证统一关系。党的十八大报告正确评价了毛泽东领导的包括民主革命、社会主义改造和社会主义建设时期所取得的巨大成就，特别强调，"在探索过程中，虽然经历了严重挫折，但党在社会主义建设中取得的独创性理论成果和巨大成就，为新的历史时期开创中国特色社会主义提供了宝贵经验、理论准备、物质基础"，具体指明了两个历史时期的继承和发展关系。这对于我们科学认识和评价新中国成立以来60多年的历史，具有重要指导意义。

---

[*] 作者：北京大学教授。

一

以毛泽东为核心的党的第一代中央领导集体领导全国人民经过 28 年的浴血奋战，推翻了压在中国人民头上的三座大山，彻底结束了旧中国半殖民地半封建社会的悲惨命运；在革命过程中（局部地区执政）和革命胜利后，建立了保障人民当家作主、维护民族独立和快速发展经济文化的一整套政治经济制度。具体地说，确立了以工人阶级领导的、工农联盟为基础的人民民主专政的国家制度，奠立了人民共和国的国体；以同这一国体相适应的、实行民主集中制原则的人民代表大会制度，作为政权组织形式；根据中国革命历史发展的特点和更好地发展社会主义民主，确立了中国共产党领导的、多党合作的政治协商制度；根据中国国情和各族人民共同意愿，实行单一制国家内的民族区域自治制度；通过完成对生产资料私有制的社会主义改造，确立了社会主义基本经济制度。这些体现人民民主的制度，为人民共和国的发展奠定了牢固根基，保证了人民当家作主的权利；它是新中国历史发展中两个不同时期相联结的根本纽带，充分体现了它们之间的继承和发展关系。

新中国的民主政治制度，包括国体、政体和人民的民主权利，是近代中国历史发展的选择和要求，是中国人民在中国共产党带领下长期奋斗的制度性结晶。它们适合中国国情、具有显著的优越性。

第一，是维护和发展中国革命成果的制度性保证。近代中国，备受列强欺凌，积贫积弱，因而，争取民族独立和实现国家富强即现代化，成为近代中国历史的两大要求。但在民族灾难深重、国家不独立、人民受压迫的情况下，是无法实现现代化的。毛泽东在总结历史经验的基础上，反复指明："没有独立、自由、民主和统一，不可能建设真正大规模的工业。没有工业，便没有巩固的国防，便没有人民的福利，便没有国家的富强"[1]。"中国人民的生产力是应该发展的，中国应该发展成为近代化的国家、丰衣足食的国家、富强的国家。这就要解放生产力，破坏帝国主义和封建主义。正是帝国主义和封建主义束缚了中国人民的生产力，不破坏它们，中国就不能发展和进步，中国就有灭亡的危险……革命是干什么呢？就是要冲破这个压力，解放中国人民的生产力，解放中国人民，使他们得到自由。所以，首先就应该求得国家的独立，其次是民主。没有这两个东西，中国是不能统一和不能富强的"[2]。这是近代中国历史证明了的一个颠扑不破的真理。正是中国革命的胜利，中国获得了民族独立和人民民主；中国共产党领导建立的社会主义国家制度，就是中国革命胜利成果的重要体现。这一成果，不但使我们能够有力地维护国家主权和民族独立，避免近代中国历史悲剧的重演；而且也为实现国家富强、民族复兴开辟了广阔前景。

第二，是实现人民民主的根本保证。我国建立的人民民主专政的国体，是代表绝大多数人根本利益的，它以国体的形式确认人民享有广泛的民主权利，这是中国共产党领导下的人民政权赖以巩固的政治前提。也就是说，人民民主越发展，人民政权才越巩固。历史上所存在的建立在私有制基础上的国家政权，都是少数人对多数人的统治，但他们都不敢面对这种阶级统治的实质，而用种种谎言加以粉饰。中国长期的封建社会用"君权神授""受命于天"这一套封建迷信的说法，来掩盖其皇权专制制度；资本主义社会则是用所谓"民主""自由"一套说教宣扬其"全民的性质""普世的价值"，来掩盖其资产阶级专政的实质。人类社会自从私有制和国家出现以来，就希望改变这种少数人对多数人剥削、压迫的不合理状况，为此进行了不懈的探索和斗争。而只有获得马克思主义这一科学理论指导的无产阶级运动，才真正实

---

[1] 《毛泽东选集》第3卷，北京：人民出版社1991年版，第1080页。
[2] 《毛泽东文集》第3卷，北京：人民出版社1996年版，第432页。

现了把颠倒的历史颠倒过来。所以，人民民主专政的国体，保证了人民当家作主的权利，使绝大多数人获得做人的权利、真正的民主权利，这是中国革命的伟大成果，也使人类对未来合理社会的憧憬和追求有了现实的实现途径。事实表明，我国人民民主的政权基础是十分广泛的，广大人民享有法定的民主权利。所以，社会主义民主越发展、越完善，我国政权的基础就会越巩固。

我国实行的人民代表大会制度是同国体相适应的政权组织形式，这一制度的核心是人民当家作主，体现了人民民主政治的本质特征；它实行民主集中制的原则，既保证人民代表大会统一行使国家权力，又使各个国家机关合理分工，各尽其责，是一种富有效率的政治制度。同时由于它不存在内部互相牵制的力量，因而能够通过自身的调整使这一制度得到不断的完善和发展。

改革开放以来，我国一定范围内存在的西化思潮的实质，就是力图把我国政治体制改革引导到照搬美国模式的邪路上去。近年来所谓宪政民主的主张，其实际内容就是要把我国宪法修改成为美国那样的宪法，要求照搬西方的三权分立、议会民主制度。这种用来调节资产阶级内部权力滥用的三权分立原则，不但不能改变其民主的资产阶级性质，反而造成其国家权力互相牵制和抵消。这正如邓小平所说："我经常批评美国当权者，说他们实际上有三个政府。当然，美国资产阶级对外用这一手来对付其他国家，但对内自己也打架，造成了麻烦。"[①] 这显然不适合中国的国情。所以，在政治体制改革中，必须坚持体现人民民主专政国体的民主集中制的政体原则，发展和完善社会主义民主。

第三，是坚持社会主义发展方向的重要依据和保证。近代中国历史反复证明，在帝国主义列强控制了国家主权的历史条件下，中国失去了通过资本主义道路实现民族独立和国家富强的历史机缘；因而新民主主义革命的必然结果，是通过建立崭新的社会主义制度来实现国家现代化和民族复兴。1956

---

① 《邓小平文选》第3卷，北京：人民出版社1993年版，第195页。

年基本完成生产资料私有制的社会主义改造，标志着以生产资料公有制为基础的社会主义基本经济制度的确立。这是中国历史的伟大转折，其深远意义正如习近平总书记所指出的："新民主主义革命的胜利，社会主义基本制度的确立，为当代中国一切发展进步奠定了根本政治前提和制度基础。"这是人民共和国不可动摇的基础。新时期的改革开放，是从社会主义初级阶段的基本国情出发，改变过去不切合生产力发展水平的单一的公有制形式，而不是改变公有制本身。所以在改革开放初期，邓小平就一再强调必须坚持以公有制为主体和共同富裕这两个社会主义的根本原则。2016年10月，习近平总书记在全国国有企业党的建设工作会议上进一步指出，"国有企业是中国特色社会主义的重要物质基础和政治基础，是我们党执政兴国的重要支柱和依靠力量"，"要坚定不移把国有企业做强做优做大"。我们要从政治高度认识和坚持公有制主体地位，因为是不是坚持公有制主体地位是关系到坚持社会主义制度的根本性问题。由此，不难看出今天层出不穷的历史虚无主义、新自由主义等错误思潮都集中攻击、非难并企图改变公有制主体地位的目的所在。这是值得我们高度警惕的。

## 二

社会主义建设时期，虽然经历过挫折和失误，但取得的成就是巨大的、主要的，为新时期现代化建设和改革开放提供了坚实的、多方面的物质基础。改革开放前后两个历史时期绝不是彼此割裂的，更不是根本对立的。不能用改革开放后的历史时期否定改革开放前的历史时期，也不能用改革开放前的历史时期否定改革开放后的历史时期。

这里需要指出，评价一个国家、一个社会政策的效果，应该有一个共同的标准，这主要是：看它是不是促进了社会生产力的发展，是不是推动了社会进步，是不是为人民的生存和发展创造了更加优越的条件。从这样的标准来看，只要跟旧中国比较一下，就可以鲜活地感受到，我们国家在社会主义建设时期取得的是历史性的伟大成就，极大地促进了经济发展和社会进步。在这里应当看到，新中国的经济建设，不能不受到以下几个方面因素的制约和影响。其一，"旧社会给我们留下的东西太少了"。1949年，我国钢产量仅有15.8万吨。一架飞机、一辆坦克、一辆汽车、一辆拖拉机都不能造。难怪当1964年我国第一颗原子弹爆炸时，远在美国的原国民党政府代总统李宗仁对友人感叹：我们不能不服气，我们搞了20多年连一辆像样的单车（自行车）都造不出来，不能不服气呀！这就是旧中国的现实，新中国就是在这样的基础上起步的。其二，中华人民共和国成立后，长期受到美国等西方资本主义国家在外交、经济、军事上的严密封锁。当时美国等西方国家对中国科技禁运的项目比对苏联、东欧国家还多出500多项。中国不仅不可能从发达资本主义国家那里得到什么援助，而且连通常的贸易和交往都很困难。其三，我们还缺乏领导大规模经济建设的经验。毛泽东说："我们必须克服困难，我们必须学会自己不懂的东西。"[①] 正因为这样，在这个学习过程中犯一些错误，出现过曲折，是难以完全避免的。只有深刻理解新中国经济建设面临的巨大困难，才会真切体会到我们所取得的巨大成就是何等的可贵。

所以说，虽然在这期间发生过像"大跃进""文化大革命"这样严重的失误，但在经济建设、社会进步和外交上取得的巨大成就是不能否定和抹杀的。从1953年到1978年，工农业总产值年均增长率为8.2%，其中工业总产值年均增长率为11.4%，农业总产值年均增长率为2.7%。这个增长速度不但是旧中国无法比拟的，而且与当时世界其他各国相比也是快速的。

第一，建立了独立的、比较完整的工业体系和国民经济体系。到1966年，建成并投产的限额以上大中型项目1198项，初步形成门类比较齐全的工

---

[①] 《毛泽东选集》第4卷，北京：人民出版社1991年版，第1480—1481页。

业体系。兴建了一批新兴的工业部门，我国的电子工业、石油化学工业、原子能工业等，大多是在这个时期打下基础的，填补了我国工业的许多空白。工业布局有了明显改善，内地和边疆地区都建起了不同规模的现代工业和现代交通运输业，基本上改变了旧中国工业畸形发展的局面。"文化大革命"的10年，使党和国家经历了重大挫折，经济建设也受到严重损失。但应该看到，在这一历史时期，由于毛泽东在一定程度上抑制了林彪、"四人帮"的破坏活动，特别是在周恩来等老一辈革命家的艰苦努力下，基本上完成了第三个五年计划、第四个五年计划，建成了一批大型项目，主要工业产品产量增长较快，三线建设取得成就，使经济建设在总体上也得到一定发展。

第二，农田水利基本建设初见规模，效果明显。农业技术改造的积极开展，为农业生产持续增长打下了基础。在粮食、棉花增长幅度较大的同时，经济作物也获得一定的增长。这期间依靠农村集体力量修建了84000多座大中小型水库，至今仍在农业生产中发挥灌溉、发电、拦洪等方面的重要作用。

第三，科学技术水平有了显著提高。现已进入世界先进行列的我国航天技术，就是从1956年起步的。1960年，我国成功发射了第一枚运载火箭。1964年10月和1965年5月，我国先后两次原子弹爆炸试验成功，从而打破了国际上的核垄断。1966年10月，我国第一次成功进行了发射导弹核武器的试验；1967年6月，成功爆炸了第一颗氢弹；1969年9月，首次成功进行了地下核试验；1970年4月，成功发射了第一颗人造地球卫星；1971年9月，第一艘核潜艇建成并试航成功。对于这个时期以"两弹一星"为标志的科技进步，邓小平在1988年就明确指出，"如果六十年代以来中国没有原子弹、氢弹，没有发射卫星，中国就不能叫有重要影响的大国，就没有现在这样的国际地位"[①]。这反映了当时我国的科学技术发展水平和综合国力的提高。

第四，培育了良好社会风气，社会进步举世瞩目。中华人民共和国政府

---

[①] 《邓小平文选》第3卷，北京：人民出版社1993年版，第279页。

以最快的速度涤荡了旧社会遗留下的污泥浊水，培育形成了良好社会风气。在惩治贪腐、反对封建迷信、扫除文盲、发扬社会主义新道德、计划生育等方面，都取得显著成绩。一个国家的人均预期寿命，是反映这个国家综合实力和社会进步状况的一个重要指标。社会主义建设时期，人均预期寿命从35岁提高到65岁。而印度1952年人均预期寿命为41岁，直到2011年人均预期寿命才达到65岁，比中国晚了整整35年。

第五，在外交上也取得举世瞩目的成就。新中国一贯坚持独立自主的和平外交方针，区别不同国家对我国的不同态度，同世界各国建立新型外交关系，极大提高了新中国的国际地位。1964年中法建交，打破了西方国家封锁中国的链条。1971年恢复了中华人民共和国在联合国的一切合法权利。1972年促使美国总统尼克松访华，打开了中美关系正常化的大门。到1976年，在当时世界上独立的130多个国家中，同我国建交的达到110个。在国际上树立了我国独立自主的尊严形象，赢得了朋友，赢得了声誉，为巩固我国革命胜利成果，加强我国社会主义建设和促进人类和平进步事业建立了不可磨灭的功勋。

事实无可置疑地表明，新中国头30年，在社会主义建设中取得的巨大成就，为新的历史时期开创中国特色社会主义提供了物质基础。这是不容抹杀和否定的。如果没有上述成就作为基础，新时期的改革开放和现代化建设是难以设想的。历史虚无主义者不顾事实，无限夸大我们党那个时期在经济工作中所犯的错误，抹杀我们党所取得的巨大成就。这是极不严肃的，违背了学术研究中必须尊重事实的道德原则。他们中的有些人这样做，是企图通过抹黑历史来否定社会主义制度和党的领导，企图改变改革开放和现代化建设的社会主义方向。这理所当然地遭到一切有良知的、包括港澳台同胞在内的中国人的谴责，也遭到国外正直的学者的反对。美国学者莫里斯·迈斯纳通过对历史背景和大量数据的分析，得出一个结论：毛泽东时期的现代化，以依靠中国人民的自己力量为特点，是人类现代化历史上最辉煌的一页。

台湾大学教授颜元叔在台湾《海峡评论》上撰文指出:"中国的前途在大陆,在那十一亿心含'鸦片战争'之耻,心含'八年抗战'之恨的中国人身上!他们衣衫褴褛地制造出原子弹、氢弹、中子弹,他们蹲茅坑却射出长征火箭,他们以捏泥巴的双手举破世界纪录,他们磨破屁股包办 12 面亚运划船金奖,他们重建唐山而成为联合国的世界模范市",他们"把大庆油田打出来,把北大荒开垦出来,把葛洲坝拦江筑起来"。"大陆的人说,他们一辈子吃了两辈子的苦。痛心的话,悲痛的话,却也是令人肃然起敬的话。试问:不是一辈子吃了两辈子的苦,一辈子怎得两辈子甚至三辈子的成就?"诚哉斯言!

## 三

毛泽东在探索如何建设、巩固和发展社会主义中积累的正反两方面经验,蕴含着具有深远指导意义的战略思考和理论建树,是新时期开创中国特色社会主义的宝贵财富。

我国确立社会主义制度不久,发生了苏共二十大召开和赫鲁晓夫秘密报告事件,在这样的历史背景下,毛泽东提出了进行马列主义与中国实际第二次结合的任务。1956 年 3 月 17 日,毛泽东在中央书记处讨论赫鲁晓夫秘密报告的会上说,赫鲁晓夫的秘密报告表明,苏联、苏共、斯大林并不是一切都是正确的,这就破除了迷信。正是这种对于迷信的破除所发挥的解放思想的积极作用,开启了中国共产党人对自己建设道路的思考和探索。1956 年,毛泽东在深刻总结国内和国际历史经验的基础上,果断提出要探索自己的建设道路的任务,并围绕这一历史性课题回答了历史和现实的、国际和国内的一系列重大问题,从而为走自己的建设道路奠立了坚实的思想理论基础。正因为这样,我们在另辟蹊径的艰巨事业中,能够经得住风浪。而当我们出现失误的时候也比较容易回到正确的思想上来并加以纠正，因而能够坚持正确的发展方向。这是我们党坚持走自己的建设道路而不迷失方向的一个深刻的原因。

在这一时期，以毛泽东为核心的党的第一代中央领导集体的理论思考和理论建设是多方面的。比如，毛泽东对适合中国国情的社会主义建设道路的思考，是同如何鉴戒苏联的经验和教训相联系的。正是通过对我国社会主义建设实践经验的总结和对斯大林所犯错误的深入思考，并在大量调查研究的基础上，毛泽东作了《论十大关系》的重要报告。《论十大关系》对我国社会主义建设和改革具有长远的指导作用，这不仅表现在以此为起点的探索已涉及经济、政治和文化等领域，并开始触及体制方面的改革，达到一定的深度；更重要的是其中体现的基本精神，这主要表现在以下三个方面：其一，紧紧把握探索的主题，是要找到一条适合中国国情的自己的建设道路，而不是离开中国基本国情、离开社会主义基本原则，另找出路。其二，关键要正确处理坚持独立自主和学习外国的关系。毛泽东是在探索自己的建设道路时，提出了向外国学习的口号，并且说提出这个口号是要有一点勇气的，所以这样，不仅是要放下大国的架子，强调一万年都要学习；而且主要是向西方发达国家学习。但这种学习绝不是照搬照抄，要学习对我们有用的东西，坚决抵制腐朽的东西；学习外国要重在消化、吸收，把外国的东西和中国的东西结合起来，创造有中国特色的新的东西；在向外国学习中要把民族自尊心和自信心发扬起来。其三，中心是反对教条主义。党的七大在确定毛泽东思想作为党的一切工作指针时，明确提出要反对任何教条主义的或经验主义的偏向，其中主要是反对教条主义。可以说，这些思想至今依然是非常重要的，有很强的针对性。

又如，毛泽东于1957年6月发表的《关于正确处理人民内部矛盾的问题》一文，从哲学的高度回答了时代面临的重大课题，是我们党对"什么是社会主义，怎样建设社会主义"这一历史课题最早的、非常重要的探索和回答，它对于巩固和发展社会主义奠定了极为重要的理论基础。他提出的关于社会主义基本矛盾的学说，是对马克思主义的唯物史观和国家学说的丰富和发展，是对科学社会主义理论的重要贡献。毛泽东在马克思主义哲学史上，第一次把经典作家发现的生产力和生产关系、经济基础和上层建筑这两种矛盾规定为社会基本矛盾，并认定这种社会矛盾贯穿于人类社会发展的全过程。他具体分析了社会主义社会的各种特殊矛盾及其相互关系，这个分析涉及中国社会的经济、政治、文化及社会生活各个领域里的矛盾，包括敌我矛盾和人民内部矛盾，指明这些矛盾同以往社会一样，都是受社会基本矛盾所规定和制约的。他由此作出了一个重要论断："在社会主义社会中，基本的矛盾仍然是生产关系和生产力之间的矛盾，上层建筑和经济基础之间的矛盾。"毛泽东正是从对社会主义社会特殊矛盾的分析中，得出社会主义社会仍然存在着这两种社会基本矛盾，这是他对科学社会主义理论的重要贡献，对巩固和发展社会主义有重要的现实指导意义。

　　毛泽东提出的进行马列主义同中国实际第二次结合的任务，是一个需要在长期实践中加以探索的历史性课题。如果说党在民主革命时期进行的马列主义同中国实际的第一次结合，是在经历并总结两次胜利、两次失败这样正反两方面经验的基础上才得以完成的话，那么，党在新中国面临"什么是社会主义，怎样建设社会主义"这一新的课题，也会经历一个实践、认识、再实践、再认识这样一个历史过程，其间包括一些挫折和失误，也就是一种并不奇怪的历史现象。尽管如此，我们还是应当实事求是地肯定，毛泽东在探索中所提出的许多真知灼见，确实为建设中国特色社会主义理论的创立作了思想和理论上的重要准备。毛泽东对如何防止党和国家改变颜色这一课题的探索，在理论和实践上都曾陷入误区。但是，他从对苏共二十大赫鲁晓夫丢掉列宁、斯大林"两把刀子"发出的警示开始，对西方敌对势力的"和平演变"战略做出最早的、明确的回应，并提出了一系列防止"和平演变"的战略设想。这对于巩固我国社会主义制度、保证我国社会主义建设的正确方向有着重要的指导意义。

习近平总书记在纪念毛泽东同志诞辰120周年座谈会上的讲话中，高度评价了毛泽东的历史功绩，他指出："毛泽东同志为中国新民主主义革命的胜利、社会主义革命的成功、社会主义建设的全面展开，为实现中华民族独立和振兴、中国人民解放和幸福，作出了彪炳史册的贡献。"这是完全符合历史事实的正确结论，也是对历史虚无主义思潮的有力回击。

*《红旗文稿》2017年第16期*

# 马克思主义理论创新的典范

侯惠勤[*]

马克思主义的力量在于真理性、科学性,其活力在于永不枯竭的理论创新。党的十九大报告不仅充分体现了马克思主义的真理力量和理论创新的鲜活魅力,而且展示了马克思主义理论创新的根本特点,是马克思主义中国化、时代化、大众化的经典样板,需要认真地学习领会。实事求是、继承发展、集体智慧结晶,是党的十九大报告展示出的马克思主义理论创新的主要特色。

## 一、马克思主义理论创新之道:实事求是。即从不断变化的实际出发,通过反复实践和不断探索获得规律性的科学认识,最终形成新的思想理论成果

时代是思想之母,实践是理论之源。马克思主义理论创新的基础,就是对不断变化的实际进行科学把握。在马克思主义看来,必须坚持一切(包括理论创新)从实际出发,但实际不是僵死静止的,而是有着自身变化规律

---

[*] 作者:中国社会科学院大学特聘教授。

的发展过程。捕捉这一变化发展的历史轨迹，确立现实所处的历史方位，把握正在形成的历史特点，概括复杂多变的历史条件，这不仅是观察处理一切问题的客观依据，也是马克思主义理论创新的实际依托。党的十九大报告把我们今天所面对的实际，用"新时代"加以判断，是对当今历史阶段的科学概括。

**1. 我们今天必须面对的新实际：中国特色社会主义进入新时代。**"新时代"的概括，不仅反映了今天变化了的现实，还揭示了这一现实变化的深层逻辑，即历史大转折的时代特点。对于中华民族，这是一个从站起来、富起来到强起来的伟大历史飞跃；对于当代社会主义，这是科学社会主义遭遇苏东剧变后在中国重新焕发出强大生机活力的重大历史转折；对于当代人类文明发展，给那些既希望加快发展又希望保持自身独立性的国家和民族提供了全新选择，为解决人类问题贡献了中国智慧和中国方案，这是当代世界格局的重大历史变革。

新时代聚焦到中国，预示了我国今后的发展前景，明确了历史使命的新内涵。具体地说，就是要努力解决我们为之奋斗的"两个一百年"目标相互衔接、连续跃升的问题，在实现全面建成小康社会后继续向社会主义现代化强国的目标挺进；就是要在努力解决发展不平衡、不充分中不断创造美好生活，逐步实现全体人民共同富裕；就是要在我国日益走近世界舞台中央的历史过程中，不断为人类作出更大贡献。概言之，中国特色社会主义将在经历新时代中引领中华民族实现伟大复兴的中国梦。

我们把握实际，判断历史方位，可以使用"形势""阶段""时期"等诸多概念，而使用"时代"的特殊意义就在于，它涵盖的历史时段更长，历史特点更鲜明，主要矛盾更稳定，因而这是一个抽象程度更高的概念。它不仅是理论创新的前提，也是理论创新的成果。牢牢把握"中国特色社会主义进入了新时代"这一实际，不仅是我们进行伟大斗争、建设伟大工程、推进伟大事业和实现伟大梦想的出发点，也是我们在今天实现所有理论创新的客观依据。

2. **我们今天必须解决的时代问题：坚持和发展什么样的中国特色社会主义，如何坚持和发展中国特色社会主义。**马克思主义理论创新的重要一步，是从变化发展了的实际中提炼出反映历史本质和规律、事关发展全局的根本问题，即时代问题。提炼出时代问题，是思想上的一大飞跃，意味着对于历史方位、主要矛盾、主要任务、总体布局和行动纲领都有了较为清晰的新认识。

提出"坚持和发展什么样的中国特色社会主义，如何坚持和发展中国特色社会主义"问题，堪比邓小平理论提出的"什么是社会主义，怎样建设社会主义"。如果说，邓小平理论开创了中国特色社会主义道路，实现了党的工作重心转移的话，那么，习近平新时代中国特色社会主义思想就又一次提出了社会主义的发展方向问题。它表明，一方面，我们必须毫不动摇地坚持和发展中国特色社会主义，这是党和人民历尽千辛万苦、付出巨大代价取得的根本成就；另一方面，我们又必须真正面对中国特色社会主义进入新时代这一现实，从思想观念、理论认知、基本方略上进行重大调整，否则，坚持和发展中国特色社会主义就将成为空话。

提出"坚持和发展什么样的中国特色社会主义，如何坚持和发展中国特色社会主义"问题，从根本上说，是告诫全党防止思想上的僵化，防止躺在已经取得的伟大成就上骄傲自满、故步自封，不断地增强创新意识，始终保持忧患意识。习近平总书记经常用"永远在路上"表达中国共产党人的这种精神状态和思想意识，例如，"长征永远在路上""全面从严治党永远在路上""反腐败永远在路上"，等等。尽管经过近40年的艰难探索和实践，中国特色社会主义取得了长足的发展，使得我们有充分的理由确立中国特色社会主义的道路自信、理论自信、制度自信和文化自信；但是，实践没有止境，理论创新也没有止境。世界每时每刻都在发生变化，中国也每时每刻都在发生变化，我们必须在理论上跟上时代，不断认识规律，不断推进理论创新、实践创新、制度创新、文化创新以及其他各方面创新。

**3. 我们必须长期坚持的指导思想：习近平新时代中国特色社会主义思想。** 一个在实践中不断形成和发展、在行动中不断深入人心、在推进历史前进中不断发挥指导作用的思想体系的形成，是马克思主义理论创新成果的最高形式。它和一个有权威的中央领导集体及其核心的形成一样，是一个马克思主义政党成熟的标志。由于共产主义事业是一个需要几代、十几代甚至几十代人的努力才能完成的伟业，因而需要根据历史条件的变化不断地形成新的思想体系指导实践。马克思主义的理论创新，集中表现在党的指导思想的不断创新上。

党的十九大理论创新的最大亮点，就是阐明了习近平新时代中国特色社会主义思想并确立了其在全党的指导地位。这一思想立足于中国特色社会主义进入了新时代的现实，深入回答了"坚持和发展什么样的中国特色社会主义，如何坚持和发展中国特色社会主义"这一时代问题，以全新的视野深化了对共产党执政规律、社会主义建设规律、人类社会发展规律的认识。这是我们党进行艰辛理论探索所取得的重大理论创新成果，必须作为党的指导思想长期坚持。

习近平新时代中国特色社会主义思想通过"八个明确"，深入阐发了在今天如何坚持和发展中国特色社会主义：一是明确坚持和发展中国特色社会主义，总任务是实现社会主义现代化和中华民族伟大复兴，在全面建成小康社会的基础上，分两步走在21世纪中叶建成富强民主文明和谐美丽的社会主义现代化强国；二是明确新时代我国社会主要矛盾是人民日益增长的美好生活需要和不平衡不充分的发展之间的矛盾，必须坚持以人民为中心的发展思想，不断促进人的全面发展、全体人民共同富裕；三是明确中国特色社会主义事业总体布局是"五位一体"、战略布局是"四个全面"，强调坚定道路自信、理论自信、制度自信、文化自信；四是明确全面深化改革总目标是完善和发展中国特色社会主义制度、推进国家治理体系和治理能力现代化；五是明确全面推进依法治国总目标是建设中国特色社会主义法治体系、建设社会主义法治国家；六是明确党在新时代的强军目标是建设一支听党指挥、能打胜仗、作风优良的人民军队，把人民军队建设成为世界一流军队；七是明确中国特色大国外交要推动构建新型国际关系，推动构建人类命运共同体；八是明确中国特色社会主义最本质的特征是中国共产党领导，中国特色社会主义制度的最大优势是中国共产党领导，党是最高政治领导力量，提出新时代党的建设总要求，突出政治建设在党的建设中的重要地位。在"八个明确"这样一个完整的思想体系的基础上，又提出了坚持和发展中国特色社会主义的十四条基本方略，实现了马克思主义理论创新的划时代壮举。

## 二、马克思主义理论创新之理：继承发展。即坚持马克思主义的世界观和方法论，把马克思主义基本原理运用到新的历史条件，在推进马克思主义中国化时代化大众化中发展马克思主义。就是说，马克思主义理论创新的实质是理论联系实际，一脉相承和与时俱进的统一

从资本主义向共产主义过渡，是人类历史由阶级社会向无阶级社会飞跃的空前壮丽的大时代，需要几百年甚至更长的奋斗时间。其间由于世界发展不平衡，历史道路的跌宕曲折，各种特殊的历史时期、道路模式、时代特色就成为历史前进的基调。马克思主义揭示了从资本主义向共产主义过渡的历史规律，因而是适用于这一大的历史时期的基本原理，必须毫不动摇地坚持。但是对于这些基本原理的具体运用，则以不同国情、不同历史条件、不同道路特色为转移，因而马克思主义必须同各国实际相结合。马克思主义理论创新的实质就是实现这种结合，是继承和发展的统一。习近平新时代中国特色社会主义思想是在实现中华民族伟大复兴的历史关键时期实现的理论创新，

创造性地解决了指引中国在本世纪中叶建成富强民主文明和谐美丽的社会主义现代化强国的指导思想问题。

作为中国特色社会主义理论体系的重要组成部分，习近平新时代中国特色社会主义思想和邓小平理论、"三个代表"重要思想、科学发展观一脉相承：紧紧抓住坚持和发展中国特色社会主义这个改革开放以来党的全部理论和全部实践的主题展开理论创新；紧紧围绕着实现党的"两个一百年"奋斗目标这个总任务进行战略布局、展开总体谋划；紧紧依托社会主义初级阶段这个最大的国情，坚持党的"一个中心、两个基本点"的基本路线和方针政策不动摇，坚持把发展作为解决我国一切问题的关键和基础；紧紧瞄准中国特色社会主义制度的巩固和完善，在坚持人民主体地位、坚持党的领导和坚持社会主义民主、法治建设上深入探讨；等等。习近平新时代中国特色社会主义思想在作出"中国特色社会主义进入新时代"这一判断的基础上，在理论上实现了整体性的创新、发展。

抓主要矛盾。党的十九大报告对中国特色社会主义进入新时代，我国社会主要矛盾的变化作出了科学判断。在此基础上，党的工作重心和战略布局、总体布局也有重大调整。作出我国主要矛盾发生变化，已由"人民日益增长的物质文化需要和落后的社会生产之间的矛盾"改变为"人民日益增长的美好生活需要和不平衡不充分的发展之间的矛盾"这一论断，在理论上突破了社会性质和主要矛盾必须完全一致的观点，使主要矛盾更加贴近历史发展的阶段性特征，解决了社会性质的相对稳定性和历史发展的绝对变动性的矛盾。主要矛盾的变化表明，人民美好生活需要日益广泛，不仅对物质文化生活提出了更高要求，而且在民主、法治、公平、正义、安全、环境等方面的要求日益增长。同时，我国社会生产力水平总体上显著提高，社会生产能力在很多方面进入世界前列，更加突出的问题是发展不平衡不充分，这已经成为满足人民日益增长的美好生活需要的主要制约因素。

抓战略布局。在全面布局本世纪中叶实现中华民族伟大复兴中国梦的行动纲领中，明确作出全面建成小康社会后再分两步走的战略规划，把这一总任务奠立在切实可行的基础之上。在 2020 年全面建成小康社会后，谋划了两个 15 年的阶段：第一个 15 年，即到 2035 年，基本实现现代化；第二个 15 年，即到 21 世纪中叶，建成富强民主文明和谐美丽的社会主义现代化强国。这一划分的意义不仅在于任务更加具体，措施更明确有力，还在于它充分发挥了战略目标的凝神聚气、鼓劲加油的激励作用。作为战略目标，一定要让广大人民群众可望、可见、可享，因而既要宏伟，时间又不能太长，15 年是较为科学的设定。

抓重中之重。坚持党的领导，坚持全面从严治党，是坚持和发展中国特色社会主义的决定因素。在坚持思想建党的同时，突出政治建党，是习近平新时代中国特色社会主义思想的一个主要亮点。突出政治建党，就是要自觉树立政治意识、大局意识、核心意识、看齐意识，坚决维护党中央的权威和集中统一领导，在思想上政治上行动上同以习近平同志为核心的党中央保持高度一致。突出政治建党，就是要有自觉维护党的领导的政权意识和执政意识。党政军民学，东西南北中，党是领导一切的。中国特色社会主义最本质的特征是中国共产党领导，中国特色社会主义制度的最大优势是中国共产党领导，党是最高政治领导力量。要从这样的政治高度拓展党建理论，抓好党的建设。

### 三、马克思主义理论创新之本：集体智慧的结晶。即通常以领袖个人创新形式表达的思想成果，本质上是党和人民集体经验和集体智慧的结晶。这是马克思主义理论创新的独特主体形式，是领袖、政党和人民不可分割关系在理论创新上的生动体现

马克思主义理论创新是对历史规律和生活本质认识的深化。在西方个人

主义看来，人的认识能力的有限性决定了我们只能认识历史现象，不能认识历史规律，并以此否定马克思主义的真理性。它根本不懂马克思主义理论创新的主体并非个人，而是党和人民的集体创造，这是人民群众创造历史的重要表现。

不可否认，马克思主义理论创新中领袖的作用具有无可替代的决定作用，因此，理论创新的成果总是和领袖的名字不可分割。但是，这并不否定党和人民是理论创新的主体。

首先，理论创新的思想内容和重大议题来自党和人民的实践经验和集体智慧，而领袖的作用则在于准确把握重大议题，科学总结相关实践经验，进行理论上的概括并形成思想体系，即起到"结晶"的作用。群众实践和集体智慧是理论创新的原料和半成品，领袖是高端加工。毛泽东曾指出，"阶级就是一个认识的主体"[1]，"路线和政策不是凭空产生出来的，比方说，'四清'、'五反'就不是我们发明的，而是老百姓告诉我们的"。"我们的脑子是个加工厂。"[2] 邓小平也说过："我个人做了一点事，但不能说都是我发明的。其实很多事是别人发明的，群众发明的，我只不过把它们概括起来，提出了方针政策。"[3] 因此，领袖和群众形成了理论创新的一个完整的生产线，任何割裂就无法完成生产任务。

通观党的十九大报告不难发现，最广泛、深入地吸收人民群众的发明创造，最准确、集中地表达人民群众的坚强意志，是其获得广泛共鸣和强烈认同的一个重要原因。各行各业、各社会阶层、各年龄群体，都能够看到自己关心的问题，自己熟悉的说法，自己感奋的答案。例如，全国人民尤其是企业界最关心、最认同的"构建亲清新型政商关系""企业家精神""促进非公有制经济健康发展和非公有制经济人士健康成长"等，都写入了党的十九大

---

[1] 《毛泽东文集》第8卷，北京：人民出版社1999年版，第391页。
[2] 《毛泽东文集》第8卷，北京：人民出版社1999年版，第393页。
[3] 《邓小平文选》第3卷，北京：人民出版社1993年版，第272页。

报告。马克思主义理论创新的这种开放性，来自对于人民利益的自觉维护和坚守，把人民对美好生活的向往作为奋斗目标，依靠人民创造历史伟业。没有一党之私，全心全意为人民服务，才能真正做到不忘本来，吸收外来，面向未来。可见，理论创新的过程也是马克思主义政党保持自身先进性，成为始终站在历史潮头领导人民前进的政治核心的过程。

其次，马克思主义理论创新成就的大小，取决于理论满足实践需要的程度，取决于领袖、政党和人民相一致的程度。党和人民的团结一致，党自身的集中统一，不仅是事业成功的保障，也是马克思主义理论创新的基础。作为理论创新的集体主体，领袖、政党和人民是相统一的有机整体。因此，领袖、政党和人民的关系，不仅是"体察民情""了解民意"的关系，更是水乳交融、团结如一人的关系。

理论创新集体主体的实现，在于党的十九大报告指明的两点：一是"全面从严治党永远在路上"。要坚决清除党内腐败，铲除党内产生特殊利益的土壤，使党在利益问题上永远和人民在一起，永远打成一片。正如党的十九大报告指出的，人民群众反对什么、痛恨什么，我们就要坚决防范和纠正什么。二是突出党的政治建设，在民主集中制基础上把保持党的生机活力和保持党的集中统一有机结合起来。总之，党的团结统一，党和人民的团结统一，这就是人民创造历史的现实主体，也是马克思主义理论创新的集体主体。

*《红旗文稿》2017 年第 21 期*

# 关于怎么理解马克思主义的几个重要问题

周新城[*]

世界上自称是马克思主义的思想，多如牛毛。怎么理解马克思主义，确实成为一个需要分辨的问题。究竟什么叫马克思主义？是不是凡自称是马克思主义就是马克思主义的一个流派？马克思主义有没有客观标准？这是几个必须弄清楚的问题。

## 一、马克思主义是一个由一系列基本原理组成的科学的理论体系

马克思主义是一个由一系列基本原理组成的科学的理论体系。正如列宁指出的："马克思主义是马克思的观点和学说的体系。"[①] 不是自己声称是马克

---

[*] 作者：中国人民大学教授。
[①] 《列宁选集》第2卷，北京：人民出版社1995年版，第418页。

思主义就是马克思主义的一个流派,这里有一个判断标准:认同马克思主义的基本原理,才能称之为马克思主义;不认同甚至反对这些基本原理,就不是马克思主义,就是非马克思主义或者反马克思主义,即便把马克思主义喊得震天响,也不是马克思主义。

马克思主义只有一个,但马克思主义的具体运用可以有多种。所谓马克思主义的多种运用,指的是运用马克思主义基本原理来分析具体问题,有各种不同的看法,得出不同的具体结论。这就是说,尽管"条条大道通罗马",但坚持马克思主义基本原理是根本前提,这好比一棵大树,它们是在同一棵树上长出的枝叶,根子是一个。否定马克思主义基本原理,就不可能成为马克思主义的一个流派。有的学说的某些观点,我们可以借鉴和吸收,但可以借鉴和吸收的东西不等于就是马克思主义。比如儒家学说有许多东西我们可以继承和借鉴,但不能由此就说它是马克思主义的。

必须把一个事物的本质同它的作用分开来分析。马克思主义作为一门科学的学说,是有它自身的质的规定性的。具备这种质的规定性,才能叫马克思主义。而不是仅凭某些观点对我们有用,就认为它是马克思主义的。

我们对各式各样的西方马克思主义都应该做这样的分析。不能笼统地说西方马克思主义是马克思主义的一个流派。实际上,西方马克思主义是一个大杂烩,其中很多是非马克思主义的,甚至是反马克思主义的。不能模糊马克思主义与反马克思主义的界限。

## 二、不能将坚持马克思主义基本原理,批判反马克思主义思潮,说成是"垄断马克思主义"

当前理论界有一种错误倾向,把捍卫马克思主义,批判假马克思主义,当作"垄断马克思主义"。

坚持马克思主义基本原理，同一切否定、抛弃马克思主义基本原理的行为作坚决的斗争，这是捍卫马克思主义，而不能叫作"垄断马克思主义"。要知道，随着马克思主义的传播和发展，并不断取得胜利，一些反马克思主义的思潮往往也打出马克思主义的旗号，他们阉割马克思主义的革命精神，把它搞成一种资产阶级也能接受的东西。正如列宁指出的："马克思主义在理论上的胜利，逼得它的敌人装扮成马克思主义者，历史的辩证法就是如此。"①这实际上是以马克思主义的名义来反对马克思主义。

　　这种以马克思主义的名义来反对马克思主义的事情是最危险的，因为它混淆视听，能够迷惑群众。所以，我们可以理解，为什么列宁要以最坚决的态度批判第二国际的修正主义。现在有人说，列宁批判修正主义，是想垄断马克思主义，好像在那个时代，除了列宁主义，其他就不是马克思主义了。这种观点是错误的。

　　"垄断马克思主义"，在国际共产主义运动史上曾经有过。"垄断马克思主义"，是指利用某种特殊权势，把结合本国国情运用马克思主义基本原理得出的具体结论，强加给国情不同的其他国家，不准其他国家从本国国情出发，探索自己革命和建设的道路。20世纪五六十年代苏联共产党与其他兄弟党的关系就是这样。1986年11月，邓小平针对苏联的"老子党"的做法，明确指出："我们历来主张世界各国共产党根据自己的特点去继承和发展马克思主义，离开自己国家的实际谈马克思主义，没有意义。所以我们认为国际共产主义运动没有中心，也不可能有中心。我们也不赞成搞什么'大家庭'，独立自主才真正体现了马克思主义。"②

　　苏东剧变以后，世界社会主义阵营瓦解，垄断马克思主义的基本条件已经不再存在，现在谁还能"唯我独马"，还能"垄断马克思主义"？在不可能

---

① 《列宁选集》第2卷，北京：人民出版社1995年版，第418页。
② 《邓小平文选》第3卷，北京：人民出版社1993年版，第191页。

出现垄断马克思主义的情况下,喧嚷"垄断马克思主义会酿成灾难",目的说白了就是不准批判打着马克思主义旗号的反马克思主义思潮,你一批判,那就是"垄断马克思主义",就会"酿成灾难"!其实,恰恰相反,不坚持马克思主义基本原理,不同各式各样的反马克思主义思潮进行坚决的斗争,才会酿成灾难,苏联亡党亡国的深刻教训就证明了这一点。

## 三、运用马克思主义基本原理分析新的情况、得出新的结论,才叫发展马克思主义

发展马克思主义,在方法论上,必须把马克思主义的基本原理同它在具体条件下运用得出的具体结论区分开来。马克思恩格斯自己就做了这样的区分。他们是把马克思主义的基本原理同这些原理的具体运用分开来看待的:基本原理是正确的,不会过时的,但根据当时的历史条件运用这些基本原理得出的具体结论,则会随着条件的变化而过时,需要修改,需要根据新的情况得出新的结论。也就是说不能停留在原有的具体结论上,理论需要发展。这表明,不是马克思主义基本原理会过时,而是运用马克思主义基本原理分析具体问题得出的具体结论,需要不断发展、创新。

同时还要看到,马克思主义基本原理是一个完整的理论体系,各个基本观点之间有着密切的有机联系,它们是一个系统,而不是孤立的、相互之间没有联系的各种论断的汇集。如果抛弃、否定了其中一个论断,其他论断就会随之被否定,整个马克思主义基本原理的体系也就瓦解了。

例如,不能因为我国目前还处在社会主义初级阶段,坚持以公有制为主体和多种所有制经济共同发展的基本经济制度,坚持以按劳分配为主体和多种分配方式并存的基本分配制度,必须使按劳分配与按需分配有机结合,相互补充,使它们共同发挥促进生产力的积极性作用,就否定劳动价值论,认

为劳动价值论对整个马克思主义没有多大关系。殊不知劳动价值论是整个马克思主义政治经济学的逻辑起点，否定了劳动价值论，剩余价值学说就没有了依据，而没有剩余价值学说，就解释不了资本主义社会中资本家对工人的剥削，就看不到资产阶级与无产阶级的对立，科学社会主义就失去了根据。这样，可以说整个马克思主义理论体系就瓦解了。而且劳动价值论也是中国特色社会主义政治经济学的重要部分，在社会主义初级阶段，必须以马克思主义劳动价值论为指导，正确评价劳动者的劳动价值和生产要素在创造财富中的地位和作用。坚持劳动价值论，我们才有可能坚持马克思主义，从而也才有可能坚持中国特色社会主义。

但是，马克思主义基本原理并不是僵化的、停滞的教条，而是不断发展的学说。马克思主义基本原理是无产阶级进行革命和建设的行动指南，它必须同当时当地的具体情况相结合，才能解决革命斗争、社会主义建设面临的问题。离开具体国情，离开革命、建设的实践，马克思主义基本原理就只是空洞的原则，一点用处也没有。毛泽东曾把这一点概括为共同规律与民族特点相结合。既要坚持反映社会发展一般规律的马克思主义基本原理，又要结合本国国情探索自己的实现基本原理的具体道路。我们讲的发展马克思主义，不是要否定马克思主义的某些基本原理，而是要结合本国国情，运用马克思主义基本原理分析新的情况、新的形势，得出新的结论。

毛泽东就是这样看待马克思主义的。他说，"马列主义基本原理至今未变"，"至于马克思、列宁关于个别问题的结论做得不合适，这种情况是可能的，因为受当时条件的限制"。"马克思活着的时候，不能将后来所有的问题都看到，也就不能在那时把所有的问题都加以解决。俄国的问题只能由列宁解决，中国的问题只能由中国人解决。"[1]

---

[1] 《毛泽东文集》第 8 卷，北京：人民出版社 1999 年版，第 2—3 页。

## 四、要认真学习马克思主义经典著作，牢牢把握马克思主义基本原理

自延安整风以来，我们党明确了一个根本原则：必须把马克思主义基本原理同中国具体实际相结合。一方面必须坚持马克思主义基本原理，另一方面必须紧密结合中国实际，不能脱离中国国情。两者缺一不可。正是在这一思想指导下，我们党带领中国人民取得了新民主主义革命，社会主义革命、建设和改革的巨大胜利。

应该看到，我国在不同历史时期，妨碍贯彻这一原则的主要错误倾向是不一样的。如果说在20世纪三四十年代，主要的错误倾向是教条主义，照搬外国做法，脱离中国实际的话，那么，在现时中一些人存在的主要错误倾向则是否定、抛弃马克思主义基本原理。且不说那些赤裸裸地反对马克思主义的言论，诸如新自由主义、民主社会主义、宪政民主、普世价值、历史虚无主义等的泛滥，就是在理论界，也有极个别人的认识是糊涂的。

例如，有人提出有两个马克思主义。一个是传统马克思主义，即马克思、恩格斯、列宁和毛泽东的思想。认为那些是"原生态"或"次生态"的马克思主义，已不能回答当前中国面临的问题；另一个是现代马克思主义，即中国特色社会主义理论体系，这是"现生态"的，它才能解决中国的现实问题。这就把马克思主义发展的不同阶段对立了起来，用后者否定前者，不承认贯彻始终的马克思主义基本原理是统一的。

还有一种说法，认为马克思主义有对有错，我们要坚持它对的内容，扬弃它错误的内容。按照这一说法，马克思恩格斯的学说主要的问题是存在"空想"成分，这不仅《哥达纲领批判》里有，《共产党宣言》《资本论》里也有。这些人提出，克服这些"空想成分"需要极大的理论勇气，不能迷信马

克思主义，对马克思主义要进行分析，这样才能发展马克思主义。这就把马克思主义基本理论与马克思、列宁等经典作家对某个具体问题的结论混为一谈，容易造成在发展马克思主义、推进马克思主义中国化的进程中的思想混乱，从而导致否定坚持马克思主义这一指导思想。

还有人从我国社会主义初级阶段的实际出发，把中国特色社会主义同马克思主义基本原理对立起来，用我们当前的一些具体做法来否定马克思主义基本原理。例如，由于我国尚处于社会主义初级阶段，非公有制经济还有积极作用，因此就用我国实行的公有制为主体、多种所有制经济共同发展的基本经济制度，来否定《共产党宣言》里关于公有制是共产主义的经济基础，反对在公有制基础上组织生产是社会主义与资本主义"具有决定意义的差别"的原理，认为社会主义也可以建立在私有制基础上。

以上种种错误言论就把人们的思想搞乱了。在这种情况下，习近平总书记强调要读马克思主义经典著作，牢牢把握马克思主义基本原理，具有重要的现实意义。他指出："马克思主义经典著作是马克思主义理论的本源。学习马克思主义经典著作，有利于从源头上完整准确地理解马克思主义，系统掌握马克思主义科学真理，也有利于深化对中国特色社会主义理论体系的理解和运用。没有马克思主义的理论基础，就谈不上把马克思主义基本原理同中国具体实际相结合。"他强调，"老祖宗不能丢，丢了就丧失根本。"

理论界当务之急是要认真读马克思主义经典著作，在真学、真懂、真信、真用上下功夫，坚定不移地坚持和传播马克思主义基本原理。只有这样，才能做到理论清醒，不糊涂，在实践中不走偏，并推进中国特色社会主义理论体系不断创新发展。

《红旗文稿》2017年第17期

# 怎样正确认识共产主义理想？

张 斌　汪先平[*]

共产主义远大理想和中国特色社会主义共同理想是中国共产党人的精神支柱和政治灵魂，也是保持党的团结统一的思想基础。习近平总书记明确指出，树立坚定的理想信念"必须建立在对马克思主义的深刻理解之上，建立在对历史规律的深刻把握之上"。这为我们做好共产主义理想和中国特色社会主义共同理想教育，进一步领会和把握共产主义理想提供了方法论指导。

## 一、共产主义理想源自对现代资本主义社会的批判和超越

作为一种社会理想，共产主义理想不是无本之木，其源自对现代资本主义社会的深刻批判。作为这一批判代表的马克思和恩格斯，其一生都在矢志不渝地从事这项伟大的事业。历史上，人们观察和审视资本主义社会呈现出多元的视域，如科学技术的进展、工业革命的发生、形而上学变革、资产阶级革命、宗教变革以及文化层面的变化等。马克思立足于新唯物主义哲学的

---

[*] 作者单位：安徽财经大学马克思主义学院。

变革，创造性地进行了伟大的政治经济学批判，从而达到了对资本主义社会批判的高峰，其批判的广度和深度至今无人可及。可以说，正是基于对其历史唯心史观和资本逻辑的双重批判，马克思才得以完成对现代资本主义社会的彻底批判，通过走向历史的深处而迈向人类的光明未来。

马克思指出，资本主义社会的产生根源于资本的产生。"只有资本才创造出资产阶级社会，并创造出社会成员对自然界和社会联系本身的普遍占有。"[1] 在资本逻辑控制下，人的存在变成了资本生产链条上的工具，人不单单是一个纯粹的人，而是异化成了剩余价值的生产工具。我们可以通过马克思对资本本质的揭露来深化对资本主义的批判。马克思认为资本的本质之一是社会关系。"资本不是一种物，而是一种以物为中介的人和人之间的社会关系。"[2] 显然，这种社会关系是颠倒了的社会关系，是物支配活劳动，而不是相反。

资本的本质还是一种权力。这种权力是资本主体性的一种体现，同时也是人的主体地位异化的结果。人本来应该是主体，但是却沦为资本的奴隶，在资本主义社会，资本不支配人，人就变得毫无价值。这种对无酬劳动的支配权实际上就是对剩余价值的掠夺权和控制权。在资本逻辑下的技术革命、产业变革、政治革命、哲学革命等，最终都是为资本服务，为资本增值服务。资本的增殖与积累虽然由工人实现，但是并没有给工人带来财富，只是促使资本进一步压榨工人，强化对工人剩余价值的掠夺和控制，导致工人在异化的路上越走越远。沃勒斯坦指出："我们这个时代巨大的社会忧患仍然是异化，马克思使我们得以设想另外一种社会秩序。"[3]

遵循马克思的批判框架，我们会发现在资本主义体系中，自由、平等、人权的抽象政治口号和承诺，被市场交换的自由平等所兑换，资本主义曾经

---

[1] 《马克思恩格斯文集》第8卷，北京：人民出版社2009年版，第90页。
[2] 《马克思恩格斯文集》第5卷，北京：人民出版社2009年版，第877页。
[3] 《自由主义的终结》，北京：社会科学文献出版社2002年版，第227页。

最为自傲的天赋人权便被置换为"商赋人权"。"资本既然存在，也就统治着整个社会，所以任何民主共和制、任何选举制度都不会改变事情的实质"[①]。为了找回劳动本真意义，马克思和恩格斯为我们设想了一种新的社会秩序，即共产主义社会。在共产主义社会中，生产资料不再为某一类人或某一阶级所占有，而是属于所有人，并根据每个人的需要来进行分配，人的劳动变成了自由全面发展的需要，也只有当劳动本来的意义得以彰显，人的解放才能实现，大写的人才能成为现实。

## 二、共产主义理想源自马克思主义一贯的人民性立场

人民性立场是马克思批判现实、展望未来的根本立场和原则，也是马克思社会理想的价值意蕴和根本旨趣，这种立场和原则贯彻其理论创作的始终。马克思主义的人民性立场集中体现在人的解放这一命题上。在马克思看来，人的解放要摆脱两种控制，即自然力的控制和资本的控制，而摆脱资本也就是社会关系的控制最为关键。这是马克思全面审视人类社会发展的历史，特别是对现代资本主义社会进行深刻批判所得出的重要结论。

社会分工和资本主义生产关系的存在必然会导致人的异化，现代社会私有制的存在更加重了人与人之间的不平等。人的解放的实现过程与逐步扬弃人的异化过程凸显了人类历史发展的内在矛盾性，新的社会秩序就是在不断克服这种矛盾基础上才得以构建与发展。马克思的理论视野超越了之前历史上所有关于人类自由、解放的思想。新的"人的解放"就是"人和自然界之间、人和人之间的矛盾的真正解决"。这一富有"人类性"和"现实性"的解放既是人的个性的全面实现，也是人的能力的全面发展。

---

① 《列宁选集》第4卷，北京：人民出版社2012年版，第38页。

人的解放从时间上来说具有长期性。第一，人的解放首先要从思想上扬弃私有制，树立人的解放的意识，建立共产主义社会必胜的信念。这实质上是思想的解放。第二，要将思想上的解放落实到共产主义行动之中。实现人的解放仅仅解决认识问题是远远不够的，最重要的是必须付诸实践。"要扬弃私有财产的思想，有思想上的共产主义就完全够了。而要扬弃现实的私有财产，则必须有现实的共产主义行动。历史将会带来这种共产主义行动，而我们在思想中已经认识到的那正在进行自我扬弃的运动，在现实中将经历一个极其艰难而漫长的过程。"①

人的解放从过程上说具有历史性。第一，是要揭示出解放的实质，"'解放'是一种历史活动，不是思想活动，'解放'是由历史的关系，是由工业状况、商业状况、农业状况、交往状况促成的"。② 第二，要揭示出如何解放，实现解放的第一要务是劳动意义的转变，即当生产劳动不再是资本行使权力的起点，劳动也就不再是人的负担。第三，要明确解放之后何去何从的问题，即摆脱了受束缚受压迫的状态之后，如何再去建立一个真正的共同体。

不管是对思想观念的批判，还是对行为运动的批判，如果都还停留在对旧制度和旧社会的不满之中，解放则永远不可能实现。马克思强调的人的解放是直接冲破旧制度和旧社会，建立一个崭新的制度和社会。在资本主义社会中，解放运动的发起者是以无产阶级为主的人民群众，但是这并不意味着推翻私有制和资本主义社会之后就直接变成了共产主义，"在资本主义社会和共产主义社会之间，有一个从前者变为后者的革命转变时期"。③ 在马克思看来，在共产主义的第一阶段还并不是真正意义上的平等，对私有制的扬弃要依靠现实的共产主义运动，而这一运动又是一个漫长的历史过程。因此也只有在共产主义的高级阶段，"才能完全超出资产阶级法权的狭隘眼界，社会

---

① 《马克思恩格斯文集》第1卷，北京：人民出版社2009年版，第232页。
② 《马克思恩格斯文集》第1卷，北京：人民出版社2009年版，第527页。
③ 《马克思恩格斯文集》第3卷，北京：人民出版社2009年版，第445页。

才能在自己的旗帜上写上：各尽所能，按需分配"！①

## 三、对当代资本主义发展进行历史方位判定与理论反思

就马克思对主体性资本批判的最终结果看，历史发展出现两个必然，即资本主义必然灭亡和共产主义必然胜利。但是就目前资本主义社会的发展现状来看，我们还需客观、理性、科学地对其进行界定和深入研究。

第一，资本主义社会存在和发展的前提条件仍旧在一定范围内长期存在，也即是说主体性资本消亡的历史条件还远未达到。马克思指出，"在资本成为生产力发展的限制因素之前，资本通过自身增殖不断推动社会生产力的发展"。马克思、恩格斯对资本的历史性贡献的结论是慎重的、严肃的。在他们看来，人类进入到资本主义社会以来，社会得到空前解放和发展，"它（资本）创造了这样一个社会阶段，与这个社会阶段相比，一切以前的社会阶段都只表现为人类的地方性发展和对自然的崇拜"。②

第二，马克思、恩格斯在强调资本主义促进人的发展的巨大进步意义和文明作用的同时，洞察了资本主义阻碍人的解放的反动性。资本家为了获取更多的剩余价值，必须要扩大社会生产，实现生产的社会化，但是生产资料私有制又是资本主义社会稳固的基础，因此，资本的自我增殖必将导致资本逻辑的自我否定和自我瓦解，进而资本逻辑最终将自取灭亡。"生产资料的集中和劳动的社会化，达到了同它们的资本主义外壳不能相容的地步。"③ 可以说，资本逻辑最终导致了资本主义制度的灭亡。表面上看工人的辛勤劳动换来了工资，满足了自身的需要，但是实际上却使得资本变得愈发富裕，而自

---

① 《马克思恩格斯文集》第 3 卷，北京：人民出版社 2009 年版，第 436 页。
② 《马克思恩格斯文集》第 8 卷，北京：人民出版社 2009 年版，第 90 页。
③ 《马克思恩格斯文集》第 5 卷，北京：人民出版社 2009 年版，第 874 页。

己愈发贫困，这种贫困不仅是简单的温饱问题，而是工人的全面发展问题。这些问题在资本主义社会是无法解决的，如果解决工人的全面发展问题，势必首先要否定资本逻辑，那就相当于否定了资本主义社会的运行机制，以共产主义取代资本主义，才能最终解决这个问题。

第三，在共产主义的第一阶段，还需认真对待和分析社会发展的具体程度和水平。马克思从历史生成的立场看待共产主义的诞生，"我们这里所说的是这样的共产主义社会，它不是在它自身基础上已经发展了的，恰好相反，是刚刚从资本主义社会中产生出来的，因此它在各方面，在经济、道德和精神方面都还带着它脱胎出来的那个旧社会的痕迹"[1]。带有弊端的共产主义社会的第一阶段是不可避免的，因为"权利决不能超出社会的经济结构以及由经济结构制约的社会的文化发展"。[2] 可以看出，面对未来，马克思是充满激情与乐观的，面对现实又是异乎冷静的。

这即意味着，在相当长的时间里资本主义社会仍然是存在的，资本主义与社会主义的共存具有长期性。关键在于，应当采取科学的立场和方法看待关于资本主义社会的一切，同时对共产主义社会进行展望与谋划。在此阶段，中国特色社会主义道路是我们追求共产主义的必经之路，这是我们对中国特色社会主义理应树立的信心所在。

## 四、共产主义理想与社会个体发展之间是共生关系

每个人的全面自由发展是马克思主义的价值追求，也是共产主义社会的根本价值所在。共产主义理想不仅没有脱离社会个体，反而比以往任何社会

---

[1] 《马克思恩格斯文集》第3卷，北京：人民出版社2009年版，第434页。
[2] 《马克思恩格斯文集》第3卷，北京：人民出版社2009年版，第435页。

更加强调社会个体。这是面对共产主义理想与社会个体关系时我们首先要把握的逻辑前提。

共产主义理想与社会个体发展从根本上说是一种共生关系。马克思在研究社会发展一般规律的同时深入地探究了人的发展阶段问题，认为人的发展阶段性与人的发展历史性是相统一的。人的全面发展应该包括：人的能力、人的社会关系以及人的个性的全面发展。要以发展和辩证的观点把握这一共生关系，既不能幻想社会个体在这三大方面尚存在缺失的情况下共产主义理想就能实现，也不能认定除非社会个体在这三大方面都同步获得全面发展了，共产主义才能最终实现。原因在于无论是人的全面发展还是共产主义的实现，都是一个渐进的历史发展过程，二者是在对应共生中获得发展的。社会个体理应在把握人的发展内涵基础上积极塑造自我、提升自我、实现自我，这种能动的积极发展也是为共产主义理想的逐步实现提供资源和条件。反过来，共产主义理想的每前进一步都是为个体寻求更高层面的发展提供平台和支撑。

当前，金融化主导的全球化进程复杂曲折，保守主义嬗变出新的形态，国际金融化积累模式的内在悖论及其导致的金融危机、全球经济低迷乃至政治秩序的紊乱，都凸显了当代资本主义发展的困境。在此背景下不同发展道路、制度、理论的交锋越加激烈，这些都对共产主义理想与信念的坚守造成了现实的困难。新时期的共产主义理想教育首要的是深刻领会马克思主义的理论要旨，在紧扣历史发展规律基础上牢固树立关于人的解放的根本立场，遵循关于人的全面自由发展的根本原则。这是人类未来新形态社会区别于人类过往社会的本质所在，也是共产主义理想保持恒久感召力和价值的根源所在。

《红旗文稿》2017年第7期

# 高举 21 世纪马克思主义的思想旗帜

双传学*

习近平总书记在哲学社会科学工作座谈会上的重要讲话中指出，马克思主义尽管诞生在一个半多世纪之前，但历史和现实都证明它是科学的理论，迄今依然有着强大生命力。在不久前致中国社会科学院建院 40 周年的贺信中，他再次提出要求，希望广大哲学社会科学工作者，紧紧围绕坚持和发展中国特色社会主义，坚持马克思主义指导地位，努力发展 21 世纪马克思主义、当代中国马克思主义。坚持以马克思主义为指导是我国哲学社会科学的灵魂所在、优势所在。我国哲学社会科学的一项重要任务就是继续推进马克思主义中国化、时代化、大众化，继续发展 21 世纪马克思主义、当代中国马克思主义。

## 一、努力发展 21 世纪马克思主义是时代赋予我们的历史使命

习近平总书记指出，这是一个需要理论而且一定能够产生理论的时代，

---

* 作者：新华日报社总编辑，江苏省中国特色社会主义理论体系研究中心研究员。

这是一个需要思想而且一定能够产生思想的时代。我们不能辜负了这个时代。21世纪马克思主义就是我们这个时代需要而且一定能够产生的伟大思想，全面发展21世纪马克思主义是当今时代交给共产党人的光荣使命。

立足发展着的实践，把握变化中的时代精神，是马克思主义世界观、方法论的精髓。马克思恩格斯明确指出，他们的世界观首先是一种研究方法，离开了现实的历史就没有任何价值，它们绝不提供可以适用于各个历史时代的药方或公式。创立马克思主义后，他们坚持直面发展着的实践，把握变化中的时代精神，推动马克思主义的发展与成熟。列宁遵循马克思恩格斯的教导，将马克思主义与俄国具体实际相结合，成功探索出一条符合俄国国情的革命道路，取得十月革命的胜利，开辟了世界历史的新纪元，实现了对马克思主义的创造性继承和发展。中国共产党坚持把马克思主义基本原理同中国具体实际相结合，运用马克思主义立场、观点、方法研究解决各种重大理论和实践问题，成功实现了马克思主义中国化。实践证明，与时俱进是马克思主义最重要的理论品格。

中国特色社会主义伟大实践为当代马克思主义发展提供了肥沃土壤。正如马克思所指出的，人类始终只提出自己能够解决的任务，因为只要仔细考察就可以发现，任务本身，只有在解决它的物质条件已经存在或者至少是在生成过程中的时候，才会产生。改革开放以来，我国社会主义现代化建设取得了举世瞩目的成就，中国特色社会主义"风景这边独好"。特别是党的十八大以来，以习近平同志为核心的党中央，从推进党的建设新的伟大工程、更好进行具有许多新的历史特点的伟大斗争、推进中国特色社会主义伟大事业出发，提出并形成了协调推进"四个全面"战略布局，开启了中国特色社会主义伟大征程的新篇章，这是前无古人的伟大创举。在这一伟大征程中，我们遇到很多新情况、新问题。破解这些问题、难题，既不可能从马克思主义经典作家那里找到现成答案，也不可能盲目照搬国外发展经验，必须从当代中国伟大变革实践出发，系统运用马克思主义的立场、观点、方法，深入总结经验，从有规律性的新实践中提炼出新思想新理论。马克思主义只有立足、扎根21世纪的新实践，才能葆有并不断焕发生机活力。

中国共产党有着深厚的理论创新传统和非凡的理论创新能力，有能力担当起发展21世纪马克思主义的历史重任。20世纪20年代初，一批共产主义政党先后诞生。大浪淘沙，能够幸存至今者，屈指可数；能够屹立在世界舞台上发挥越来越伟大之历史作用者，唯有中国共产党。在中国共产党的成功学中有很多秘诀，一个特别重要的秘诀在于拥有深厚的学习和创新传统。重视学习，善于学习，是中国共产党独特的精神气质。正因为善于学习，中国共产党才实现了一次又一次理论创新，跨过一道又一道沟坎，取得一个又一个胜利，把自己建设成为一个成功的创新型政党。进入21世纪，特别是国际金融危机以来，谁将承担起发展21世纪马克思主义的历史重任？历史再一次将目光投向中国共产党。与过去不同的是，中国共产党的理论创新能力已经无可置疑，人们完全坚信它能够更加深入地推动马克思主义同当代中国发展的具体实际相结合，不断开辟21世纪马克思主义发展新境界。

## 二、习近平治国理政思想是21世纪马克思主义最集中的体现

党的十八大以来，在治国理政的新实践中，习近平总书记充分发扬党的理论创新传统，以非凡的理论勇气、高超的政治智慧、坚韧不拔的历史担当精神，把握时代大趋势，回答实践新要求，顺应人民新期待，围绕改革发展稳定、内政外交国防、治党治国治军发表了一系列重要讲话，形成了一套完整的、系统的、科学的治国理政思想体系。这套理论体系是马克思主义与当代中国具体实践相结合的理论结晶，是马克思主义中国化、时代化的最新成果。

习近平治国理政思想回应了 21 世纪中国特色社会主义建设实践的重大关切。"道不远人，人之为道而远人，不可以为道。"科学的思想理论都是蕴含于人民实践之中的时代精神的精华。一种理论只有顺应人民新期待，回答实践新要求，才能在某种意义上把握时代精神、具有先进性质。习近平总书记指出，实现中华民族伟大复兴，就是中华民族近代以来最伟大的梦想。他深刻而全面地回答了什么是中国梦、怎样实现中国梦等一系列重大问题。中国人民的新期待不仅在新的历史条件下由此获得了第一次完整准确的表达，更为重要的是，由此也为这个伟大目标愿景的实现指明了科学的发展路径。

习近平治国理政思想丰富和发展了中国特色社会主义理论体系。改革开放以来，我们党坚持理论创新，正确回答了什么是社会主义、怎样建设社会主义，建设什么样的党、怎样建设党，实现什么样的发展、怎样发展等重大课题，不断根据新的实践推出新的理论，开辟了中国特色社会主义道路，形成了中国特色社会主义理论体系。党的十八大以来，习近平总书记充分运用中华民族 5000 多年来积累的伟大智慧，深刻把握时代变化和治理经验，从"四个全面"战略布局出发，提出了一系列治国理政新理念新思想新战略，开创了一种既不同于西方资本主义国家，也不同其他社会主义国家的治理模式，凸显了中国特色社会主义制度的独特优势，创造性地回答了"什么是社会主义治理、如何治理社会主义"等重大课题，深化了对人类社会发展规律、社会主义建设规律和共产党执政规律的认识，进一步丰富和发展了中国特色社会主义理论体系，开创了当代中国马克思主义的新境界。

习近平治国理政思想是经过实践检验的科学思想体系。理论是实践的先导，实践是理论的归宿。党的十八大以来，世情国情党情发生了深刻变化，以习近平同志为核心的党中央高瞻远瞩、审时度势，以"抓铁有痕、踏石留印"的执行力，统筹推进"五位一体"总体布局，协调推进"四个全面"战略布局，在社会主义经济建设、政治建设、文化建设、社会建设、生态文明建设、党的建设等方面取得了举世瞩目的成就，开拓了中国特色社会主义现代化建设事业的新局面。2017年5月14日至15日，我国成功举办"一带一路"国际合作高峰论坛，29位外国元首、政府首脑及联合国秘书长等3位重要国际组织负责人出席相关活动，达成270多项成果。其"朋友圈"规模之大、质量之高，超出想象。这些成就都充分证明，习近平治国理政思想是合乎实践的、行之有效的。

习近平治国理政思想是党的意志、国家意志和人民意志的集中体现，是包括全面建成小康社会、全面深化改革、全面依法治国、全面从严治党以及全面加强国防和军队建设、全面推进中国特色大国外交等重大思想在内的科学思想体系。它坚持和发展了中国特色社会主义，是马克思主义中国化的最新成果。高举21世纪马克思主义的思想旗帜，必须深入学习贯彻习近平总书记系列重要讲话精神和治国理政新理念新思想新战略，深入研究阐释其重大意义、丰富内涵和科学体系，努力掌握贯穿其中的马克思主义立场、观点和方法。

## 三、高举21世纪马克思主义的思想旗帜必须破除思想迷障

高举21世纪马克思主义的思想旗帜，我们必须与各种错误思想作斗争，摆脱思想迷障束缚阻碍，团结一致向前进。

必须旗帜鲜明地反对马克思主义"过时论"。马克思主义"过时论"主要有以下几种表现：一是时过境迁论。这种观点认为，马克思主义诞生于170多年前，今天的世界局势已经发生了翻天覆地的变化，企图用一百多年前的理论来指导今天的实践，无异于"刻舟求剑"。二是历史终结论。这种观点认为，马克思主义始终坚信资本主义必然灭亡，然而，今天的事实已证明马克思主义彻底错了，资本主义不仅没有灭亡，而且有可能是人类历史的最后一

种形式。三是实践断裂论。这种观点认为,马克思恩格斯设想的社会主义是生产力高度发达的后资本主义的社会主义,而今天的中国特色社会主义显然与马克思恩格斯畅想的社会主义存在本质区别,如果承认今天中国实践的正确性,就必须承认马克思恩格斯所建立的马克思主义已经过时了。这些"过时论"实际上都犯了一个致命错误,那就是把马克思主义彻底教条化了,根本不理解马克思主义世界观方法论的实质和精髓。实践已经证明,无论时代如何变迁、科学如何进步,马克思主义依然显示出科学思想的伟力,依然占据着真理和道义的制高点。我们必须努力掌握马克思主义立场、观点、方法,真正在实践中做到坚持马克思主义和发展马克思主义的辩证统一,坚定捍卫马克思主义的指导地位。

必须旗帜鲜明地反对西化、儒化指导思想的错误倾向。中国道路既不是西方资本主义道路的翻版,也不是我国传统文化的再版;既不是对马克思主义经典作家理论模板的套用,也不是对其他国家社会主义实践的简单模仿。它是中国共产党带领中国人民在长期实践中逐步开辟出来的正确道路,是马克思主义中国化的创造性结晶。这条道路不仅是实现民族伟大复兴的唯一道路,也是实现国家富强和人民幸福的唯一道路。因此,在全面推进当代中国伟大实践的过程中,必须坚定不移地高举中国特色社会主义旗帜,坚定道路自信,既不能走封闭僵化的老路,也不能走改旗易帜的邪路。任何以儒化党、以儒化国或全盘西化的做法,只会葬送中国特色社会主义。旗帜鲜明地反对指导思想的西化和儒化倾向,坚持马克思主义的指导地位,并不意味着要狭隘地反对西方文明,更不是拒绝复兴中华优秀传统文化;而是要在马克思主义的指导下,积极吸收一切人类文明的优秀成果,实现中华优秀传统文化的创造性转化,为发展21世纪马克思主义,提供可资借鉴的理论资源。

必须坚定理论自信,勇于批判各种错误思潮。当前我国正处于经济社会发展的关键期,各种错误思潮,如历史虚无主义、新自由主义、"普世价值"论、西方宪政民主、民主社会主义、文化复古主义,等等,借助新媒体广为流传、相互激荡，在广大青年学生和人民群众中产生了消极影响；而意识形态领域的西方思想文化渗透也一直没有停止过。面对形形色色的错误思潮，如果不能从理论上进行正本清源、拨乱反正，必然会直接冲击和削弱马克思主义的指导地位，甚至会严重威胁我国意识形态安全。我们必须勇于担当，敢于亮剑，坚定理论自觉和理论自信，同各种错误思潮作坚决斗争，坚定捍卫马克思主义的指导地位。

当代中国正经历着我国历史上最为广泛而深刻的社会变革，也正在进行着人类历史上最为宏大而独特的实践创新。一切有理想、有抱负的哲学社会科学工作者都应该立时代之潮头、通古今之变化、发思想之先声，自觉把学习贯彻习近平总书记系列重要讲话精神和治国理政新理念新思想新战略这一首要政治任务落实好，自觉承担起坚持和发展21世纪马克思主义的历史使命。

*《红旗文稿》2017 年第 10 期*

# 习近平治国理政思想的理论贡献

## ——"五大问题"和"五大规律"

姜 辉[*]

党的十八大以来,以习近平同志为核心的中央领导集体,立足新阶段、新起点、新长征,在深入推进伟大斗争、伟大工程、伟大事业的崭新的历史创造过程中,提出了一系列治国理政新理念新思想新战略,实现了实践创新、理论创新、制度创新、文化创新以及各方面创新,形成了系统完整、逻辑严密的科学理论体系。这一科学理论体系,是中国特色社会主义理论体系的最新成果,是马克思主义在当代中国的新发展,是21世纪最鲜活的马克思主义。习近平总书记提出要求:"加强对党中央治国理政新理念新思想新战略的研究阐释,提炼出有学理性的新理论,概括出有规律性的新实践。"整体来看,习近平总书记系列重要讲话和治国理政思想新理念新思想新战略,创造性地回答了"五大问题",进一步深化了对"五大规律"的认识。

---

[*] 作者:中国社会科学院信息情报研究院党委书记、研究员,中国社会科学院世界社会主义研究中心副主任。

## 一、围绕坚持和发展中国特色社会主义这个主题，创造性地回答了"建设什么样的中国特色社会主义制度，怎样完善发展中国特色社会主义制度"的问题，进一步深化了对中国特色社会主义规律也即社会主义建设规律的认识

在续写中国特色社会主义这篇大文章的伟大征途上，以习近平同志为核心的中国共产党人，坚持科学社会主义基本原则与中国实际和时代特征相结合，"使具有500年历史的社会主义主张在世界上人口最多的国家成功开辟出具有高度现实性和可行性的正确道路，让科学社会主义在21世纪焕发出新的蓬勃生机"。党的十八大以来，我们党紧紧围绕坚持和发展中国特色社会主义这个主题，继续拓展这条"正确道路"，进一步深化了对社会主义发展道路、发展阶段、发展战略、发展目的、根本任务、发展动力、依靠力量、领导保障等一系列重大问题的认识。中国特色社会主义的科学内涵和基本架构日益丰富完善，由道路、理论体系和制度的"三位一体"，发展为道路、理论体系、制度、文化的"四位一体"，并在此基础上由"三个自信"发展到"四个自信"，并贯穿整个中国特色社会主义事业发展过程的始终。

具体地看，党的十八大以来，我们党在许多方面深化升华了社会主义基本理论、基本原则和基本经验。比如，提出坚持以人民为中心的发展思想，这是唯物史观在当代中国发展中的具体运用，是党的宗旨在发展观上的集中体现，从而提炼升华了社会主义本质理论；强调社会主义初级阶段是建设中国特色社会主义的"总依据"，同时提出三个"没有变"的谋划发展"基本依据"，根据新阶段新形势又提出经济发展新常态的新的现实依据，从而丰富了社会主义发展阶段理论；在新的历史起点上全面深化改革，推进以经济体制改革为重点和牵引的"六大改革"，通过新的改革，让制度更加成

熟定型，让发展更有质量，让治理更有水平，让人民更有获得感，从而极大提升了社会主义发展动力理论；统筹推进"五位一体"总体布局和协调推进"四个全面"战略布局，两者相互促进、协调联动，提升发展的系统性、全面性、协调性，从而完善了社会主义全面发展理论；践行"五大发展理念"，破解了社会主义发展路径的难题，拓展了社会主义发展途径和发展目标理论。

## 二、围绕治国理政这条主线，创造性地回答了"什么是治理社会主义社会，怎样治理社会主义社会"的问题，进一步深化了对治国理政规律的认识

党的十八大以来，以习近平同志为核心的党中央以宽广的世界历史眼光审视治国理政的问题，指出："实际上，怎样治理社会主义社会这样全新的社会，在以往的世界社会主义中没有解决得很好。"马克思、恩格斯没有遇到全面治理一个社会主义国家的实践；列宁在俄国十月革命后不久就过世了，没有来得及深入探索这个问题；苏联在这个问题上进行了探索，取得了一些实践经验，但也犯下了严重错误，没有解决这个问题。对于这个问题，邓小平生前就带着强烈的忧患意识和紧迫感指出："我们今天再不健全社会主义制度，人们就会说，为什么资本主义制度所能解决的一些问题，社会主义制度反而不能解决呢？这种比较方法虽然不全面，但是我们不能因此而不加以重视。"从我们党治国理政历史的承继发展看，治理社会主义社会的历史实践已经走过了不平凡的历史进程。在以往的社会主义实践中，主要的历史任务是建立社会主义基本制度，并在这个基础上进行改革，现在已经有了很好的基础。今天就是在新的历史起点上把以往世界社会主义实践中"没有解决得很好"的问题进一步解决好，以治国理政的成功充分证明社会主义制度的优越

性。正如习近平总书记指出的:"这就要靠通过不断改革创新,使中国特色社会主义在解放和发展社会生产力、解放和增强社会活力、促进人的全面发展上比资本主义制度更有效率,更能激发全体人民的积极性、主动性、创造性,更能为社会发展提供有利条件,更能在竞争中赢得比较优势,把中国特色社会主义制度的优越性充分体现出来。"

中国特色社会主义制度是特色鲜明、富有效率的,但还不是尽善尽美、成熟定型的。今天,我们党治国理政的一项重大历史任务,就是推动中国特色社会主义制度更加成熟、更加定型,为党和国家事业发展、为人民幸福安康、为社会和谐稳定、为国家长治久安提供一整套更完备、更稳定、更管用的制度体系,不断提高运用中国特色社会主义制度有效治理国家的能力。全面深化改革不是权宜之计,而是谋长远,谋党和国家的长治久安。邓小平曾深谋远虑地指出:"改革的意义,是为下一个十年和下世纪的前五十年奠定良好的持续发展的基础。没有改革就没有今后的持续发展。所以,改革不只是看三年五年,而是要看二十年,要看下世纪的前五十年。"习近平同志以同样的战略视野和历史眼光审视全面深化改革和治国理政的问题,指出:"人无远虑,必有近忧。全面建成小康社会之后路该怎么走?如何跳出'历史周期率'、实行长期执政?如何实现党和国家长治久安?这些都是需要我们深入思考的重大问题。"

党的十八大以来,我们党根据本国传统、现实国情和长期治理经验,创造性地推进治国理政事业,形成了治国理政新理念新思想新战略,创造了不同于历史上其他社会主义国家的治理模式,也不同于西方资本主义的治理模式,形成了对比于西方社会治理的独特优势,也为如何治理社会主义社会提供了成功经验,这是我们党在新的历史时期治国理政的根本特征和重要创新。当今世界出现了"中国之治"与"西方之乱"的鲜明对照,这也从一个方面反映了我们党对治国理政规律认识的进一步深化,反映了运用中国特色社会主义制度治理国家的有效性、优越性。如果说以往我们更多地从理论上根据历史规律来阐释社会主义制度的优越性，那么 21 世纪我们则必须运用高于和好于资本主义制度的经济效率与治国理政能力，来真真切切地展现社会主义制度的优越性，这是中国特色社会主义对人类社会发展和制度文明作出的巨大历史贡献。

### 三、围绕实现中华民族伟大复兴的中国梦这个目标，创造性地回答了"建设一个什么样的社会主义现代化强国，怎样建设社会主义现代化强国"的问题，进一步深化了对社会主义现代化建设规律的认识

实现中华民族伟大复兴，就是实现社会主义现代化，建设富强、民主、文明、和谐的社会主义现代化国家。习近平总书记系列重要讲话和治国理政新理念新思想新战略，深刻阐明了社会主义现代化的必由之路、发展蓝图、总体布局、战略布局、发展理念、保障力量、对外关系、领导核心和科学方法，是建设社会主义现代化强国的科学指南，为在新的历史条件下把社会主义中国建设好、发展好、治理好，由一个发展中的社会主义大国向一个社会主义现代化强国转变，提供了基本遵循。

在探索符合中国历史传统和现实国情的现代化发展道路上，中国共产党人立足本国、面向世界，既坚定不移地走自己的道路，又博采各国各地区发展道路之众长，可以说走出了一条人类历史上前所未有的现代化新路。世界各个国家和地区，不论其历史传统、社会制度、发展水平如何，都不可避免地、或早或晚地走上现代化道路。但现代化之路往哪个方向走、如何走，却有很大不同。在历史上，可以说西方国家在现代化道路先行一步，其成功经验和积极成果是对人类发展的重要贡献。但据此认为西方道路是实现现代化的唯一正确可行之路、普世之路，其他国家别无选择、必须模仿和跟随，则

是错误的。况且，西方现代化道路有着固有的矛盾弊端、制度局限和历史局限。可以说2008年以来的金融危机，也是西方现代化的危机，现在西方国家的种种乱象，如贫富差距悬殊、难民危机、民粹主义泛滥、恐怖主义猖獗，逆全球化和反全球化趋势等，都标志着西方现代化之路走入了死胡同。一些亦步亦趋地追随西方、套用西方现代化模式和西方提供的方案的国家，要么陷入"中等收入陷阱"而长期停滞，要么成为依附于"中心国家"、受其控制和支配而丧失了独立性，要么在"结构性调整计划"的猛药"医治"下而陷入破产，要么在"颜色革命"中陷入政治动荡和国家分裂。

历史和现实都表明，人类发展迫切呼唤一条不同于西方现代化的另一条新道路。以民族复兴为目标的中国社会主义现代化道路，既超越了西方的现代化，也超越了历史上和现实中其他社会主义的现代化道路，走出一条包括经济现代化、政治现代化、文化现代化、社会现代化、国家治理现代化等全面的现代化道路，为人类现代化发展作出了巨大贡献。正如习近平总书记所言，"当代中国的伟大社会变革，不是简单延续我国历史文化的母版，不是简单套用马克思主义经典作家设想的模板，不是其他国家社会主义实践的再版，也不是国外现代化发展的翻版"，而是最符合中国当今实际的、最鲜活的原版。

## 四、围绕全面从严治党这个关键，创造性地回答了"建设一个什么样的马克思主义执政党，怎样建设马克思主义执政党"的问题，进一步深化了对共产党执政规律的认识

"党和人民事业发展到什么阶段，党的建设就要推进到什么阶段。这是加强党的建设必须把握的基本规律。"改革开放以来，我们党在建设什么样的党、怎样建设党的问题上，取得了许多规律性的认识。党的十八大以来，

党面临的国内外形势环境发展之快、改革发展稳定任务之重、矛盾风险挑战之多，都前所未有；党员队伍结构、思想状况发生深刻变化，党要带领全国各族人民进行具有许多新的历史特点的伟大斗争。以习近平同志为核心的党中央，以全面从严治党为主线，坚持思想建党和制度治党紧密结合，把全面从严治党纳入"四个全面"战略布局，实现了马克思主义政党治国理政与自身建设的高度统一，实现了伟大斗争、伟大工程、伟大事业的高度统一。

以习近平同志为核心的党中央，从思想、组织、作风、制度、纪律和反腐倡廉建设等各个方面，创造性回答了"建设一个什么样的马克思主义执政党，怎样建设马克思主义执政党"的问题。第一，马克思主义执政党必须有坚如磐石的理想信念。共产党人有了坚定的理想信念，就能"牢牢占据推动人类社会进步、实现人类美好理想的道义制高点"；第二，马克思主义执政党必须成为坚强领导核心。确立习近平同志为党中央的核心、全党的核心，集中贯彻了马克思主义政党关于阶级、政党、领袖、群众之关系的基本原则，为继续推进伟大斗争、伟大工程、伟大事业提供了坚强的领导保证；第三，马克思主义执政党必须旗帜鲜明地讲政治，将其作为补钙壮骨、强身健体的根本保证，作为培养自我革命勇气、增强自我净化能力、提高排毒杀菌政治免疫力的根本途径；第四，马克思主义执政党必须严明纪律和加强党内监督，恢复光大这个优良传统和独特优势，重新确立了"党的团结和统一是党的生命"的根本原则；第五，马克思主义执政党必须持续不懈地加强作风建设和反腐败，打破了所谓的"反腐败党亡，不反腐败国亡"的"两难"悖论，找到了一条跳出"历史周期率"的新路；等等。总之，习近平同志的治国理政思想，进一步地深化了对马克思主义执政党的性质宗旨、历史使命、执政理念、执政基础、执政途径、根本保证等的规律性认识，是马克思主义政党建设理论的重大丰富和发展。

## 五、围绕构建人类命运共同体这个宏伟愿景，创造性地回答了"建设一个什么样的世界、怎样建设这个世界"的问题，从而深化了对人类社会发展规律的认识

中国的问题本来就是世界的问题。毛泽东在1921年谈"改造中国与世界"时，就豪迈大气地指出，"提出'世界'，所以明吾侪的主张是国际的；提出'中国'，所以明吾侪的下手处"。"中国问题本来是世界的问题，然从事中国改造不着眼及于世界改造，则所改造必为狭义，必妨碍世界。"近百年后，在中国真正走进世界舞台中心的历史时刻，习近平同志明确地表达了同样的思想，同样豪迈自信地提出"为人类对更好社会制度的探索提供中国方案"。进入21世纪，中国的发展与人类社会的发展更加紧密地联系在一起，中国发展道路的探索创新也在为人类社会发展提供新智慧、新经验。我们党着眼于中国走到世界舞台中心的新阶段新形势，致力于为人类对更好社会制度的探索提供中国方案，在人类社会发展趋势、发展目标、发展道路等方面，在人类社会发展中建立更为合理的国际关系和国际秩序等方面，都提出了新理念和新思想，从而深化了对人类社会发展规律的认识。

当今世界处于百年未遇之大变局中。特朗普当选美国总统，暴露了西方民主政治的固有局限和无能为力；"美国优先"、英国脱欧、美国与欧洲的新矛盾新冲突等，说明西方正加剧分裂和撕裂，危机之时"各扫门前雪"，"大难临头各自飞"，充分暴露出资本帝国主义集团的本性与内部矛盾；西方金融寡头和国家为追求超额资本利润曾积极推动自己主导的经济全球化，而今同样为了各自利益而"关门砌墙"，逆全球化潮流而动，实行贸易保护主义政策。曾宣布"历史终结"的弗朗西斯·福山，深深担忧西方自由民主制度正"面临倒退"，哀叹"我们都不知道这会如何完结"。世界向何处去？人类走

向何方？许多国际政治家和战略家都陷入焦虑、彷徨和迷惘之中。

在世界深刻复杂的大变局中和变动不居的大动荡中，很多人把目光投向中国。中国作为负责任的大国，发出了"中国应该对人类社会有更大的贡献，更大的担当"的时代强音，提出"让和平的薪火世代相传，让发展的动力源源不断，让文明的光芒熠熠生辉"的美好倡议，提出了构建人类命运共同体的宏伟愿景。习近平总书记提出，共建人类命运共同体，各国要相互尊重、彼此包容，更要遵守全人类共同价值观，各尽所能、相互借鉴、互惠共赢。包括联合国在内的国际组织把"构建人类命运共同体"写入各种决议中，充分体现了这一宏伟理念和美好愿景已得到国际社会的普遍认同，也表明了中国对全球治理和人类社会发展的重要贡献。

构建人类命运共同体，是立足中国，面向世界，把中国发展和世界各国发展有机结合，既坚定不移地走自己的发展道路，又把握历史大势，遵循人类社会发展规律，同时向人类社会提供丰盈鲜活的中国智慧、中国经验、中国方案，以中国道路和发展理念引领塑造人类社会发展的新未来。习近平总书记指出："解决好民族性问题，就有更强能力去解决世界性问题；把中国实践总结好，就有更强能力为解决世界性问题提供思路和方法。"坚持中国发展和人类社会发展的有机统一，提出促进人类社会繁荣发展的新理念。建设"一带一路"、组建亚投行和金砖银行，推动建设国际政治经济新秩序，积极参与全球经济治理、引导全球经济议程等。中国发展遵循"五大发展理念"，也为人类社会发展贡献了"科学发展、和平发展、包容发展、共赢发展"的新理念。倡导构建人类命运共同体，提出国际秩序新原则和人类社会关系新愿景，是我们党对当今时代"建设一个什么样的世界、如何建设这个世界"的创造性回答，其根本目的就是让世界更美好，让人民更幸福，是中国的"各美其美，美人之美，美美与共，天下大同"理念在当今世界的现实体现。总之，正如习近平总书记所说的："世界好，中国才能好；中国好，世界才更好。"

《红旗文稿》2017 年第 13 期

# 中国特色社会主义是改革开放以来党的全部理论和实践的主题

戴木才[*]

在省部级主要领导干部"学习习近平总书记重要讲话精神,迎接党的十九大"专题研讨班开班式上的重要讲话中,习近平总书记深刻指出:"中国特色社会主义是改革开放以来党的全部理论和实践的主题,全党必须高举中国特色社会主义伟大旗帜,牢固树立中国特色社会主义道路自信、理论自信、制度自信、文化自信,确保党和国家事业始终沿着正确方向胜利前进。"没有社会主义就没有新中国;没有中国特色社会主义就没有改革开放以来当代中国的发展进步。"中国特色社会主义是改革开放以来党的全部理论和实践的主题",深刻地道出了中国特色社会主义是建设社会主义现代化强国的崭新道路。

---

[*] 作者:清华大学马克思主义学院教授、博士生导师。

## 一、中国特色社会主义从理论和实践结合上，回答了在我国这样一个具有 5000 年文明的大国，实现什么样的社会主义现代化、怎样实现社会主义现代化这个根本问题

在中国建设社会主义现代化，不同于世界上其他任何国家。中国具有悠久的历史、深厚的文化底蕴和从未中断的中华文明。在这样一个国家要实现现代化，既具有无可比拟的优势，也有不可回避的问题和包袱。所以，近代曾有人把资本主义列强入侵中国称为"中国遇到了数千年未有之强敌，中国处在三千年未有之大变局"。西方强敌的入侵，不仅使中国的领土主权和国家独立遭受严重威胁，独立封闭体系被打破，并被强行拉入一个由西方主宰的世界体系之中，而且中华文明也遭遇了前所未有的强势竞争对手。文明的根基遭到动摇，迫使整个文明形式、社会经济政治制度面临三千年未有的根本性变革。

在这个大变局中，中国的传统农业文明撞上了西方现代工业文明，中华民族古老的专制王权撞上了资本主义新兴的民主政治，双方一经较量便分出高下。这是中华民族实现现代化要面对的基本国情和世界背景。但是，有着 5000 年深厚历史文化传统的中华民族要实现现代化，完全可以走出一条自己的路，而不必步西方的后尘。西欧、北美，包括亚洲的日本，最早跨入现代化门槛，尽管发展模式不尽相同，但都有着资本主义对外扩张、强取豪夺的共同本质。当沉睡中的中国被西方列强的炮声惊醒时，就已经失去了西方国家工业革命的历史机遇，也即中国不可能通过发展资本主义实现现代化。这已经被历史所证明。社会主义为中国实现国家独立、民族解放和国家富强、人民富裕，开辟了一条崭新的道路。中国特色社会主义则为中国开辟了一条符合中国国情的实现社会主义现代化的科学发展、和谐发展、和平发展的新路。

## 二、中国特色社会主义是我们党带领人民在我国完成国家独立和民族解放的历史任务后，为接着完成国家富强、人民富裕的历史任务而开辟出来的正确道路

自1840年以来，中国就面临着两大历史任务：一是赢得国家独立和民族解放，二是实现国家富强和人民富裕。国家独立和民族解放是实现国家富强和人民富裕的历史前提，只有实现国家独立和民族解放，才能为国家富强和人民富裕扫清障碍和奠定基础。从1840年鸦片战争爆发到1949年新中国建立，经过100余年的英勇奋斗，经过无数仁人志士的艰辛探索，经过无数艰难曲折和流血牺牲，终于使中国人民认识到一个为实践所证明的真理：只有以社会主义引领前进方向、以马克思主义为指导思想、以中国共产党领导为核心力量，坚持把马克思主义基本原理与中国革命实际相结合，走符合中国特点和自身规律的革命道路，才能成功走上完成近代以来我国第一大历史任务的康庄大道。

中国共产党领导的新民主主义革命，实质上是通过扫除帝国主义、封建主义和官僚资本主义在近代中国的统治，为实现中华民族的现代化搬掉拦路石。在这个过程中，中国共产党科学地分析了我国的基本国情，把马克思列宁主义基本原理与中国革命斗争的实际相结合，明确了中国革命的性质、对象、任务、动力，提出了通过新民主主义革命走向社会主义的两步走的战略，制定了无产阶级领导的，人民大众的，反对帝国主义、封建主义和官僚资本主义的新民主主义革命总路线，开辟了农村包围城市、武装夺取政权的革命道路，最终指导中国革命取得了伟大胜利。我国新民主主义革命道路积累、形成的宝贵历史经验，为中国特色社会主义道路的开辟奠定了深厚的历史基础和实践基础，这是一脉相承、历史推进的关系。

### 三、中国特色社会主义是我们党在总结新中国近 30 年社会主义革命与建设曲折发展经验的基础上，为实现国家富强、人民富裕而进行的历史选择

新中国成立后，我国社会主义革命与建设近 30 年的发展经历了曲折的历程。其中既有辉煌的成就，也有重大的挫折，还有严重的失误，但这些实践都为中国特色社会主义道路的开辟奠定了根本的政治制度基础和经济社会发展的基础，积累了宝贵的历史经验。在中国共产党的领导下，仅仅用 3 年多一点的时间就迅速实现了祖国大陆的基本统一、国民经济的根本好转，开始了以第一个五年计划为标志的大规模工业化建设，随后又探索出具有中国特点的社会主义改造道路，我国进入社会主义初级阶段，确立起社会主义基本制度。在此基础上，提出了探索适合中国国情的社会主义道路的任务，并着手开始社会主义现代化建设，着力推进实现中华民族的国家富强、人民富裕伟大事业。

"辉煌的成就"与"惨痛的教训"，为中国特色社会主义道路的开辟积累了正反两方面的宝贵经验。"大跃进"和"人民公社化运动"，严重超越我国社会发展阶段、严重违背社会主义建设规律的沉痛教训，使中国共产党深刻认识到，我国正处于并将长期处于社会主义初级阶段，只有从这一最大的国情实际出发，社会主义现代化建设才能避免或少走弯路；"以阶级斗争为纲"的错误指导思想造成了阶级斗争扩大化的严重失误，特别是"文化大革命"十年错误使中国共产党深刻认识到，必须实现由"革命"到"建设"的重大转变，始终坚持"以经济建设为中心"，大力推进经济建设、民主政治建设和精神文明建设。中国共产党开辟、形成、发展中国特色社会主义道路，正是以这些宝贵的历史经验和惨痛教训为起点和基础的。

## 四、中国特色社会主义是在我国改革开放和社会主义现代化建设进程中，为实现国家富强、人民富裕的伟大理论创新和实践创新

改革开放是决定当代中国命运的关键一招，是当代中国最鲜明的特色，是国家富强、人民富裕的兴国富民之道。这是深入总结新中国建立以来探索社会主义建设道路正反两方面经验教训而得出的正确结论，也是在拨乱反正过程中开辟中国特色社会主义道路所找到的唯一正确的途径。改革开放，是我国社会主义制度的自我完善和自我发展，只有通过社会主义经济体制改革、政治体制改革、文化体制改革、社会体制改革，才能逐渐形成中国特色社会主义经济建设、政治建设、文化建设、社会建设和生态文明建设"五位一体"的格局，不断拓展和丰富中国特色社会主义道路，从而使这条康庄大道越走越宽广。

建设社会主义现代化强国和实现中华民族伟大复兴的中国梦，是新中国建立后长期不懈的奋斗目标。把中国建设成为富强民主文明和谐的社会主义现代化国家，是完成国家富强、人民富裕这一历史任务的根本体现，也是中国特色社会主义的根本指向。中国共产党领导的社会主义建设和改革开放，实质上就是通过大力解放和发展社会生产力，把中国由不合格、不发达的社会主义国家建设成为富强民主文明和谐的社会主义现代化国家，真正实现社会主义现代化，实现中华民族伟大复兴。在这个过程中，中国共产党把马克思主义基本原理与中国社会主义建设和改革开放的具体实际相结合，系统回答了在中国这样一个十几亿人口的发展中大国建设什么样的社会主义、怎样建设社会主义，建设什么样的党、怎样建设党，实现什么样的发展、怎样发展等一系列重大问题，开辟了中国特色社会主义道路，创造了举世瞩目的伟大成就。

## 五、中国特色社会主义明确地宣示了我们党举什么旗、走什么路、以什么样的精神状态、担负什么样的历史使命、实现什么样的奋斗目标

习近平总书记指出，即将召开的党的十九大，是在全面建成小康社会决胜阶段、中国特色社会主义发展关键时期召开的一次十分重要的大会，能否提出具有全局性、战略性、前瞻性的行动纲领，事关党和国家事业继往开来，事关中国特色社会主义前途命运，事关最广大人民根本利益。

众所周知，改革开放以来，在中国特色社会主义的伟大实践中，邓小平理论鲜明地回答和解决了"什么是社会主义，怎样建设社会主义"的时代课题；"三个代表"重要思想鲜明地回答和解决了"建设一个什么样的党，怎样建设党"的时代课题；科学发展观鲜明地回答和解决了"实现什么样的发展，怎样发展"的时代课题。

党的十八大以来，我国的经济社会发展已处于决胜全面建成小康社会的"最后一公里"；我国的经济总量已经成为世界第二大经济体，我们比历史上任何时期都更接近中华民族伟大复兴的目标，比历史上任何时期都更有信心、有能力实现这个目标。5年来，我国进行的一系列关系全局的重大变革，其核心内容是我国正在从一个崛起中的社会主义大国向一个社会主义现代化强国转变。习近平总书记深刻指出，党的十八大以来，在新中国成立特别是改革开放以来我国发展取得的重大成就基础上，党和国家事业发生历史性变革，我国发展站到了新的历史起点上，中国特色社会主义进入了新的发展阶段。

中国特色社会主义不断取得的重大成就，意味着近代以来久经磨难的中华民族实现了从站起来、富起来到强起来的历史性飞跃，意味着社会主义在

中国焕发出强大生机活力并不断开辟发展新境界，意味着中国特色社会主义拓展了发展中国家走向现代化的途径，为解决人类问题贡献了中国智慧、提供了中国方案。中国特色社会主义发展的关键时期，决定了以习近平同志为核心的党中央治国理政所要回答和解决的时代课题是"建设一个什么样的社会主义现代化强国，怎样建设社会主义现代化强国"，昭示了我们党举什么旗、走什么路、以什么样的精神状态、担负什么样的历史使命、实现什么样的奋斗目标。

## 六、中国特色社会主义的最本质特征和最大优势是坚持中国共产党的领导

选择和最终坚持走社会主义革命和建设的道路，是我国近百年来走向民族独立和国家富强的历史选择，是中国共产党带领全国各族人民在艰难曲折的不懈奋斗中唯一正确的道路选择。中国只有坚持搞社会主义而不能搞资本主义，也搞不成资本主义，这是被历史所证明了的正确结论。所以，我们必须始终坚持马克思主义指导思想，始终坚持中国特色社会主义共同理想，始终高举中国特色社会主义伟大旗帜，坚定不移走中国特色社会主义道路。中国特色社会主义的"主义"，就是马克思主义、科学社会主义这个"主义"，集中体现为坚持中国共产党的领导。习近平总书记指出，坚持中国共产党的领导是中国特色最本质的特征和最大优势。

办好中国的事情，关键在党，在党的凝聚力、战斗力和领导力、号召力。在新形势下，全面从严治党依然任重道远。要坚持问题导向，保持战略定力，以改革创新精神全面推进党的建设新的伟大工程，把党建设得更加坚强有力。只有毫不动摇坚持和完善党的领导，推动全面从严治党向纵深发展，进一步把党建设好，确保我们党永葆旺盛生命力和强大战斗力，我们党才能带领人

民成功应对重大挑战、抵御重大风险、克服重大阻力、解决重大矛盾，不断从胜利走向新的胜利，从而为全面建设小康社会、加快推进社会主义现代化和实现中华民族伟大复兴的中国梦提供根本的政治保证。

*《红旗文稿》2017 年第 15 期*

# 中国特色社会主义永葆活力的不竭源泉和根本保证

汪亭友[*]

习近平总书记在省部级主要领导干部"学习习近平总书记重要讲话精神，迎接党的十九大"专题研讨班开班式上的重要讲话中指出，中国特色社会主义不断取得的重大成就，意味着社会主义在中国焕发出强大生机活力并不断开辟发展新境界。回眸历史，自新中国成立以来，各种唱衰中国的言论从未消停。从最初的"共产党解决不了中国贫困与发展问题"，到苏东剧变后甚嚣尘上的"马克思主义失败论""社会主义终结论"，再到2008年国际金融危机后的"中国崩溃论"，等等，可谓花样翻新，层出不穷。然而，新中国成立以后特别是改革开放以来的大量事实，一再粉碎了这些谣诼、谬论。中国特色社会主义在改革开放的伟大实践中焕发出勃勃生机和强大生命力。中国特色社会主义正以崭新面目呈现在世界舞台上，不仅赢得了各国人民的喝彩和尊重，而且拓展了发展中国家走向现代化的途径，为解决人类问题贡献了中国智慧、提供了中国方案。

---

[*] 作者单位：中国人民大学马克思主义学院。

## 一、改革开放的伟大实践是中国特色社会主义永葆活力的不竭源泉

改革开放是继新民主主义革命、社会主义革命之后的又一次伟大革命。它是对我国社会各个领域的具体体制和运行机制的深刻变革,极大地激发了广大人民群众的创造性,极大地解放和发展了社会生产力,极大地增强了社会发展活力。改革开放以来,我国人民生活显著改善,综合国力显著增强,国际地位显著提高。

实现从高度集中的计划经济体制到充满活力的社会主义市场经济体制的转变,并获得改革开放的巨大成就,是我国在不断推进经济体制改革的过程中逐步取得的。我国实行计划经济体制有它的历史由来。新中国成立后,在贫穷落后的基础上迫切需要集中有限的资源和社会力量迅速实现国家的工业化,构建相对独立的比较完整的工业体系和国民经济体系。计划经济体制在我国社会主义发展初期发挥了无可替代的重要作用,甚至还一度成为一些西方国家效仿的经验。尽管如此,随着经济联系和生产活动日益密切频繁,计划经济体制的弊端也凸显出来,如由于过分强调集中而忽视乃至排斥市场的作用,企业缺乏生产经营自主权,违背价值规律和经济规律等,因而越来越不能适应我国生产力和经济发展的要求。因此,党的十一届三中全会以来,改变原来的经济管理体制和经济发展模式,充分发挥市场的作用,就成为经济体制改革的一项根本任务。1992年,党的十四大决定把建立社会主义市场经济体制作为我国经济体制改革的目标,提出要使市场在国家宏观调控下对资源配置起基础性作用。在之后的20多年间,我们党围绕政府与市场的关系等重大课题进行了不懈探索。

党的十八大以来,以习近平同志为核心的党中央,坚持以经济体制改革

为全面深化改革的重点，坚持把处理好政府和市场的关系作为经济体制改革的基本问题。2013年，党的十八届三中全会提出，使市场在资源配置中起决定性作用和更好发挥政府作用。这是我们党在政府和市场的关系问题上实现的思想理论和实践的又一次重大突破，进一步体现了社会主义市场经济体制的特色和优势。为主动适应、把握、引领我国的经济发展新常态，党中央又相继提出坚持以提高发展质量和效益为中心，加快实施创新驱动发展战略，推进供给侧结构性改革。这些重大举措的贯彻落实，为我国经济保持平稳向好的发展态势，提供了强大动力。

同时，我国政治、文化、社会等各个领域的改革也都在深入开展，并与经济领域的改革这个主轴衔接配套，协同推进，形成合力。党的十八大以来，习近平总书记就新时期新阶段全面深化改革，提出一系列新理念新思想新战略。他强调，改革开放不仅是决定当代中国命运的关键一招，也是决定实现"两个一百年"奋斗目标、实现中华民族伟大复兴的关键一招。他指出，完善和发展中国特色社会主义制度，推进国家治理体系和治理能力现代化，是全面深化改革的总目标。他要求，要使改革发展的成果更多更公平惠及全体人民，让人民群众有更多获得感。他号召，广大干部要争当改革的促进派和实干家，正确处理好全面深化改革的重大关系，奋力实现既定的目标任务。随着一系列重大战略部署、重大方针政策的出台，一系列重大改革不断推进，许多长期想解决而没有解决的难题得到解决，许多过去想办而没有办成的大事得以办成，中国特色社会主义进入了新的发展阶段。

习近平总书记系列重要讲话和治国理政新理念新思想新战略，是马克思主义中国化的最新理论成果，是统筹推进"五位一体"总体布局，协调推进"四个全面"战略布局，牢固树立和贯彻落实新发展理念，实现"两个一百年"奋斗目标和中华民族伟大复兴的科学理论指导和行动指南。我们党科学把握当今世界和当代中国的发展大势，顺应实践要求和人民愿望，吹响了改革开放新的号角，掀起了新一轮的改革浪潮。党的十八届三中全会提出，深化经济体制改革、政治体制改革、文化体制改革、社会体制改革、生态文明体制改革和党的建设制度改革。全会提出的"六个紧紧围绕"，明确了深化六大领域改革的方向。党的十八届四中全会提出，全面推进依法治国，加快构建中国特色社会主义法治体系，建设社会主义法治国家。全会认为全面依法治国，核心是坚持党的领导、人民当家作主、依法治国有机统一，关键在于坚持党领导立法、保证执法、支持司法、带头守法。党的十八届五中全会研究制定了"十三五"规划，部署了需要取得明显突破的十大发展领域。党的十八届六中全会研究全面从严治党重大问题，制定了《新形势下党内政治生活的若干准则》，修订了《中国共产党党内监督条例》。

党的十八大以来，在以习近平同志为核心的党中央的坚强领导下，我国各领域改革和建设不断提速，成果丰硕。全面加强党的领导，大大增强了党的凝聚力、战斗力和领导力、号召力。贯彻新发展理念，有力推动我国发展不断朝着更高质量、更有效率、更加公平、更可持续的方向前进。全面深化改革，推动改革呈现全面发力、多点突破、纵深推进的崭新局面。全面推进依法治国，显著增强了我们党运用法律手段领导和治理国家的能力。加强党对意识形态工作的领导，巩固了全党全社会思想上的团结统一。推进生态文明建设，美丽中国建设迈出重要步伐。推进国防和军队现代化，国防和军队改革取得历史性突破。推进中国特色大国外交，营造了我国发展的和平国际环境和良好周边环境。推进全面从严治党，为党和国家各项事业发展提供了坚强政治保证。党的十八大以来的5年发展，不仅进一步深化了对共产党执政规律、社会主义建设规律、人类社会发展规律的认识；而且为实现全面建成小康社会，实现第二个百年奋斗目标和中华民族伟大复兴，奠定了扎实的基础，开辟了前进的道路。

## 二、社会主义制度的优越性是中国特色社会主义永葆活力的重要支撑

我国社会主义初级阶段存在的基本矛盾，决定了改革的必然性、长期性。那么，是不是社会主义初级阶段的一切方面，都要改革，都要成为改革的对象呢？显然不是。习近平总书记指出："我们党领导的改革历来是全面改革。问题的实质是改什么、不改什么，有些不能改的，再过多长时间也是不改，不能把这说成是不改革。"我国的改革是有方向、有立场、有原则的。我国的改革是在中国特色社会主义道路上不断前进的改革，既不能走封闭僵化的老路，也不能走改旗易帜的邪路。

既然改革是全面的改革，又为什么有的要改、有的不能改呢？为什么要强调改革是有方向、有立场、有原则的改革？回答这些问题，需要运用辩证唯物主义和历史唯物主义的基本原理加以认识和分析。新中国成立以来，特别是改革开放以来，我国社会主义发展取得的伟大成就有力地表明，在社会主义中国虽然生产力与生产关系、经济基础与上层建筑之间还存在一定矛盾，有不相适应的方面，但其基本的和根本的方面却是完全相互适应的。这就要求我们，在我国社会主义生产关系中，对与生产力性质相适应的方面（基本的方面），继续坚持；而对与生产力发展不相适应的方面（局部的方面），进行改革。改革的对象不是整个社会生产关系，而是其中不适应生产力发展的不完善的方面和环节。

改革是社会主义制度的自我完善和发展，这一性质决定了我国的改革是有方向、有立场、有原则的。这个方向就是社会主义的方向，就是不论怎样改革，都不允许否定和抛弃社会主义，都要始终坚持中国特色社会主义道路、中国特色社会主义理论体系、中国特色社会主义制度。如果丢掉了这些，就

会误入歧途，陷入灾难的深渊。这个立场就是以人民为中心的立场，牢记人民群众是改革的主体和决定力量，始终把人民放在心中最高位置，坚持改革和发展成果为全体人民共享。这个原则就是四项基本原则，它是任何时候都不能动摇的立国之本，是改革沿着正确方向前进的根本保证。习近平总书记指出，推进改革的目的是要不断推进我国社会主义制度自我完善和发展，赋予社会主义新的生机活力。这里面最核心的是坚持和改善党的领导、坚持和完善中国特色社会主义制度，偏离了这一条，那就南辕北辙了。因此，在改革问题上，我们要增强政治定力，坚守政治原则和底线，决不能把改革变成"改向"，变成对社会主义制度的改弦更张，犯原则性方向性颠覆性的错误。历史教训表明，不实行改革开放是死路一条，搞否定社会主义方向的"改革开放"也是死路一条。在方向、立场、原则问题上头脑必须清醒，不能有丝毫的含糊和动摇。

明确改革问题的实质是改什么、不改什么，搞清楚改革社会主义体制机制同坚持完善社会主义制度的关系，就能够看出中国特色社会主义保持活力还有一个制度的因素，这就是中国特色社会主义制度。中国特色社会主义制度是中国特色社会主义保持生机活力的前提和基础。没有中国特色社会主义制度的支撑，没有中国特色社会主义制度的优越性，中国特色社会主义就谈不上富有活力。皮之不存，毛将焉附？离开中国特色社会主义制度，片面谈论中国特色社会主义的特点和长处，是没有看清问题的实质，也是没有多少说服力的。

比如，当前世界上，中国的市场经济实践一枝独秀，其中原因固然很多，但最根本的一条，就是我们的市场经济是同社会主义制度结合在一起的。社会主义市场经济体制，既能充分发挥市场在资源配置中的决定性作用，又能充分发挥社会主义制度的优越性，因而能够克服资本主义市场经济的缺点和不足，能够有效消除生产的无政府状态，避免周期性经济震荡，防止社会两极分化。因此，中国特色社会主义市场经济具有不同于西方资本主义市场经济的本质特征，具有西方资本主义市场经济不具有的优点和长处。

习近平总书记指出，在社会主义条件下发展市场经济，是我们党的一个伟大创举。我国经济发展获得巨大成功的一个关键因素，就是我们既发挥了市场经济的长处，又发挥了社会主义制度的优越性。我们是在中国共产党领导和社会主义制度的大前提下发展市场经济，什么时候都不能忘了"社会主义"这个定语。之所以说是社会主义市场经济，就是要坚持我国社会主义制度优越性，有效防范资本主义市场经济的弊端。我们要坚持辩证法、两点论，继续在社会主义基本制度与市场经济的结合上下功夫，把两方面优势都发挥好，既要"有效的市场"，也要"有为的政府"，努力在实践中破解这道经济学上的世界性难题。

不仅社会主义市场经济体制的活力，需要依靠社会主义制度的优越性才能充分发挥出来，社会主义的政治体制、文化体制、社会体制、生态文明建设以及党的建设等方面的活力，也都离不开中国特色社会主义制度这个前提和基础，特别是党的领导这个最根本的制度。

全面深化改革的总目标是完善和发展中国特色社会主义制度，推进国家治理体系和治理能力现代化。习近平总书记多次指出，总目标是两句话组成的一个整体：前一句，规定了根本方向，这个方向就是中国特色社会主义道路，而不是其他什么道路；后一句，规定了在根本方向指引下完善和发展中国特色社会主义制度的鲜明指向。他还强调，两句话都讲，才是完整的。我们要深刻领会、准确把握、全面贯彻习近平总书记的这一重要思想。抛开中国特色社会主义制度的所谓国家治理体系和治理能力现代化，既不可能存在，也不可能取得成功。

## 三、党的领导是中国特色社会主义永葆活力的根本保证

认识改革、实施改革、推进改革，把握改革规律，保障改革爬坡过坎取

得成功，都需要一个坚强的领导核心。在中国，这个领导改革的坚强核心，只能是中国共产党。中国共产党是中国特色社会主义改革的领导者，也是改革开放事业取得胜利的根本保障。改革开放以来，我国各个领域各个方面的成就，都是在党的领导下取得的。没有中国共产党，就没有中国特色社会主义改革，也就不可能取得中国特色社会主义事业的辉煌成就。改革开放是党在新的时代条件下带领人民进行的新的伟大革命，它既是当代中国最鲜明的特色，也是当代中国共产党人最鲜明的品格。

党是最高的政治领导力量，主要体现在党总揽全局、协调各方上。改革是一项复杂艰巨的系统工程，必须要有中国共产党这样一个坚强的领导核心进行总体谋划，把握改革的内在规律，明确改革的方向、重点，搞好改革的顶层设计；同时还要进行组织推动，凝聚各方面共识，统筹各方面利益，汇聚各方面智慧和力量，妥善协调好、处理好改革与发展中的重大关系和重大问题，用全局观念和系统思维谋划改革，以强大的政治勇气和卓越的政治智慧推进改革。

从理论上明确了改革的必要性、改革的性质、改革的对象、改革为了谁、改革的依靠力量，还不等于解决了改革的全部问题，还需要在实践中探索改革的路径，也就是如何进行改革。把改革引向成功，推向前进，是个实践问题，不能靠纯粹的理论抽象或思辨推理，而要一切从实际出发，理论联系实际，解放思想，实事求是，与时俱进，求真务实。要大胆闯、大胆试，按照邓小平提出的"三个有利于"标准，探索改革的具体措施和方法，不要搞无谓的争论。我们要牢牢把握中国特色社会主义发展的阶段性特征，牢牢把握人民群众对美好生活的向往，提出新的思路、新的战略、新的举措。

要在观念上把改革看成一场深刻的革命。改革的根本任务是扫除影响生产力发展的障碍，使中国摆脱贫穷落后的状态，实现社会主义现代化和中华民族伟大复兴。它既不是社会主义制度的自我否定，抛弃社会主义另搞一套，也不是对原有体制的修修补补，而是要从根本上改变束缚生产力发展的体制机制。因此，改革必须完全在党的统一领导下才能坚持正确方向。回顾改革开放以来的历程，每一次重大改革都是在党的坚强领导下得以顺利推进的，给国家发展注入了新的活力，为我国社会主义事业不断前进增添了强大动力。

人们经常讲，集中力量办大事是我国社会主义制度优越性的重要体现。这一结论，说到底源于中国共产党是中国特色社会主义事业的坚强领导核心。只有在党的领导下，凝聚共识，统筹谋划，科学决策，协调推进，才能够做到全国一盘棋，集中力量，保证重点，办成大事。也只有把这个相比较于资本主义的优越性充分发挥出来，才能在改革中破除旧观念旧体制的束缚，建立充满生机和活力的社会主义新体制，永葆中国特色社会主义的活力和优势。

展望未来，无论是实现"两个一百年"奋斗目标，实现中华民族伟大复兴中国梦，还是推进国家治理体系和治理能力现代化，形成更加成熟更加定型的中国特色社会主义制度，乃至实现我们最终的理想和奋斗目标，都需要中国共产党这个坚强有力的领导核心。这是为过去的经验所证明了的一条真理。只有在中国共产党的正确领导下，才能走对路，不被各种浮云所惑，才能坚定信心，步调一致，以新的精神状态和奋斗姿态把中国特色社会主义推向前进，引领承载着中国人民伟大梦想的航船胜利驶向光辉的彼岸。

*《红旗文稿》2017 年第 19 期*

# 中国特色社会主义政治制度的比较优势

胡鞍钢　杨竺松[*]

　　新中国成立以来，社会主义在中国经历了长达 68 年的不断发展和进化，形成了世界上独一无二的政治制度体系。中国特色社会主义政治制度的独特性源于中国独特的文化传统、独特的历史积淀、独特的国情基础、独特的发展道路，其核心是中国共产党领导和人民主体地位，体现在政治、经济、社会、文化、军事、外交等方方面面。正因其独特性，中国特色社会主义政治制度具备了一系列十分重要的比较优势。中国特色社会主义政治制度充分适应中国国情，使中国共产党能够担当起历史和人民所赋予的伟大使命，实现全面建成小康社会和推进现代化强国建设、实现祖国完全统一、推动构建人类命运共同体的历史任务，使中国能够在激烈的国际竞争和风云变幻的国际环境中立于不败之地，不断提高综合国力、国际影响力和竞争力，将 13 亿多中国人民引向中华民族伟大复兴的光明前景。本文从以下 10 个方面对中国特

---

　　[*] 作者：胡鞍钢，清华大学国情研究院院长，清华大学公共管理学院教授、博士生导师；杨竺松，清华大学公共管理学院博士后，国情研究院助理研究员。

色社会主义政治制度的比较优势加以总结。

## 一、政治稳定、社会稳定体现出的治理优势

中国特色社会主义政治制度为中国人民提供了最重要的国家公益性产品，即天下大治、安定团结，政治有序、社会井然。国家公益性产品，是指能够在全社会范围提供的，赖以促进和保护全体人民福祉所需的产品和服务。天下大治、秩序井然，就如同新鲜空气，虽然看不见摸不着，但每一个人都无时无刻不需要它。在世界大国及主要政党中，中国共产党尤其珍视并且善于维护政治稳定、社会稳定，这种稳定性来自中国共产党的历史担当，既有对人民的责任，也有对全人类的贡献。政治稳定，主要体现在党和国家政治生活的制度化，以及党的执政理念、国家发展目标、发展规划和重大政策的连续性；社会稳定，主要体现在社会规范的广泛有效性和社会冲突的高可控性，其直接体验就是社会公道正义的实现感和人民生命财产的安全感。

与其成为鲜明对照的是，在当今世界许多国家，动荡与冲突已成常态，政治稳定、社会安宁成为一种稀缺的国家公益性产品。在北美，尽管特朗普成功当选美国总统，但选举过程及其上台以来推出的一系列政策正在加剧美国社会撕裂与对立；在西欧，难民入境在法国、荷兰等国引发的右翼民粹主义势力崛起，对其政治选举带来冲击；在南美，巴西正在经历前总统罗塞夫遭弹劾、治理积弊集中爆发的阵痛。还有许多国家近年来军事政变、军人干政乱象频生，如缅甸、菲律宾、泰国、土耳其以及非洲多国；有的国家甚至经历了军阀割据、连年混战，动辄"城头变幻大王旗"，民生福祉沦为最大牺牲品。在社会公共安全方面，英国、法国、德国、比利时等西欧多国近年来为恐袭阴云所笼罩；阿富汗、伊拉克、叙利亚等国家在原政权被美国摧毁

后，至今仍深陷恐怖主义血腥之中。放眼世界，一个稳定而安全的中国的确是"风景这边独好"。

## 二、人民当家作主制度优势

中国特色社会主义政治制度广泛代表全社会不同阶层、不同群体的利益。习近平总书记指出，"人民代表大会制度是坚持党的领导、人民当家作主、依法治国有机统一的根本政治制度安排"，是"符合中国国情和实际、体现社会主义国家性质、保证人民当家作主、保障实现中华民族伟大复兴的好制度"。也是人类政治制度史上的伟大创造，是人民中心思想在政治上的深刻反映。在人民代表大会制度下，中国共产党不断扩大和巩固执政基础，兼顾群众性、阶层性，代表中国全体人民整体利益、根本利益、长远利益，在协调不同社会群体利益诉求、整合兼顾不同社会群体利益当中发挥了领导与引导作用，真正做到了来自人民、依靠人民、全心全意为人民。人民代表大会制度的优势反映在重大决策中，就是决策科学化民主化水平的提高，既通过汇集众思、广纳群言提高了决策的科学性，也保证了议而能决、决而能行的决策效率，避免了竞争性政治体制下决策效率低下、权利各方掣肘的弊端。

反观美国，不同社会群体间的对立和社会分化日益严重。从"占领华尔街"运动反映出"99%"的普通大众与"1%"的金融精英阶层之间的对立，到美国各地此起彼伏的抗议活动甚至是骚乱所反映出的种族矛盾，再到不同政见、不同利益诉求者之间的对立等，不一而足。此外，在枪支管控、医疗保障、移民、同性婚姻、身份认同等诸多深层次问题上，持不同意见群体日益固化，彼此见解调和难度不断上升，由此引发的社会冲突时有发生。

### 三、统一思想优势

社会主义意识形态牢牢占据社会意识形态主流。中国共产党始终坚持马克思主义在意识形态领域的指导地位，不仅坚持推进马克思主义中国化、时代化、大众化，发展当代中国马克思主义，特别是随着我国进入中国特色社会主义新时代，形成了习近平新时代中国特色社会主义思想的指导；而且成功顶住了西方敌对势力对中国主流意识形态的攻势，有效应对了来自意识形态领域的挑战和考验。中国共产党始终高举共产主义远大理想和中国特色社会主义共同理想旗帜，坚持弘扬社会主义核心价值观，在全体人民中不断巩固对党的领导和社会主义制度的政治认同，巩固中国经济社会持续发展和民生福祉不断改善的利益追求，巩固国家富强之梦和个人幸福之梦有机统一的行动准则，使社会主义的意识形态牢牢占据主流，对团结社会、凝聚人心发挥了至关重要的作用，维护了中国社会思想上的团结统一。

反观苏联，苏共领导人背弃了马克思主义指导思想，自我抹黑苏联党和国家历史、放任西方意识形态泛滥，自我摧毁苏联社会主义制度和苏共的领导，这成为苏共亡党、苏联解体，酿成20世纪最大政治悲剧的重要原因。而本世纪东欧、中亚以及北非发生"颜色革命"的多个国家，其原有政权在美国的意识形态攻势尤其是对当局政权的肆意抹黑面前应对乏力，加之西方价值观、民主模式和生活方式长期潜移默化渗透，使得在反对派粉墨登场、登高一呼时，大批民众不辨是非、受到利用驱使，加速了当局政权垮台、国家滑向崩溃和战乱、社会陷入动荡。国家由于意识形态失控而发生政权颠覆、百姓受难的一系列教训，也使得当今中国社会对西方的真面目有了越来越清醒的认识；珍惜政治稳定、社会安宁的大好局面，把握好战略机遇期、聚精会神推动发展，早已成为中国社会的最广泛共识。

## 四、社会动员能力优势

中国特色社会主义政治制度极大地提高了中国社会的组织化水平。将人民组织起来、彻底告别"一盘散沙"的局面，不仅是中国改变半封建半殖民地悲惨命运、建立人民共和国的必要条件，同时也是中国作为后发国家在现代化道路上实现对先行国家加速追赶的重要前提，这是由中国的基本国情和发展环境所决定的。中国社会得以有效组织，其前提是有了中国共产党这个高度组织化的强有力的核心。中国共产党是世界第一大执政党，拥有8900万名党员；中共中央组织部是世界上最大的"人力资源部"。中国共产党通过不断吸纳中华民族优秀分子建立起中国工人阶级同时也是中国人民和中华民族的先锋队，通过党的先进思想理论体系和推进政治、思想建设保证全党在思想上团结统一，重点强化政治纪律和组织纪律，带动廉洁纪律、群众纪律、工作纪律、生活纪律严起来，使全体党员、党的中央机构、党的地方组织和基层组织共同构成有机的统一整体，使党具备强大政治领导力、思想引领力、群众组织力、社会号召力，从而担负起领导中国人民实现社会主义现代化和中华民族伟大复兴的历史使命。党政军民学，东西南北中，党是领导一切的。党与国家机构、与中国社会方方面面的组织之间建立起紧密的联系，从国家层面一直延伸至企业、社区和自然村，推动经济社会发展的各方面力量充分整合在党的领导下，进而将13亿多中国人民组织起来，实现全民族的团结。

反观同为13亿多人口大国的印度，有包括7个全国性大党、40个地区性政党在内的1000多个大大小小的政党参与国会选举竞争，难以实现对人民的有效组织，难以克服自身历史与文化带来的邦属众多、教派林立、统一基础薄弱，政策难以一以贯之，国家发展步伐深受阻滞。

## 五、政治协商和协商民主优势

中国特色社会主义政治制度在政治协商中实现党际合作与协商民主，达到政治团结。中国共产党领导下的多党合作与政治协商制度是中国的基本政治制度。在这一制度下，中国共产党与民主党派之间的关系是建设性的而不是破坏性的，是积极团结而不是互相掣肘。中国共产党与各民主党派"长期共存、互相监督、肝胆相照、荣辱与共"，按照"团结—批评—团结"的原则共处，由此结成最广泛的爱国统一战线，促进全民族大团结大联合，使中国共产党能够有效汇集众思，提高决策质量，降低决策风险，最终使国家受益、人民受益。习近平总书记在党的十九大报告中再次指出，社会主义协商民主"是我国社会主义民主政治的特有形式和独特优势"。党的十八大特别是党的十八届三中全会以来，中央进一步推进协商民主广泛、多层、制度化发展，协商民主顶层设计、协商体系建设、协商渠道建设等取得新的重要进展，协商民主制度化水平进一步提高。

反观美国，民主党、共和党代表着泾渭分明的不同利益集团，以权力制衡为初衷的"三权分立"政治舞台近年来日益沦为不同利益集团的角斗场，为争夺选票而互相揭短攻讦、两党总统候选人互相诋毁谩骂，屡屡上演政治争斗的闹剧；在联邦层面复杂重大决策中，两党之间协调合作机制日益式微，互相对峙、拆台、扯皮成为常态，为了否决而否决。对此，奥巴马曾无奈地承认，华盛顿"一事无成""四分五裂"。可以说，当今美国"制衡"体制所存在的种种弊端，正是社会主义协商民主所避免的。

## 六、民族团结优势

中国特色社会主义政治制度能够妥善处理民族关系，维护国家统一，促进民族团结与共同繁荣发展。中国共产党领导实行的民族区域自治制度作为一项基本政治制度和中国少数民族地区基本政权形式，符合中华人民共和国单一制政体和崇尚团结统一的中国传统政治文化，充分体现了各民族平等团结和共同繁荣的基本原则。在中国共产党领导下，中国成功地建立起了"一体多元"的现代国家。正如习近平总书记所指出的："我国是统一的多民族国家。各民族多元一体，是老祖宗留给我们的一笔重要财富，也是我们国家的重要优势。"新中国成立68年来，中国实施了一系列重要的民族发展政策，如对口支援、西部大开发战略等，不仅有力推动了民族地区经济社会跨越式发展，极大地改变了民族地区千百年来贫穷落后的面貌，极大地改善了少数民族群众生活，还从民族干部培养、文化传统保护等许多方面做了大量的工作，创造了多民族和谐共荣的中国典范。

习近平总书记还深刻指出："西方国家在解决民族问题上也没有什么包治百病的灵丹妙药，在以私有制为基础的阶级社会中，不可能有真正的民族平等和民族团结。"从现代世界范围来看，受困于民族（种族）问题并由此引发严重后果的例子屡见不鲜。如印度，其东北部阿萨姆等邦、西北部旁遮普邦和印控克什米尔地区就是民族分离主义的重灾区，时至今日仍时有恐怖袭击事件发生；又如美国，因警察枪杀黑人引爆长期存在的种族矛盾，引发多地非裔人口示威游行甚至血腥袭警事件。

## 七、改革创新优势

中国特色社会主义政治制度始终在改革创新中与时俱进，不断进行自我完善。习近平总书记多次指出，"改革开放永无止境"，"改革开放只有进行时、没有完成时"。中国共产党坚持在改革创新中寻求发展活力。改革就意味着创新，只有在创新中才能保持对环境变化的适应性，赢得永续发展。中国特色社会主义政治制度改革创新的比较优势，不仅体现在有关改革本身对马克思主义中国化理论的发展性、对中国现代化进程需求的适应性，还体现在改革领域的全面性、改革路径的科学性以及改革持续深入的自觉性。党的十一届三中全会以来，中国以经济体制改革为引领，加快完善社会主义市场经济体制；协同推进政治、文化、社会、生态、军事、外交体制改革，使之与经济体制改革相适应，形成了中国特色社会主义事业总体布局。党的十八届三中全会，开启了改革新的篇章，吹响了全面深化改革号角，提出了全面深化改革总目标和2020年阶段目标；全面深化改革写入新时期"四个全面"战略布局。党的十九大，将全面深化改革作为新时代坚持和发展中国特色社会主义的基本方略写进报告。党的十八大以来，我国民主法治建设迈出重大步伐。人民代表大会制度特别是选举制度不断完善，公众有序政治参与不断扩大，人民民主权利得到更高水平保障。中国共产党领导的多党合作和政治协商制度、民族区域自治制度以及基层群众自治制度，不断丰富，党内民主更加广泛，社会主义协商民主全面展开，爱国统一战线巩固发展，民族宗教工作创新推进。中国特色社会主义法治体系日益完善。党风廉政建设与反腐败机制、国家监察制度改革试点取得实效，行政体制改革、司法体制改革、权力运行制约和监督体系建设有效实施。

反观美国，面对"民主政体"异化为"否决体制"的困境，尽管两党都十分清楚美国政治已经深受"否决政治"之害，但无论是奥巴马还是特朗普，都无力改变美国政治的现状；不仅无力改变，而且还饮鸩止渴，一再利用有关议事规则作为武器，在政策议程中继续相互掣肘。此外，大众媒体多元化也在很大程度上加剧了政党观点和立场的极端化趋势，而且这一趋势在短期内得到扭转的希望十分渺茫。改革创新对当前美国政治而言，"非不为也，诚不能也"，反映出美国制度陷于僵化、与环境互动能力严重弱化的困境。对此，政治学者弗朗西斯·福山称之为"政治衰败"。

## 八、学习型政党优势

中国特色社会主义政治制度体现了中国共产党人极强的学习自觉性，善于鉴古知今、博采众长。习近平总书记指出，"历史和现实都告诉我们，事业发展没有止境，学习就没有止境"，"中国共产党人依靠学习走到今天，也必然要依靠学习走向未来"。建设学习型政党，是中国共产党长期以来的优良传统；中国共产党已经形成了自上而下的系统性的学习机制。在中央层面，中共中央政治局坚持定期集体学习。学习内容十分广泛，以第十八届中央政治局为例，集体学习涉及"四个全面"战略布局和全面参与全球治理、"五位一体"总体布局和国防与军队建设等各个方面。以习近平同志为核心的党中央把握国内国际两个大局，与引领中国迈向社会主义现代化强国的宏大布局相适应，重大问题导向十分突出，兼具全球视野和历史关照。学习形式丰富多样，既有专家授课、系统讲授，又有内部交流、参观学习，也向全党作出了很好的示范。地方各级党委也设有理论学习中心组，定期组织集体学习。随着 2017 年 3 月《中国共产党党委（党组）理论学习中心组学习规则》的制定实施，党内组织化学习机制进一步成熟和完善。中国共产党还十分重视向全世界包括西方国家在内的一切其他国家学习其先进文明成果，向发达资本主义国家学习市场经济，向新加坡学习干部管理与廉政建设，就是十分典型的例子。实际上，早在1992年，党的十四大报告就明确提出："社会主义要赢得同资本主义相比较的优势，必须大胆吸收和借鉴世界各国包括资本主义发达国家的一切反映现代社会化生产和商品经济一般规律的先进经营方式和管理方法。"这正是中国共产党开放胸怀与学习心态的最佳反映。

相比之下，西方特别是美国长期以来以民主"正统"自居，唯我独尊、自我封闭，认为西方制度已是世界上最好的制度，既缺乏对自身的反思，又缺乏对世界其他国家制度的尊重和借鉴。美国白宫新闻办公室长期对外发布《国别人权报告》，罔顾本国十分堪忧的人权状况和一系列基本事实，对包括中国在内的世界许多国家人权状况指手画脚、横加指责。美国政府长期致力于推销美式民主，通过大量非政府组织向别国"免费"传播多党制、普选制的知识和经验，帮助组建反对党派，甚至不惜对一系列别国政权开战生事、除之后快。面对中国特色社会主义政治制度所表现出的竞争力，美国政界主流更多地停留在对所谓"威权政体"的批判，甚至未能跳出对抗与遏制的"冷战"思维。对此，早已有研究者指出，包括政治精英在内的美国人"已经习惯了中国向美国学习"，"共和党对中国的知识低得令人发指，共和党候选人以诚实的态度谈论中国的意愿也低得令人难以置信"。

## 九、政治人才培养与选拔任用优势

中国共产党源源不断地培养和任用大批经过充分历练、为实践证明堪当治党治国治军大任的优秀政治人才。习近平总书记指出，面对复杂多变的国际形势和艰巨繁重的国内改革发展任务，实现党确定的各项目标任务，进行具有许多新的历史特点的伟大斗争，关键在党，关键在人。关键在人，就要建设一支高素质干部队伍。以中共中央领导集体为例，跻身这一集体的领导者往往需要经过两个"超级治理"台阶的历练。第一个台阶是担任各省区市特别是若干经济大省和直辖市的党委书记,在治理国家前先充分学习如何治省;第二个台阶是担任在任中央领导集体的主要助手,直接观察和学习如何治国理政、作出重大决策。在每个台阶上,领导人都要面对严格的治理考验,经受严峻复杂环境的历练,学习观察已有治理经验的精华,借此确保由出类拔萃的优秀领导人来领导党和国家。不仅如此,党还坚持按照德才兼备、组织认可、群众公认等重要原则选用干部,不断完善干部选拔任用程序、从严执行选人用人标准,提高选人用人科学化水平。中国共产党还坚持从宽广视野中选任干部,注重从女性、从少数民族、从党外人士中选拔培养干部担任领导职务;还建立了以各级党校为主渠道、其他有关部门和部分高等院校参与其中的较为完备的干部培训体系,使党的干部教育培训工作更好适应新形势新任务的需要;有计划地安排干部在中央机关、国家部委和地方党政部门、国有企业之间交流任职,培养能力全面的复合型干部和中国"政治家集团"后备军。通过一系列制度设计,使党的干部队伍保有的总人力资本不断提质增量,成为党治国理政所依赖的宝贵财富。

反观美国的政治实践,州一级主官跨州任职是难以想象的:不仅没有跨州任职的调动机制,也缺乏支持易地从政的政治基础。美国联邦和州一级参议员,许多人是几代人生于斯长于斯,其家族在当地具有极其深厚的政治经济根脉;在多州的政治版图中,多代从政、政商互利的"寡头"家族数见不鲜,政治生态格局呈现出长期固化的特点。

## 十、党的自身建设优势

中国共产党具有强大的执政能力,并自觉通过持续不断的自身建设巩固这种能力。"打铁必须自身硬。"中国共产党始终将马克思主义信仰和社会主义、共产主义信念作为政治灵魂,始终坚持与时俱进推动党的思想理论体系和执政方式创新，不断提高党内民主制度化水平和实效，增强自身创新活力，始终致力于打造更加坚强有力、更高素质的执政骨干队伍。尤其是党的十八大以来，以习近平同志为核心的党中央将全面从严治党纳入"四个全面"战略布局，把作风建设和反腐败斗争作为全面从严治党的重要内容，着力构建党统一领导的反腐败工作体制，形成依规治党与依法治国有机统一的党和国家治理体系；从制定关于改进工作作风、密切联系群众的"八项规定"，到开展群众路线教育实践活动、"三严三实"教育活动及"两学一做"活动，再到大力倡导构建"亲""清"新型政商关系，党的作风建设和反腐败斗争取得了一系列重大成效，赢得了人民群众的高度评价。党的十九大报告提出，新时代我们党一定要有新气象、新作为；必须毫不动摇坚持和完善党的领导，毫不动摇把党建设得更加坚强有力。

反观美国，民主党、共和党实质上与普遍意义的政党组织相去甚远。两党没有固定和明确的党的成员与各级组织，只有在举行总统大选时才按照政治倾向由选民自行登记，党派活跃分子的主要工作就是为本党参加大选角逐筹款；也没有成文的党的章程，只在选举前才会提出本党的竞选纲领，而纲领中提到的施政目标往往又难以兑现，甚至会随着参众两院多数席位政党的更迭而根本没有实现的机会。与此同时，金钱在美国总统竞选中发挥的作用却不断强化，使所谓民主沦为"一美元一票"的"金主"。

中国特色社会主义政治制度从马克思主义百余年发展中走来，从国际共产主义运动百余年兴衰中走来，从中国革命建设改革百余年伟大实践中走来。这套制度在中国的发生和发展，是历史的选择、时代的选择、人民的选择。正是对中国特色社会主义政治制度的高度自觉、充满自信，中国共产党在改革创新中不断实现了自我完善、自我超越。这是一个良性循环：自信深化自觉，自强发展自觉，也使自信更可持续。

# "四个全面"为中国特色社会主义注入新内涵

朱炳元 *

  "四个全面"战略布局，确定了我党在新的历史时期治国理政的新理念新思想新战略。党的十八大以来的全部工作重心，就是"四个全面"战略布局的逻辑展开、具体落实和深入推进。"四个全面"战略布局的主题，就是在新的历史条件下坚持和发展中国特色社会主义：全面建成小康社会彰显了中国特色社会主义的时代主题，全面深化改革激发了中国特色社会主义道路的活力之源，全面依法治国描绘了中国特色社会主义的法治蓝图，全面从严治党阐发了中国特色社会主义事业的政治保障和领导核心。"四个全面"与中国特色社会主义，统一于社会主义现代化与民族复兴的伟大目标，统一于改革开放和依法治国的伟大实践，统一于党的建设的伟大工程，统一于具有许多新的历史特点的伟大斗争。

---

\* 作者：苏州大学马克思主义学院教授、博士生导师。

## 一、"四个全面"开辟了中国道路的新阶段

中国特色社会主义道路（即中国道路）如果以 1978 年党的十一届三中全会为标志，已经经历了近 40 年的历程，对这近 40 年的历史，可以按照不同的标准进行多种多样的划分。根据我国经济社会的发展程度，可以分为"未发展起来的时期"和"发展起来的时期"。这两个时期的划分大体上可以以 2010 年我国 GDP 总量超过日本成为世界第二大经济体来区分。邓小平说过："过去我们讲先发展起来。现在看，发展起来以后的问题不比不发展时少。"[①] 习近平总书记也强调："当前，全党面临的一个重要课题，就是如何正确认识和妥善处理我国发展起来后不断出现的新情况新问题。"所以，把中国道路划分为"未发展起来时期"和"发展起来时期"，有着充分的理论依据。当然，这个"发展起来时期"是和"未发展起来时期"相比较而言的，相对于社会主义现代化和民族复兴的目标，我国仍然处于社会主义初级阶段。

中国道路发展的阶段不同，提出的问题、面临的任务和应对的方略也就不同。改革开放初期，我国的经济社会发展水平还很低，人民生活水平总体上还比较贫穷。因此，邓小平认为，贫穷不是社会主义，社会主义要消灭贫穷。我们要以经济建设为中心，集中力量发展生产力。当时提出了"三步走"发展战略：第一步达到温饱，第二步进入小康，第三步实现现代化。中国道路第一阶段所要解决的主要问题，还是"生存需要"所提出的基本问题，是低层次的问题。今天我们所面临的问题，是"发展起来"以后的问题，大量的是"发展需要"甚至是"享受需要"所提出的问题，是由大国发展成为强

---

[①]《邓小平年谱 1975—1997（下）》，第 1364 页。

国所带来的问题，要更多更好地体现人的全面发展和社会的全面进步。从现实情况来说，中国的改革已经进入深水区和攻坚期，涉及各种利益关系的深度调整和基本制度的进一步完善巩固，其复杂性、敏感性和艰巨性是前所未有的。修修补补、头痛医头、脚痛医脚的碎片化改革已经无法解决中国当前的问题，必须以壮士断腕的决心和背水一战的勇气，运用总揽全局的大视野、大方略和大手笔，在全面性、协调性、系统性、复杂性和可持续性上进行战略性的谋篇布局，才能走出一条全新的"中国道路"。

中国仅仅用了几十年时间就走完了某些发达国家上百年走过的发展历程。现在，我们前所未有地靠近世界舞台中心，前所未有地接近实现中华民族伟大复兴的目标，前所未有地具有实现这个目标的能力和信心。这三个"前所未有"，勾画出了中国道路目前所处的历史方位。现在我们面临的任务，就是在这个基础上实现"关键的一跃"，全面建成小康社会，全面深化改革，全面依法治国，全面从严治党，为实现社会主义现代化和民族复兴中国梦打下坚实的基础。"四个全面"正是中国"发展起来以后"，更加注重发展和治理的全面性、系统性、整体性、协同性的必然选择，更加需要提升治理水平和治理能力的必然结果。"四个全面"的基本特点就是"全面"和"协调"。对小康社会的要求是"全面建成"，对改革的要求是"全面深化"，对法治的要求是"全面推进"，对党建的要求是"全面从严"。四个方面的"全面"不是"单打一"，而是把四个方面有机统一起来和科学联系起来，从全局上强调"四个全面"的协调推进和整体布局。这是马克思主义关于人的全面发展理论在当代中国的具体实现。在"四个全面"中，每一个"全面"都与中国道路第二阶段的基本要求相联系，都是为解决第二阶段的主要问题而提出的应对方略，最终目的都是促进人的全面发展和社会的全面进步。

## 二、"四个全面"丰富了中国理论的新内涵

中国特色社会主义理论体系（即中国理论）是中国道路发展规律的理论反映。党的十八大对中国特色社会主义理论体系进行了精辟的概括："中国特色社会主义理论体系，就是包括邓小平理论、'三个代表'重要思想、科学发展观在内的科学理论体系，是对马克思主义列宁主义、毛泽东思想的坚持和发展。"什么是社会主义、怎样建设社会主义；建设什么样的党，怎样建设党；实现什么样的发展，怎样发展，是中国特色社会主义着力回答的三大基本理论问题，并且在回答这三大基本理论问题的过程中使中国走向发展和繁荣。

在马克思主义中国化的历史进程中，毛泽东思想回答了如何使中国人民"站起来"的问题。中国特色社会主义理论体系首先回答了如何使中国人民"富起来"的问题，现在还要回答我们面临的第三个问题就是如何使中国人民"强起来"，实现民族复兴的中国梦，对人类作出更大的贡献。"四个全面"坚持解放思想、实事求是、与时俱进、求真务实，创造性地提出了中国人民"强起来"的新思想、新举措、新方略，是习近平治国理政新理念新思想新战略的核心内容。协调推进"四个全面"战略布局，一定能够顺利实现"两个一百年"的奋斗目标。因此，"四个全面"是马克思主义中国化的新成果，是当代中国的马克思主义，更是中国特色社会主义的最新政治成果。

——"四个全面"具有明确的目标指向。全面建成小康社会发挥着明确的目标导向作用。坚持以经济建设为中心，全面推进经济、政治、文化、社会、生态文明协调发展，打好全面建成小康社会攻坚战的最后胜利，为实现民族复兴的中国梦打下坚实的基础。全面深化改革、全面依法治国、全面从

严治党是三大战略举措,分别为全面建成小康社会提供发展动力、营造有序环境、巩固领导核心的作用。

——"四个全面"具有严密的思维逻辑。"四个全面"是一个不可分割、相互依赖、相互支撑的有机统一体。习近平总书记将全面建成小康社会定位为"实现中华民族伟大复兴中国梦的关键一步",将全面深化改革的总目标确定为"完善和发展中国特色社会主义制度、推进国家治理体系和治理能力的现代化",将全面依法治国表述为全面深化改革的"姊妹篇",是"鸟之两翼、车之双轮";为从严治党标出清晰路径,要求"增强从严治党的系统性、预见性、创造性、实效性",锻造我们事业更加坚强的领导核心。这些精辟的论述,清晰地标出了"四个全面"的理论创新和内在逻辑,它们是相互贯通、相辅相成、相互促进、相得益彰的顶层设计。

——"四个全面"蕴含深切的人民情怀。"四个全面"的提出本身,就是反映了人民群众的强烈愿望。每个"全面"的出发点和落脚点都是为了人民群众。全面建成小康社会着眼于人民对美好生活的期待、实现人的全面发展;全面深化改革是为了更好地调动人民群众的积极性、让发展的成果更多地惠及人民;全面依法治国是为了促进社会公平正义、保障广大人民群众的基本权益;全面从严治党是为了始终保持党与人民群众的血肉联系,做到立党为公、执政为民。"四个全面"集中体现了中国共产党人的执政理念、思想感情和价值追求。

——"四个全面"具有强烈的担当精神。"四个全面"彰显了以习近平同志为核心的党中央敢于啃硬骨头、闯难关、涉险滩的勇气和担当;凸显了中国共产党作为无产阶级先锋队、中华民族先锋队和中国人民先锋队对民族复兴、国家富强和人民幸福的强烈追求;展示了以中国共产党人为代表的当代中国爱国主义者巨大的历史责任感和强烈的历史使命感。谋复兴大业、扬改革风帆、行法治正道、筑执政之基,这是一场具有许多新的历史特点的伟大斗争,也是一次意气风发的豪迈的进军。

## 三、"四个全面"设计了完善中国制度的新方略

中国特色社会主义制度（即中国制度）是在新中国建立的社会主义制度的基础上，经过改革开放近40年的实践而逐步形成的。党的十八大对这一制度作出了精辟的概括："中国特色社会主义制度，就是人民代表大会制度的根本制度，中国共产党领导的多党合作和政治协商制度、民族区域自治制度以及基层群众自治制度等基本政治制度，中国特色社会主义法律体系，公有制为主体、多种所有制经济共同发展的基本经济制度，以及建立在这些制度基础上的经济体制、政治体制、文化体制、社会体制等各项具体制度。"中国特色社会主义制度，把根本制度、基本制度以及各方面的具体体制机制有机结合起来，坚持把国家层面的民主制度同基层民主制度有机结合起来，坚持把党的领导、人民当家作主、依法治国有机结合起来，是当代中国发展进步的根本制度保障。中国特色社会主义制度植根于改革开放和社会主义现代化的生动实践，符合我国国情、顺应时代潮流，具有鲜明的特点和优势。

中国制度从总体上说，是特色鲜明、富有效率的，但还不是尽善尽美的。随着中国道路在实践中不断发展，中国制度也需要得到不断完善。邓小平在1992年提出，再有30年的时间，我们才会在各方面形成一整套更加成熟更加定型的制度。习近平总书记也指出："我们要坚持以实践基础上的理论创新推动制度创新，坚持和完善现有制度，从实际出发，及时制定一些新的制度，构建系统完备、科学规范、运行有效的制度体系，使各方面制度更加成熟更加定型，为夺取中国特色社会主义新胜利提供更加有效的制度保障。"党的十八大以来，党中央把推进国家治理体系和治理能力现代化纳入全面深化改革的总目标，也纳入依法治国的总目标，这说明要把国家治理体系现代化打造成为中国特色社会主义现代化的重要内容，使中国特色社会主义制度更加

完善，实现国家长治久安和繁荣发展，从而引领世界文明进步的潮流。"四个全面"抓住了这个主要环节，把完善中国制度的目标具体化、实践化，这是实现社会主义现代化的题中之义，也是中国特色社会主义进一步坚持和发展的必由之路。全面建成小康社会，内在地包含了中国特色社会主义制度更加成熟更加定型的目标要求；全面深化改革、全面依法治国，都有内在地直接补齐制度短板、推动国家治理制度化现代化的重大举措；全面从严治党，涵盖了思想建党和制度治党的内在要求。"四个全面"凝练和升华了中国共产党理论创新和制度创新的精华，围绕构建系统完备、科学规范、运行有效的制度体系目标任务，顺应时代潮流、把握现实需求，进行了完善中国制度的顶层设计，提出了我们党在新的历史条件下完善中国制度的新举措和新方略，为党和国家事业的长治久安提供了理论指导和实践指南。

## 四、"四个全面"开启了民族复兴的新征程

中国道路、中国理论和中国制度丰富了马克思主义关于人类历史发展道路普遍性和多样性的理论，引导中国走上了民族复兴的康庄大道，并且为落后国家的现代化道路提供了有益的启示，具有深远的理论意义、现实意义和世界意义。

在民族复兴道路上，我们取得了一系列历史性成就。我国的经济总量上升到世界第二位，社会生产力大幅提高，人民生活水平大幅提升，综合国力大幅增强。中华民族伟大复兴的光辉前景已经十分清晰地展现在我们面前。当然，民族复兴的征程不是一马平川，而是充满了艰难险阻。我们面临的机遇前所未有，面临的困难和挑战也前所未有。在经济领域，是发展不平衡不协调和不可持续问题；在政治领域，是权力腐败问题；在社会领域，是贫富差别问题；在意识形态领域，是"左"右思潮的干扰问题；在生态领域，则

面临环境恶化问题；在国际上，则是西方大国的遏制问题；等等。"四个全面"是在不断解决问题和克服困难中提出来的。"沧海横流，方显英雄本色。"我们正面临着许多具有新的历史特点的伟大斗争。"四个全面"要求我们知难而进，在实践中不断地发现问题和解决问题，发扬逢山开路、遇水搭桥的精神，积极进取，大胆探索，一步一步地推进中国社会的进步、发展人民的福祉，最终实现中华民族的伟大复兴。

"四个全面"的每一个"全面"，都在民族复兴中起到关键作用，都具有重大的意义。

全面建成小康社会是实现民族复兴的"关键一步"。只有实现了全面小康，才有可能实现民族复兴。要确保到2020年实现经济持续健康发展，人民民主不断扩大，文化软实力显著增强，人民生活水平全面提高，生态文明建设取得重大进展，为实现现代化和民族复兴奠定坚实的基础。

全面深化改革是实现民族复兴的"关键一招"。没有改革开放，就没有中国的今天，也就没有中国的明天。要以经济体制改革为重点，以处理好政府和市场的关系为核心，全面推进经济、政治、社会、生态、外交、国防和军队、党的建设领域的改革，完善和发展中国特色社会主义制度，推进国家治理体系和治理能力的现代化，为中华民族的伟大复兴提供强大的动力。

全面依法治国是实现民族复兴的"关键一环"。法治是社会繁荣稳定的基石，是党和国家执政兴国的支撑。全面依法治国，就是坚持走中国特色社会主义法治道路、建设中国特色社会主义法治体系、建设社会主义法治国家，实现科学立法、严格执法、公正司法、全民守法，促进社会公平正义、维护社会和谐稳定、确保党和国家的事业长治久安，为民族复兴提供法治保障。

全面从严治党是实现民族复兴的"关键所在"。党的领导是中国特色社会主义最本质的特征。实现中华民族的伟大复兴必须有一个坚强的领导核心，协调推进"四个全面"最根本和最关键的就是坚持党的领导不动摇。面对纷繁复杂的国际形势和艰巨繁重的国内任务，党的建设面临执政、改革开放、市场经济和外部环境"四大考验"；党内面临精神懈怠、能力不足、脱离群众、消极腐败"四大危险"。全面从严治党，就是要落实从严治党责任，坚持思想建党和制度建党紧密结合，严肃党内政治生活，从严管理干部，持续深入改进作风，严明党的纪律，发挥人民监督作用，深入把握从严治党规律，实现党的自我净化、自我完善、自我革命、自我提高，保持和发展党的先进性和纯洁性，为民族复兴提供坚强的领导核心和巩固的政治保证。

"四个全面"战略布局顺应历史潮流，紧扣时代脉搏，为实现"两个一百年"奋斗目标和中华民族伟大复兴的中国梦提供了时间表、路线图和任务书，为民族复兴的宏伟大业打下了坚实的基础、提供了根本的保证。"四个全面"战略布局吹响了中国人民决战全面建成小康社会的冲锋号，吹响了中华民族向着实现民族复兴中国梦目标奋勇前进的进军号。一个强大的、现代化的中国，即将在我们这个星球上出现。当然，前进的道路绝不会是一帆风顺的。"四个全面"战略布局进一步增强了我们的道路自信、理论自信、制度自信和文化自信，增强了我们克服前进道路上各种各样困难的信心和决心。

*《红旗文稿》2017 年第 6 期*

# 党建热点问题辨析

# 党的理论创新的根本路径
## ——学习毛泽东关于理论创新问题论述的几点认识

谢 毅

中国共产党的理论创新，从根本上说，是把马克思主义创造性地运用于中国的实际，使之得到发展并形成中国化的马克思主义。

毛泽东提出了"马克思主义中国化"这个科学命题，并且对马克思主义与中国实际相结合的思想原则作出了深刻论述。他认为："马克思这些老祖宗的书，必须读，他们的基本原理必须遵守，这是第一。但是，任何国家的共产党，任何国家的思想界，都要创造新的理论，写出新的著作，产生自己的理论家，来为当前的政治服务，单靠老祖宗是不行的。"[1]

怎样才能把马克思主义与中国实际正确地结合起来，实现理论创新，推进马克思主义的中国化呢？从毛泽东的有关论述中，我认为以下三个方面值得着重注意：

---

[1]《毛泽东文集》第8卷，北京：人民出版社1999年版，第109页。

## 一、学习和掌握马克思主义的基本理论和它的立场、方法

毫不动摇地坚持马克思主义的基本理论，这是我们进行理论创新的立足点和出发点。所以我们要"系统地而不是零碎地、实际地而不是空洞地"学习马克思主义的基本理论。1957年3月，毛泽东在一份材料上所说的"党员在理论上怀疑或反对马克思列宁主义的个别原理是否允许？如果根本怀疑马克思列宁主义的哲学、经济学或社会主义理论，可否留在党内？"这句话旁边，作了如下批注："前者是肯定的，后者是否定的。"我们所说的理论创新，是在坚持马克思主义基础上的发展。离开马克思主义基本原理，理论创新就根本无从谈起了。

但是，马克思主义是行动的指南，而不是只需死记硬背、机械复述的教条。所以，"要分清创造性的马克思主义和教条式的马克思主义"。[①] 对于在20世纪20年代末30年代初中国共产党内曾经流行过一种把马克思主义教条化、把苏联经验绝对化和共产国际指示神圣化的错误倾向，毛泽东是坚决反对的。他认为："学习有两种方法：一种是专门模仿；一种是有独创精神，学习与独创结合。"[②] 我们必须把对于马克思主义的学习与独创、坚持和发展有机地结合在一起。

## 二、从中国的实际出发

毛泽东讲过："马克思主义中国化就是马克思主义普遍真理跟中国革命

---

[①] 《毛泽东文集》第2卷，北京：人民出版社1993年版，第373页。
[②] 《毛泽东文集》第7卷，北京：人民出版社1999年版，第366页。

具体实践的统一。"① 这里所说的中国实际，是指什么呢？这涉及三个基本的方面。

首先，是指中国的基本国情。中国的基本国情，主要是指中国社会的性质，包括社会的经济结构和上层建筑，社会的主要矛盾和其他矛盾及其特点，社会的阶级阶层结构和社会各阶级阶层的经济地位、政治态度及其相互关系，等等。同时，也是指当前运动、当前工作的特点及其规律性，经济、社会、政治、军事、文化、党务各方面的动态，等等。此外，也应当包括中国各地区、各民族的人口、资源、自然环境和风土人情、风俗习惯（包括宗教信仰）等的状况。

还应当注意到，中国本身不是离开世界的一种孤立的存在。要认识和把握中国的国情，不能不考虑中国所处的时代条件及其特点，不能不考虑它在整个国际格局中所处的地位，不能不考虑它与世界上各种力量的关系，等等。

科学认识和把握上述情况，是正确理解和处理中国革命和建设问题、进行理论创新的基础和前提。

其次，主要是指中国人民革命和建设的具体实践以及在这种实践的基础上所积累的经验。人的正确思想是从社会实践中来的，只有科学地总结新的实践经验，才有可能进行新的理论创造。这里所说的实践经验，既包括正面的经验即成功的经验，也包括反面的经验即犯错误和遭受挫折、失败的教训。前者指明什么样的想法、做法是可行的，后者指明什么样的想法、做法是不可行的，这样人们的认识才能达到全面。毛泽东讲过："在抗日战争前夜和抗日战争时期，我写了一些论文，例如《中国革命战争的战略问题》《论持久战》《新民主主义论》《〈共产党人〉发刊词》，替中央起草过一些关于政策、策略的文件，都是革命经验的总结。那些论文和文件，只有在那个时候才能产生，在以前不可能，因为没有经过大风大浪，没有两次胜利和两次

---

① 《毛泽东年谱（1949—1976）》第 4 卷，北京：人民出版社 2013 年版，第 526 页。

失败的比较,还没有充分的经验,还不能充分认识中国革命的规律。"[1] 实际上,进行理论创新,就是毛泽东所说的"要使中国革命丰富的实际马克思主义化"。[2]

最后,是指中国的历史文化。这里所说的历史,主要是指中国社会以往的发展过程,以及中国人民在这个过程中所积累的阶级斗争、生产斗争等方面的经验,国家治乱兴衰的教训等。这里所说的文化,主要是指从事理论创造必须批判地加以继承的优秀文化遗产,必须有选择地加以利用的以往的思想材料。

1943年5月,中共中央在一个决定中就明确论述了"要使得马克思列宁主义这一革命科学更进一步地和中国革命实践、中国历史、中国文化深相结合起来"的思想。[3] 这是推进马克思主义中国化的一个重要的条件。

## 三、把调查研究作为理论与实际相联系的中间环节

"共产党领导机关的基本任务,就在于了解情况和掌握政策两件大事,前一件事就是所谓认识世界,后一件事就是所谓改造世界。"要做好这两件事,都离不开调查研究。所以,毛泽东在延安整风时期讲过:"在全党推行调查研究的计划,是转变党的作风的基础一环。"[4] 在总结"大跃进"的教训时,他指出,"过去这几年犯错误,首先是因为情况不明","不做调查研究了"。为了解决问题,就"要做系统的由历史到现状的调查研究"。[5]

---

[1] 《毛泽东文集》第8卷,北京:人民出版社1999年版,第299页。
[2] 《毛泽东文集》第2卷,北京:人民出版社1993年版,第374页。
[3] 参见《建党以来重要文献选编(1921—1949)》第20册,北京:中央文献出版社1993年版,第319页。
[4] 《毛泽东选集》第3卷,北京:人民出版社1991年版,第802页。
[5] 《毛泽东文集》第8卷,北京:人民出版社1991年版,第253—254页。

进行调查研究，就是向实践学习、向群众学习的过程。只有经过调查研究这个中间环节，我们才能把马克思主义和中国实际正确地结合起来，从而"创造新的理论"。脱离实际，闭门造车，或者简单抄袭外国套路，是同理论创新的要求背道而驰的。

历史表明，以毛泽东为代表的中国共产党人，是在马克思主义的世界观和方法论的指导下，通过调查了解中国的基本国情，研究和总结党和人民集体奋斗基础上积累的丰富经验，批判地继承和汲取中国历史文化的优秀遗产，才创立了中国化的马克思主义理论——毛泽东思想，从而为中国人民锻造了革命和建设的锐利的思想武器，为马克思主义的理论宝库增加了新的精神财富的。

马克思主义的理论创新，是一个不断发展的过程。在党的八大二次会议上，毛泽东说过："我们的实践超过了马克思。实践当中是要出道理的。"所以我们"要产生自己的理论"。由于实践是不断向前发展的，理论也应当随之不断向前发展。所以他还对与会同志说，"你们应当超过我"。

1962年，毛泽东讲过："从现在起，五十年内外到一百年内外，是世界上社会制度彻底变化的伟大时代，是一个翻天覆地的时代，是过去任何一个历史时代都不能比拟的。处在这样一个时代，我们必须准备进行同过去时代的斗争形式有着许多不同特点的伟大的斗争。"[①] 生活在这个伟大时代的中国共产党人，面临着总结这些具有新的历史特点的伟大斗争的新鲜经验、进行理论创新的历史使命。

毛泽东关于理论创新的论述，已经被长期的实践证明是正确的，对于我们在新的历史条件下坚持和发展马克思主义、进一步推进中国特色社会主义事业和形成中国特色社会主义理论体系，仍然有着重大的指导意义。

《红旗文稿》2017年第14期

---

[①] 《毛泽东文集》第8卷，北京：人民出版社1991年版，第302页。

# 高度重视理论：党的十八大以来的一条重要历史经验

田心铭[*]

习近平总书记在省部级主要领导干部"学习习近平总书记重要讲话精神，迎接党的十九大"专题研讨班开班式上的重要讲话中指出，我们党是高度重视理论建设和理论指导的党，强调理论必须同实践相统一。我们坚持和发展中国特色社会主义，必须高度重视理论的作用，增强理论自信和战略定力。可以说，高度重视理论的作用，坚持理论同实践相统一，是我们党的优良传统，是党的十八大以来党和国家事业顺利发展的重要保证，也是我们党今后必须坚持的一条宝贵历史经验。

## 一、把高度重视理论建设和理论指导统一起来

理论的作用是指导实践。只有不断发展的科学理论，才能指导不断发展

---

[*] 作者单位：教育部高等学校社会科学发展研究中心。

的实践，所以理论建设和理论指导是统一不可分的。重视理论建设，是因为理论具有指导实践的重要作用。重视理论指导，就必须重视理论建设。

重视理论建设和理论指导，是马克思主义政党与生俱来的优秀品格。1848年，《共产党宣言》作为共产主义者同盟的纲领发表，标志着人类政治史和思想史上的两件大事，即马克思主义科学理论的形成和作为工人阶级先锋队的马克思主义政党的建立，同时发生了。没有马克思主义科学世界观的创立和理论武装，就没有工人阶级的先锋队——共产党。因此，马克思主义政党必须高度重视理论建设和理论指导。

中国共产党是在马克思主义理论指导下建立的。十月革命一声炮响，给中国送来了马克思列宁主义。接受了马克思列宁主义的中国先进分子与中国工人运动相结合，创建了中国共产党。所以，党从诞生之日起，就把马克思主义确立为自己的指导思想和理论基础，投入改变旧中国、创立新中国的实践之中。党的理论建设是从学习马克思列宁主义开始的。我们的斗争需要马克思主义，所以党历来高度重视马克思主义理论的学习、宣传、教育和研究，重视党的理论建设。中国共产党走过的96年的历程，是高度重视理论指导、坚持用马克思主义指导中国实践的历程，又是高度重视理论建设、实现马克思主义中国化、创立毛泽东思想和中国特色社会主义理论体系的历程。毛泽东思想和中国特色社会主义理论体系，是党的理论建设的辉煌成果，又是指导党和人民实践的科学理论。它们都是党高度重视理论的体现，是党的理论建设和理论指导相统一的体现。

毛泽东的许多重要理论著作，例如，为马克思主义中国化奠定哲学基础的《实践论》《矛盾论》，指引中国人民抗日战争走向胜利的《论持久战》，指导中国新民主主义革命的《新民主主义论》，指导探索中国社会主义建设道路的《关于正确处理人民内部矛盾的问题》，等等，都是党的理论建设的重要成果和党的事业发展的指南，体现着党重视理论建设和理论指导的统一。

党的十八大以来，以习近平同志为核心的党中央高度重视理论，以中国特色社会主义理论体系指导实践，又在实践中丰富和发展了中国特色社会主义理论体系。习近平总书记的系列重要讲话和党的十八届三中、四中、五中、六中全会决议，就是党的理论建设的成果，又是指导党的事业发展的理论。党中央提出的一系列治国理政的新理念新思想新战略，尤其是习近平总书记关于实现中华民族伟大复兴的中国梦的论述，关于全面建成小康社会的论述，关于全面深化改革的论述，关于全面依法治国的论述，关于全面从严治党的论述，关于统筹推进"五位一体"总体布局、协调推进"四个全面"战略布局的论述，关于坚持创新、协调、绿色、开放、共享的新发展理念的论述，关于牢固树立中国特色社会主义道路自信、理论自信、制度自信、文化自信的论述，等等，就是党的理论建设新的重要成果，是指导党的十八大以来党和国家事业发展取得新成就的科学理论。习近平总书记关于党的事业各个方面的论述，例如关于党的思想宣传、意识形态、新闻舆论工作的论述，在文艺工作座谈会上的讲话，在哲学社会科学工作座谈会上的讲话，在全国党校工作会议上的讲话，等等，发展了党在各个领域的理论，用理论建设的新成果指导了各方面事业的新发展。

高度重视理论建设和理论指导，是党的十八大以来以习近平同志为核心的党中央之所以能领导全党和全国人民把中国特色社会主义推进到新的发展阶段的一个根本原因，也是今后我们党必须坚持的一条重要历史经验。

## 二、理论必须同实践相统一

重视理论建设和理论指导，发挥理论的重要作用，是以坚持理论同实践相统一为基础的。实践是理论的基础。理论来源于实践，又服务于实践。理论建设，是以新的实践为基础丰富和发展理论。理论指导，是以发展着的理论指导新的实践。坚持理论同实践相统一，才能把理论建设和理论指导统一起来，发挥理论的重要作用。离开理论同实践的统一，理论建设就会走偏方向，理论就不能发挥应有的指导作用。

中国共产党在长期实践和理论建设中形成了理论同实践相统一的优良传统。毛泽东早在1930年写的《反对本本主义》中就提出，"马克思主义的'本本'""必须同我国的实际情况相结合"。① 他在《实践论》中阐述了实践性是马克思主义最显著的特点，揭示了基于实践的、由浅入深的人类认识和理论发展的辩证过程。经过延安整风，毛泽东大力倡导的实事求是成为全党的共识，被确立为党的思想路线。实事求是，就是从实际出发，理论联系实际，把马克思主义基本原理同中国具体实际相结合。我们党强调理论必须同实践相统一，集中体现为坚持把马克思主义基本原理同中国具体实际相结合的原则。这是总结长期实践中成功和失败的经验，由党的七大确立的一条基本原则。1945年4月，党的六届七中全会通过的《关于若干历史问题的决议》，总结党成立24年来的历史经验，开宗明义就做出一个重要结论："中国共产党自1921年产生以来，就以马克思列宁主义的普遍真理和中国革命的具体实践相结合为自己一切工作的指针。毛泽东同志关于中国革命的理论和实践便是此种结合的代表。"② 同年6月，党的七大通过的《中国共产党章程》规定："中国共产党，以马克思列宁主义的理论与中国革命的实践之统一的思想——毛泽东思想，作为自己一切工作的指针。"③ 这标志着我们党确立了毛泽东思想的指导地位，同时确立了把马克思主义基本原理同中国具体实际相结合的原则。毛泽东、邓小平都指出，把马克思主义普遍真理同本国具体实际相结合，这是一条普遍真理。确立这一原则，是中国共产党人对马克思主义理论

---

① 《毛泽东选集》第1卷，北京：人民出版社1991年版，第111—112页。
② 《建党以来重要文献选编（1921—1949）》第22册，北京：中央文献出版社2011年版，第73页。
③ 《建党以来重要文献选编（1921—1949）》第22册，北京：中央文献出版社2011年版，第533页。

宝库和世界社会主义运动的一个重要贡献。

坚持理论同实践相统一，说到底，就是坚持把马克思主义基本原理同中国具体实际相结合。党的十八大以来，习近平总书记反复强调这一原则。2016年7月，习近平总书记在庆祝中国共产党成立95周年大会上的讲话中指出，坚持不忘初心、继续前进，就要坚持把马克思主义基本原理同当代中国实际和时代特点紧密结合起来，推进理论创新、实践创新，不断把马克思主义中国化推向前进。同年10月，他在纪念红军长征胜利80周年时又强调指出："长征给我们的根本经验和启示，就是要坚持马克思主义基本原理同中国具体实际相结合，坚定不移走符合中国国情的革命、建设、改革道路。"这一原则贯穿于党的十八大以来习近平总书记的系列重要讲话之中，体现在党的十八大以来党的全部理论和实践之中。党的十八大后不久，习近平总书记就向新进中央委员会的委员、候补委员们深入阐述了中国特色社会主义是科学社会主义基本原则同中国具体实际相结合的成果。他指出："中国特色社会主义，是科学社会主义理论逻辑和中国社会发展历史逻辑的辩证统一，是根植于中国大地、反映中国人民意愿、适应中国和时代发展进步要求的科学社会主义。"[①] 党的十八大以来，我们党始终坚持"结合"原则，实现了理论同实践的高度统一。

如果说"结合"原则是坚持和发展马克思主义、推动党的事业发展的基本原则，那么，为了达到把马克思主义基本原理同本国具体实际统一起来的要求，还需要探求实现"结合"的途径。2015年1月，习近平总书记在中央政治局第二十次集体学习时指出，要根据时代变化和实践发展，不断深化认识，不断总结经验，不断实现理论创新和实践创新良性互动，在这种统一和互动中发展21世纪中国的马克思主义。他提出的"实现理论创新和实践创新良性互动"这一新观点，高度概括地回答了如何把马克思主义基本原理同本

---

[①] 《十八大以来重要文献选编》（上），北京：中央文献出版社2014年版，第118页。

国具体实际相结合的问题，指明了实现"结合"的基本途径。这是马克思主义认识论中的一个新命题，是坚持和发展马克思主义的一个新思想。毛泽东把人类认识的发展高度概括为"实践、认识、再实践、再认识"循环往复以至无穷的过程。习近平总书记提出的新论断，坚持《实践论》阐明的马克思主义认识论基本原理，又进一步强调理论和实践都要"创新"，强调二者要"良性互动"，这反映了以改革创新为核心的时代精神，总结了理论与实践相互作用的复杂情况和丰富经验，为马克思主义认识论增添了新的内容，坚持和发展了党一贯强调的理论同实践相统一的思想。

  党的十八大后不久，习近平总书记就指出："中国特色社会主义是实践、理论、制度紧密结合的，既把成功的实践上升为理论，又以正确的理论指导新的实践，还把实践中已见成效的方针政策及时上升为党和国家的制度。"[1]我们重温这段讲话，深深感受到我们党具有高度的理论自觉。党的十八大以来5年的历程，正是自觉地在"成功的实践"和"正确的理论"的良性互动中不断创新，并且把已见成效的方针政策及时上升为党和国家的制度的过程。中国特色社会主义事业是在理论创新和实践创新的统一和互动中发展的。

## 三、勇于推进实践基础上的理论创新

  习近平总书记强调，要保持和发扬马克思主义政党与时俱进的理论品格，勇于推进实践基础上的理论创新。他要求，在坚持马克思主义基本原理的基础上，在理论上不断拓展新视野、作出新概括。

  理论和实践的统一，是具体的历史的统一，不是固定不变的。客观现实

---

[1]《十八大以来重要文献选编》（上），北京：中央文献出版社2014年版，第74页。

世界的变化运动永远没有完结，人们在实践中对于真理的认识也就永远没有完结。理论要保持同实践相统一，就必须随着实践的变化发展而不断发展，不能停留在某个固定不变的水平上。这正如习近平总书记所指出的，"马克思主义基本原理是普遍真理，具有永恒的思想价值，但马克思主义经典作家并没有穷尽真理，而是不断为寻求真理和发展真理开辟道路"[①]。

推进实践基础上的理论创新，不是否定马克思主义基本原理，而是以坚持马克思主义基本原理为前提的。习近平总书记反复强调，要坚持马克思主义基本原理。他指出，马克思主义理论体系和知识体系博大精深，"马克思主义深刻揭示了自然界、人类社会、人类思维发展的普遍规律"。马克思主义关于世界的物质性及其发展规律、人类社会及其发展规律、认识的本质及其发展规律等原理，为我们研究把握哲学社会科学各个学科领域提供了基本的世界观、方法论。"无论时代如何变迁、科学如何进步，马克思主义依然显示出科学思想的伟力，依然占据着真理和道义的制高点。"他还批判了认为马克思主义已经过时、马克思主义没有学术上的学理性和系统性等错误观点。他要求原原本本学习和研读马克思主义经典著作，"读原著、学原文、悟原理"，系统掌握马克思主义基本原理，学习和练就一身看家本领。他在中央政治局第十一次、第二十次、第二十八次集体学习时，阐述了马克思主义哲学的辩证唯物主义、历史唯物主义和马克思主义政治经济学的基本原理和方法论。

习近平总书记强调："时代是思想之母，实践是理论之源。"推进实践基础上的理论创新，要在坚持马克思主义基本原理的基础上回应时代的呼唤，回答新的历史性课题，创造新的理论。把坚持马克思主义和发展马克思主义统一起来，结合新的实践不断作出新的理论创造，这是马克思主义永葆生机活力的奥妙所在。问题是创新的起点，也是创新的动力源。只有坚持问题导

---

① 《十八大以来重要文献选编》（上），北京：中央文献出版社 2014 年版，第 696 页。

向，聆听时代的声音，认真研究解决时代和实践提出的重大而紧迫的问题，才能把握住历史脉络，找到发展规律，推动理论创新。

毛泽东曾指出，我们做的超过了马克思，"马克思没有做中国这样大的革命，我们的实践超过了马克思"，而"实践当中是要出道理的"。我们的革命成功了，"这种革命的实践，反映在意识形态上，就是理论"。[①] 不仅不同国家的共产党人和马克思主义者要创造新的理论、写出新的著作，来为本国的实践服务，而且同一个国家的不同历史时期，也必须创造出新的理论，才能满足实践发展的需要。毛泽东说："现在，我们已经进入社会主义时代，出现了一系列的新问题，如果单有《实践论》《矛盾论》，不适应新的需要，写出新的著作，形成新的理论，也是不行的。"[②] 毛泽东思想和中国特色社会主义理论体系，都是党在新的历史条件下，回答时代和实践提出的新课题而创造的伟大理论成果。

中国特色社会主义是改革开放以来党的全部理论和实践的主题。党的十八大以来，在习近平总书记系列重要讲话的指导下，中国共产党人和中国人民的全部理论和全部实践，说一千道一万，就是要坚持和发展中国特色社会主义。推进实践基础上的理论创新，必须紧紧围绕这一主题展开。党的十八大以来取得的重大成就，使党和国家事业发生了历史性变革，使我国发展又站到了一个新的历史起点上，中国特色社会主义进入了一个新的发展阶段。

近代以来，久经磨难的中华民族实现了从站起来、富起来到强起来的历史性飞跃，中国焕发出强大生机活力并不断开辟发展新境界，中国特色社会主义拓展了发展中国家走向现代化的途径。我们正在进行具有许多新的历史特点的伟大斗争。习近平总书记提出，在新的时代条件下，我们要进行伟大

---

[①] 《建国以来毛泽东文稿》第 7 册，北京：中央文献出版社 1992 年版，第 206 页。
[②] 《毛泽东文集》第 8 卷，北京：人民出版社 1999 年版，第 109 页。

斗争、建设伟大工程、推进伟大事业、实现伟大梦想。这"四个伟大"概括了党和人民在新阶段的历史任务。实现新的历史任务，需要创新党的理论。我们要在迅速变化的时代中赢得主动，要在新的伟大斗争中赢得胜利，就要以更宽广的视野、更长远的眼光来思考和把握国家未来发展面临的一系列重大战略问题，在实践中勇敢探索，在理论上勇于突破，不断拓展新视野、作出新概括，在理论创新和实践创新的良性互动中把中国特色社会主义事业推向前进。

*《红旗文稿》2017 年第 16 期*

# 从列宁的建党思想看严格党内政治生活的极端重要性

尹汉宁[*]

党的十八届六中全会以制定《关于新形势下党内政治生活的若干准则》和修订《中国共产党党内监督条例》两个文件为重点,专题研究全面从严治党,是协调推进四个全面战略布局整体设计中的重要环节,开启了全面从严治党向纵深推进的新征程,对推进伟大事业、建设伟大工程、夺取伟大斗争胜利,具有里程碑意义。下面结合列宁关于无产阶级政党建设的思想,对严格党内政治生活的极端重要性谈一点认识和体会。

## 一、列宁的建党思想

通常我们会讲,中国共产党是按照列宁的建党原则创建的。毛泽东在《共产党人》发刊词中提出:"建设一个全国范围的、广大群众性的、思想上

---

[*] 作者:湖北省人大常委会副主任。

政治上组织上完全巩固的布尔什维克化的中国共产党。"刘少奇在《论党内斗争》一文中指出,"我们走了直路",这是由于:第一,在十月革命以后,有了苏联这一活的榜样并按照列宁的思想原则进行建设。第二,在思想和组织上都没有受到欧洲社会民主党第二国际的影响。第三,中国没有欧洲那样的资本主义和平发展的时期,容许工人阶级和平的议会斗争,也没有欧洲那样的工人贵族阶层。

列宁在创建俄国布尔什维克党和建立共产国际的过程中,在十月革命胜利后加强执政党建设的实践中,形成了一整套无产阶级政党建设的理论体系,丰富和发展了马克思主义的建党学说。

列宁所要建设的党,不同于资产阶级政党,不同于第二国际欧洲社会民主党那样的资产阶级改良派政党,而是无产阶级的新型政党。列宁关于无产阶级新型政党建设的理论体系,集中体现在他那一时期的一系列重要著作中。《联共(布)党史简明教程》对此作过如下总结:列宁的《怎么办?》一书,是这样一个党在思想上的准备。列宁的《进一步,退两步》一书,是这样一个党在组织上的准备。列宁的《社会民主党在民主革命中的两种策略》一书,是这样一个党在政治上的准备。最后,列宁的《唯物主义和经验批判主义》一书,是这样一个党在理论上的准备。列宁此前的《什么是"人民之友"》、此后于1920年发表的《共产主义运动中的"左派"幼稚病》,也是无产阶级新型政党建设的重要文献。总体来看,列宁的建党思想,主要体现在以下九个方面。

**1. 无产阶级政党是工人运动和社会主义相结合的产物。** 列宁认为,马克思主义政党产生于工人运动与社会主义的结合,并认为这是马克思主义的根本原理。在马克思主义诞生之前,也有工人罢工,但没有科学理论指导和武装,工人阶级难以真正组织起来。有了马克思主义科学理论指导之后,工人阶级进一步觉醒,认清了本阶级的历史使命,迫切需要用政党的组织形式进一步实现阶级联合,凝聚阶级力量。

**2. 无产阶级政党是无产阶级的最高组织形式**。列宁认为，群众是划分为阶级的，阶级是由政党领导的。在资本主义发展初期，建立工会使工人从散漫无助的状态过渡到初步的阶级联合，无产阶级政党是无产者阶级联合的最高形式。不能把无产阶级政党混同于一般的群众团体。

**3. 无产阶级政党是工人阶级的先进的部队、觉悟的部队**。列宁告诫我们，党是工人阶级的先进的部队、觉悟的部队，是工人阶级先进的那一部分。决不能把党和工人阶级混淆起来。

**4. 无产阶级政党必须有巩固的思想统一和组织统一**。党只有当它所有的党员都组织成一个由统一意志、统一行动、统一纪律团结起来的统一部队时，才能实际地领导工人阶级的斗争，把它引向一个目标。列宁强调，"使党只吸收至少能接受最低限度组织性的分子"。他指出，单靠无产阶级的思想统一还不足以获得胜利，还必须用无产阶级组织的物质统一来巩固思想上的统一。"无产阶级在争取政权的斗争中，除了组织，没有别的武器。"

**5. 无产阶级政党要有极严格的纪律**。列宁指出，无产阶级是不怕组织和纪律的！"如果我们党没有极严格的真正铁的纪律……那么布尔什维克别说把政权保持两年半，就是两个半月也保持不住。"要使无产阶级能够正确地、有效地、胜利地发挥自己的组织作用，无产阶级政党内部就必须实行极严格的集中和极严格的纪律。

**6. 无产阶级政党的组织原则是民主集中制**。列宁把民主集中制作为党的组织原则，重点强调了集中。一方面，党要正确地发挥作用和有计划地领导群众，必须按集中制组织起来。必须少数服从多数，各个组织服从中央，下级组织服从上级组织。另一方面，当党在沙皇专制制度条件下处于秘密存在的地位时，党组织不可能建立在自下而上的选举基础上；推翻沙皇统治后，党就成为公开合法的党，党的组织就会建立在选举的原则上，建立在民主集中制的原则上。

**7. 无产阶级政党必须具有战斗性**。列宁所代表的布尔什维克，主张将俄国社会民主工党建设成为一元化的、战斗性的、组织严密的党。特别强调成为一个战斗性的党。

8. **无产阶级政党必须得到本阶级广泛的支持**。无产阶级政党无论组织得多好，如果得不到群众的信任和支持，就要陷于灭亡。列宁强调，要成为无产阶级政党，就必须得到本阶级的支持。

9. **必须正确处理群众、阶级、政党、领袖的关系**。列宁指出："谁都知道，群众是划分为阶级的……至少在现代的文明国家内，阶级是由政党来领导的；政党通常是由最有威信、最有影响、最有经验、被选出担任最重要职务而称为领袖的人们所组成的比较稳定的集团来主持的。"

## 二、苏联共产党垮台的深刻教训

苏联共产党的前身是1898年建立的俄国社会民主工党，1918年改称俄国共产党（布尔什维克），简称俄共（布）；1925年改称全联盟共产党（布尔什维克），简称联共（布）；1952年改称苏联共产党，简称苏共。

俄国布尔什维克党或者苏联共产党，是按照列宁的建党思想，由列宁领导创建的。它成为社会主义苏联执政党后，连续执政74年，取得了社会主义改造和社会主义建设的巨大成就。但到了戈尔巴乔夫时代，苏共背弃了这个党的缔造者列宁的建党思想，走上了亡党的不归路，引发了苏联解体的灾难性后果。俄罗斯现任总统普京曾说，苏联解体是20世纪最大的灾难。

1985年3月，戈尔巴乔夫担任苏共中央总书记后，面对苏联长期高度集中的计划经济所暴露出来的问题，首先实行所谓的经济加速发展战略，结果经济不升反降，转而以不惜改变无产阶级政党性质和社会主义性质的所谓"新思维"，推动政治改革和经济改革。在政治改革方面，否定苏共和苏联的历史，否定列宁、斯大林，用人道的民主主义的社会主义取代马克思主义和科学社会主义。这实际上是受资产阶级改良派政党——欧洲社会民主党思想的影响。戈尔巴乔夫还推动修改宪法，从法律上取消苏联共产党的领导地位和执政地位，将原宪法第六条"苏联共产党是苏联人民的领导力量、指导力量，在国家政治生活中处于核心地位"，修改为"苏联共产党和其他政党、人民团体通过人民代表大会选举参与国家管理"。如此这般，苏联共产党就沦为资产阶级式的议会党团了。这种指导思想、社会性质的改变与无产阶级新型政党性质的改变同频共振，使苏共面临垮台危机。

在经济改革中，戈尔巴乔夫实行私有化和休克疗法。当时苏联国有资产约有 4.3 万亿卢布，他将 1.5 万亿卢布作为私有资产证券，发给苏联公民每人 1 万卢布。这些资产很快通过交易集中于金融寡头手中。对于国有企业，则先停产关门，然后将一定的股权给企业家，由企业家拥有并经营。设计这项规划的人认为，苏联 5% 的是经济问题，95% 的是政治问题，苏联要走资本主义议会道路，必须迅速培养出资产阶级。这标志着苏联共产党发生了实质性的阶级背叛。

苏共垮台的直接原因在于戈尔巴乔夫，根本原因则在于苏共的政治肌体被侵蚀。苏联解体前，当时的苏联《西伯利亚报》曾经进行过一次问卷调查，被调查者认为苏共代表工人的占 4%，代表全体党员的占 11%，代表官僚、干部、机关工作人员的竟占到 85%。也是在苏联解体前，美国的一个机构在苏联的欧洲部分进行了一次民主测验，抽样人口中只有 17% 的人赞成自由市场的资本主义。1991 年 6 月，美国另一个机构对苏联高层党政官员的抽样调查结果显示，竟有 76.7% 的人认为应当实行资本主义。

## 三、严格党内政治生活的极端重要性

重温列宁的建党思想，总结苏共垮台的历史教训，有助于深入学习党的十八届六中全会精神，有助于我们深刻认识严格党内政治生活的极端重要性。

1. **严格党内政治生活是无产阶级政党性质所决定的**。严格党内政治生活，关系坚守立党初心的根本，关系党的先进性、纯洁性、战斗性，关系实现中华民族伟大复兴的历史使命，关系人心向背，关系党和国家的前途命运。那种认为严格党内政治生活可大可小、可虚可实、可有可无的观点是非常有害的。

2. **维护党的集中统一是无产阶级政党的本质要求**。资产阶级政党和资产阶级改良派政党——欧洲社会民主党，允许党内有不同的政治派别。俄国社会民主工党在幼年时期，党内也有政治派别。执政后，党内又出现过反对派集团，1921年召开第十次代表大会，作出了《关于党的统一》的决议，不允许党内有派别；对不执行党的决议的人，必须开除出党。戈尔巴乔夫担任总书记后，党内不仅很快地出现了政治派别，而且企图改变党的性质的派别很快就占了上风。这给我们以深刻启示。维护党的集中统一，必须严格执行"四个服从"。关键是全党服从中央，维护党的集中统一。无产阶级政党的性质决定了根本利益的一致性，党内不允许也不应该有不同利益的代表。每一个党员都是党组织整体的一分子。

3. **严格党内政治生活关键在严**。列宁强调组织性和纪律性时，多处使用"极严格的""真正铁的"等描述语，充分说明无产阶级政党的组织和纪律必须切实从严。严字当头也是党的十八大以来管党治党的一个鲜明特点。严格党内政治生活，必须有严的制度、严的标准、严的要求、严的责任追究。要进一步把政治纪律、政治规矩挺在前面，变宽松软为严紧硬。

4. **严格党内政治生活，必须抓经常性的学习教育**。列宁在创建俄国布尔什维克党时，高度重视思想理论建设，用党的建设学说统一思想，武装头脑。毛泽东强调按照列宁的建党原则建党，注重思想上建党，并高度重视全党的学习。我们党无论是在革命战争年代，在社会主义建设时期，还是在改革开放新时代，都高度重视全党的集中学习教育。革命战争年代规模较大的有两次；社会主义建设时期开展了七次，改革开放以来开展了九次。每次都有主题、有重点，但比较集中的是"两个路线"的教育，即思想路线的教育和群众路线的教育，主要致力于防止"两个脱离"，即防止脱离实际、防止脱离群众。学习和贯彻好党的十八届六中全会精神，严格党内政治生活，必须抓好经常性的学习教育，必须结合学习习近平总书记系列重要讲话，真正读懂悟通，用理论上的清楚明白，支撑政治上的清醒坚定。

**5. 加强政治文化建设，培育良好政治生态。**习近平总书记关于加强党内政治文化和政治生态建设的要求，抓住了党内政治生活最深层、最本质的东西。政治文化和政治生态，是就整体而言的。每位党员都要成为党内良好政治生态的建设者和维护者；政治文化氛围不好，政治生态遭到破坏，大家都会受影响。戈尔巴乔夫几年时间就使苏共垮台、苏联解体，说明在此之前，苏共的政治文化和政治生态就受到污染，就开始恶化。如果不是这样，戈尔巴乔夫的"新思维"就不可能有市场，一些实质性改变就不可能那样顺利，70多年的大党老党连同其所构筑的社会主义大厦，就不可能一夜之间轰然倒塌。

**6. 严格党内政治生活，必须把自己摆进去。**列宁在《进一步，退两步》一书中，尖锐地批评了把自己看成高于组织和纪律的"上层人物"，要求"上层人物"也要没有例外地履行党员的义务。突出"关键少数"这个重点，也是党的十八届六中全会的一个鲜明特点。学习党的十八届六中全会精神，严格党内政治生活，要从自己严起；建设党内政治文化和政治生态，要从自己做起。要心有所畏、言有所戒、行有所止，按照党对"关键少数"的要求担责尽责。

《红旗文稿》2017年第9期

# 共产党人要念好马克思主义"真经"

梅荣政[*]

习近平总书记在一次重要讲话中指出:"马克思主义就是我们共产党人的'真经','真经'没念好,总想着'西天取经',就要贻误大事!"这里借用"真经"和"西经"形象提法,提出了问题重大、寓意深刻的思想。本文围绕共产党人要念好马克思主义"真经"的问题试谈几点认识。

## 一、共产党人必须念好"真经"

共产党人与马克思主义究竟是什么关系,这是共产党人必须念好马克思主义"真经"的深刻根据。

马克思主义创始人早就说过:"哲学把无产阶级当作自己的物质武器,同样,无产阶级也把哲学当作自己的精神武器。"[①] 列宁认为:"马克思学说中的

---

[*] 作者:武汉大学马克思主义学院教授。
[①]《马克思恩格斯文集》第1卷,北京:人民出版社2009年版,第17页。

主要一点，就是阐明了无产阶级作为社会主义创造者的世界历史作用。"[1] 马克思列宁的这些论断集中表明共产党与马克思主义的内在联系。共产党是在马克思主义指导下创立、成长、壮大，实现自己历史使命的。而马克思主义只有通过共产党这种组织的物质的保证，才能成为无产阶级和广大人民群众伟大的认识工具，发挥改造主观世界和客观世界的伟大作用，也才能在斗争中不断发展，不断开辟新的境界。所以信"共"必信"马"，信"马"必信"共"，共产党与马克思主义是互为存在的前提，舍弃一方就没有另一方。

共产党与马克思主义不可分割的真理已为世界社会主义历史所证明。一方面，国际共产主义运动的历史经验表明，任何国家的共产党，不论是执政党还是在野党，从未出现过指导思想上的真空。如果共产党抛弃或背离了马克思主义的指导，就必然接受形形色色的资产阶级思想。随着思想灵魂蜕变，政治性质、组织原则必然变，最终共产党或者蜕变成资产阶级的改良主义政党，或者人亡政息，组织瓦解。一切反共势力正是看准、看透了这一点，所以总是持续地不遗余力地对共产党人、特别是党的领导干部进行思想渗透，力图使其放弃马克思主义的指导，改变其共产主义信仰，达到和平演变、不战而胜的目的。另一方面，马克思主义如果脱离了共产党及其领导下的革命实践活动，就会被束之高阁，像一些西方马克思主义派别一样，"把具有战斗力和实践性的马克思主义理论学院化和庸俗化"。所以马克思主义和共产党的关系，借用马克思的话说就是物质武器和精神武器、头脑和心脏的关系，也可说是"体"和"魂"的关系。这种关系反映在中国共产党的指导思想上，就是坚持以马克思列宁主义、毛泽东思想、邓小平理论、"三个代表"重要思想、科学发展观、习近平新时代中国特色社会主义思想为指导。

习近平总书记针对党建中存在的问题，突出强调马克思主义是我们共产党人的"真经"，要求共产党人一定要念好自己的"真经"，充分体现了共产

---

[1] 《列宁选集》第2卷，北京：人民出版社1995年版，第305页。

党与马克思主义不可分割的真理和马克思主义党建原则。对于共产党员来说，这是从世界观、方法论的高度提出的，是衡量一个共产党员是否合格的必要条件。换句话说，一个合格的共产党员必须有对马克思主义的坚定信仰，对共产主义的崇高信念，对中国特色社会主义的高度自觉和自信。否则不能算作一个合格的共产党员。深刻领悟习近平总书记的上述论断，透彻理解共产党人与马克思主义的"体"和"魂"关系，自觉念好我们共产党人的马克思主义"真经"，对我们党破解重大风险考验和解决党内存在的突出问题，自觉抵制商品交换原则对党内生活的侵蚀，始终保持党的先进性，具有根本的长远的意义。

## 二、"真经"没念好，总想着"西天取经"要贻误大事

习近平总书记批评的"西天取经"，可理解为两层意思。一是一些共产党人对学习、掌握马克思主义原理、基础理论知识没有兴趣和热情，总是一心想到西方资产阶级思想文化理论中去寻找真理和新知；二是一些人正因为没有马克思主义"真经"的功底，一和西方资产阶级哲学、经济学、社会政治和文学艺术的思潮相遇，必然不加分析、不加鉴别、不加批判，一窝蜂地盲目推崇，结果就陷入迷雾，堕入泥潭。这就是列宁曾经告诫人们的："沿着马克思的理论的道路前进，我们将愈来愈接近客观真理（但不会穷尽它）；而沿着任何其他的道路前进，除了混乱和谬误之外，我们什么也得不到。"事情就是如此！

为何没有马克思主义"真经"，迷念"西天取经"，就会贻误大事？

第一，马克思主义为我们提供了科学的世界观、方法论。人类至今仍然生活在马克思所阐明的人类社会发展规律中，有马克思主义"真经"在胸，就能运用正确的世界观、方法论观察和解释自然界、人类社会、人类思维各

种现象，从而揭示蕴含在其中的规律，依规律而行。抛弃马克思主义的世界观、方法论，犹如"盲人骑瞎马"，必然违规律而动。同时因为没有确立马克思主义这个思想理论的定盘星和理想信念的压舱石，没有铸就"四个自信"的主心骨，因而在识别各种唯心主义理论的思想观点上，自然也就不能抵御病毒的侵袭。

第二，从总体和本质上说，西方思想文化理论是西方经济政治制度在观念形态上的反映。总想着"西天取经"，一味接受西方思想文化理论，必然不可避免地接受维护资本主义经济政治制度的思想观念而走入迷途。

在这个问题上，一些学者总轻信西方学者公正无邪，"不偏狭于阶级"，唯真理而求索。实则这是一种天真的善良愿望。相反，一些严肃的西方学者却不这样看，如最著名的资产阶级经济学家凯恩斯就曾声明："如果当真要追求阶级利益，那我就得追求属于我自己那个阶级的利益。……我是站在有教养的资产阶级一边的。"美国经济学家、诺贝尔经济学奖获得者索尼也说："社会科学家和其他人一样，也具有阶级利益、意识形态的倾向以及一切种类的价值判断。但是，所有的社会科学的研究，与材料力学或化学分子结构的研究不同，都与上述的（阶级）利益、意识形态和价值判断有关。不论社会科学家的意愿如何，不论他是否觉察到这一切，甚至他力图回避它们，他对研究主题的选择，他提出的问题，他没有提出的问题，他的分析框架，他使用的语言，很可能在某种程度上反映了他的（阶级）利益、意识形态和价值判断。"应该说，这些论述是坦诚而真实的。在阶级社会和有阶级存在的社会里，"没有一个活着的人能够不站到这个或那个阶级方面来"。[①] 我们一些学者之所以犯迷糊，关键在于"不应该离开分析阶级关系的正确立场"。[②]

第三，迷念"西经"的后果是很严重的。习近平总书记指出："实际工

---

[①]《列宁选集》第1卷，北京：人民出版社1995年版，第135页。
[②]《列宁专题文集·论马克思主义》，北京：人民出版社2009年版，第170页。

作中,在有的领域中马克思主义被边缘化、空泛化、标签化,在一些学科中'失语'、教材中'失踪'、论坛上'失声'。这种状况必须引起我们高度重视"。作为我们党的指导思想的马克思主义被"三化""三失",而各种冒牌的"马克思主义"就粉墨登场了。诸如形式主义的"马克思主义",结构主义的"马克思主义",弗洛伊德主义的"马克思主义",海德格尔存在主义的"马克思主义",生态马克思主义、有机马克思主义、女权主义的马克思主义,等等。这都是 20 世纪 80 年代就出现过的现象,当时邓小平和一些马克思主义专家就曾给以其严厉的批判,使之受到重创,但并没有彻底解决问题。进入新世纪以后,在高校包括马克思主义学科在内的一些学科中,也出现了把前述种种思潮视为对马克思主义的发展创新而予以热捧,甚至称之为马克思主义"新境界",用这些观点来解读马克思主义,并且作为判断一个马克思主义研究者是僵化还是思想解放的标准。不用说,这只能引发严重的思想混乱。

究其实质,这是把马克思主义的某个方面,如生态方面的、环境方面的、妇女方面的原理和观点,从马克思主义整个体系中、从它同其他原理和观点的联系中、从它同具体的历史经验的联系中抽离出来,肢解成了各种碎片,而后再用折中主义的手法,从现代西方哲学、美学和神学中摘取一些以主观唯心主义、特别是抽象人性论为理论基础的思想观点,生拉活扯嫁接到马克思主义头上,随心所欲地编造成自己所称道的"马克思主义"。

从事情的本质看,马克思主义概念被严重泛化、滥用,是 20 世纪 30—50 年代西方一股通过伪造马克思主义来反对马克思主义思潮的延续。当时,新黑格尔主义、存在主义、实用主义、新实证主义、结构主义、弗洛伊德主义、基督教和法兰克福学派等资产阶级流派,竞相用被他们加工、伪造、杜撰的思想观点来对马克思主义作阐述、"新解"和"补充",目的是批判和反对马克思主义。这股反马克思主义的思潮当时竟被西方称作"马克思的第二次降世"。其实,从马克思主义诞生以来,特别是它赢得广大工人阶级拥护以后,一些资产阶级、小资产阶级流派就用这类把戏来糟蹋马克思主义。马克思主义创始人一生都在同这些流派作斗争，列宁在批判俄国的马赫主义者时也揭露过这类把戏。列宁说，这些人"从折中主义残羹剩汁里获得自己的哲学，并且继续用这种东西款待读者。他们从马赫那里取出一点不可知论和唯心主义，再从马克思那里取出一点辩证唯物主义，把它们拼凑起来，于是含含糊糊地说这种杂烩是马克思主义的发展"①。这些糟蹋马克思主义的学派对马克思主义的"修正"和诋毁也是全面的，包括辩证唯物主义和历史唯物主义、剩余价值理论和科学社会主义学说。

不学好马克思主义"真经"，一门心思总想着"西天取经"，不分真伪，满盘接受，难免潜移默化，一步一步地误入歧途。关于这个问题，习近平总书记曾尖锐指出，国内外的错误思潮"总是企图让我们党改旗易帜、改名换姓，其要害就是企图让我们丢掉对马克思主义的信仰，丢掉对社会主义、共产主义的信念"。可悲的是，一些人甚至党内有的同志却没有看清这其中暗藏的玄机，不知不觉成了西方意识形态的吹鼓手。

## 三、"西天取经"，要把握好先决条件

我们批评马克思主义"真经"没念好，总想着"西天取经"的错误，丝毫不意味着不要汲取国外哲学社会科学的有益资源，特别是西方发达国家的思想文化积极成果。关于这一点，习近平总书记在全国哲学社会科学工作座谈会上的讲话讲得很透彻。他说，要善于融通古今中外各种资源，除了把握好马克思主义资源、中华优秀传统文化资源以外，还要把握好国外哲学社会科学的资源，包括世界所有国家哲学社会科学取得的积极成果。"对一切有益的知识体系和研究方法，我们都要研究借鉴，不能采取不加分析、一概排斥

---

① 《列宁选集》第 2 卷，北京：人民出版社 1995 年版，第 153 页。

的态度。"他强调:"中华民族是一个兼容并蓄、海纳百川的民族,在漫长历史进程中,不断学习他人的好东西,把他人的好东西化成我们自己的东西,这才形成我们的民族特色。"列宁在《青年团的任务》的讲话中和《关于无产阶级文化》的决议草案中都曾指出,马克思主义吸收和改造了两千多年来人类思想和文化发展中的一切有价值的东西,只有在这个基础上才能发展真正的无产阶级文化。今天人类已进入信息化时代,要加快构建中国特色哲学社会科学,不忘本来、吸收外来、面向未来,更好构筑中国精神、中国价值、中国力量,为人民提供精神指引。总结我们的经验教训,应坚持以下几点:

第一,先要立根固本:念好"真经",才可辨别吸收"西经"。这个"根"和"本"就是马克思主义。习近平总书记指出:"坚持以马克思主义为指导,是当代中国哲学社会科学区别于其他哲学社会科学的根本标志。"在当代中国,马克思主义是我们立党立国的根本指导思想,绝不可将其模糊、淡化,或者口号化、标签化。当代中国哲学社会科学必先立根固本,按照习近平总书记的要求,"读原著,学原文,悟原理",掌握马克思主义原理以及贯通于其中的立场、观点和方法,牢固树立马克思主义的指导地位。在这个根本问题上,任何时候任何情况下都不能有丝毫动摇和偏离。这是借鉴西方资产阶级思想文化有益成分的大前提,是取"西经"必不可少的基础。

第二,独立思考,绝不跟在别人后面亦步亦趋。习近平总书记强调:"跟在别人后面亦步亦趋,不仅难以形成中国特色哲学社会科学,而且解决不了我国的实际问题。"从根本上说,中国的实际问题主要靠中国化的马克思主义来解决。中国独特的文化传统,独特的历史命运,独特的基本国情,注定中国的哲学社会科学必然要走适合自己特点的发展道路。当代中国正经历着我国历史上最为广泛而深刻的社会变革,经历着人类历史上最为宏大而独特的实践创新,不仅提出了创新理论的新要求,也给理论创造、创新提供强大动力和广阔空间。"这是一个需要理论而且一定能够产生理论的时代,这是一个需要思想而且一定能够产生思想的时代。"我们完全没有必要跟在别人后面亦步亦趋。如何评价中国特色社会主义的理论和实践？如何衡量我国的发展？如何判断我国的根本经济制度和政治制度？如果奉"西经"为圭臬，用西方资本主义价值体系来剪裁，用西方资本主义评价体系来评估，符合西方标准的就行、就好，不符合西方标准的就是落后、陈旧，就要受到批判、攻击，那后果只能是，要么跟在人家后面走上资本主义的邪路，要么自认理亏、自甘挨骂。所以，学习西方思想文化正确的路径，是要善于独立思考，从中国的具体实际出发，在马克思主义指导下，将汲取的西方思想精华，经过加工改造，转化成对我们加快构建中国特色社会主义哲学社会科学有用的东西。

第三，要区分西方资产阶级思想理论的完整体系和个别方面。对前者，要坚决予以批判和抵制；对后者要根据中国的实际需要和具体情况，有选择地加以借鉴。借鉴就是一个批判改造和创新的过程，目的不是照搬翻印，制造复制品，而是发展创新，建设和发展中国特色的社会主义文化。

我国研究西方经济学的权威学者陈岱孙教授，在《现代西方经济学的研究和我国社会主义经济现代化》一文中讲得很深刻、很透彻："在对待西方经济学对于我们经济现代化的作用上，我们既要认识到，这些国家的经济制度和我们的社会主义经济制度根本不同，现代西方经济学作为一个体系，不能成为我们国家经济发展的指导理论。同时，我们又要认识到，在若干具体经济问题的分析方面，它确有可供我们参考、借鉴之处。"值得注意的是，"由于制度上的根本差异，甚至在一些具体的、技术的政策问题上，我们也不能搬套西方的某些经济政策和措施"。不仅对西方经济学要如此，对西方各种哲学、社会政治和文学艺术理论、思潮，也都应如此。

第四，拓展理论视野，要坚守我们党的伟大主题。习近平总书记在7·26讲话中指出，我们坚持和发展中国特色社会主义，必须高度重视理论的作用。要在坚持马克思主义基本原理的基础上，以更宽广的视野、更长远的眼光来思考和把握国家未来发展面临的一系列重大战略问题，在理论上不断拓展新视野、作出新概括。这给我们的重要启示是：学习借鉴西方思想文化理论，一定要清醒地把握住一个管总的问题。在当代中国，我们党全部理论和实践的主题是坚持和发展中国特色社会主义。吸取西方思想文化有益成分也要服从和服务于推进这个伟大主题的需要。判断西方思想文化中的成分能否为我所用，就是要看是否有利于我们进行伟大斗争、建设伟大工程、推进伟大事业、实现伟大梦想，有利者取之，无利者去之，有害者拒之。

第五，要增强理论自信，持续地批判错误思潮。正确对待"西经"，要增强理论自信。为此必须持续地展开对错误思潮的批判。历史虚无主义、新自由主义、西方普世价值论、西方宪政民主等错误思潮，以各种形式宣扬的"西方中心论""种族优越论""历史终结论""中国溃败论""东西趋同论"以及马克思主义"过时论"等形形色色的论调，浸透了资产阶级的世界观、价值观，饱含殖民奴役思想，散布的是思想迷雾和政治谎言，侵蚀的是人们对中国特色社会主义道路、理论、制度、文化的自信。只有彻底揭露它批判它，才能拨开迷雾，澄清真相，扬我中华正能量之伟力。

*《红旗文稿》2017 年第 20 期*

# 树立"四个意识"就要坚定不移地维护党中央权威

周维现[*]

党的十八届六中全会明确习近平总书记的核心地位,正式提出"以习近平同志为核心的党中央"。这是党中央作出的重大战略决策,是全会最重要、最具有历史性意义和里程碑意义的成果。全会明确要求,要"牢固树立政治意识、大局意识、核心意识、看齐意识,坚定不移维护党中央权威和党中央集中统一领导"。

维护党中央权威是一个根本大局问题和重大原则问题,全党必须在思想上高度统一、政治上清醒坚定、行动上坚决有力。而维护党中央权威、维护党的领导核心的一个重要思想基础就是"四个意识"。"四个意识"是紧密联系、相辅相成的有机整体,是维护党的团结统一、推进全面从严治党的关键。其中,政治意识是根本,就是要始终坚定政治立场、政治方向、政治信仰,确保在思想上政治上行动上与党中央保持高度一致;大局意识是前提,就是要始终站在全局和战略高度,识大体、顾大局、谋大事,确保一切工作服从

---

[*] 作者:中直机关工委委员,中直机关党校常务副校长。

服务于党和国家大局；核心意识是关键，就是要维护习近平总书记的核心地位，维护党中央权威，确保党的团结和集中统一领导；看齐意识是保证，就是经常主动向党中央看齐，保持步调一致，确保党中央决策部署的贯彻落实。"四个意识"集中体现为核心意识、看齐意识，统一于核心意识这个关键环节，统一于坚决维护党中央权威的实际行动。

## 一、增强政治意识就要始终保持坚强政治定力，着力打牢坚决维护党中央权威的思想根基

思想是行动的先导。维护党中央权威，首要前提和重要基础就在于要有坚定的理想信念，真正从思想和认识上建立起对党、对党中央、对党的领导核心的深刻认同、高度自觉和坚定自信。共产主义远大理想和中国特色社会主义共同理想，是共产党人的精神支柱和政治灵魂，也是维护党中央权威、保持党的团结统一的思想根基。要坚持不懈加强理论武装，念好共产党人的"真经"，深入学习贯彻习近平总书记系列重要讲话精神，学习党中央治国理政新理念新思想新战略，坚持用马克思主义中国化的最新理论成果武装头脑，切实以理论上的清醒保持政治上的坚定。要毫不放松加强党性锻炼，始终把党放在心中最高位置，做到对党绝对忠诚，在党爱党、在党言党、在党忧党、在党为党。要以理论的力量和党性的修养不断深化对党的路线方针政策的认识，始终热爱党、听党话、跟党走；要以理论的力量和党性的修养不断深化对党中央治国理政理论和实践的认识，始终听从党中央指挥，服从党中央安排，执行党中央决定；要以理论的力量和党性的修养不断深化对习近平总书记系列重要讲话中贯穿的坚定信仰追求、历史担当意识、真挚为民情怀、务实思想作风的认识，筑牢信仰之基、补足精神之钙、把稳思想之舵，坚持不忘初心、继续前进，不断增强中国特色社会主义道路自信、理论自信、制度

自信、文化自信，自觉成为共产主义远大理想和中国特色社会主义共同理想的坚定信仰者和忠实践行者。

## 二、增强大局意识就要始终坚持"四个服从"，牢牢把握坚决维护党中央权威的基本原则

维护党中央权威，仅靠单个党组织和党员个人是不够的，必须依靠民主集中制，依靠党的各级组织和全体党员。这就要求我们必须始终坚持"四个服从"，特别是全党服从中央。这是做好各项工作、推动事业发展的基本前提，也是维护党中央权威、维护党的团结统一必须把握的重要原则。全党服从中央的一个重要体现，就是要自觉服从大局，坚持在党和国家工作大局下行动。什么是大局？就当前来说，"服从核心、维护核心就是服从大局、维护大局，就是最大的政治"。要正确认识大局，把"坚决维护习近平总书记的核心地位、坚决维护党中央权威"作为最大的政治、最大的大局，使我们的各项工作始终关注这个大局、着眼这个大局、体现这个大局；要自觉服从大局，就是服从党和国家的根本利益、整体利益、长远利益，切实把本部门本单位工作同党中央决策部署结合起来，做到小局服从大局、局部服从全局，小道理服从大道理，不因局势纷繁复杂而迷向，不以局部小胜小负而动心，不为损失眼前利益而纠结；要坚决维护大局，"身在兵位、胸为帅谋"，坚持从大局和全局出发观察问题、厘清思路、谋划事情，主动对党和国家全局工作、对党中央重点工作进行深入研究，善于在大局和本职岗位中找准位置、明确方向、发挥作用，使各项工作紧紧围绕大局、时时聚焦大局、处处服务大局。

### 三、增强核心意识就要始终维护习近平总书记的核心地位，紧紧抓住坚决维护党中央权威的本质要求

我们这么大一个党、一个国家，没有集中统一，没有党中央坚强领导，没有强有力的中央权威，是不可想象的。要凝聚全党、团结人民、战胜挑战、破浪前进，始终成为坚强有力的马克思主义政党，始终成为中国特色社会主义事业的坚强领导核心，就必须有一个核心。党的十八大以来，习近平总书记在新的伟大斗争实践中已经事实成为党中央的核心、全党的核心。这个核心是全党认同、群众公认的，是当之无愧、众望所归的核心，是凝聚力量、指引方向的核心，是坚强有力、勇于担当的核心，是高举旗帜、继往开来的核心。习近平总书记核心地位一旦确立，就不仅仅是一个称呼、一个口号，需要在思想上充分信赖核心、政治上坚决维护核心、组织上自觉服从核心、感情上深刻认同核心，行动上紧跟核心。要深刻认识维护习近平总书记的核心地位与维护党中央权威是高度统一的，坚决维护习近平总书记的核心地位就是维护党中央权威；维护党中央权威就必须首先维护习近平总书记的核心地位。要始终坚持把纪律和规矩挺在前面，着力严明党的政治纪律和政治规矩，深刻认识周永康、令计划等人直接挑战党中央权威、严重破坏党的团结统一的恶劣影响，坚决抵制违反党的政治纪律和政治规矩、破坏党的集中统一的行为，坚决防止"七个有之"，切实做到"五个必须"，以强化纪律的刚性约束，为坚决维护党中央权威提供有力保证。

## 四、增强看齐意识就要始终向党中央看齐，切实强化坚决维护党中央权威的责任担当

维护党中央权威，归根到底必须落实到实际行动上，最直接、最具体的体现就是要向党中央看齐，确保中央政令畅通，确保中央决策部署贯彻落实。看齐是我们党的优良传统和政治优势，思想上统一、政治上团结、行动上一致是党的事业不断发展壮大的根本所在。这个统一、团结、一致有一个基准，就是党中央。党的团结首先是党中央的团结，党的集中统一首先是党中央的集中统一，党的权威首先是党中央的权威。维护党中央权威是全党同志义不容辞的责任和担当。要不断强化经常看齐的清醒、主动看齐的自觉、真正看齐的担当、善于看齐的能力，向习近平总书记看齐，向以习近平同志为核心的党中央看齐，向党的理论和路线方针政策看齐，向党中央决策部署看齐，始终做到与党中央保持思想上同心、政治上同向、行动上同步，始终做到党中央提倡的坚决响应、党中央决定的坚决执行、党中央禁止的坚决不做，始终做到确保中央政令畅通、确保中央令行禁止，真正以向党中央看齐的实际行动坚决维护党中央权威、保证党的团结统一。要强化责任担当，切实把自觉服从党中央领导、坚决维护党中央权威与敢于担当、勇于负责结合起来，把贯彻党中央决策、落实党中央部署与主动作为、发挥主观能动性结合起来，面对矛盾敢于迎难而上，面对危机敢于挺身而出，面对问题敢于承担责任，拿出踏石留印、抓铁有痕的劲头和钉钉子的精神，切实把中央各项决策部署转化为谋划工作思路、破解发展难题、提升工作水平的具体举措，确保中央各项决策部署落地生根、取得实效。

*《红旗文稿》2017 年第 4 期*

# 理想信念是中国共产党的核心竞争力

陶良虎[*]

对于许多人特别是国外观察者来说,中国共产党简直就是一个"谜"。她从成立之初50多人的小党发展成为现在拥有8800多万党员的全世界最大的执政党;她将一个积贫积弱的半封建半殖民地国家,建成了东方第一个社会主义国家;她挺过了苏联解体、东欧剧变的严冬,毅然坚守住了社会主义的阵地;她用近40年的改革开放让中国走完西方国家二三百年走过的工业化道路,成为世界第二大经济体……是什么让中国共产党如此之"能",她的核心竞争力到底是什么?

核心竞争力,一般指企业或个人相较于竞争对手而言所具备的不易或无法被模仿的优势或能力。作为一种更高形态的社会组织,任何一个有生命力的政党都应具备核心竞争力,那就是长期形成的支持政党持续发展、超越其他政党的核心优势。党的十八届六中全会强调:"共产主义远大理想和中国特色社会主义共同理想,是中国共产党人的精神支柱和政治灵魂,也是保持党的团结统一的思想基础。"理想信念就是中国共产党的核心竞争力。

---

[*] 作者:中共湖北省委党校常务副校长。

## 一、理想信念是中国共产党的核心竞争力，表现为中国道路的正确抉择

近代中国面临的历史任务是争取民族独立、人民解放。面对这一任务，地主阶级开明派、农民阶级和资产阶级都进行过努力探索，但最终都以失败告终，其中重要原因是这些阶级没能提炼出凝聚全民族力量的理想信念。而中国共产党自成立之日起就以马克思主义为指导思想，高举社会主义、共产主义理想的伟大旗帜，团结全国各族人民，探索出了适合中国国情的革命道路，建立了独立自主的社会主义新中国。现代中国面临的历史任务是国家富强、人民富裕。为实现这一任务，中国共产党确立了"两个一百年"的奋斗目标。中国特色社会主义道路正是实现"两个一百年"奋斗目标的康庄大道。新的历史阶段，新的历史使命，需要全党全国各族人民坚定共产主义远大理想和中国特色社会主义共同理想，把国家发展、民族振兴与个人幸福紧密联系在一起，把各个阶层、各个群体的共同愿望有机结合在一起，齐心协力，共同推进中国特色社会主义事业发展。这一过程不会一帆风顺，更不可能一蹴而就，必然会遇到种种困难和问题，但正如习近平总书记指出的，"我们党之所以能够经受一次次挫折而又一次次奋起，归根到底是因为我们党有远大理想和崇高追求"。理想信念是我们党不忘初心、迎接前进道路上任何风险和挑战的思想武器。

## 二、理想信念是中国共产党的核心竞争力，表现为马克思主义理论本身的巨大说服力

作为一种科学的理论，马克思主义通过对资本主义生产方式矛盾运动的

分析，科学地阐明和论证了"两个必然"的理论，揭示了人类社会历史发展的客观规律，具有巨大的理论说服力。一是它说服了放弃过马克思主义的人们。例如，俄罗斯联邦共产党主席久加诺夫把苏共亡党的原因总结为"三个垄断"，即对真理、资源、权力的垄断。苏共亡党不是败于敌对势力的武装进攻，而是败于放弃了对马克思主义的坚守。二是它征服了反对过马克思主义的人们。共产主义曾经被视为徘徊在欧洲上空的"幽灵"，遭受资本主义意识形态的围剿封杀。但就是这个"幽灵"的创立者马克思，在英国广播公司在全球范围举行的"千年思想家"网上评选中高居榜首；在全球性金融危机的巨大冲击中，伴随着新自由主义的破产，《资本论》走红欧洲，马克思主义再次受到欧洲政要和民众的热捧。三是它鼓舞了一直坚持和发展马克思主义的人们。十月革命一声炮响，给中国送来了马克思列宁主义。中国共产党自成立之初就接受了马克思主义的科学理论，并根据中国革命、建设和改革的实践丰富和发展了马克思主义。中国革命、建设和改革的成功实践，雄辩地证明了马克思主义的理论说服力。

## 三、理想信念是中国共产党的核心竞争力，表现为中国特色社会主义制度的无比优越性

在马克思主义指导下，中国共产党不断推进社会主义制度的自我完善和发展，在经济、政治、文化、社会等各个领域逐渐形成了一整套相互衔接、相互联系的制度体系。在经济制度方面，不仅确立了公有制为主体、多种所有制经济共同发展的基本经济制度，创造性地把市场经济与社会主义基本制度结合起来，还运用民主集中制的制度优势，集中力量办大事，为不断解放和发展生产力提供了根本制度保证。在政治制度方面，确立了人民代表大会制度、中国共产党领导的多党合作和政治协商制度、民族区域自治制度以及

基层群众自治制度，有利于发展民主，有效保证人民享有更加广泛、更加完善的权利和自由。在文化制度方面，以马克思主义为指导的文化制度是在5000多年文明中孕育的中华优秀传统文化、在党和人民伟大斗争中孕育的革命文化和社会主义先进文化的积淀、结晶和固化，有利于凝聚共识、团结合作，激发先进文化的蓬勃发展。在社会制度方面，有效的户籍管理制度、完善的社会保障制度和"以人为本"的社会治理体制，有利于保障和促进社会良性运行与和谐稳定。中国特色社会主义制度体现出了与资本主义的比较优势，是当代中国发展进步的根本制度保证，必将为人类对美好社会制度的探索提供可供借鉴的中国方案。

## 四、理想信念是共产党人的核心竞争力，表现为中国共产党政党文化的独特魅力

中国共产党在90多年光辉历程中形成了具有鲜明特征的政党文化，深刻地引领、影响着其他人群、其他组织的世界观和价值观。

第一，中国共产党价值理念的人民性释放出了巨大的凝聚力。中国共产党自觉地将无产阶级和全人类的解放作为政党文化的核心与灵魂。其中所蕴含的彻底的人民性的价值观念，在革命战争年代是激励人们"抛头颅、洒热血"的驱动力；在社会主义建设和改革时期更是凝聚了全体中华儿女的拳拳之心，激发着人们众志成城、共圆梦想的斗志与热情。

第二，中国共产党思想理论的创新性展示了巨大的生命力。理论创新能够使一个政党始终保持着旺盛的生命力与清醒的思考力。党的十八大以来，在治国理政新的实践中，习近平总书记发表一系列重要讲话，进一步丰富和发展了党的科学理论，为我们在新的历史起点上实现新的奋斗目标提供了基本遵循。党和国家各项事业之所以不断取得新成就、开创新局面，根本就在

于以习近平同志为核心的党中央的坚强领导，根本就在于习近平总书记系列重要讲话精神的科学指导。

第三，中国共产党组织的团结统一性炼就了巨大的战斗力。中国共产党是根据马克思列宁主义的建党理论建立起来的先进政党。中国共产党组织上的团结性源于其科学理论的指导，源于党是由先进分子组成，源于党组织所遵行的民主集中制度。中国共产党政党制度文化所具有的团结统一性的特征，以及由此而产生的高效的组织力和落实力、巨大的战斗力为其他国家政党、组织所羡慕、所称道。这种战斗力在抗日战争、人民解放战争、社会主义改造、现代化建设、高效抗灾救灾、应对金融危机、成功举办奥运会和世博会等重大事件中得到了集中体现。

第四，中国共产党行为作风的模范性展示了巨大的示范力。中国共产党在长期的发展过程中，形成了理论联系实际、密切联系群众、批评与自我批评的优良作风。这三大优良作风在共产党员与其他人群、其他政党党员的交往中充分地体现出来，成为共产党员的"识别标志"，也赢得了其他政党人士、普通老百姓的敬仰和效法。

第五，中国共产党勇于纠错的风范展现了宽广的胸襟。在90多年的历程中，中国共产党也曾经历挫折与失误，但她从来不回避、不遮掩、不粉饰错误，敢于承认错误、反思错误，并以壮士断腕的决心和刮骨疗伤的勇气全面从严治党。这一风范使得中国共产党始终能在克服和纠正错误中不断成长，永葆朝气和活力。

理想信念是中国共产党的核心竞争力，是中国共产党凝聚党心民心的主要抓手，是中国共产党战胜困难挫折的重要法宝，是中国共产党保持先进性防止腐化堕落的有效武器。这就是"中国共产党为什么能"的"谜底"。

# 马克思主义政党就要旗帜鲜明地讲政治

龚 云[*]

2017年2月13日，习近平总书记在省部级主要领导干部学习贯彻党的十八届六中全会精神专题研讨班开班式上发表重要讲话强调，我们党作为马克思主义政党，必须旗帜鲜明地讲政治。习近平总书记的这个论断，具有重大现实意义和历史意义。

一

什么是政治？邓小平说过：政治就是"国内外阶级斗争的大局，是中国人民和世界人民在现实斗争中的根本利害"。因此，政治的内涵在不同的时代有不同的规定性。在革命时期，革命斗争是最大的政治。在和平时期，现代化建设就是最大的政治。邓小平指出："社会主义现代化建设是我们当前最

---

[*] 作者：中国社会科学院马克思主义研究院研究员。

大的政治，因为它代表着人民的最大的利益，最根本的利益。"党的十八大以后，实现"两个一百年"宏伟战略目标就是中国最大的政治，因为它代表着中国人民当前和未来一段时间的根本利益。

我们党讲政治，是由马克思主义政党的性质决定的。中国共产党是马克思主义政党，始终坚持以马克思主义为科学指南，以全心全意为人民服务为根本宗旨，以实现共产主义为远大理想。因此，讲政治是我们党的本质特性，也是对党员、干部的根本要求。习近平总书记指出，"作为党的干部，不论在什么地方、在哪个岗位上工作，都要增强党性立场和政治意识，经得起风浪考验"。只有这样，我们党才能在复杂形势中、在前进道路上始终保持清醒的头脑、科学的认识、坚定的信念、远大的理想，才能经受住各种困难和风险的考验，完成革命、建设和改革的各项任务，取得一个又一个胜利。

讲政治是马克思主义政党的优良传统。列宁指出："一个阶级如果不从政治上正确地看问题，就不能维持它的统治，因而也就不能完成它的生产任务问题。"[1] 毛泽东指出："没有正确的政治观点，就等于没有灵魂。"[2] 邓小平指出："改革，现代化科学技术，加上我们讲政治，威力就大多了。到什么时候都得讲政治，外国人就是不理解后面这一条。你们经常搞义务劳动，这也是政治嘛。"[3] 江泽民同志指出："我们的领导干部一定要加强马克思主义理论学习，加强政治学习，增强政治敏感性，善于从政治上观察和处理问题，发挥我们党的政治优势，保证经济和各项建设事业的健康发展。"[4] 胡锦涛同志指出："学习是基础，政治是大局，正气是保证。"[5] 习近平总书记指出，讲政治，是我们党补钙壮骨、强身健体的根本保证，是我们党培养自我革命勇气、

---

[1]《列宁选集》第4卷，北京：人民出版社1995年版，第408页。
[2]《毛泽东文集》第7卷，北京：人民出版社1996年版，第226页。
[3]《邓小平文选》第3卷，北京：人民出版社1993年版，第166页。
[4]《十三大以来重要文献选编》（下），北京：人民出版社1993年版，第1709页。
[5]《胡锦涛文选》第1卷，北京：人民出版社2016年版，第253页。

增强自我净化能力、提高排毒杀菌政治免疫力的根本途径。

讲政治，是推进具有新的历史特点的伟大斗争的需要。我国改革开放已近40年，长期的和平时期使不少人包括一些干部头脑中的政治观念十分薄弱，特别是在思想理论界，一些人消极总结过去一段时间我们搞"空头政治"的教训，长期鼓吹政治虚无主义，搞"去政治化""去意识形态化"。还有不少人不注意思想问题和政治问题，成天忙于一些具体的事务性工作，缺乏政治鉴别力和政治敏锐性，在一些重大理论和现实问题上是非不分，不能坚持原则。党的十八大以后，我国进入新的历史阶段，政治、经济、意识形态等领域斗争呈现新的特点。极少数人在境内外资本的支持下，公开质疑和反对党中央的重大的政治经济政策，意识形态领域和思想理论领域斗争更呈现出尖锐化复杂化的局面。在这种情况下，如果不讲政治，不能保持政治敏锐性和高度警惕性，就可能犯颠覆性的错误。

讲政治是应对西方国家对我国进行"和平演变"的需要。苏联东欧剧变以后，作为高举社会主义大旗的中国业已成为西方国家的"眼中钉"和"肉中刺"，他们千方百计对我进行渗透。西方的政府、政党、宣传工具、学校、教会等机构，不遗余力地向我国的青年、知识分子等不同群体灌输他们的价值观。西方国家这样做，就是为了维护和巩固资本主义的社会制度、意识形态和国家利益，同时颠覆我国的社会主义制度和党的领导。

在上述这种复杂的国内外背景下，我们党要领导近14亿人口的国家保持安定团结的政治局面，协调推进"四个全面"战略布局，不讲政治是根本不行的。我国要实现"两个一百年"的宏伟战略目标，也必须要有正确的政治方向、安定团结的政治环境，必须协调各方面的关系，调动全社会的积极性，及时而果断地消除影响社会安定的因素。

当然，我们所说的讲政治，绝不是离开经济建设这个中心去讲政治，我们要讲的政治，是保障改革开放和社会主义现代化建设的政治，是保证"两个一百年"战略目标顺利实现的政治。

## 二

旗帜鲜明地讲政治，总体来说就是要强化政治意识，就是要在瞬息万变、错综复杂的形势下保持清醒的政治头脑，坚持正确的政治方向，坚定共产党人的理想信念，具有正确的政治思想、坚定的政治立场、敏锐的政治洞察力和鉴别力，严格遵守政治纪律和政治规矩。

讲政治，就要学习马克思主义基本原理，牢固树立马克思主义世界观、人生观和价值观，坚定正确的理想信念，永远坚守共产党人的政治灵魂。我们党是马克思主义政党，必须讲马克思主义的政治，讲中国特色社会主义的政治，讲实现、维护、发展人民群众利益的政治。政治上的清醒来源于理论上的坚定。提高党员、干部政治素质，关键是要提高马克思主义政治素质。没有这个政治的灵魂，就不可能成为一名合格的党员，就不可能成为一名清醒的合格的党的领导干部，就不可能成为一名清醒的合格的中国特色社会主义事业的建设者和领导者。习近平总书记多次指出，马克思主义基本理论是共产党人的看家本领，马克思主义信仰、社会主义和共产主义信念是共产党人的命脉和灵魂，坚定的理想信念始终是党员、干部站稳政治立场、抵御各种诱惑的决定性因素。要通过学习马克思主义基本原理，树立马克思主义世界观、人生观和价值观，坚定共产主义远大理想和中国特色社会主义共同理想，始终保持共产党人革命本色和浩然正气。

讲政治，就要善于从政治上正确认识和判断形势。党员、干部特别是领导干部，不论在哪个领域、哪条战线工作，都要讲政治。高级干部首先要努力成为忠诚于马克思主义、坚持和发展中国特色社会主义、会治党治国的政治家。中国特色社会主义事业，是一项十分艰巨的、不断发展的事业，是在复杂多变的国际环境中进行的，要进行具有许多新的历史特点的伟大斗争。

如果不善于从政治的高度、从全局和战略的高度认识我国经济社会发展的状况，认识当今国际局势变化对我国产生的影响，就难以把握正确的前进方向。只有从政治上正确分析和认识形势，才能把握好我国进入经济新常态后面临的暂时困难，才能认清事物的本质与现象、主流与支流，坚定实现中华民族伟大复兴的信心，才能统筹兼顾地处理好各方面的关系，才能为我国现代化建设创造良好的国际环境，更好地维护我国的国家安全和利益。

讲政治，就要牢牢把握正确政治方向，始终保持在党的路线方针政策上的清醒和坚定，在全面、正确、积极贯彻执行党的基本路线和各项方针政策、切实提高工作质量和效率上下功夫。讲政治，关键要增强坚持和发展中国特色社会主义的政治意识，特别要坚持以经济建设为中心与坚持改革开放和坚持四项基本原则不动摇，贯彻党的基本方针和基本政策不动摇。"一个中心、两个基本点"，是我们党坚持马克思主义基本原理同社会主义现代化建设实际相结合，深刻分析中国基本国情和发展规律得出的科学结论。坚持"一个中心、两个基本点"的基本路线，全面而集中地反映了我国人民在社会主义初级阶段的根本利益，充分反映了党的性质和根本宗旨，无论遇到什么困难、出现什么干扰，都不能有丝毫动摇。

讲政治，就要始终坚持党的根本政治立场，强化为人民服务意识，为人民用好权，为人民谋利益。"政治问题，从根本上说，是同人民群众的关系问题，是对人民群众的态度问题。"[①] 我国是社会主义国家，是人民当家作主的国家，我们的政权是人民政权，我们党的根本宗旨是全心全意为人民服务。人民拥护我们的党和政府，从根本上说，是他们真正感到党的路线方针政策反映了他们的利益和愿望、党领导的政权为他们办了好事。党和国家各级领导机关都必须牢固树立为人民服务的思想，面向群众，高质量高效率做好工作。各级干部贯彻执行党的路线方针政策成效大小，都要用这一条来衡量。

---

① 《胡锦涛文选》第 1 卷，北京：人民出版社 2016 年版，第 257 页。

我们党是执政党，各级干部特别是领导干部坚持为人民服务的宗旨，一个核心问题就是要为人民掌好权、用好权。是用权为民，还是以权谋私，始终是对干部的严峻考验。干部职位越高、权力越大，越要坚持党的宗旨，时刻把人民利益摆在高于一切的位置上，坚持一切工作走群众路线，经常想群众之所想、急群众之所急、忧群众之所忧，全心全意为人民谋利益。只要全党同志首先是各级领导干部树立和弘扬全心全意为人民服务的这个最大的正气，就能做到讲党性、讲原则、公正无私、刚直不阿、言行一致、扶正祛邪，以权谋私、拜金主义、享乐主义、极端个人主义的邪气就滋长不起来。

讲政治，就要坚持正确的政治方向、政治立场、政治观点、政治纪律、政治鉴别力、政治敏锐性，最重要的是坚持正确的政治立场和政治方向。立场问题，归根到底是代表谁的利益问题。立场不同，判别是非的标准就不一样。立场站错了，就会黑白颠倒、是非混淆，研究和解决问题的共同基础就没有了。观察和处理问题，一定要站在工人阶级和人民大众的立场，站在党性和党的政策立场上。习近平总书记指出，观察问题"必须坚持马克思主义政治立场，进行阶级分析。有人说这已经落后于时代了，这种观点是不对的。我们说阶级斗争已经不再是我国社会主要矛盾，并不是说阶级斗争在一定范围内不存在了，在国际大范围中也不存在了。改革开放以来，我们党在这个问题上的认识一直是明确的"。

政治立场和政治方向，集中体现在政治观点上。在基本原则问题上，要严守政治纪律和政治规矩。在事关坚持还是否定四项基本原则的大是大非和政治原则问题上，要增强主动性、掌握主动权、打好主动仗。对于违反四项基本原则的观点，要敢于亮剑，旗帜鲜明地进行驳斥。对于社会上一些流行的思想主张和理论观点，要用马克思主义的立场和观点进行研究和分析，看它代表谁的利益，反映什么样的政治倾向。如果对社会上的奇谈怪论不研究、不批评，任其泛滥，就等于助长错误观点的流行和传播，对党和人民的事业是有极大危害的。

讲政治，就要提高政治能力，做到具体化，体现在实践中，落实在行动上，贯彻到各行各业和各项工作中去，反映在党内政治生活、组织生活和全部工作的点点滴滴中，表现在思想和作风的一言一行里。清谈政治，误党误国。党和政府的各级领导干部，无论是从事政治工作还是从事经济或别的工作，都要做到红与专的结合，都要加强政治鉴别力和政治敏锐性，善于从政治角度观察问题，见微知著，防微杜渐，卓有成效地开展思想政治工作和组织管理工作。善于做引导群众、团结群众的思想政治工作和组织管理工作，是我们党的最大政治优势，也是党的群众工作的根本原则，丢掉了党的这一优良传统，党的基层组织工作就难以开展，党就会失去群众基础，这在历史上是有教训的。

总之，旗帜鲜明地讲政治，最重要的就是全党全社会都必须牢固树立"四个意识"，自觉维护党中央权威和党的集中统一，始终在思想上政治上行动上同以习近平同志为核心的党中央保持高度一致，任何情况下都绝对忠诚于党、绝对忠诚于人民，坚决贯彻落实党的理论和路线方针政策。

《红旗文稿》2017年第7期

# 任何党员都不能拿政治纪律和政治规矩当儿戏

苑秀丽[*]

党的十八大以来,党中央重拳反腐,正风肃纪,查处了一批贪腐干部。这些落马的党员干部普遍存在着政治纪律和政治规矩意识丧失,政治纪律和政治规矩严重松弛的突出问题。这也警示广大党员干部,腐败问题和政治纪律问题往往相伴而生,那种习惯于把防线只设置在反对腐败上,认为只要干部没有腐败问题,其他问题就可忽略不计的认识和做法是片面的、错误的。干部在政治上出问题,对党的危害不亚于腐败问题,有的甚至比腐败问题更严重。党的十八届六中全会向全党再次申明:严明党的纪律是党内政治生活基本规范的一项重要内容,政治纪律和政治规矩这根弦不能松,任何党员都不能拿政治纪律和政治规矩当儿戏。

---

[*] 作者单位:中国社会科学院马克思主义研究院,海南热带海洋学院理论创新基地。

## 一、严明党的政治纪律极端重要

党的十八大以来,习近平总书记高度重视严明党的政治纪律和政治规矩,他一再指出,政治纪律是最重要、最根本、最关键的纪律,遵守政治纪律是遵守党的全部纪律的基础。当前中国正处在夺取全面建成小康社会伟大胜利的关键时期,我国发展中面临诸多矛盾叠加、风险隐患增多的严峻挑战,党肩负着十分艰巨的任务,严明党的政治纪律和政治规矩具有极端紧迫性。

从党的十八大到党的十八届六中全会,中央把守纪律讲规矩提到更加重要的位置,提出了一系列严明政治纪律和政治规矩的新要求,为全体党员遵守政治纪律、政治规矩指明了方向。

1. *政治纪律在党的纪律中居首要、核心地位*。在党的所有纪律中,居于第一位的是政治纪律和政治规矩。政治纪律是最重要的纪律,是维护党的团结统一的根本保证。严明政治纪律,就抓住了党的纪律的根本。如果政治纪律和政治规矩得不到遵守,其他党的纪律也会失守,加强党的纪律建设就无从谈起。

党的十八届六中全会要求全党尊崇党章、依规治党,把贯彻党内政治生活准则和党内监督条例,同执行廉洁自律准则、党纪处分条例、巡视工作条例、问责条例等党内法规贯通起来。全党要严明政治纪律和政治规矩,提高党内政治生活原则性和战斗性。每一个党组织和党员都要站到党纪国法的高度认识政治纪律和政治规矩,不能把防线只设置在反腐败问题上;不能搞一团和气,对违反政治纪律和政治规矩的错误思想和行为放任不管,要将无视党的政治纪律和政治规矩的问题上升到党纪国法的高度来认识和处理。

2. *严明政治纪律和政治规矩的内容和要求*。严明政治纪律应从遵守和维护党章开始。每一个共产党员都要树立党章意识，自觉用党章规范自身的一言一行，努力做到政治信仰不变、政治立场不移、政治方向不偏。习近平总书记提出了遵守党的政治纪律的"五个必须"："必须维护党中央权威，在任何时候任何情况下，都必须在思想上、政治上、行动上同党中央保持高度一致；必须维护党的团结，坚持五湖四海，团结一切忠实于党的同志；必须遵循组织程序，重大问题该请示的请示，该汇报的汇报，不允许超越权限办事；必须服从组织决定，决不允许搞非组织活动，不得违背组织决定；必须管好亲属和身边工作人员，不得默许他们利用特殊身份谋取非法利益。"他还提出了遵守党的政治纪律的"五个决不允许"："决不允许散布违背党的理论和路线方针政策的意见，决不允许公开发表违背中央决定的言论，决不允许泄露党和国家秘密，决不允许参与各种非法组织和非法活动，决不允许制造、传播政治谣言及丑化党和国家形象的言论。"

3. **任何人不能越过政治红线**。党的十八届六中全会提出，坚持纪律面前一律平等，遵守纪律没有特权，执行纪律没有例外，党内决不允许存在不受纪律约束的特殊组织和特殊党员。政治纪律和政治规矩不是"纸老虎""稻草人"，不能将其视为软约束或一纸空文。习近平总书记指出："如果党的政治纪律成了摆设，就会形成'破窗效应'，使党的章程、原则、制度、部署丧失严肃性和权威性，党就会沦为各取所需、自行其是的'私人俱乐部'。"全党都要充分认识严守党的政治纪律和政治规矩的极端重要性和迫切性，始终保持高度的政治警觉，在思想上政治上行动上同党中央保持高度一致，始终拥护中国共产党在中国特色社会主义事业中的领导核心地位。

4. **严明党的政治纪律有章可依**。党的十八大以来，党中央修订颁布实施了一系列新的法规条例，包括《关于新形势下党内政治生活的若干准则》《中国共产党党内监督条例》《中国共产党廉洁自律准则》《中国共产党纪律处分条例》《中国共产党问责条例》等，为各级党组织和党员遵守党的纪律包括党的政治纪律提供了制度利器。新修订的党规党纪注重将抽象的政治纪律要求细化、具体化，具有很强的针对性和可操作性。《关于新形势下党内政治生活的若干准则》指出，党要管党必须从党内政治生活管起，从严治党必须从党内政治生活严起。党的各级组织必须担负起执行、维护政治纪律和政治规矩的责任，党的各级组织和纪律检查机关要加强纪律执行情况的监督和检查，坚决防止和纠正执行纪律宽松软的问题。《中国共产党纪律处分条例》则详细规定了违反党的政治纪律的条款，实现了党组织和党员有纪可依，各级纪检监察机关执纪有据，对于从根本上解决政治纪律执行中失之于宽、失之于松、失之于软的问题起到了重要作用。这一系列党内法规的颁布实施，体现了我们党在新形势下致力于加强和规范党内政治生活，为严明党的政治纪律提供了有力的制度保障。

## 二、党员干部要严格践行党的政治纪律和政治规矩

严明政治纪律、严守政治规矩，关键在于贯彻落实。每一位党员都要坚定正确的政治立场，以党章为根本遵循、以党纪为基本准绳，自觉践行党的政治纪律和政治规矩，不断增强"四个意识"。

1. 要对党员干部加强理想信念教育。理想信念是政治纪律的内在支柱，党员干部理想信念动摇，必然守不住政治纪律和政治规矩。一些党员干部出现这样那样的问题，根源就在于信仰迷茫、精神迷失。要深入开展理想信念教育，促进全体党员坚定对马克思主义的信仰，坚定对中国特色社会主义和共产主义的信念，保持坚定政治定力，牢记政治责任，把准方向、忠诚于党。

2. 党员干部要对党的政治纪律和政治规矩心存敬畏、严格遵守。严守政治纪律和政治规矩，只有保持了高度的政治自觉和思想自觉，才能做到身有所循。要自觉对照违反政治纪律和政治规矩的行为表现，逐条进行自查

自纠，真正做到对党忠诚，严守底线，心存敬畏，谨言慎行，保持定力，让守纪律、讲规矩成为一种习惯、一种追求、一种常态。

**3. 党的各级组织和党的各级纪律检查机关要肩负起严明政治纪律和政治规矩的主体责任和监督责任。**各级党组织要强化责任感和自觉性，担负起执行和维护政治纪律的主体责任，加强对党员遵守党的政治纪律的教育、管理和考察。对个别党员背离党性的言行要亮出鲜明的态度，不能听之任之、置身事外，要坚决予以制止。明察违反政治纪律的苗头性倾向，及时进行提醒和纠正。党的各级纪律检查机关要把维护党的政治纪律放在首位，切实履行党章赋予的职责，以习近平总书记提出的"五个必须"和"五个决不允许"为准绳，加强对政治纪律执行情况的监督检查，坚决维护党中央的权威，保证中央政令的贯彻落实。

**4. 铁的纪律必须铁的执行。**党的十八大以来，党中央严肃查处违反政治纪律的行为，强化在思想上组织上行动上与中央保持一致的政治纪律要求，以坚决有力的行动昭示了党的政治纪律的威严。一些高级领导干部因触犯、违反党的政治纪律、政治规矩和组织纪律，在党内搞团团伙伙，公开散布与党中央的决策部署不相一致的言论等，被作出开除党籍等纪律处分。实践证明，只有敢于对违反党的政治纪律的行为亮剑，才能形成威慑，才能使广大党员对政治纪律心存敬畏和戒惧。每一位党员都应当坚定地执行党的政治纪律，做到党中央提倡的坚决响应，党中央决定的坚决照办，党中央禁止的坚决杜绝，任何时候任何情况下都做到政治立场不移、政治方向不偏。

*《红旗文稿》2017 年第 3 期*

# 民主热点问题辨析

# 突破西式民主政治逻辑 走中国自己的政治道路

张树华 *

当前，国际上围绕民主问题正进行着激烈的意识形态斗争。西方国家早已设下重重陷阱，将民主作为西化、弱化、演化他国的工具和手段。民主问题已不仅是概念问题、话语问题，更是国际政治斗争的焦点，关乎国家主权安全和政治安全。

## 一、西式民主：西方大国打压别国的思想政治工具

第二次世界大战结束以来，民主问题一直是国际政治领域争论的焦点，也是西方世界打压他国的武器和工具。20多年前，苏联和东欧社会主义国家就是落入西方设下的民主、自由、人权等陷阱而分崩离析的。"冷战"结束20多年来，国际上的意识形态斗争不但没有减弱，反而更加激烈。以美国为首

---

\* 作者：中国社会科学院信息情报研究院院长。

的西方国家打着民主、人权等旗号，对外大肆输出民主、煽动街头政治、策动颜色革命。西方大国凭借对民主、人权、自由等话语的垄断，推行双重标准，肆意打压其他政治制度不同的国家。如今在国际政治舞台上，较之"东方—西方""北方—南方""发达经济体—发展中国家"的差异，所谓的"民主国家与非民主国家""西方自由世界与非西方世界"之间的对立色彩更加鲜明。

长期以来，西方国家垄断了"民主概念"的解释权，将他们演绎的自由、民主、人权等说成了放之四海而皆准的标尺。习近平总书记深刻指出，西方运用这套标尺时是有选择的，对他们百依百顺的国家、跟着他们跑的国家，他们可以对其政治状况不闻不问，而对那些不听命、不顺从他们的国家，他们就要挥舞价值观念的大棒进行打压，进而策动"颜色革命"，甚至不惜动用武力来改变一个国家的政权。

可见，国际上民主问题之争，既是话语之争，又是理论之争、思想之争，更是制度之争和道路之争，背后还隐含着传统地缘政治之争。只有打破西式民主政治逻辑，才能避免在思想上迷失、在实践中迷路，才能避免制度改旗易帜、道路改弦易辙、国家和政权分崩离析，才能有效捍卫国家主权和安全。

## 二、西方国家输出民主已成当今世界乱源

20多年前，苏联解体、东欧剧变，西方大国自认为在东西方较量的大棋局中不战而胜。经过第二次世界大战后40多年与西方的军事对抗和政治较量，以苏联为首的阵营最终败下阵来。苏共的垮台与苏联的瓦解，首先是因为苏共在民主这一关键性的政治问题上犯了大错。戈尔巴乔夫陷入民主迷思，落入西方设下的政治陷阱，最后缴械投降，将政权拱手相让。总体而言，政治

上的失败是苏共垮台的首要原因，苏共在民主问题上的混乱导致东欧社会主义阵营瓦解，苏联走向解体。

在西方战略家和谋士们的眼里，民主、自由、人权等政治工具功不可没，它们是摧毁社会主义、赢得"冷战"的政治利器。20年多年前，"冷战"结束伊始，西方智囊和知识精英们鼓吹，意识形态的争论就此终结，西式民主将永远站在人类历史的尽头。于是乎，被胜利冲昏头脑的西方政要和精英们弹冠相庆，高呼西式自由民主和市场经济模式站上了历史巅峰并将一统天下，自此西方可以高歌猛进，无往而不胜。

在第三波民主浪潮汹涌的国际背景下，西方政治谋士们连出三招。首先，在理论和概念上将西式民主和自由市场模式泛化、神化，认为西方模式是普世的、超民族的、横贯人类历史的。其次，在实践上将推广西式民主外交政策化，大肆对外输出民主，策动颜色革命，造成国际上又一轮的地缘政治争夺和恐怖动荡周期。最后，在思想和舆论上将民主意识形态化，鼓吹和煽动民族、文明、宗教间的冲突。它们声称西式民主既为西方社会和西方文明所特有，又是普遍适用的。为谋求政治和国际话语霸权、掩盖其地缘政治私利，西方媒体和学术界接连抛出一系列的信条和口号："民主万能论""民主速成论""民主国家不战论""民主和平论""民主同盟论"，极力推行"价值观外交"，打造"自由和民主之弧"。

西方国家推广民主有两种手段：武力强行输出和策动他国内部改弦易辙。当然，有时外部暴力推翻和内部和平演变两种手段并用。美军先后武力攻打伊拉克和利比亚，开启了美国绕过联合国、公然纠结一些"民主随从国家"用武力推翻一国合法政权的先例。俄罗斯学者称之为"炸弹下的民主"。随着黎巴嫩"雪松革命"、格鲁吉亚"玫瑰花革命"、乌克兰"橙色革命"、吉尔吉斯斯坦"郁金香革命"等街头政治的爆发，西方国家得以通过策动颜色革命而兵不血刃地促动对象国家政权更迭，从而达到西方扩大政治势力范围、争得地缘政治优势的目的。

### 三、西方国家自己把民主变成了坏东西

当前,西方政治阵营陷入"民粹主义和对抗政治的泥潭",政治发展乏力。对于西方世界来讲,正可谓是成也民主,败也民主。

2008年金融危机以来,西方世界深陷政治困境。金融危机爆发后不久,美国经济学家、诺贝尔经济学奖获得者克鲁格曼就详细考察了美国从19世纪末到20世纪初的政治经济关系,进而得出一个结论:无论历史事实还是理论研究都清楚地说明一点,即经济上出了问题往往是因政治上出了问题,而社会出了问题则是它们的综合后遗症。2013年5月,普林斯顿大学3位政治学教授合写了《政治泡沫——金融危机与美国民主制度的挫折》一书,指出每个经济危机背后都有相对的政治泡沫,政治泡沫就是僵化的意识形态、迟钝低效的政府机构和特殊利益集团导致的信仰、制度、利益偏见,政治泡沫的形成会不断增加市场的风险,从而导致经济危机。2008年,国际金融大鳄乔治·索罗斯也在美国媒体上预测,世界历史可能进入一个邪恶时期,并称欧洲可能陷入混乱和冲突。面对美国的政治困境,美国政治学者福山认为,美国两党竞争导致政治极化,而民主的泡沫导致政治衰退。他认为,美国的民主政治演变成了一种否决政体,政治被"党争民主"或极端思潮俘虏,难以自拔。2015年11月,来自英国的学者马丁·雅克在上海指出,未来10年,"民主赤字""过度民主"的欧洲将会陷入恶性循环之中。

长久以来,在民主问题上存在着诸多认识上的误区:认为实现民主就等于照搬现行的西方政治模式,企望只要移植西方民主形式即可自然而然地达到西方式的物质富足;西方国家以抽象的民主概念去圈定社会,将民主抽象化、庸俗化,肆意张贴民主标签;对内对外实行双重政治标准,打着民主、自由的旗号肆意侵犯他国主权,甚至绕过联合国、践踏国际法、武力推翻合法政权;故

意将民主与社会主义对立起来，任意给某些反共势力、民族分裂分子贴上"民主派"的标签，以民意、民主为幌子，鼓动激进势力兴风作浪以至夺取政权。

这些年来，正是由于西方国家不计后果地极力对外输出民主，才导致了"民主异化""民主变质""民主赤字""劣质民主"等政治乱象，造成民族分裂不断、宗教种族冲突时起，国际社会严重分裂，世界政治良性发展进程严重受阻，国际政治生态急剧恶化。可以说，正是西方政客将民主这个一定意义上的好东西变成了坏东西。

## 四、中国奇迹的政治密码

中国特色社会主义政治道路是科学社会主义在当代最伟大的实践。中国政治发展道路的成功，大大丰富和发展了马克思主义的政治学说，有力地回击了西式民主一元论及其话语霸权，拓宽了世界社会主义的发展道路，为非西方国家提供了非凡而宝贵的政治经验。

改革开放近 40 年，中国的顺利发展所取得的伟大成就，被国际上誉为"21 世纪最重大的政治事件"。中国特色社会主义政治发展冲破了西方所谓自由、民主、人权口号的攻击与围堵，用实际行动证明了政治发展要走自己的路，为广大发展中国家探索适合本国国情的政治发展道路提供了宝贵经验。中国奇迹在当今复杂多变的国际背景下有着特殊的国际影响和历史意义。

20 年多前，东西方阵营之间的"冷战"结束后，中国没有重蹈苏东剧变亡党亡国的覆辙。在中国共产党的正确领导下，不仅实现了经济发展和民族复兴，而且始终保持着改革、发展、稳定的良好势头。特别是在世界性的金融危机爆发后，西方社会经济制度和社会治理模式或碰壁或搁浅，国际上不少国家面临着不稳定和不确定的未来，中国波澜不惊的应对和表现显得尤为突出，中国经济愈益成为世界经济发展的强大推动力。

经济上的成就不是孤立的,中国奇迹的基石在于中国政治经济体制的相互促进。中国稳定的政局和政治治理形式,为中国经济发展起到了保驾护航的重要作用。中国全面发展的政治理念和价值取向丰富着世界政治面貌,丰富着人类发展的内涵和理念,无疑将深刻影响世界格局与人类政治文明的发展。

中国的政治发展道路很好地体现了发展目的的人民性、发展价值的包容性和发展方式的兼容性。中国的政治实践视野开阔,丰富了政治发展的内涵和意义,使思想者得以在政治发展的宽广平台上探讨民主进程和政治改革的方向和着力点。当代中国政治发展秉持全面性、稳定性、发展性、协调性、包容性,追求民主、秩序、效能等政治价值的有机统一。全面的政治发展,力求以全面、务实的政治发展方略提高政治发展力,以实现真实、广泛的人民民主;以持续、稳定的政治发展力提高中国在国际上的政治竞争力和政治影响力,实现政治稳定、政治秩序、政治绩效、政治能力、政治动员、政治廉洁等指标的全面、协调与包容增长。

## 五、突破西式民主政治逻辑,走全面发展的政治道路

当代中国的政治发展冲破了西方民主一元论的思维定式和双重标准,以坚定的政治立场、开放的发展视野,顺应人民的意愿,秉承全面、协调、包容的发展理念,开辟了世界政治中一条独具特色和卓有成效的发展道路。面对长期以来西方对民主解释权的垄断,必须跳出西式民主的政治逻辑,树立全面的政治发展观,走科学、全面的政治发展道路。

与民主相比,政治发展的内涵更为丰富、更为具体、更为多彩,也更为广泛。要发展民主,但应将民主纳入政治发展的统一轨道。民主是成长的、多样的、具体的、现实的、历史的。民主进程要统一于政治发展的总目标,要与经济建设、社会建设、文化建设、生态文明建设等进程相协调。

民主是政治发展的基本要素之一，与其他要素共同构建起全面发展的政治总体格局。民主往往深受一国国情的影响，服从于一个国家经济、社会、文化发展的总目标。发展民主应选择合适的路径、合理的速度、有效的方式，这样才能使民主政治更有效、更优质，否则就会陷入"对抗政治和劣质民主"的泥潭。

事实上，民主"单兵突进"并不总能推动政治发展，民主进程失控反而会导致政治衰败。因此，要辨别和识破"民主万能论""民主速成论""民主不战论""民主和平论""民主同盟""自由之弧""民主至上论""民主救世说""西方民主普世说"等错误观点，树立正确的民主观，超越西式民主，坚持走全面发展的中国特色社会主义政治道路。

全面的政治发展，要求政治发展的进程及其表现应当有利于经济发展、文化进步、人民幸福、社会和谐。适合中国国情的政治发展模式应当是以全面政治发展的理念带动民主的进步，通过政治发展解决社会问题，为经济提供政治保障。全面的政治发展，强调政治发展与经济发展、文化发展、社会发展及人的发展相平衡，强调政治发展应当有利于经济发展、有利于社会公平和正义、有利于人与自然的和谐、有利于世界和平与进步。

与一些国家民主发展的"单兵突进"不同，中国的政治改革和政治发展进程秉持了全面发展的政治理念，体现出独一无二的特性。政治改革和民主进程立足国情，坚持走自己的路，充分发挥我国社会主义政治制度优越性，积极借鉴人类政治文明的有益成果，绝不照搬西方政治制度模式。

在当前复杂多变的国际形势下，我们一定要坚定道路自信、理论自信、制度自信、文化自信，保持政治定力，在话语体系和理论构建中坚持全面的政治发展观，破除西方民主迷思。在实践方向上，以政治的全面发展为基础，以全面提高党的领导能力为引领，以提高国家治理能力为动力，全面提高政治发展力和国际政治竞争力。

《红旗文稿》2017 年第 5 期

# 西式民主制度局限性的集中暴露

## ——对英国"脱欧"和美国大选的反思

刘仁营　肖　娇[*]

西式民主曾一度被一些人奉为圭臬,当作人类社会最科学、最完美的政治制度。然而,近些年来,以英美等国为代表的西方国家政治问题频频发生,西式民主根深蒂固的局限性问题越来越引起人们的重视。2016年6月,英国通过公投向全世界正式宣布脱离欧盟,此事正在产生连锁反应,引发其他国家的效仿。2016年作为美国的大选年,两位竞选人各种手段无所不用其极,洋相出尽。就连在大选过程中不断为西式民主打气的福山,也不得不承认:"实际上,美国的政治体系一直处于衰弱中,只有当愤怒的民众遇到了明智的领导人,这种体系的衰弱才可能被制止。"此类事件的集中发生,无不以强烈心理冲击的方式促使人们对西式民主的局限性问题进行深入反思。

---

[*] 作者单位:江西师范大学马克思主义学院。

## 一、西式民主局限性的新特征

从英国"脱欧"到美国大选等一系列事件的集中爆发，正在越来越清晰地暴露出西式民主制度局限性上的许多新特征。

第一，西式民主的非理性。一般情况下，脱离欧盟这种事关国家和国际关系的重大事情必须是慎之又慎的。一旦作出选择，也应理性承担所有后果。然而，无论是英国的各政党还是部分投票公民，都表现出一种对政治和国家的过于随意的不负责任态度。英国脱欧公投原本是英国前首相卡梅伦在2015年大选中为获得更多选票而做出的承诺。然而最初的政治承诺却最终变成了政治事实，投票脱欧竟然成为现实，这是卡梅伦万万没有想到的。卡梅伦主导了这场政治闹剧，却在公投第二天就挥手辞职了。据谷歌公司分析，公投结果公布6小时后，英国人搜索的前三大热门问题竟然是"脱欧意味着什么""欧盟是什么""欧盟有哪些国家"。由此推测，很大一部分英国民众是在完全不了解脱欧对英国和欧盟到底意味着什么的情况下，就稀里糊涂、匆匆忙忙地投了赞同票。据调查，此次投赞同票的人当中有很大一部分是没有受过太多教育的中下层民众和老人，他们缺乏对整个事件理性和客观的认识，更容易被一些社会情绪和政客宣传所误导。区区不到3.9个百分点的选票结果差距对最终结果起了决定作用，可见，在很大程度上，正是这种情绪化的和无所谓的非理性态度使英国脱欧成为事实。

同样，在此次美国大选中，两位总统候选人都秀出了美国政治非理性的相对底线。在大选中，一方从身体健康状况、政治信用、政治献金、遵守法律等方面攻击对方，另一方则从尊重女性、外交软弱等方面丑化对手；一方语言粗俗，满嘴跑火车，被人戏称为"疯子"，另一方则因"邮件门"事件使其经营了多年的形象坍塌，并几乎成为"骗子"的代名词，使美国大选变成了一场闹剧。然而，值得关注的是，所谓社会主义者桑德斯，仅靠人均27美元的小额捐赠将预选进行到最后，获得了约800万人助选、1300万人的支持，赢下了全美50个州的23州，但却并没有赢得民主党的青睐，最终败给了从全世界不同国家资本力量获取政治献金的希拉里。美式民主没有表现为"选优"的机制，却体现出严重"比烂"的态势。

第二，西式民主的短视性。对于英国民众而言，他们考虑得更多的是就业、福利、安全等问题。关注这些问题无可厚非，但如何处理这些问题却存在一个个体利益与整体利益、眼前利益与长远利益的矛盾关系问题。国际金融危机爆发后出现的一些新矛盾，在这种情况下就可能通过全民公投不适当地被放大，从而影响英国人民的整体和长远利益。大量的外来难民在短期看会影响英国本土民众的就业、福利和安全问题，这带来了恐慌情绪，加剧了部分人的脱欧和脱英倾向。但实际上，导致这些问题发生的主要原因与金融危机后资本主义经济的整体萎缩，以及美国在世界各地的军事干涉等相关，脱离欧盟并不能从根本上解决这些问题。脱欧尽管可以为英国节省每年约100亿英镑的"摊派费"，但它也不得不承担新的高企的出口关税，这也同样会反过来影响英国本国经济的发展和劳动者的工作岗位。据统计，2010—2014年英国的进出口贸易总额中，各有一半以上是与欧盟的贸易关系，而这也关系到英国数百万劳动者的工作岗位。作为欧洲的金融中心，丧失了欧盟经济体的支撑，英国的国际金融地位将大大降低。英国通过公投最终脱欧说明，英国政客和许多民众已经被眼前的困难和短暂利益遮蔽了眼睛，很难看清自己的整体利益和长远利益所在。

与之类似，在美国大选中，两位竞选人为拉选票可以牺牲政党信念，掀起带有民粹主义性质的竞争浪潮。他们为了赢得选民可以提出带有强烈经济民族主义性质的竞选纲领，甚至主张限制中国、墨西哥和贸易保护，反对经济全球化和大规模移民。为了迎合选民，政策主张和政治立场可以变来变去，充分暴露出西式民主的短视性。

英国民众出于对就业、安全等利益考虑作出的脱欧决定，以及美国两位总统候选人不同程度的民族主义和保护主义倾向，貌似在短期内可以保护其经济利益，但从长远看，却可能在很大程度上削弱英美等国在经济全球化中创造新活力、捕捉新机遇的能力，从根本上影响国家经济的生命力。

第三，西式民主的阶级性重浮水面。虽然从客观上看，留在欧盟有利于英国所有阶级和团体的整体利益，但这并不意味着所有阶级和团体在这个问题上的意见是一致的。相反，英国民众在这一问题上表现出比较明显的阶级分歧和对立。据英国伦敦前副市长 John Ross 表示，英国统治阶级和资本集团中压倒性的大多数，包括工商业联合会、伦敦的金融资本从业者、首相、财政大臣、保守党内阁的 3/4、议会议员的 3/4、几乎所有工党议员等，都主张留在欧盟。他们甚至获得了国外政治力量和国际资本的支持，有事后颠覆公投结果的可能。而作为弱势群体的广大民众，考虑到自身目前的生活状况，则集中表现出脱欧倾向。当然，脱欧的责任不能归咎于他们，因为挑起和组织公投的正是保守党议员以及卡梅伦首相本人。面对这种国家矛盾中的阶级矛盾，西式民主不仅没有有力的引导组织能力，反而在处理国家矛盾中诱发和激化了阶级矛盾。这一方面告诉人们，阶级矛盾具有不以人的意志为转移的客观规律，另一方面也充分体现出西式民主制度在遇到此类矛盾时的低效率和破坏性。

多年以来，阶级观念在美国貌似呈现一种淡化态势，很多美国人都曾经认为自己已经是中产阶级的一部分。然而，自 20 世纪 80 年代以来，尤其是国际金融危机的爆发使得美国所谓中产阶级出现了大量破产现象，美国社会的阶级状况也因此正在发生根本性变化。第三派政治力量和民粹主义浪潮的兴起，则标志着"社会阶级固化再次重返美国政治舞台，成为核心焦点"。据盖洛普调查显示，2000 年有 33% 的美国人自称属于工人阶级，这个数据到 2015 年上升到了 48%，将近美国人口的一半。长期以来，精英与民众的差距越来越大，精英们越过越好，而民众的生活现状没有得到改善，一些最基本的事实也表明，国民财富是由金字塔顶端的 1% 的人所掌控的。特朗普与桑德斯在竞选之初就分别站到了共和党与民主党建制派的对立面，他们这种立场恰恰迎合了底层民众迫切改变被抛弃命运的愿望。他们虽然不可能依靠改良手段从根本上改变美国社会的阶级分化状况，但他们至少从形式上和在一定程度上反映了这种阶级分化的严重事实。人们越来越清醒地看到，面对日益激化的阶级矛盾，美国政治制度的有效化解能力越来越薄弱。

第四，西式民主的离心力增强。英国脱欧运动和美国大选都被称为"民粹主义的胜利"。所谓"民粹主义的胜利"，正是"精英主义"影响力衰弱和信任度严重下降的集中体现，是平民对精英统治阶级政治丧失信任的结果。美国盖洛普公司 2016 年 9 月 7 日调查数据显示，美国大多数人对垄断政坛的民主党与共和党越来越不满，有 57% 的受调者表示有必要出现第三个大党派。美国民众的这种意愿已经开始通过民主党与共和党中的"建制派"与"非建制派"之间的矛盾体现出来，它表明原有的两党垄断政坛的格局已经在新的阶级需要面前开始丧失有效功能了。当越来越多的美国人民对于两个候选人无论谁获胜都已经完全无所谓，甚至用"更希望我家狗当选"来调侃的时候，人们对这种所谓科学制衡的民主体制的信任已经丧失。

由于对原有政治制度信任度丧失，英国和美国一些区和州开始闹独立，这彰显出其国家离心力正在迅速增强。苏格兰、爱尔兰与英格兰之间的民族矛盾，借助脱欧与留欧这一国家矛盾体现出来，在英国产生了一种背离统一原则的独立和分裂倾向。英国北部的苏格兰一直存在着独立倾向。2014 年 9 月，苏格兰曾经进行过一次扣人心弦的独立公投。此次公投，苏格兰和北爱尔兰全部选区都选择了留欧，英格兰、威尔士大部选区则选择了脱欧。这个结果表明，在脱欧和留欧这个问题上，苏格兰、北爱尔兰和英国其他地区的分歧在加深。这种分歧反过来加剧了苏格兰、爱尔兰的独立倾向。在公投结果公示后不久，苏格兰与北爱尔兰就宣布将举行脱英公投。特别令人啼笑皆非的是，英国首都伦敦也表现出与整个英格兰不同的政治立场，甚至于英国脱欧公投结果出来之后在互联网上发起了一波脱英独立运动，竟有超过 10 万人签字。与之类似，美国不同州的独立运动也在金融危机之后开始升温。2008 年，研究美国独立运动的专门机构智库米德伯里研究院的调查结果显示，有 22% 的美国公众认为美国各州或地区都有权利自行脱离联邦并建立一个独立的国家。而在奥巴马连任美国总统后，美国有 50 个州共 66 万民众签署了要求独立的请愿书。这些不同州的签署人数存在较大差异，其中有 7 个州发布独立宣言，人数最多的是得克萨斯州，超过 10 万人签名。

以英美为代表的西式民主制度，不仅集中暴露出诸多新的局限性特征，而且正面临着越来越多从根本上威胁到民主理念能否真正实现的新问题、新挑战。资本势力加速操控政治、媒体制造舆论操控民主、党派之间互相攻讦不遗余力……美国著名历史学家埃里克·朱斯失望地写道，美国民主已死，谁上台都只是资本的奴仆。

## 二、认清西式民主局限性，坚持人民民主的优势

正确认识以英美为代表的西式民主政治的局限性，对我们理性而客观地认识西式民主制度，正确认识中国特色社会主义民主政治的优越性，加强社会主义民主政治建设，具有许多重要启示。

第一，科学处理直接民主与代议民主的关系。民主就其一般意义而言，是指在一定社会的一定阶级范围内，按照平等和少数服从多数原则来共同管理国家的政治制度。从此含义我们不难看出，民主的实现离不开民众的参与、民意及符合大众的利益诉求等条件。但是，这只是民主得以实现的必要条件，而不是充分条件。在当今纷繁复杂的国际情况下，在西方敌对势力不断通过网络和民间组织等途径对发展中大国进行操控和分化的大背景下，民主程序的执行既要考虑部分或整体民意，又要充分考虑国家安全和集体利益的实现，

绝不应使民主制度成为外部力量的破坏手段。没有国家执政效率作为前提的民主，很可能成为一种巨大的破坏性力量，这一点不仅为中东和东亚许多国家的实践所证明，也得到了以福山为代表的西式民主吹捧者的认同。

特别需要指出的是，有些时候，以简单多数选票为基础的决策并不一定代表国家和人民的长远利益和整体利益。因为，这极有可能是在民众处于非理性状态下，某些利益集团打感情牌操纵民众情绪的结果。英国公投表面上充分体现了民意，看似实现了民主，但是从长远利益与整体利益考虑，这是不理智的行为，是西式民主局限性的凸显而不是成功。英国是典型的代议制国家，但做出这种决定的原因恰恰是因为没有处理好直接民主与代议制度的关系。当然，代议制不等于专制，它既需要以民意为基础，同时也要处理好不同代议机构的权力制衡。如果这种权力制衡关系处理不好，成为垄断政坛的少数极端对立的政党恶斗的手段，那么它同样也将无效。当下的美国，民众只能在两个不断"比烂"的候选人中无奈选择，只能任由其控制不同权力部门相互否定而伤害国家和人民的利益，就是上述代议无效情况的最好注释。相反，中国特色社会主义的国家制度，坚持四项基本原则，强调党的领导作用与党内民主和党外民主的结合，虽然还存在很多不完善的地方，但这正是我们社会主义政治制度的巨大优势的体现。

第二，充分认识民主集中制的优越性，坚持民主基础上的集中和集中指导下的民主。国际金融危机爆发之后，西式民主模式接二连三出现严重问题。曾经被吹捧为"自由民主灯塔"的美国，因为两党制与三权分立制的简单重叠，导致不同权力部门的政党化，共和党垄断控制议会，民主党垄断控制政府，这些部门成为党争的工具和手段，政党的利益凌驾于国家整体利益之上，所谓的民主制衡体制被党争政治代替。这在实践上直接导致美国政府关门停摆，而在理论上导致了所谓"两党制加三权分立"完美论的破产，以至于历史终结论的提出者福山都惊叫美式政治制度可能"只有死路一条"。福山把希望寄托在英国、丹麦等欧洲国家政治体制的优越性上，希望从它们那里获取新的灵感和生命力。然而这只不过是美好的希望，他只是从理论上认识到美国民主体制缺乏凝聚力和执行力，却并不了解英国等国实际上也有类似严重情况。英国脱欧可以说是在政客不负责任引导下进行的一次错误的民主尝试，这次尝试让人们想起"苏格拉底之死"的历史悲剧。

因此，没有集中引导下的民主同没有民主基础上的集中一样，同样可能事与愿违，走向民主的对立面。没有民主基础的集中，是没有政治合法性的集中；没有集中指导的民主，是没有合理性、科学性的民主。习近平总书记曾指出，民主集中制是我们党的根本组织制度和领导制度，它正确规范了党内政治生活、处理党内关系的基本准则，是反映、体现全党同志和全国人民利益与愿望，保证党的路线方针政策正确制定和执行的科学的合理的有效率的制度。因此，这是我们党最大的制度优势。社会主义民主政治制度的本质是人民当家作主，是在民主基础上的集中和集中指导下的民主的有机统一。我们应当充分认识到民主集中制的优越性，不应妄自菲薄，在西式民主的乌托邦幻想中丧失自我和自信。

第三，合理处理不同民族、区域之间的关系，防止这些因素影响民主机制的正常运行。不同民族与区域之间的矛盾上升为影响国家秩序和国际交往的重大因素，正在成为一个带有全球性质的难题。英国民众在对待英欧关系的问题上出现如此多元化的态度，可以说是由于其所属地域、利益诉求、民族传统等不同因素造成的一个结果。由于文化和经济结构与欧陆的关系不同，在脱欧投票上，苏格兰、北爱尔兰与英格兰、威尔士表现出迥然不同的态度，前者大多赞同留欧，后者除了伦敦大多主张脱欧，在这个问题上，民族矛盾与国家矛盾纠缠在一起，相互生发和推动，不仅影响了国家的整体利益，也恶化了国家内部的民族矛盾、地域矛盾，加剧了苏格兰、北爱尔兰的独立倾向。同样，美国的分离主义势力也涉及不同民族、区域和国家之间的矛盾。例如美国最大的两个州阿拉斯加和得克萨斯，前者曾经是俄罗斯领土的一部分，后者原本是墨西哥领土的一部分而被美国强占，不同的历史传统和民族利益强化了这里的独立倾向。历史上被美国强占、后来拥有美国公民身份却没有选举权，也不属于美国50个州之一的波多黎各，则始终存在一个身份去向问题，独立力量从来没有消失。同样，夏威夷人、关岛人和拉科塔印第安人部落的独立要求，也都与历史和民族利益有紧密关系。因此，如何处理好国家内部的民族矛盾、地域矛盾和不同国家之间的国家矛盾，不使它们相互影响、相互恶化，成为当今国际政治的一个新课题。

《红旗文稿》2017年第1期

# 揭穿西式选举民主的"神话"

张 程[*]

"冷战"结束以来,西方国家欢呼人类历史将"终结"于西式民主,并将西式民主拔高到普世价值、普适模式、样板标准的高度。实际上,西式民主不仅在理论上存在明显缺陷,而且在实践中日益暴露出种种问题。

## 一、西式民主理论上的窘境

民主,即"人民的统治",人民自己当家作主。正是在此种意义上,民主赋予某种政治制度和政治权力以正当性、合法性。但是,近年来,西方国家却将这种民主价值追求简化、异化、矮化为票决选举程序,并宣称只有实行西式选举民主的政体才具有合法性。然而,简单将民主价值追求与票决办法、代议制度、多数决原则等同,使西式民主日益陷入困境。

1. **作为程序的选举民主不能等同于人民当家作主的价值追求**。选举民主已成为当今西方的主流民主观,西方理论家们甚至宣称这是实现民主

---

[*] 作者单位:中宣部新闻局。

"唯一可行的方法"、评判一国是否民主的标准，① 为将民主简化为选举投票程序，西方理论家将民主价值转换为"一种政治方法"。熊彼特提出，要将人民决定政治问题放到第二位，而将选举出做决定的人放在首位，即人民的任务是产生政府，因此民主就被定义为"一些个人通过竞争人民选票来获得决策权的制度安排"，将"人民行使主权"偷换为"人民作为权力来源"，这一定义将"民治"偷换为"由人民批准的治理"。② 以至人们说起民主只知多党竞争性选举，西方理论家的偷梁换柱之计看似已大功告成。

但是，对民主的内涵进行的这种工具化处理，并不能让人信服。选举、竞争只是实现民主的一种充满争议的方式，民主才是目的，以手段来决定目的，把形式当作目的本身，在逻辑上是错误的。

**2. 选举民主的精英主义本质与民主价值的平民主义倾向之间存在矛盾。** 西式选举民主将民议、民治变为代议、代治，远离了民主的平民主义性质，本质上是精英统治。选举（Election）和精英（Elite）本就密切相关，具有同一个拉丁词源（Eligere），意指择优选取。从亚里士多德、柏拉图到孟德斯鸠、卢梭、卡尔·施密特等，都认为票决选举制属于寡头制、贵族制，票决方式不过是贵族原则的工具。

在西式选举民主制下，人民不是当家作主、行使权力的主体，而是被动的客体；不是目的，而是道具。马克斯·韦伯称，现代代议制民主与其说是通过选民投票选举领导人，不如说是"凯撒式"的政治精英通过"蛊惑煽动"来招募追随者。拿破仑说得更直接，真正的治国之道是利用民主的形式来行使贵族统治。

民主原则要求所有公民都有平等参与公共事务、担任公职的机会，将其

---

① ［美］约瑟夫·熊彼特：《资本主义、社会主义与民主》，北京：商务印书馆2014年版，第396、第398页。
② ［美］约瑟夫·熊彼特：《资本主义、社会主义与民主》，北京：商务印书馆2014年版，第364、第395、第396页。

简单等同于票决选举方式，这实际上限制了大多数人参政的机会，却便利了各种资源拥有者通过竞争的形式获取权力，从而使民主成为少数精英的游戏。

**3. 多数决原则承担的合法性责任与多数暴政的强权本质之间存在矛盾。**西式票决选举民主实行得票多者取胜、少数服从多数，并宣称获胜方是"人民"的选择，从而使当选者和其相关决策具有了合法性。但这真是人民的选择吗？那些不投票或投反对票的不属于人民？多数为什么就能替少数作主？多数决实际上使少数者的同意被虚置，使少数者的权利受剥夺，这不是民主而是反民主。

多数决是正义的、正当的吗？"少数服从多数"原则具有内在的强制性和利益优先性，这与自由平等的选民主体资格相矛盾。实际上，多数决原则源于西方深厚的强权思想，强调赢者通吃（美国更实行"胜者全得"），这既不道德也不正义。另外，多数者的决定就是正确的吗？数量优势与真理无关，而且多数决还会压制少数者的合理意见，既不正确也不公平。选举民主欲通过多数同意来创造合法性，但其强权本质及少数者同意虚置反而使合法性受损，这就是选举民主合法性建构的同意困境。

**4. 资本主义追求私人经济利益与民主政治强调公共利益之间存在矛盾。**资本主义制度与现代西式选举民主紧密相连，二者关系也是一个长期话题。哈耶克等自由派学者认为资本主义与民主相辅相成、互相促进，而哈贝马斯、齐泽克等西方马克思主义者则认为，二者难以长期持久共存。

从理论上讲，资本主义强调个人利益至上、经济利益至上，其与民主强调公共利益、社会利益的价值之间有着难以调和的矛盾。马克思指出"资产阶级建立国家权力就是为了保卫自己的财产关系"，西式选举民主要维护的是资本家的私利。卢梭也认为，私有制带来贫困、两极分化和不平等，富人滥用财富并影响规则制定，必然破坏民主并导致专制。英国当代政治学者安东尼·阿伯拉斯特表示："一个积极和有效的民主要和垄断资本主义共存是多么地困难。对人民负责、追求与促进共同善的民选政府和完全只对它们的股东负责的私有和私人控制企业巨头两者之间的权力冲突变得一天比一天尖锐。"①

从现实来看,资本主义只服从自己的逻辑,追求经济效益最大化,侵入政治、扭曲民主都是其本能行为,现代强大的资本对西式民主政治的控制到了无孔不入的程度。埃及学者萨米尔·阿明认为,民主正被掏空了一切实质内容,而落入市场的股掌之中。

## 二、西式选举民主实践中的问题

1. 票决变钱决。西式民主本质上是金钱政治,这在全世界已经是共识了。资本为维护自身利益,有控制政治的天然倾向,西式选举制度则给资本提供了"合法"的便利渠道。

票决选举是花钱游戏,从民意调查、形象包装、广告推广到组织集会、演讲造势,都需要大量的钱。钱从哪里来?主要靠募集政治献金。比如"民主典范"美国,其政治献金分两部分,一部分被称为"硬钱",由选民直接捐献并要求直接为竞选服务;另一部分被称为"软钱",一些大企业、大财团及其支持的"超级政治行动委员会",以政党建设的名义捐款支持某个候选人或攻击其竞争对手。此外,还有"更软的钱",大资本家操纵媒体为某个候选人服务,通过媒体报道的倾向性影响选民判断。事实证明,金钱在选举中具有非常重要的作用,有学者对美国1980—2008年历次总统大选统计发现,竞选经费占优的一方大多都获胜了,这一规律同样适用于国会议员选举。

其实,问题的关键不仅在于搞选举花了多少钱,而在于大资本家花了多

---

① [英]安东尼·阿伯拉斯特:《民主》,孙荣飞等译,长春:吉林人民出版社2005年版,第142—143页。

少钱,以及其得到了怎样的回报。这种回报主要有以下几种方式:一种是低层次的吃住回馈,比如克林顿、奥巴马等,邀请捐款者到白宫或戴维营公款住两晚。一种是官职回报,小布什为报答帮其大选筹款的"先锋俱乐部",曾先后任命了该俱乐部 43 名成员,包括 2 名部长和 19 名大使。真正的大回报是政策倾斜,当选总统和议员们通过优惠政策、项目外包等方式回馈"金主"。据美国财经博客网披露,2007—2012 年,在政治上最活跃的 200 家企业,共耗费 58 亿美元用于联邦游说和竞选捐款,而他们从联邦政府的生意和支持中得到了 4.4 万亿美元的回报。

票决变钱决,给资本操纵政治留下了"后门",使政治变成金钱游戏,让少数富人获得了谋求不均衡利益的权力,人民作主变成资本家作主,西式选举民主沦为"私人资本的寡头政治"。对此,美国参议员伯尼·桑德斯有切身感受,"有些人认为国会控制着华尔街,然而真相是华尔街控制着国会"。

**2. 选举变选秀**。有人讲,西式选举一靠有钱、二靠脸蛋、三靠会说。"靠脸"主要是指搞形象包装。候选人会根据选民的偏好进行全面包装,从发型选择、衣服搭配、声音语调、讲演发言都请专业人员进行精心设计,以求符合选民期望,与娱乐明星无异。

候选人尤其要"会说",不仅要口才好,关键是能博出位、抓眼球、会煽动。演讲辩论本是候选人向选民阐述政策、表达观点的重要环节,现在却变成了肤浅的政治脱口秀。许多欧美政客为吸引选民,蛊惑煽动、空口许诺,只说选民们想听的,开出一张张空头支票,当选后却不兑现,进一步削弱了选举民主的严肃性。还有一些政客为吸引眼球,或插科打诨,或轻薄粗口,或攻讦谩骂,搞出格的人身攻击,发耸人听闻的言论,拉低了政治竞选的品位。

不仅候选人本身,许多媒体也深度参与、助推、包装这种政治秀,刊播各种竞选广告,炒作花边狗血新闻,放大政客奇谈怪论,唯恐天下不乱,唯恐竞选不乐。综观各类西式选举,最终掌权的是政客和资本家,直接获利的是媒体，娱乐的是大众，伤害的却是政治公信。

3. **票决变否决**。选票是西式选举民主的指挥棒，各政党和政客们一切以选举获胜本身为最终目的，而忘了胜选的目的是解决国家现实问题、保障人民权益。要竞选成功，一种办法是壮大自身，一种是打击搞垮对手。后一种办法在实际政治中被广泛使用，使票决制成为否决制，相互制衡变成彼此掣肘，"谁也别想好"，从而陷入政治恶斗，形成政治僵局。

在日常政治生活中，各党派常常各执一端，相互否决，导致政党利益整合功能衰减，有效公共政策难以出台。政客们不着眼于解决问题，而着力于否决掉为解决问题所做出的决策，"他们除了相互攻击，什么都不做。"在西式选举民主制下，对手受损才能使己方获利，在野党的重点工作就是和执政党唱反调，让其执不好政、无所作为以至失去选民信任，从而为自己下次竞选获胜争取机会。

选举政治衍生出的负面竞选和否决政治，导致政治竞争恶质化、政治决策低效化、社会族群分裂化，使政治机构和政治人物的形象严重受损，引发了西式选举民主的合法性危机。

4. **票选变不选**。票决选举的正当性基础就在于民众理性、积极、持续参与政治、投票选举。然而，现在西方却出现了普遍的政治冷漠，人们不关心政治、不愿去投票，本就不高的投票率近年来持续下降，使西式选举民主出现严重的代表性危机。比如，美国的投票率近年来已降到很低水平，总统选举投票率仅50%左右，国会议员选举约35%，地方选举约25%。

西式民主辩护士称，选民不参与选举只是"投票者冷漠"，因为信任本国政治制度以至无须关心具体谁上谁下，或者只是缺乏热情和懒惰。这种说法显得太过一厢情愿，民众不去投票是因为"投票只是一种形式而已""投票改变不了任何事情"。票选变不选，表明选民对此种票决选举制度以及候选精英深深的失望，对金钱政治、选举操弄、舆论控制、抹黑揭丑的无助和愤怒，对自己不过是投票工具的不满和无奈，所以用脚投票，不参与所谓的票决选举把戏了。

## 三、西式选举民主导致的不良后果

西方政客、理论家们宣称，以定期选举票决为标准的西式民主"包治百病"，能发展经济、保障人权、维护自由、促进平等甚至促进实现世界和平。实际上，西式选举民主因其自身难以克服的缺陷，不仅"非万能"，而且还带来了一系列的问题。

*1. 国家长远利益和社会整体利益受损*。西方政治因其票决选举模式，从而被选举政治、金钱政治、民粹政治劫持，致使政府制定和执行政策罔顾经济客观规律、社会现实情况和国家长远发展需要，严重影响社会公共利益。

周期性选举致政策行动短期化。在西方政客眼中，"连任比责任更重要"，他们的眼光最远也就停留在下一次选举计票上，关心选票胜过削减赤字、提高经济竞争力等长期重大问题。2008年以来的西方债务危机，其重要症结就在于西式选举民主制度。一方面，政客们为获得选票，盲目增加社会福利，以讨好普通选民；另一方面，为讨好富人金主，政客们承诺减少税负。收得少，花得多，长此以往必然导致财政入不敷出，只得举债度日，直至爆发债务危机。

利益集团绑架致政治寡头化。利益集团尤其是大企业、大财团对西方国家政治拥有非同寻常的影响力，他们通过影响政治议程和政治决策，使自身要求获得优先对待，甚至不惜损害公共利益，导致政治寡头化、资本化。

*2. 社会分裂和族群撕裂*。票决选举以党争为基础，而党争往往与阶级、族群、教派之争挂钩，当政治、经济利益与文化、心理、信仰等因素纠缠在一起，各党派之间更难妥协平衡，长期互动、积怨日深，甚至可能形成分裂型社会。

票决党争强化自我群体认同，激化种族、教派、阶层冲突。民众本能从情感、文化等因素界定自我身份及利益，加上政治人物为胜选进行操纵、煽动，致使以民族、宗教、阶级等为单元的组织、群体之间发生激烈冲突，甚至导致国家解体、社会撕裂。此外，多数决原则使一些少数派被长期忽略和排斥，他们转而强化自身的宗教、民族认同，甚至选择分离出去，另立一个他们能成为多数派的社会或国家。

选民因为政治认同而立场分化，投票政党化、生活政治化，导致社会区隔和分裂。政治极化背后实际上是社会极化、价值观极化，彼此互动，分歧固化。皮尤公司一项最新调查表明，近20年来，美国共和、民主两党成员相互间的反感程度激增。两党的支持者不仅更愿意与本党人士交往，而且更愿意住在一起，甚至更愿意他们的孩子相互通婚。①

**3. 决策低效和治理失效**。一种政治制度的合法性与正当性，不是人民投一次票就能长久维持，而是看其运用权力的方式以及实效。瑞典学者博·罗斯坦就认为"政治正当性主要取决于政府的质量，而不是选举"。若票决民主带来的是治理不当和决策失效，其不过是"劣质民主""民主赤字"，合法性自然大打折扣。

许多票决胜选者治理能力缺失。西式选举民主已经成为政治秀，比拼的主要是形象、口才、演技、广告包装以及所代表的家族、利益集团，而不是其工作经历、治理实绩、责任担当，不是其应对困难挑战的能力、承受力以及是否经过急难险重任务的考验，没经历风雨的"演员"走上前台自然能力不足、绩效不佳。有人说，西式民主关键在制度好，不需要选出优秀的人。但若不看重领导者能力，何必兴师动众搞选举？直接采取抽签或轮流坐庄的方式岂不更民主。还有人说，西式票决民主重点在能罢免不称职不作为的官员、议员，或至少能借此督促其为民服务，但实际上选民一次选举便被统治

---

① 温宪：《政治极化将进一步搅动美国》，《人民日报》2014年6月14日。

数年，罢免监督官员基本停留在口头上。

"否决政体"致决策难决。立法、行政、司法分离制衡，两党或多党相互制衡，这本是西方尤其是美国引以为傲的"制度优势"。但随着选举民主的发展，这种制衡机制已变成为反对而反对的党争，致使"政治瘫痪"屡屡发生，严重耗费社会成本、降低决策效率。

利益集团牵绊致决策治理低效。利益集团是西式选举民主制下最具政治影响力的存在，其为维护自身小集团利益，极力影响政治议程，阻扰对其不利的政策决定，致使许多符合社会公共利益和国家长远利益的决策难以及时做出和有效执行。

## 四、超越西式选举民主

西式选举民主正从"神坛"上走下来。我们要超越西式民主，积极探索新的民主理论与实践路径。有两个原则是我们前行的路标：

1. *实现更加广泛有效的参与，发扬协商民主*。参与、协商是民主政治最基本、最主要、最核心的要求。要加强制度机制建设，保障人民平等、直接、充分地参与社会公共事务和国家政策制定过程，积极表达意见、深入讨论协商、有力影响决策、有效管理国家，真正让人民当家作主。人民群众只有在参与、协商中才能更充分了解事件面貌，并在讨论、碰撞中认识、修正自身偏好，使其充分考虑他人利益和公共利益，从而在民主协商过程中有效协调、整合各方利益诉求，找到全社会意愿和要求的最大公约数。

2. *超越单纯的政治民主，推进实现真正的公平正义*。要坚持社会主义市场经济制度，坚持公有制为基础，防止社会两极分化、贫富悬殊，防止出现"一小部分人控制经济并间接控制政治生活本身"的现象，使民主有健康成长的土壤，从而更加平等、理性、积极参与民主政治，实现真正的当家作主。

中国正走在正确的道路上。当前，尽管中国的民主制度仍有诸多需要不断改进完善之处，但只要我们坚持人民主体地位，扩大人民民主；坚持党的领导、人民当家作主、依法治国有机统一；坚持和完善人民代表大会制度，实行中国共产党领导的多党合作和政治协商，实行民族区域自治和基层群众自治，充分结合竞争性选举民主和共赢性协商民主；坚持走群众路线与践行民主集中制，让人民群众更加直接参与国家和社会治理，让人民意志得到更加充分体现，让人民权利得到更加有力保障；坚定自信走自己的民主道路，就一定能够实现中华民族伟大复兴的中国梦。

*《红旗文稿》2017 年第 4 期*

# 从所谓"完美的民主国家"到"有瑕疵的民主国家"

佟德志[*]

在一些民主政治学者那里，谈民主"言必称美国"已经成为一种习惯。然而，2016年的美国大选，特朗普以绝对优势胜出，让许多学者始料不及。事实上，在国会大厦前拉开的"民主之春"运动早就已经为2016年美国民主这不平凡的一年拉开了帷幕。在这一大选之年，"邮件门""健康门""性骚扰门"等丑闻不断，让人目不暇接。大选结束后，新晋总统特朗普的就职典礼备受冷遇，抗议的人群却热火朝天，甚至引发暴力行为。人们不禁要问，美国的民主怎么了？

从2016年美国民主发生的种种乱象出发，结合美国民主制度长期以来积重难返的弊病，我们发现，美国民主之所以陷入困境，实际上是其长期以来形成的资本主义民主在政治制度的"硬环境"和意识形态的"软环境"两个方面不断恶化的结果。

美国民主种种乱象的核心在于资本对民主的控制，并在生产、分配、交

---

[*] 作者：天津师范大学政治与行政学院院长、教授。

换、消费等领域带来了一系列问题，从而引发资本家与工人之间、精英与大众之间的矛盾，并以新的形式呈现出来。在自由的名义下，资本家越来越肆无忌惮地通过资本控制民主，用"一股一票"的经济原则影响"一人一票"的政治原则，这是美国民主最根本的特征，也是由它的经济基础决定的。在2016年大选当中，人们看到的是愈演愈烈的金钱政治、资本游戏、政党分赃的政治实践，这已经成为美国特色资本主义民主每次大选上演的常规曲目。事实上，进入21世纪，"占领华尔街""民主之春"等运动就是在直接地表达选民对资本控制选举的不满，揭示了资本与民主之间的矛盾与紧张。

在分析发展中国家在政治发展过程中的问题时，美国著名政治学家萨缪尔·亨廷顿提出了著名的"政治衰败"理论，用来解释发展中国家因为经济发展、社会动员和制度供给不足等多种因素而出现的政治失序、动荡，甚至暴乱的现象。没想到半个世纪后，这一概念却被他的弟子弗朗西斯·福山用来描述一向被一些人视为民主"灯塔"的美国。更让人不可思议的是，之所以福山痛批美国的政治衰败，在很大程度上是因为这个国家的民主制度。

长期以来形成的"否决型"体制越来越变本加厉，严重影响国家治理的能力，导致美国出现政治衰败。美国宪政民主的制度设计，强调了权力的分立与制衡，决定了"否决型"民主体制的安排。在国会当中，参议院代表了地区之间的平衡，它可以制衡按人口比例产生的众议院。不仅如此，即使是参众两院都通过的法令也可能会遭到总统的否决。即使参众两院同意并经总统签署的法令，仍然可能被最高法院判为违宪。对于这种体制，美国学者罗伯特·达尔早就指出，因为美国政治体制中的否决点太多，美国的宪法几乎不可能得到更加民主的修正，在事实上造成了美国人在公民权上的不平等。福山则直接在《政治秩序与政治衰败：从工业革命到民主全球化》一书中，将这种体制归结为"否决型体制"。在他看来，美国这样一个民主国家正在堕落为一个"相互否决"的国家，而且，这种相互否决的体制正在创造越来越多的否决点，使得美国无法解决很多亟须解决的现实问题。正是美国的这种否决型体制，导致美国政府的国家治理能力下降，出现政治衰败。

这种否决型体制的弊端，在两党党争的情况下被不断放大，直接影响到行政官员的任命、公共政策的制定等各个领域，不仅引发聚讼纷争，而且朝令夕改的政策也降低了国家治理的效率。受政党分肥的政治传统的影响，美国重要的行政职位具有很强的党派性。民主党虽然在参议院中并不占多数，但却在很多人选上不断狙击特朗普政府，使特朗普政府成为美国历史上最难产的政府之一。教育部长贝特西·德沃斯的任命，创造了美国历史上第一个50∶50的选票，最后只好由副总统彭斯到参议院投下一票才得以通过。公共政策上也是如此。作为奥巴马政府最重要的政治遗产，医疗改革方案在通过的过程中就产生过重大分歧，遭到共和党人的激烈反对。通过以后，奥巴马被26个州告上法庭，最后最高法院以5∶4的微弱优势使得医改法案得以苟延残喘。即便如此，2017年1月20日，刚刚就任总统几个小时的特朗普，就在白宫签署了他的第一份总统行政令，废除了奥巴马的医改方案。这一系列的混乱既有否决型体制的原因，也有两党之间党争的因素。

我们知道，多年来，美国以自由民主的代言人自居，在国内全面推行代议民主和精英统治，在国际上推行新自由主义。但是，这些举措在2016年均受到挑战，民粹主义全面反对自由民主的代议制、精英统治和新自由主义，成为"自由民主内部最成功的反对者"。民粹主义高举"人民"的大旗，挑战代议制民主，甚至主张取消一些中间性机构，让政府直接倾听人民的声音，这实际上是对美国民主长期脱离人民的一种批评。

文化多元撕裂社会共识在美国已经不是什么新鲜事了，但在2016年这一年，美国政治文化的撕裂不断加剧，甚至出现了意识形态的极化现象。一般来讲，民主被认为是人们和平地达成共识、解决冲突的重要手段。然而，美国的民主却远没有做到这一点。在性别、族群、宗教、道德等多个问题上，美国民主存在着文化的困境，形成了民主一致性与文化多样性之间的冲突与紧张。在2016年大选当中，人们不仅没有达成共识，反而在诸多问题上针锋相对，甚至出现极化现象。

意识形态的极化直接引发了各种形式的对立行动。在种族平等方面，不仅美国历史上有声势浩大的黑人民权运动，而且直到今天，美国民主仍然面临着严重的种族问题，"塞尔玛游行""黑人的命也是命"等运动就是这种紧张与冲突的表现。在此次大选当中，特朗普和希拉里两位候选人在同性恋等少数族群问题上的对立不仅反映了美国文化的多元性，同时也使人们在这些问题上的对立更加尖锐化。特朗普就任后发布的所谓"旅行禁令"让全国舆论一片哗然，也引起了一些大公司的激烈反对，最终被告上法庭，使得刚刚颁布的禁令就被取消。

实际上，越来越多的人对美国民主的种种问题及其表现感到悲观。2015年7月28日，美国前总统吉米·卡特就非常失望地表示："美国已经不再是民主国家了。"新鲜出炉的"经济学人智库"2016年民主指数也印证了这一说法。这是一个有着明显西方特色的民主指数，然而，在这个指数当中，美国的民主得分近10年来首次低于8分，跌出所谓的"完美的民主国家"行列，堕落为"有瑕疵的民主国家"。

*《红旗文稿》2017年第9期*

# 西方民主的衰败与中国民主的蓬勃生机

田改伟[*]

从十月革命后俄国成立第一个社会主义国家开始，世界上两种制度、两种意识形态的斗争和竞争就从来没有停息过。20世纪80年代末90年代初，随着苏联的解体和苏共的垮台，世界社会主义运动陷入低谷，资本主义民主制度在两种制度的竞争中取得了前所未有的胜利，被有的学者称为"历史的终结"。然而，进入21世纪，尤其是2008年以后，随着国际金融危机的蔓延，西方民主制度呈现出不可遏制的衰败趋势。与此同时，中国发展取得的成就举世瞩目，中国政治制度呈现出来的生机和活力，引起国际社会越来越多的关注，不少人都在探讨此现象背后的原因。一时之胜决于力、长久之胜决于理。2017年是俄国十月革命100周年，在一个世纪的时间内，资本主义制度和社会主义制度的这种此消彼长，很好地诠释了这个道理。

国家政治发展的实践是由一定的政治理论指导，并反过来检验这种理论的有效性和正确性。不同的政治逻辑所构建的理论与实践，呈现出来的结果

---

[*] 作者：中国社会科学院政治学研究所马克思主义政治研究中心主任、研究员。

也不尽相同。经历百年后，中西方民主的这种形势转变，从深层次上看，两种政治制度建构和运行所遵循的政治逻辑是其兴衰的重要因素。

## 一、西方民主政治基本逻辑自身的内在矛盾导致其民主制度的劣势渐现

政治逻辑有不同的层次和内容，是人们在丰富多彩的政治实践过程中形成的。归纳起来，西方民主政治主要有四个基本的政治逻辑，决定着西方民主理论对实践的指导效果。

第一，在国家理论方面，西方民主政治理论的基础是社会契约论。西方民主政治理论在国家起源和职能演变方面，一般是主张社会契约论，认为国家是每个人通过契约自愿让渡他们自己的权利而形成的；国家是不会消亡的，人民是国家权力的主人。这种社会契约论建立在假想或者空想的基础上，并成为后来西方形形色色的民主理论分析现实社会的基本方法和逻辑前提。

第二，西方民主政治追求的价值是以个人主义为核心的自由主义。自由主义以个体本位为认识社会的基石，认为自由、平等、人权、民主等都是人们的所谓自然权利，把个人的自由和权利作为政治发展的出发点，将国家视为维护个人自由和权利的工具，主张限制政府的权力。个人主义成为西方民主政治批判、衡量其他政权是否民主的主要依据。

第三，西方民主政治把理性人假设作为政治行为尤其是政治选举行为的逻辑前提。理性人假设在经济领域，是个人在市场行为中追求利益的最大化，在政治领域，是认为每个人都会理性投票，做出个人的理性选择。总之是用个人效用最大化来理解各种有关公共治理的普遍性规律，并讨论相应的公共政策问题。

第四，西方民主政治是以财产私有制为基础。私有财产的存在是资产阶

级民主政治最根本的经济基础。

应该说，西方民主政治在 300 多年间经历了曲折的发展，也取得了辉煌的成果，但由于其内在逻辑的矛盾导致其劣势渐现。主要表现为制度僵化、政党恶斗、资本掌控权力、决策短视、民主对民众的吸引力下降等。其中的原因，除了其经济社会自身的基本矛盾因素外，还在于指导西方民主实践的民主政治逻辑存在着自身不可克服的内在矛盾。

一是社会契约论的内在逻辑导致西方民主从号召人们与封建专制斗争的理念，发展到精致烦琐的政治机制和政治游戏，使西方政治理论陷入孤芳自赏的境地不能自拔，难以实现自我革命和自我超越。根据社会契约论，国家是不会消亡的，只是"永恒的真理和正义所借以实现或应当借以实现的场所"，[①] 尤其是资产阶级的国家是永世长存的。随着资产阶级统治地位的巩固，西方民主政治逐渐回避国家的起源、性质和政治制度存在的实际问题，更多地把民主看作一种管理方式，一种精巧的机制和程序，讳言国家和民主的阶级性，民主最终堕落为政治家竞取领导权、玩弄权术的技巧。

二是自由主义追求人的空想的、先验的价值，使西方民主政治往往忽视人的现实经济社会基础和根本的矛盾冲突，把社会价值建立在脱离一定经济基础的抽象的概念之上，成为祸乱之源。从这些概念和原则出发去探讨现实经济社会问题，把这些抽象的价值当作意识形态工具向外输出，作为干涉其他国家的借口和依据，但给这些国家带来的却是社会动荡、政治混乱等灾难，越来越不得人心。

三是西方民主的理性人只是理论的假设和想象。这种理论把人看作单个的抽象物，而不是把人放在一定的社会经济环境和社会实践中来考察，从这种空想的假定出发所得出的结论自然是不可靠的。

四是西方政治制度以经济私有制作为不可动摇的制度基础，使西方民主

---

[①] 《马克思恩格斯选集》第 3 卷，北京：人民出版社 1995 年版，第 13 页。

很容易被利益集团和游说团体所左右，成为精英追逐利益的工具，而普通民众却无可奈何。

## 二、中国的政治逻辑彰显了科学性和实践性优势，焕发出强大生机和活力

新中国成立近70年，中国发生了深刻变化，中国的社会主义民主政治制度更加牢固，优越性发挥得越来越突出。根本原因在于中国民主政治是建立在坚实的科学基础之上。

第一，社会主义民主是广大劳动人民享有的民主，作为国家制度，它是社会生产关系和阶级斗争发展到一定阶段的产物，是社会化大生产的产物，是比资产阶级民主更先进的民主。

第二，我国民主政治追求的价值是人的解放，把人放在具体的社会生产关系中来考察，认为每个人都不是孤立存在的，都生活在不同的集体和具体的社会关系之中，在注重个体利益实现的同时，更加注重集体主义，强调人民的利益高于一切。

第三，我国民主政治强调人民群众是历史的创造者，是历史的主人，强调在社会实践中不断促进人的进步和解放。人是环境的产物，环境的改变和人的改变是相辅相成的。民主就是调动人民参与国家建设的积极性，在推动社会进步的同时，自身也得到提升。

第四，我国以公有制经济为主体，从根本上消除了人们因财产占有不平等带来的实际民主权利的不平等，是对资产阶级私有制的超越和扬弃，反映了人类对社会发展规律的最新认识和把握。

中国民主政治在经历了艰辛的探索、曲折的发展历程后，其优势逐渐凸显出来，被世界所瞩目、所认可。这与执政的中国共产党的科学决策和人民

群众的辛勤劳动、丰富创造有关，也与中国政治制度建立的政治逻辑的科学性和实践性息息相关。

一是能正确看待国家、阶级与民主的关系，有利于维护国家政治的稳定。民主是一种国家形式，民主与专政是辩证的统一，对于刚建立起来的民主政权来说，用专政的手段来巩固政权，对人民实行民主，对敌人实行专政，是社会主义民主政治功能的正常发挥。我国民主政治建设顶住了国内外敌对势力的各种压力，在促进社会发展、人民生活水平不断提高的实践中，增强了制度的说服力，也为我国经济社会长期高速发展奠定了政治基础。

二是坚持人民主体地位，有利于调动人民群众参与国家现代化建设的积极性。以公有制为主体、多种所有制共同发展的基本经济制度，使人民的政治主体地位获得了物质基础保证，避免了资本和少数利益集团操控民主。

三是坚持民主集中制，有利于决策的民主化、科学化。民主集中制，是唯物主义的认识论在政治生活中的体现和运用，是政治生活科学化的保证。这从制度上巩固了执政党与人民群众的紧密联系，保证了人民意志及时上升为国家意志，摆脱了决策短视的局限。采取选举与协商相统一，保障了国家决策与人民利益的一致性，避免执政者在权力运行中犯大的错误，同时也提供了强有力的纠错机制。

四是坚持党的领导、人民当家作主、依法治国有机统一，有利于统筹各方利益，使社会免于陷入各种利益集团和社会阶层的纷争之中。坚持党的领导，人民当家作主和依法治国的有机统一，有效地避免了西方国家的党派恶斗，防止了国家权力交接带来的政治分裂和社会混乱。

## 三、理论的科学性是政治实践兴衰的关键

人们只有认识世界，才能改造世界。人类社会各种理论能否最终成为人

们改造世界的思想武器，关键在于能否正确认识世界和掌握群众。唯物主义和唯心主义是人类认识世界的两大理论体系，源远流长，各自都有丰富的理论成果，对人类社会制度的建构和精神追求产生过深刻影响。历史唯心主义者把对人类社会的理解建立在抽象的"意识"或"精神"的基础之上，并把这些意识或精神看作脱离了现实物质基础的存在物，往往不能正确认识社会，更不能正确解释社会。随着科学的发展和人们对社会发展规律认识的深化，用历史唯心主义来指导社会发展的弊端越来越凸显。历史唯物主义把人类历史放在一定的社会生产方式中来理解，揭示了人类社会发展的客观规律，并使这一理论建立在科学实践的基础之上。中西方政治制度发展和实践的不同，既有历史文化的因素，也有不同政治逻辑所发挥作用的因素，其兴衰更替最终受制于制度背后的逻辑是否科学。

西方民主在其发展过程中形成了以分权制、多党制为主要特征的纷繁制度体系和丰富理论成果。经过多年的发展，其当初在反对封建主义、建立统一市场、消除等级差异中显示出来的先进性明显在消退，其唯心主义历史观的内在矛盾逐渐凸显并开始侵蚀西方制度和西方社会本身。从抽象的原则或概念出发去认识和解释社会，使西方政治理论很难科学认识其社会及政治制度自身存在的根本性弊端。在教条的"自由""市场"等名义下发展出各种烦琐体制机制，并演变为各种所谓的"政治正确"，已经严重窒息了其社会的活力。

与此相比，以马克思主义为指导、建立在历史唯物主义基础之上的社会主义民主政治制度，是在对资本主义制度和理论深刻分析批评的基础上，对人类社会发展规律的深刻揭示，其政治逻辑和政治制度的构建是对资本主义民主政治的扬弃。社会主义民主政治制度从理论走向实践，一开始就显示出对人类社会强大的改造能力，呈现出旺盛的生命力。苏联就是由此奠定了第二次世界大战中战胜法西斯的社会主义制度和物质基础，并在战后迅速成为唯一能与美国对抗的世界超级大国。后来苏联的解体和苏共的下台，尽管原因很多，但与苏共最终抛弃马克思主义，在社会政治领域抛弃社会主义的政治逻辑而接受西方资本主义的政治逻辑有着密切的关系。

中国的社会主义民主政治建设虽然只有将近70年，但是在社会主义政治逻辑基础上构建的基本政治制度和权力运行原则，使这个制度显示出旺盛的生命力。尤其是在改革开放以后，随着社会主义基本制度的不断完善和发展，其保障中国发展进步的政治功能发挥得越来越明显，以至于有些西方政治家和学者认为对西方政治制度构成了严峻的挑战。这种攻守之势的转换，就在于中国坚持了社会主义的民主政治逻辑和民主话语体系，始终把社会主义民主政治发展建立在历史唯物主义这个坚实的科学理论之上，把推动社会进步和人民群众生活水平提高放在不断发展社会生产力、推动社会生产关系的变革中来实现。因此，我们坚持马克思主义的指导，就是坚守中国特色社会主义的理论优势和民主政治优势。

*《红旗文稿》2017年第9期*

# 欧洲难民危机：西式民主输出的灾难性后果

狄英娜

2015年夏天，深受贫穷、战乱困扰的中东、北非难民铤而走险，一路颠沛流离、风餐露宿，前往欧洲谋生，形成第二次世界大战以来最大规模的难民潮。欧盟统计局最近发布的数据显示，申请避难者的三大来源地分别是叙利亚、阿富汗和伊拉克。"这些国家具有一个相同的特点，它们是以美国为首的西方国家的政权颠覆目标。"美国凯托学会防务与外交问题高级研究员特德·卡彭特指出："美国领导下的西方国家的政策打乱了这些国家的社会秩序，引发了当下的难民潮乱局。"俄罗斯总统普京也深刻指出，欧洲难民危机是以美国为首的西方国家在中东和北非推行错误外交政策的必然结果，这种外交政策的错误在于要把自己的标准强加给别国，而不顾当地的历史、宗教、文化特征和国情。

## 一、以美国为首的西方国家多年来强行向中东、北非地区输出西式民主，导致一些国家内乱不断、冲突绵延

美国是最热衷于向外输出自己的民主价值观的国家，自建国开始，美国历届总统，从华盛顿、杰斐逊、威尔逊到罗斯福，都将输出民主价值观当成自己的使命。"冷战"之后，美国统治阶层更是雄心勃勃誓将美国民主推向世界每个角落。时任总统克林顿言之凿凿："我们最重要的目标必须是扩大和加强世界上以市场为基础的民主国家的共同体。"希望建立一个从波兰到厄立特里亚，从危地马拉到韩国，"民主国家茁壮成长，各国互帮互助，和平相处"的世界。小布什宣称，要在中东地区打造一个"民主的样板"，进而向整个阿拉伯世界实行民主辐射，为建立一个美国治下的世界新秩序开辟道路。

关于对中东地区的民主渗透，著名的兰德公司2008年向美国国防部提交了一份报告，这个报告反映了奥巴马新政府对中东民主化的兴趣和策略。该报告称："美国表现出对阿拉伯世界更加民主化的兴趣，特别是'9·11'事件以后"，"美国充分利用各种手段推进中东的民主化进程，包括使用各种借口进行军事干涉，最终目的之一就是建立一个民主的政府"。并称，"美国政府应该支持非政府组织向变革者提供培训，包括在民主改革的进程中如何建立联合战线及如何处理内部分歧"。

"9·11"之后，美国在中东的民主输出造成了严重的武装冲突，特别是发动了阿富汗战争和伊拉克战争、煽动并参与了叙利亚内乱等，直接导致了这些国家分崩离析、动荡不休、难民如潮涌向欧洲。

美国及其盟友举着打击恐怖主义的大旗，发动了阿富汗战争。推翻了塔利班政权后，美国声称要打造一个民主、透明的联合政府，却开启了部落与宗族斗争的潘多拉盒子，阿富汗自此国无宁日。在大多数历史记载中，阿富

汗各部落和教派不断交战，只是偶尔团结起来抵抗外来侵略，或者联手对邻国发动劫掠。虽然以美国为首的西方国家意图打造一个透明、民主、在安全环境下运行的中央政府，但政令不出喀布尔，古老的部落准则依然大行其道。按照美国前国务卿亨利·基辛格的说法，美国所做的不过是抬高一个宗族、压低其他宗族，以武力或援助物资（或者二者兼而用之）号令全国。而强行实施这些制度不可避免地破坏了阿富汗历史上形成的脆弱平衡，打乱了原来的部落联盟。同时，美国一再宣布撤军，也给各派系间的明争暗斗创造了新的空间。因此，阿富汗虽然在西方国家的帮助下实施了选举制度，但并没有变成一个人民安居乐业的民主国家，反而陷入了两难：没有参加民主架构的人被认为有恐怖分子倾向，而参加民主架构的人则受到了塔利班发出的死亡威胁。无所适从的人们在自己的家园难以生存，越来越多的阿富汗人沦为难民，踏上去往他国的避难之途。

此后，美国同样不遗余力地在"中东最不自由的国家"伊拉克推行民主，试图将这个没有民主历史根基的国家强行建成多党制民主国家，"进而激励整个地区的民主转型"。2002年美国《国家安全战略》指出，"20世纪的伟大斗争"已经展示了"唯一可持续的国家成功模式便是自由、民主"，"伊拉克的民主将会成功。这一成功将传递明确的信息，从大马士革到德黑兰，自由将属于每个国家的未来"。为此，他们把推翻萨达姆政权的行动宣传为对民主和自由的传播——为了"普世性"的自由民主价值，终结世界各地的暴政。在西方人看来，只要推翻萨达姆独裁政权，就可以在伊拉克建立起民主政权，进而实现地区的民主转型。然而，萨达姆政权倒台后，伊拉克民众非但没有迎来民主，甚至连之前萨达姆执政时国家的稳定与统一也失去了，陷入长期的战乱与纷争，不少人为逃离动荡与苦难，纷纷远走他乡，沦为难民。

最大的难民来源国叙利亚也同样如此。叙利亚依靠石油和粮食出口，曾经是中东地区最为稳定、富庶的国家之一。2011年内战爆发后，美国等西方国家借内乱武装支持叙利亚内部反对派，以推翻巴沙尔政权，导致叙利亚冲突全面升级。曾经的沙漠绿洲变成了热战中心，叙利亚经济倒退 40 年，民不聊生，700 多万民众离开家园，其中 300 多万逃到邻国土耳其、黎巴嫩、伊拉克和约旦，数十万难民逃往欧洲。

其他受到"阿拉伯之春"冲击的国家，如利比亚、埃及、突尼斯、也门等，也面临类似的结局。以美国为首的西方国家操纵民意、引发暴乱，推翻当地强人，破坏了教派和部族间原有的平衡，最终演变成无休无止的内乱，恐怖主义滋生蔓延。这些国家的传统和文化提供不出西式民主生长的土壤，美国人奉为蜜果的民主，对于他们却如夺命的砒霜。

可以看到，在这些国家的战乱中，美国虽然没有直接占领他们的领土，但其推行强权政治的行为带有浓厚的帝国主义色彩。在民主输出的旗号下，大搞幕后阴谋、蓄意颠覆、金钱收买，甚至不惜发动战争来影响别国正常的政治发展进程。这种粗暴干涉别国内政和在价值观、意识形态上顺我者昌、逆我者亡的思维方式，本质上与帝国主义并无二致。

## 二、西方国家推行西式民主的实质是干涉主义，其行为恰恰背离了民主的真义

长期以来，支撑美国大搞民主输出的就是著名的"民主和平论"，宣称西式民主能给世界带来和平。但事实怎样呢？抛开西式民主自身的基因缺陷不谈，就看美国民主输出行为的虚伪性和欺骗性，足以推翻其自我标榜的那套说辞。

**1. 西式民主推进的双重标准。** 虽然以美国为首的西方国家在中东、北非极力推行民主，但事实上它们并不希望民主制度在这一地区真正扎下根来。

2010 年年末，在"阿拉伯之春"前夕，西方民调机构在阿拉伯世界做了调查，结果显示，相当多的人反对美国的政策，大多数人将美国视为威胁，

在埃及，持有这种观点的甚至达到80%。可以想见，在这种情况下，这些国家如果真的实现了民主，那么民众的意见就会对政策造成较大影响。华盛顿、伦敦、巴黎无论如何不会允许这种局面出现。

于是，就出现了这样的情况：那些立场亲西方的阿拉伯国家，不论其政治体制怎样，也不管它有没有实行民主政治，都能够得到美国及其盟友的支持，反之则遭到美国的横加指责、粗暴干涉。巴林国王在暴动发生时使用武力迅速镇压，沙特阿拉伯东部的什叶派人口一直受到残酷的压迫，却鲜少受到美国政府及媒体的批评。而叙利亚发生抗议活动之后，即便巴沙尔政权起草新宪法、举行公投，也换不来西方国家的支持与认可。

以美国为首的西方国家打着"避免人道主义灾难"的旗号，却丝毫没有对平息叙利亚国内的动乱起到建设性作用，反而是火上浇油，不仅承认叙利亚反对派的合法性，紧锣密鼓地向其提供武器装备，同时大肆歪曲、抹黑中国、俄罗斯等国为降低伤害所作出的斡旋与努力。这种行为显然与其促进阿拉伯地区民主和平的标榜是自相矛盾的。西方媒体把一些信奉伊斯兰教极端主义的恐怖分子冠以"自由的抗战者"，仅仅是因为这些"抗战者"对抗政府，"呼吁自由和民主"，而丝毫没有考虑他们暴虐的极端主义思想与行为。针对西方国家的这种做法，美国著名学者诺姆·乔姆斯基尖锐指出：美国是在"尽其所能地破坏'阿拉伯之春'中的民主要素"。可谓一语中的。

事实上，美国的民主输出一贯秉持着双重标准，一方面，在发动伊拉克战争时，打着消灭大规模杀伤性武器的借口，绕开联合国和安理会擅自行事，另一方面，却支持印度拥有核武器。"冷战"期间，美国就是一面大力输出民主，一面又支持独裁政权。杜鲁门总统1947年对世界喊话："美国的政策必须是支持自由使命"，而紧接着美国就与西班牙独裁者弗朗哥勾结在一起。"冷战"后，这种双重标准更是显得赤裸裸。1991年阿尔及利亚民主选举，伊斯兰倾向较强的政党获胜，但在美国的干预下，这次选举被迫流产。在中东国家，伊朗的选举制度和程序都是较为完善的，但美国却称伊朗为"流氓国家""暴政前哨",而不是民主国家。美国在民主输出问题上的双重标准,说明其本意并不是要推动相关国家的民主进程,而只是以此作幌子,目的是控制他国进而获得自身的霸权利益。

**2. 通过非民主方式"输出民主"。**仔细观察就会发现,美国历史上的"民主输出"往往都采用的是非民主的手段。在美国的决策者看来,非民主国家的民主、自治无法靠本国社会的政治运行和经济发展来实现,必须靠外力推动,这些国家只能是被动的承受者,对美国要做到无条件服从,否则美国将采取一切手段迫使这些国家接受美国的安排。于是就出现了枪口下的选举,压力下的政体变更,直接出兵的武力干涉,等等。这些方法无一不是对民主本身的莫大讽刺。

美国政府宣称的"目标"与实际的"结果"大相径庭的现实,使美国式的民主概念受到广泛质疑和抵制。美国学者卡尔曼·西尔弗特这样阐释:美国传播的民主已"象征着伪善,民主只是那些能够提供它的人享受","对世界上贫穷地区来说,它只是剩余价值的盘剥者,是殖民主义的强加者,是本地精英的收买者,是世界混乱的制造者"。

显而易见的是,美国对所谓民主、专政国家的界定,从来都是从自己的价值观念、全球战略、经济利益和国家安全的角度来划分的。美国倚仗其在国际社会的强势地位,掌握着民主的界定权、话语权,而众多的非西方民主国家则成为其指手画脚、予取予夺、肆意干涉的对象。

**3. 表面"利他",实际"利己"。**大批难民从叙利亚、伊拉克等国出逃,他们悲惨的境况引起了全世界的同情。而作为始作俑者的西方国家不但没有反思自己的行为,对最需要人道主义救援的难民要么袖手旁观、置之不理,要么推诿扯皮、不愿接受,其利己表现和他们宣扬的自由、民主、人权差距是如此明显。

作为肇事者之首的美国的表现最令人失望。几年来,美国一共只接收了数千名难民,远远没达到国际组织所要求的接收数量。奥巴马政府在难民问题上消极应对无所作为，而新上任的特朗普政府更是以美国国内白人利益为执政旨归，仇视外来移民，连着颁布了两道令世界哗然的禁令，丝毫没有为自己国家所犯错误承担责任的意思，其民主的虚伪性暴露无遗。

对于已经进入欧洲的难民来说，欧洲并不是避风港。欧洲人对难民的排斥随处可见，甚至有新闻报道德国慕尼黑附近的小镇建起了隔离墙，"政府希望以此隔开当地居民和难民营"。安置难民也让本地居民和难民之间的关系日趋紧张。德国各地将难民安置在帐篷营地和体育馆，由于本地居民的排外情绪，袭击难民的情况不断发生。有人将爆竹扔进难民居住的小旅馆，有些地方的居民发起游行，抗议将难民安置在本地区。国际组织指出，难民营区缺乏粮食和毛毯。奥地利也出现了难民吃不饱穿不暖的问题，奥地利当局缩短避难流程的承诺也未兑现。欧美国家一直引以为豪的自由、民主、包容的西方文明在这一刻扯落了原本遮在头上的面纱，露出其苍白的真容。

### 三、西式民主具有明显的虚伪性，沦为了一种强盗逻辑，从一定意义上说，遏制西式民主才能消除难民潮等灾难之源

民主，依据常识性的意义，在一个社会里，只要人民能够以有意义的方式参与自己事务的管理，这个社会即为民主社会。但实际上，我们看到的西式民主并非这样。诺姆·乔姆斯基指出，西方的民主只是工商业界及相关精英制定游戏规则的一种体制。公众就像"茫然失措的羊群"，他们只是"行动的旁观者"，而不是"参与者"。美国舆论学者沃尔特·李普曼也指出，公众可以批准地位高于他们的人制定的决策，支持他们中的一方或另一方，但不得干预这些决策，这些问题与他们无关。曾在里根政府时期负责所谓的"民主援助项目"的托马斯·卡瑟罗斯也曾说，美国努力创造一种自上而下的民主。它使传统的权力结构（主要是法人团体及其盟友）实施有效的控制。任

何形式的民主，只要不对传统的权力结构造成实质性的挑战，均可接受。任何形式的民主，一旦瓦解其权力，就照例不可忍受。应该说，无论是被美国政府视为"异见者"的乔姆斯基，还是执行美国政策的"体制内者"托马斯·卡瑟罗斯，都明白而直接地指出了西方社会所推崇的民主的"服从性"。当然，这种服从性在国内如此，在国际上也是如此。

西方国家口口声声宣称要推进"民主"，却从来不问对象国的人民是否需要这样的民主，更不会给他们参与决策的机会，甚至没有给他们选择的机会，只是强迫他们接受自己的决策，而这些决策关乎他们的生命、财产与安全。在西方国家那里，民主就意味着，不需要你发表意见，不需要你参与，甚至不需要你选择，而只需要你服从。从这个意义上来说，民主变成了服从，不服从即是不遵从民主。很明显，这已经沦为了一种强盗逻辑。

西方国家统治阶层一厢情愿地认定，全世界人民都应该信奉他们的那套价值观，因为他们认为这是包含了人类最高级、最进步、最自由、最理性、最现代和最文明的思想。如果有哪个国家拒绝接受，而只是想坚持自己的传统文化与制度，那么他们便会成为"错误意识"的牺牲品。基辛格在《论中国》一书中写道："美国自建国以来笃信自己的理想具有普世价值，声称自己有义务传播这些理想。这一信念常常成为美国的驱动力。"这一论述深刻道出了美国通过输出民主来"重塑世界面貌"，"演变"非西方价值观国家的原始冲动。乔姆斯基在其《遏制民主》一书中将美国人的行动总结为一种"解放者的姿态"。但姿态毕竟是姿态，它只是一种表象。综观第二次世界大战以后以美国为首的西方国家对其他地区与国家的干预，从尼加拉瓜到阿富汗，从巴拿马到利比亚，无一不是打着解放者的旗帜来谋取自己想要的利益，把当地"不服管教"的掌权者换成对自己俯首帖耳的人，把其国家变成自己的附庸，以此号称推进"民主化进程"。

近年来中东与北非的现实表明，民主和自由只有在和平与稳定的前提下才有意义。号称"在海外倡导自由和民主，建立世界秩序"的美国，因为

"推广自己的价值观",伙同西方国家要么直接出兵捕杀当地政权,要么挑起争端、扶持代理人与当地政权对垒拼争。原本相对稳定的伊拉克、利比亚、叙利亚等国,因西方国家的干预而纷争迭起,各方势力撕扯斗争,枪炮与弹药齐飞,祸乱与惨剧共发,更有伊斯兰国等恐怖主义组织乘机做大、为害四方。人民流离失所,苦不堪言,人类赖以生存的最基本的环境都被破坏殆尽,还谈何自由与民主!

美国打着"民主改造中东"的旗号,以"救世主"的身份悍然发动了阿富汗战争和伊拉克战争,又在被西方冠名为"阿拉伯之春"的大规模民众暴乱中煽风点火,助推了利比亚和叙利亚的战乱。西方的干预,不但没让这些国家迎来"民主改造"的"春天",反而令它们陷入了失序与混乱的寒冬,政局动荡、经济恶化、教派和部族之间激烈冲突,最终引发了大规模难民潮。煽风点火时不遗余力,收拾摊子时却懈怠躲避。我们看到,"世界警察"无心也无意对中东的和平与发展问题做出某些建设性的贡献,也对自己亲手造成的难民潮无动于衷、冷漠以对,这不由让人诘问:如此"民主",有何输出价值?如此看来,遏制"西式民主",才能遏制灾难。

*《红旗文稿》2017年第11期*

# 经济热点问题辨析

# 以创新的经济发展理论丰富中国特色社会主义政治经济学

洪银兴 [*]

当代中国经济面临的重大问题是发展问题。对中国经济发展问题的研究是丰富中国特色社会主义政治经济学理论体系的必然要求。为此，要在马克思主义政治经济学的指导下，从我国改革发展的实践中挖掘新材料、发现新问题、提出新观点，形成中国特色的系统化的经济发展新理论。

## 一、生产力应成为中国特色社会主义政治经济学的研究对象

经济发展理论要成为中国特色社会主义政治经济学的重要组成部分，需要解决生产力成为政治经济学研究对象的问题。近年来，虽然一些学者已经开始重视对生产力的研究，但是，现有的政治经济学教科书对研究对象的表

---

[*] 作者：南京大学经济学院教授、博士生导师。

述都还是明确为生产关系，对生产力的研究只是处于"被联系"的地位，即联系生产力来研究生产关系。实践证明，面对社会主义市场经济，只是以生产关系为对象，不以生产力为研究对象，政治经济学研究的范围和领域就会显得越来越窄，对中国经济的解释能力也将越来越低，从而难以科学地指导中国的经济发展。与此同时，其他各流派的经济学理论都在抢夺发展生产力领域的话语权，中国特色社会主义政治经济学不占领这个领域，就会失去这个领域的话语权和指导权。提升生产力在政治经济学中的地位，其必要性在于以下方面：

第一，由社会主义的发展任务决定。根据马克思主义经典作家的界定，无产阶级夺取政权以后的任务是要"尽可能快地增加生产力的总量"。[①] 高于资本主义条件下的劳动生产率是社会主义战胜资本主义的条件。特别是经济落后的国家在进入社会主义社会后，生产力和生产关系的矛盾主要表现在生产力的相对落后，社会主义替代资本主义的最大制约性是生产力落后，而不是生产关系的落后。

第二，由社会主义所处阶段决定。我国进入社会主义社会时，生产力水平没有达到并超过发达资本主义国家的水平，中国特色社会主义政治经济学的一个重大突破，就是明确我国还处于社会主义初级阶段，并且明确这个阶段社会主义的本质就是解放生产力、发展生产力，消灭剥削，消除两极分化，最终达到共同富裕。在这里，把发展生产力作为社会主义的本质要求和根本任务提了出来。这个阶段的主要矛盾被界定为，人民日益增长的物质文化需要同落后的社会生产之间的矛盾。由此决定，社会主义初级阶段的根本任务就是发展生产力，以满足人民群众物质文化需要，建设社会主义的物质基础。

第三，由经济发展的实践决定。理论是对实践的概括。中国用不太长的时间从贫穷落后的农业大国一跃成为世界第二大经济体；近 14 亿人口不仅摆

---

① 《马克思恩格斯文集》第 2 卷，北京：人民出版社 2009 年版，第 52 页。

脱了贫困而且即将全面进入小康社会；中国的经济增长率即使进入中高速增长的新常态仍然处于世界前列，已经成为世界经济的动力源。中国经济成功的原因，显然不能用别的国家的发展理论来说明。其主要缘由，一是中国特色社会主义经济制度解放了生产力，二是中国特色社会主义经济发展道路发展了生产力。

中国的经济发展要以中国特色社会主义政治经济学为指导，而不是由别的经济学来指导的必要性在于两个方面。一方面，中国发展有其特殊的国情，任何外国的发展理论都难以正确指导和说明人口众多、城乡和地区发展极为不平衡的社会主义国家的发展问题；另一方面，中国的发展问题离不开生产关系分析，只有政治经济学既研究生产关系又研究生产力。两者结合在一起产生的理论才能准确指导中国经济发展。尤其是需要利用社会主义的制度优势推动经济发展。

基于以上分析，中国特色社会主义政治经济学的研究对象，应该明确为相互联系的生产力和生产关系，不仅要研究生产关系，也要研究生产力，而且要把对生产力的研究放在重要位置，以增进国民财富作为目标和归宿。这也是以人民为中心的经济学自身的要求。可以说，中国特色社会主义政治经济学就是基于这个研究对象和任务的理论突破而逐步建立的。

那么，中国特色社会主义政治经济学要研究的生产力的内容应该包括哪些呢？邓小平指出：一个是解放生产力，一个是发展生产力。需要把两个方面讲全了。习近平总书记提出，"牢固树立保护生态环境就是保护生产力、改善生态环境就是发展生产力的理念"。这样，对生产力的研究应包括3个层次的内容：一是解放生产力，二是发展生产力，三是保护生产力。中国特色社会主义政治经济学理论体系的构建，就是要建立解放、发展和保护生产力的系统化的经济学说。

解放生产力涉及的是生产关系的完善和改革。其基本要求是根据我国所处的社会主义初级阶段的特征，推进改革开放，从根本上改变束缚生产力发展的经济体制机制。包括基本经济制度的改革和完善，资源配置方式的改革，基本分配制度的改革和完善，宏观调控体系的改革和完善等。在这里，解放生产力是动力，发展生产力是目的。如果说解放生产力基本上属于生产关系层面，那么发展生产力和保护生产力则属于生产力层面，发展生产力和保护生产力有自身的发展规律，不能仅仅靠解放生产力的途径。

解放生产力、发展生产力和保护生产力合起来就是经济发展问题。中国特色社会主义政治经济学理论体系，包含体现发展和保护生产力的系统性经济发展学说，有重大的理论和现实意义。这是中国特色社会主义政治经济学理论体系的重大拓展，它不只是研究生产关系，不只是谈姓社姓资的问题。在社会主义初级阶段，只有在经济发展的基础上实现了生产力的发展和保护，社会主义经济制度才能稳定发展，社会主义生产关系才能不断完善。在此基础上建立的中国特色社会主义政治经济学，不只是发挥思想教育功能，还是国家和企业经济决策和经济政策制定的指导。

## 二、回应进入中等收入发展阶段后的重大经济发展问题需要理论创新

问题导向是马克思主义的鲜明特点。作为导向的问题与所处的发展阶段密切相关。政治经济学理论更要关注所面对的经济处于什么发展阶段。因为处于什么阶段就有什么样的发展目标、什么样的发展方式、什么样的发展环境以及什么样的发展动力。

中国特色社会主义政治经济学在生产关系层面明确了处于社会主义初级阶段的生产关系，由此创新的理论正确指导了我国近 40 年的改革开放。但在生产力层面，同样需要明确我国当前所处的经济发展阶段，以创新发展理论。因此，发展当代中国的马克思主义政治经济学的一个重要方面就是，从当代

中国所处的发展阶段出发，建立中国特色的经济发展理论。但已有的发展理论基本上是基于低收入阶段的。中国在低收入阶段向中等收入阶段迈进过程中面临的发展问题，是摆脱贫困进入小康。发展的重要路径是推进工业化和城市化。相应的发展理论主要涉及：追求 GDP 的增长，高积累低消费，以高投入追求高速度，粗放型发展方式，农业剩余劳动力转移，等等。应该说，这些发展理论对我国摆脱贫困，由低收入阶段进入中等收入阶段有着重要的理论指导意义。问题是当我国进入中等收入阶段后，如果继续延续这些发展理论，没有发展理论的创新，就难以指引新的发展，甚至可能陷入"中等收入陷阱"。

现阶段我国经济已具明显的中等收入阶段特征。一是我国已经成为世界第二大经济体；二是我国人均 GDP 接近 8000 美元，已经达到上中等收入国家的水平；三是农业增加值比重降到 10% 以下，我国已经由农业国变为工业国；四是城镇人口超过 50%，我国已经进入了城市化国家。在新的历史起点上，随着小康社会的全面建成，发展任务是要由中等收入国家向高收入国家迈进。与过去的低收入阶段相比，中等收入阶段的经济正在发生重大转型，新的发展任务也随之提出。概括起来，进入中等收入发展阶段后面临的重大发展问题，主要涉及以下几个方面。

首先是中高速增长的可持续问题。在改革开放以来的近 40 年里，我国的经济增长基本上处于高速增长状态。但进入中等收入阶段后，增长速度也必然将从高速转向中高速。最主要的原因有：一是物质资源和环境资源的供给到了极限。二是随着农业劳动力转移速度放慢，低成本劳动力供给也到了极限。三是供求结构严重失衡。进入中等收入阶段后，居民的消费需求不再满足于温饱问题而开始转型，更为关注健康、安全、卫生、档次方面的需求。但生产和服务却还停留在低收入阶段的供给，势必产生有效供给不足与无效供给和低端供给出现过剩问题。因此，要使中高速增长得以持续，需要发展方式从规模速度型转向质量效益型，推进供给侧的结构性改革，寻求新的发展动力。

其次是要跨越"中等收入陷阱"。"中等收入陷阱"是发展中国家进入中等收入阶段后普遍遇到的。"中等收入陷阱"涉及发展模式问题。进入中等收入阶段后难以摆脱低收入阶段的发展模式的后果就是,既无法在收入方面与低收入国家竞争,又无法在尖端技术研制方面与高收入国家竞争。但实践证明,并不是所有的国家和地区都会陷入这个陷阱。像新加坡、韩国等一些后发国家就靠现代化的过程跨过了这个陷阱。虽然我国也存在这个威胁,但并不等于就一定会陷入这个陷阱,这就需要在科学的发展理念指导下通过发展来跨越它。

最后是发展平衡性的问题。在低收入阶段,为了迅速摆脱贫困,需要推动 GDP 的快速增长,实行允许一部分地区和一部分人先富起来的政策,实际上这是一种不平衡发展战略。但进入中等收入阶段以后,不平衡问题会越来越突出。因此,全面建成小康社会就需要补齐短板,主要包括:农业现代化的短板、农村发展的短板、贫困地区和贫困人口的短板、生态文明的短板和人的全面发展的短板。这些短板不补齐,很难说进入全面小康社会,更难说进入高收入阶段。

上述进入中等收入阶段后面临的一系列新的重大发展问题,正是创新发展理论的起点和动力源。在低收入阶段的发展问题,实际上只是增长问题,目标单一。而在进入中等收入阶段以后,发展就不只是增长问题,还涉及经济社会的各个层面,不仅仅是要摆脱贫困,公平分配、增加社会福利都要进入发展目标。这就不仅涉及数量和规模的增长,还包括实现经济持续增长所依赖的技术进步、制度优化和文化创新。

## 三、新发展理念是经济发展理论的创新

针对现阶段重大发展问题和发展目标,习近平总书记指出:"发展必须是

遵循经济规律的科学发展，必须是遵循自然规律的可持续发展。"并且提出了创新、协调、绿色、开放、共享五大新发展理念。经济发展的新理念是对我们推动经济发展实践的理论总结，是我国经济进入中等收入阶段后的系统化的指导思想。用新发展理念来构建经济发展理论，必然涉及一系列的理论创新。

创新发展的理念推动发展动力理论的创新。在低收入阶段，发展的动力主要是较为宽松的资源环境和低成本劳动力供给的推动力。随着资源和低成本劳动力等要素供给能力逐渐衰竭，发展动力就要转向创新驱动。创新是引领发展的第一动力，决定了发展的速度、效能和可持续性。创新经济发展方式，不仅仅是指经济发展要由主要依靠物质资源和低成本劳动力驱动转向创新驱动，还要依靠创新推动产业结构的优化升级，也就是推动依赖禀赋资源比较优势的低端产业结构转向中高端的产业结构。

协调发展的理念推动发展结构理论的创新。国民经济发展存在整体性，在存在多个短板的背景下，就需要以协调发展实现平衡发展，从而实现经济结构的整体优化和提升。马克思的社会再生产理论可以归结为协调发展理论，两大部类平衡理论就是要求部门之间在全面协调的基础上实现按比例发展。在由低收入迈向中等收入阶段，我国实行的是不平衡发展战略。进入中等收入阶段后，发展理念需要转向协调发展，也就是转向平衡发展。尤其是针对存在的经济发展不平衡问题，需要着力补齐短板。其中包括：补齐农业现代化短板，促进新型工业化、信息化、城镇化、农业现代化同步发展；补齐贫困地区短板，促进城乡区域协调发展；补齐社会发展的短板，促进经济社会协调发展，不断增强发展整体性。

绿色发展的理念推动财富理论的创新。传统的财富观只是指物质财富。绿色发展理念强调人与自然和谐共生，明确生态和环境也是财富。干净的水，清新的空气，绿色的环境是宝贵财富，青山绿水就是金山银山。在低收入阶段推进的工业化、城市化、重工业化，不可避免地会造成资源的耗竭、环境的恶化和发展的不可持续。正如习近平总书记所指出的："人类社会在生产力落后、物质生活贫困的时期，由于对生态系统没有大的破坏，人类社会延续了几千年。而从工业文明开始到现在仅三百多年，人类社会巨大的生产力创造了少数发达国家的西方式现代化，但已威胁到人类的生存和地球生物的延续。西方工业文明是建立在少数人富裕、多数人贫穷的基础上的；当大多数人都要像少数富裕人那样生活，人类文明就将崩溃。"这意味着与西方国家当年的道路不同，中国的现代化不仅需要获取更多的物质财富，还要获取更多的精神财富和生态财富。推动形成绿色发展方式和生活方式，让人类的生产生活方式以最适宜的文明方式影响和介入自然，才能够换取自然对生产力的最佳反馈。这也是改善生态环境就是发展生产力理念的体现。

开放发展的理念推动国际分工理论创新。充分利用国内和国外两种资源，开拓国内和国外两个市场，这是国家繁荣发展的必由之路。同其他发展中国家一样，我国过去是以资源禀赋的比较优势嵌入国际分工和全球价值链的。现在要从作为世界第二大经济体的世界经济大国地位出发，进一步提升国际竞争力，提高开放型经济的质量和水平。相应的国际分工要由比较优势转向竞争优势，攀升全球价值链中高端，积极参与并主导全球经济治理。包括通过"一带一路"、亚投行和自由贸易区等路径积极参与全球经济治理，提高我国在全球经济治理中的制度性话语权。

共享发展的理念推动发展目标理论创新。共享体现以人民为中心的发展思想，这是中国特色社会主义的本质要求。共享发展体现逐步实现共同富裕的要求。在经济增长的初期允许一部分人先富，现在则要让大多数人富起来。既要克服"为生产而生产"和片面追求高积累的发展理念，又要在收入分配上体现公平正义，克服两极分化，从而实现改革和发展成果全民共享、全面共享、共建共享、渐进共享，让人民群众在民生改善中分享改革发展的成果，得到实实在在的利益，有更多的"获得感"。这是改革发展的动力源泉所在。特别是在即将全面建成小康社会后推进现代化的阶段，就要更加重视人的现代化，也就是马克思说的人的全面发展。这涉及人的知识全面发展，人的能力全面发展，人的才能全面发挥。而现在人们不能共享发展成果很大程度上应归结为人的发展能力的差距。因此，发展全面均衡的教育，提高全民族的文化水平，不仅是推动人的现代化的必要过程，也是实现共享发展的重要途径。

## 四、以创新的经济发展理论推动发展新动力的形成

政治经济学研究的重要功能是寻求经济发展的动力。中国特色社会主义政治经济学也要寻求建设社会主义社会的新动力。在过去的近40年里，我国经济发展的动力主要是在供给方面的推动力，即发展初期宽松的物质资源供给和低成本劳动力供给。但现在曾经推动经济高速增长的要素的供给能力开始明显衰减，因此，经济增长的发动机需要转换，寻求新的动力。主要包括以下几个方面。

一是创新的驱动力。创新发展理念把创新看作引领发展的第一动力，发展的基点。创新驱动发展的核心是科技创新。实施创新驱动战略，就是要依靠科技创新驱动发展方式转变，驱动产业结构转向中高端，驱动生产方式和消费方式绿色化，实现科技创新从以跟踪为主转向跟踪和并跑、领跑并存的新阶段。此外，科技创新也需要成为产业创新的动力，这就需要科技创新与产业创新实现有效对接，突出科技成果向生产力的转化，要求产学研协同创新，注重研发和孵化新技术，形成大众创新万众创业氛围。显然，创新作为新的发展方式提出，是中国发展理论的创新，也是中国特色社会主义政治经济学的理论发展。

二是提高全要素生产率。全要素生产率指的是各种要素集合所产生的生产率之和大于各单个要素投入的生产率之和，其中的差额就是全要素生产率。

涉及投入要素质量提高、资源配置效率提高、技术进步、规模效益等。提高全要素生产率的关键在"集合"各种要素的作用。在资本作为"集合要素"时，提高全要素生产率的着力点是提高资本要素配置的效率。但是，当前我国存在着投资较多地投在地产和虚拟经济上，而不是投在与新产业相关的物质资本和技术要素上，投资偏重物质资本，忽视人力资本投资的现象。这种要素的结构性错配是全要素生产率不高的症结。因此，重视高新产业投资，重视人力资本投资，就能提高全要素生产率。此外，现阶段还要特别重视企业家的"集合要素"作用，因为企业家的创新所推动的要素的新组合，对全要素生产率提高起着重要作用。供给侧结构性改革同样也要推动经营者成为企业家，充分发挥企业家精神和企业家才能，放手让企业家在市场条件下集合要素，在企业家带动下提高供给体系的质量和效率，从而提高全要素生产率。

三是激励市场主体的活力。激励机制的建立是经济学理论的一个重要部分。中国特色社会主义政治经济学的一个重大原则，就是要坚持调动各个方面积极性，这也应是供给侧结构性改革的重大原则。从经济发展的角度分析，激励主要涉及三个方面：一是激励创新。创新与其他经济活动不同。第一，创新的知识和技术具有外溢性和公共性，社会也可以从新知识和新技术中得益；第二，创新的技术可以被复制，复制成本之低，会使创新成本得不到补偿；第三，知识产品市场比物质产品市场的信息不对称更严重，其真正的价值往往被严重低估。因此创新不能只是靠市场压力，还需要通过激励形成内在动力，其中包括严格的知识产权保护以获取创新收益、政府提供激励性政策和引导性投资激励等。二是激励克服机会主义行为。在信息不完全的条件下，要建立激励性体制，克服影响供给质量和效率的道德风险之类的机会主义行为，并从机制上克服劣币驱逐良币状况。三是激励企业活力。由于经济运行的细胞是企业，因此特别需要激励企业活力，要针对微观经济的主体，减轻企业负担，减少对企业的行政干预，从而激发企业活力。此外，还需要处理好国民收入分配中国家、企业和职工三者的利益关系。一方面让职工在共享企业发展成果的同时，也要分担企业风险，注重协调好企业利益和职工利益的关系。另一方面在政府和企业的关系上也要注重维护企业的合法权利和利益。政府要给企业让利，在体制上为实体经济中的企业大力减税、降息、减费、降低企业债务负担，让更多企业轻装上阵。

四是结构转型升级的推动力。发展中国家的发展问题主要是结构问题，其中最为突出的是如何克服城乡二元结构的问题。在低收入阶段，以农民进城为主要内容的城市化是发展的强大动力。但进入中等收入阶段以后，克服二元结构有了新的任务。一方面是城市的现代化，另一方面是城乡发展一体化。这两个方面蕴藏着巨大的需求和增加供给的空间，因为城市的发展要素向农村扩散过程中，能够带动农村以及各类城镇增加城市要素及设施的供给，从而促进广大农村和城镇具有产业发展、公共服务、吸纳就业、人口集聚的功能。而且，推进人的城镇化，还能使进入城市的农村转移人口市民化，形成对城市住房和福利的新需求。很显然，城乡发展一体化将是中等收入阶段经济发展的强大动力。除了改变二元结构以外，结构调整的推动力还有产业结构的转型升级，区域结构的协调等。这些方面的结构调整都会成为经济发展的强大动力。

综合以上分析，在生产力层面上的经济发展动力，包括：消费力、创新力、全要素生产率、激励力和结构调整。对这些发展动力的研究是经济发展理论的新空间。

基于社会主义初级阶段的社会主义本质要求，基于中等收入阶段的发展目标，将发展和保护生产力结合起来，形成系统化的经济发展学说，可以说是中国特色社会主义政治经济学的开创性研究，具有重大的理论和现实意义，由此构建的经济发展理论也可以充分体现中国特色、中国风格、中国气派。

# 党管国企　有理有据

江　宇[*]

以习近平同志为核心的党中央对国有企业给予特殊重视。习近平总书记多次强调，要理直气壮做强做优做大国有企业、加强党对国有企业的领导。但是当前关于中国要不要国有企业、要不要坚持党管国企，不少人还有思想困惑。实际上，只要坚持一切从实际出发，不迷信书本、不迷信西方，就能够得出这样的结论：做强做优做大国有企业、坚持党管国有企业，具有充分的理论、历史和现实依据。

## 一、中国为什么必须办好国有企业

中国必须办国有企业、必须坚持党管国企，这是政治上的要求，也是经济上的要求。从政治上看，国有企业是中国特色社会主义的政治基础。公有制为主体是社会主义生产关系的本质特征，中国是共产党执政、还是社会主义国家、工人阶级还是领导阶级，必须坚持国有经济的主导地位。

---

[*] 作者单位：国务院发展研究中心宏观部。

历史上，国有企业是中国启动现代化的主要动力，不是配角，更不是阻力。鸦片战争后，历史给了中国的民族资本 100 多年的发展时间，但是民族资本并没有促使中国启动工业化和现代化，民族产业也处于风雨飘摇的境地。这是资本主义世界体系形成之后，一切落后国家的共同命运：民族资本受封建制度和国际垄断资本双重压迫，不可能走上现代化道路，只能做附庸、做买办、寄人篱下。中国进入大工业时代，是从 20 世纪 50 年代建立国有经济体系开始的。1952—1978 年，中国每年积累的工业资产就相当于旧中国 100 多年积累工业资产的总和，我国也因此成为世界唯一的产业门类齐全的发展中国家。这雄辩地证明，只有国有企业才能振兴中国经济。

改革开放以来，民营经济作出了巨大贡献，这是应当充分肯定的。但同时要看到两点：第一，民营经济的发展受益于国有企业打下的基础，在基础科研、人才、装备方面搭了国有企业的很多便车，大量民营企业的第一桶金来自国有企业改制。如果没有国有企业撑起完整的产业基础，民营企业也很难发展起来，就像旧中国和那些陷入贫困陷阱的国家一样。第二，我国在世界上领先的载人航天、探月、深潜、高铁、特高压输变电、移动通信等领域，均是国有企业主导，打破了国际垄断。国有企业在安全生产、职工福利、社会责任方面，也走在民营企业的前面。

正是依靠国有经济能够集中力量办大事的优势，中国才获得了经济独立和国家安全。正是国有企业实现了工人阶级的主人翁地位，一代产业工人舍生忘死，才奠定了今天中国的经济基础。每当国家和人民遇到危难，国有企业总是召之即来、不计代价，冲得上、打得赢。所以，国有企业是中国经济的根基和灵魂。

放眼全球，资本主义国家在 20 世纪 50—70 年代迎来黄金时代，这同时也是其国有化程度最高的时代。苏联、东欧以及巴西、阿根廷等拉美国家，曾经依靠国有化建立了比较独立的产业，成为"明日之星"，但后来接受了新自由主义，主动私有化国有企业，导致产业基础瓦解、资源主权丧失、贫富分化、社会动荡。因此,"中等收入陷阱"也好,"新自由主义"也罢,都离不开国有企业私有化这个根源。

面对国内外各种挑战,国有企业的稳定器、压舱石功能只能加强、不能削弱。如果没有国有企业,而是资本巨头和外资控制了中国的战略性产业,还会有国家独立吗?还会强调和人民共享改革成果、实现共同富裕吗?如果政务、交通、医疗等关键信息出现泄露,还能保障人民的安全吗?一些声音否定国有企业,也正是看到了国有企业对我们党和国家的重要性,所以要釜底抽薪。在国有企业的问题上,既要算经济账,也要算政治账、社会账、安全账。

## 二、澄清关于国有企业的若干错误认识

当前对国有企业有一些错误认识,使人们看不清国有企业改革的方向,需要予以澄清。

一是错误地把"国退民进"作为改革开放的成功经验。有人认为,改革开放成功,就是因为打破了"所有制崇拜",告别公有制、发展民营经济。这是把改革开放前后两个时期对立起来的错误认识。计划经济时期,我国GDP年均增长6.6%,工业总产值年均增长11.4%,不仅远高于旧中国(最高只有1.5%),而且在世界各国也是领先的。改革开放以来,我国既发展民营经济,又在关系国计民生和国家安全的领域保持国有企业的支配地位,才实现了经济奇迹。即使是20世纪90年代国有企业遇到困难,也主要是产业结构老化、重复建设、社会保障负担加重等问题带来的,并不是公有制的问题。如果说私有化是改革开放成功的经验,那么就无法解释,俄罗斯、东欧、拉美等私有化程度比我国更高的国家,并没有出现经济奇迹,反而陷入"中等收入陷阱"或贫困陷阱,俄罗斯的制造业至今没有起色。

二是错误地把当前东北等地区的经济困难归咎于国有企业。有的人认为"东北经济的问题,关键是国有经济比重过高"。这种观点显得偏颇。经济困难的产生,往往是多种因素共同作用的结果,决不可简单归咎于某一因素。实际上,我国国有资产占比最高的省份是上海,其资产、营业收入、利润分别占据全国地方国资系统的1/10、1/8和1/5,如果算上在沪央企,比例更高,而上海一直是我国经济发展质量最高、最为稳健的地方之一。重庆"十二五"期间国有资产从1.7万亿元增加到4.5万亿元,同时也是近年来我国经济增长最快的地方。辽宁省民营经济发展迅速,2015年,辽宁省民营经济占全省GDP的比重已达到68%,超过了浙江省(65%)和江苏省(54.5%),但辽宁省的经济增量却不见起色。实际上,东北经济困难主要是由于资源枯竭、产业结构偏重、老龄化等,和国有企业没有直接关系。美国五大湖区、德国鲁尔矿区都是私有企业,资源枯竭之后照样凋敝,难道这也是"体制问题"?东北地区的投资环境、体制机制确实有很多问题,但这些问题本质上并不是国有企业带来的,不能借此来推动国有企业私有化。东北很大的优势是国有企业拥有完整的产学研体系和人才,盲目进行以私有化为主导的改革将削弱这一优势,甚至导致大量失业、社会动荡。这方面,国际上不乏教训。

三是错误地把民间投资下降归咎于国有企业。在私有制条件下,投资同样会周期性下降,因为企业竞争性追逐利润的盲目性,将导致投资和产能过剩、平均利润率下降。不能简单地认为,过去民间投资增长多快,现在就还应该增长多快。恰恰相反,目前还有投资空间的,主要是非营利性、公益性、战略性的领域和环节,民间资本还没有足够的能力和觉悟为这些领域作贡献,还要发挥国有企业在投资中的关键作用。因此,民间投资下降主要是其自身的原因,不能归咎于国有企业垄断和限制。在我国,国有企业和民营企业是分工合作、优势互补的关系。要避免有人利用"国进民退"的话题,在国有企业和民营企业之间制造矛盾。

四是错误地希望通过国有企业私有化来激发经济活力。多年来,我国流行着这样一个话语陷阱：只有市场和私营企业才是更有"活力"的，而公有制就是"僵化"的。这个看法机械地照搬了改革开放初期的经验，是不正确的。改革开放初期，国有企业一统天下，适当降低比例是必要的。但是目前在一般竞争性领域搞私有化，不但很难缓解已经普遍存在的产能过剩，还可能加剧这一问题。在能源、资源等自然垄断领域搞私有化，将加大经济运行的风险和成本，山西当年私有煤炭企业曾出现普遍的官商勾结、安全生产事故和破坏环境等问题，经过国有化一些私营企业的整顿之后才有所好转。在铁路、电信等具有规模效应的领域搞私有化，将破坏网络的整体性，增加交易成本和安全风险。在公用事业、医疗、教育等公共服务领域搞私有化，将危害公共服务的公益性和公平性，影响民生，恶化收入分配。和改革开放初期我国的国有企业比例过高不同，今天不存在哪个领域，通过私有化就能够激发经济增长活力，反而会带来很大的社会成本和风险。一个一盘散沙、支离破碎的经济结构，是不可能有活力的。

五是错误地把属于行业监管、行业政策的共性问题，归结到国有企业头上。比如，产能过剩，是由于企业的无序竞争和一些地方招商引资、放松规划和监管所造成的，但个别地方仅仅要求国有企业限产。再如，房地产行业"地王"频现，是由房地产政策造成的，国有企业仅占房地产开发企业的1.9%，如果仅仅要求国有企业退出房地产市场，"地王"问题不一定能够解决，反而会降低国家的调控能力。再如，目前公立医院过度扩张，是由于其逐利性过强造成的，如果不扭转公立医院的逐利性，仅仅限制公立医院发展，甚至像一些地方把公立医院私有化，老百姓看病难、看病贵的问题就很难得到解决。

上述错误认识的根源，除了有国企私有化改革将给少数人带来巨大经济利益之外，主要是部分人思想上对新自由主义的迷信，用西方的理论来比附我国的现实。可是，即使是西方经济学者，也没有认为私有制就一定比公有制有效率。2016年诺贝尔经济学奖得主哈特的获奖成果——不完全契约理论就认为，市场交易是有成本的，成本高到一定程度，市场就是无效的，而改变所有制是降低交易成本、提高效率的替代办法。2001年诺贝尔经济学奖得主斯蒂格利茨在《社会主义向何处去》一书中，也批评了认为国有企业比私营企业效率低的论断。

## 三、党管国企最重要的是赋予国有企业精神和灵魂

我们说国有企业重要，并不意味着现在的国有企业已经尽善尽美了。相反，当前我国的国有企业还存在不容忽视的问题，而要解决这些问题，最重要的是加强党对国有企业的领导。

国有企业首先是企业，同时也是承担特殊使命、特殊目标的企业。经过多年改革，我国的国有企业已经和市场经济相融合，这是巨大的成就。但仅仅做到这一点还不够。任何一个企业要做强做大、基业长青，不可能仅仅凭借追逐利润，也不是只需对股东负责，而是要有更高的理想信念和价值追求。党管国有企业就是要在更高层次上发挥党的政治核心作用，适应国有企业承担新使命的需要，为国有企业明确方向和道路、赋予精神和灵魂，让国有企业真正成为我们党赢得具有许多新的历史特点的伟大斗争胜利的重要力量，成为中国经济走向世界、走向未来的引领者，成为新发展理念、新发展道路的创造者和践行者，成为中华民族伟大复兴的排头兵和先锋队。

党管国有企业，首先是要解决国有企业的理想信念和发展方向问题。国有企业的领导人不能简单等同于一般的企业家。国有企业的干部，首先是共产党员，应当是忠诚的社会主义和爱国主义战士，拥有超出一般企业家的更高觉悟和境界，在维护中华民族核心利益和中国人民根本利益的战场上冲锋陷阵，而不仅仅是追求个人待遇和事业成功。国有企业的职工，也不是一般的雇佣劳动者，而是要以主人翁的精神把国有企业办好，在实现中国梦、国

有企业强国梦的过程中实现自身价值。只有这样，国有企业才能吸引大批志同道合的优秀人才，面对挑战无往而不胜。当年，之所以"三湾改编"成为人民军队的转折点，就是因为通过党的领导，在思想上解决了"为谁当兵、为谁打仗"的问题，我军和旧军队最大的区别，不在于条令、战术，而在于其理想信念和政治路线，这是其强大战斗力的来源。国有企业和其他企业最大的区别，也不在于具体管理上，而在于发展的目标和方向，应该成为有理想、有担当、有情怀的企业。1999年，中国重汽陷入困境，严重亏损，骨干流失，濒临破产，一批党员干部坚定理想信念，怀着"要造中国自己的重型卡车"的理念，守住家底，二次创业，现在已经是中国最大、世界第二的重型卡车生产企业。如果所有的国有企业都有了这种精神，还怕办不好吗？

党的制度和文化本身是提升国有企业管理水平的重要资源，也是我国特有的政治优势。全心全意为人民服务、民主集中制、批评和自我批评、思想政治工作、官兵一致等制度和作风，不仅是党永葆生机的保障，也同先进企业管理的理念相契合，被我国很多企业用在日常管理中，取得良好效果。甚至一大批优秀民营企业也受到积极影响。华为董事长任正非曾说过，华为的文化从某种意义上讲就是共产党文化。国有企业离党最近，就更有条件把党的制度和文化融入企业文化之中，营造风清气正、充满活力和战斗力的企业。

党管国企，还是全心全意依靠工人阶级的途径。一段时间以来，我们"企业家精神"说得多了，"主人翁意识"说得少了，要扭转这种情况。办企业既要靠企业家，也要全心全意依靠工人阶级。西方国家进入新科技革命时代后，也注意通过扩大职工民主、缩小分配差距、营造平等文化等办法，提高效率和职工认同感。我国部分企业过度依赖低成本劳动力，造成分配差距过大，引发社会矛盾。要建设创新型国家，就必须提高工人阶级的地位，让他们有尊严地劳动，发挥主人翁精神，激发创新的积极性。国有企业党组织支持职工代表大会和群众组织发挥作用，在重大决策、涉及职工切身利益的问题上听取职工意见，能够体现工人阶级的主体地位，是国有企业的竞争优势。党的领导，本质上是工人阶级管理企业。

总之，当前一些国有企业存在的战略不清晰、腐败、低效、官僚主义等问题，并不是党管国企带来的，恰恰是党的建设弱化、淡化、虚化、边缘化的后果。一段时间以来，把提高效率、增强活力、厂长负责制和加强党的领导对立起来，一些国有企业成为独立王国。实践证明，没有党的思想和政治领导，企业就容易迷失方向，没有严格的党内监督和群众路线，现代企业制度就没有灵魂、容易流于形式。可见，党领导国有企业既是一个重大的政治原则，也是国有企业树立远大目标、加强管理、激励创新的现实需要。

## 四、党的领导和现代企业制度完全可以融合

世界上没有放之四海而皆准的企业制度，不同国家、不同文化有着不同的企业制度，而且都在不断完善。目前西方主流的公司治理模式，主要特征是股权分散、流动性强、外部资本市场约束、独立董事为主。2008年国际金融危机暴露出这种模式存在很大缺陷：股权过于分散，监督力量有限，独立董事不独立，市场压力导致经营行为短期化等。可见，世界上并没有完美的企业制度。我国的政治、经济制度都没有照搬西方，也就更没有必要照搬西方的企业制度。更何况，西方国家的企业制度，是在私有制条件下产生和发展起来的，企业的主要目标是对私有企业的股东负责，不存在对全体人民负责的问题，这种管理制度显然不适用于公有制企业。

事实上，国有企业坚持党的领导同建立现代企业制度并不矛盾。现代企业制度的基本要求是：产权清晰、权责明确、政企分开、管理科学。从产权清晰的角度说，国有企业的产权是很清晰的，党管企业并没有改变企业的产权，而是更好地让国有企业对其产权所有者——国家和人民负责。从权责明

确的角度说，党对企业的领导，并不是包办代替，而是明确党组织在决策、执行、监督各环节的权力和责任，支持董事会、监事会和经理班子（包括职业经理人）依法履行职责，并且通过党的政治领导让他们既有分工制约、又有共同的目标和意志。从政企分开、管理科学的角度说，企业的党委并不是一级政府组织，党对企业的领导主要是政治领导以及参与重大决策，而不是参与具体业务。实践证明，这既有利于提高效率，又能够防止独断专行和决策错误。

那么，如何实现党的领导和现代企业制度相融合呢？习近平总书记在全国国有企业党建工作会议上作了明确回答："把党的领导融入公司治理各环节，把企业党组织内嵌到公司治理结构之中，明确和落实党组织在公司法人治理结构中的法定地位，做到组织落实、干部到位、职责明确、监督严格。"目前，一些国有企业已经通过修改章程，明确党委参与重大决策和开展有关工作的具体程序，这就是"融入"和"内嵌"的具体体现。这一要求的实质是，党的建设不是企业的一个部门、一个方面的工作，而是要渗透到企业工作的各个过程、各个领域，实现党建融入一切工作，企业发展到哪里、党的建设就跟进到哪里。

在国有企业的问题上，最应该树立理论、制度、道路和文化自信，任何迷信西方理论、忘记历史、以虚无主义态度对待国有企业的观点都是有害的。办好国有企业，是坚持党的性质、宗旨和理想信念的重要体现。在党中央领导下，更加自信的中国共产党人，一定能够让中国的国有企业焕然一新，真正成为党和人民最可信赖的依靠力量。

*《红旗文稿》2017 年第 1 期*

# 树好国有企业应有形象是党和人民的期盼

宋方敏[*]

中国的国有企业是国民经济的中流砥柱，是民生幸福与社会发展的重要保障，也是我们党执政兴国的重要支柱和依靠力量。但较长时期以来，国有企业形象建设处于短板状态，尤其是在国有企业改革深化和经济结构转型的今天，亟需按照党和人民的要求和期盼，树好我国国有企业应有的形象。

## 树立良好的国有企业形象意义重大

习近平总书记曾强调，国有企业确实要担当社会责任，树立良好形象。树好国有企业形象，是一项根本性、紧迫性、战略性的建设任务。

首先，是体现中国国有企业性质、地位和作用的根本需要。我们是社会主义国家，国有企业是全民所有制财产，是公有制根基，是社会主义市场经

---

[*] 作者：昆仑策研究院常务副院长、高级研究员，国务院国资委国企理论宣传特约研究员。

济最重要的市场主体。要让人民认可我国的国有企业是国民经济的重要支柱，是共产党执政和社会主义国家政权的重要支柱，是我们党、国家和人民的命脉所系，就必须在人民心目中树立起良好的国有企业形象，使国有企业真正得到人民群众的支持和拥护。

其次，是扭转"形象危机"、优化改革环境的现实需要。当前，我国国有企业面临着较大的"形象危机"，在很多民众的意识里，一提到国有企业，就是官僚、腐败、垄断、低效的印象，其实这不符合国有企业的实际。习近平总书记对我国国有企业的重大历史贡献、重要地位作用作过高度评价，并再三强调要通过深化改革做强做优做大国有企业。但社会舆论对国有企业的负面评价并没有明显改观。究其直接原因，一是少数媒体宣传片面。只要讲国企改革，关注的热点几乎总是讲国企存在什么问题，而缺少对国有企业过去和现在成绩的正面宣传。而最近几年，有媒体借供给侧结构性改革之机，重谈"国企低效论"，为"国退民进"制造种种"依据"，也极大影响了国有企业的形象。二是个别专家解读扭曲。个别专家解读国企改革时，往往避而不谈国有企业存在的必要性、发展成就和贡献等，而是过度谈论国有企业的问题，好像国有企业天然存在这样那样的问题。三是国有企业自我宣传底气不足。有关部门和国有企业自身，不敢大张旗鼓宣传国有企业的制度优势和力量优势，不宣传其为国为民的担当和贡献，更不宣传国有企业在改革中有什么"做强做优做大"的成绩，而是过多地宣传国有企业怎么收缩退出、让权让利，这反映出一些国企对改革目的和方向把握是迷惘的，理不直、气不壮。这种被动局面若不扭转，不可能为国有企业深化改革、发展壮大创造健康有利的环境。

最后，是担当新形势下党所赋予历史重任的战略需要。习近平总书记在全国国有企业党建工作会议上，提出了要使国有企业成为"一个依靠力量、五个重要力量"的新定位、新要求。这说明，今后若干年我们党要在国际国内错综复杂的新的斗争背景下，领导人民完成新的伟大历史跨越，中国要由经济大国变为经济强国,要实现中华民族伟大复兴的中国梦,让中国特色社会主义在全世界立于不败之地,关键还是要依赖国有企业发挥好顶梁柱作用。

所以,国有企业形象好不好,不是孤立的某个企业或企业领导怎么样的问题,而是事关根本制度、政治大局和宏观战略的大问题。涉及国有企业的有关各方都应该重视起来,以高度的政治责任感,抓好国有企业形象建设。

## 国有企业需要树立什么样的形象

当前是我国深化经济改革和转型发展的关键时期,国有企业表现如何,举足轻重。从党和人民群众的期盼看,需要国有企业展现一个在改革发展中敢担当、有作为,不负重托、不辱使命的好形象。

一是做强做优做大的改革进取形象。要不要做强做优做大国有企业,不是一个我国经济改革发展可随意选择的问题,而是中国特色社会主义制度和道路决定的,代表最广大人民的根本利益要求。2017年两会上,习近平总书记又一次提出了"国有企业做强做优做大"改革总目标,他一再强调要"理直气壮""坚定不移"。发展混合所有制是探索基本经济制度有效实现形式的突破口,但"混改"本身并不是目的,不能"为混而混""一混了之",目的是要"有利于国有资本放大功能、保值增值、提高竞争力",把国有企业"做强做优做大"。但现在公众通过各种媒体所接收到的国有企业改革消息,几乎与"做强做优做大"不搭界,反而好像只有把国资股权"混"少了、把国有企业"混"没了,就是改革成绩,不然就不是改革;国有企业引入私资放弃控股权的实例不少,而国有企业混出去控股私资的一例未见。如何证明国有企业是"做强做优做大"了?广大群众怎么会认可这样的改革形象,这不是进取,而是萎缩,给人民带来的不是信心,而是担心。

二是积极主动作为的竞争主力形象。国有企业承担着占主体地位的公有制经济责任和制度责任，是代表全民利益的最重要的市场主体，其经济效益水平和财政贡献水平，对国家对人民至关重要。所以国有企业在改革中不能退出效益高的竞争性行业，只干"赔本买卖"，而应当积极参与市场竞争，在竞争中增强活力，实现资产运营优质高效、保值增值，为国家多交税利，为社会多作贡献。在经历近40年的高速发展之后，我国经济面临着经济速度放缓、矛盾叠加深化的风险和挑战，经济转型升级和供给侧结构性改革的任务很重，困难也很大，要解决问题，关键还要靠国有企业的主导、核心和带动作用。人民群众希望国有企业危难关头更显英雄本色，无论是调整结构、优化布局，还是创新发展、驱动转换，都能够顶上去、带好头，并积极参与国际竞争，当好中国经济走向世界的领军力量。

三是管理科学先进的制度示范形象。中国国有企业理应成为先进生产力、先进企业文化和先进企业制度的代表，成为非公企业的学习榜样。但这些年国有企业也暴露出来不少问题，主要是管理体制官僚化、经营机制不完善、产权约束不规范、贪污腐败等，极大地影响了其声誉，因此，有必要通过深化改革，规范和完善治理结构，既提高活力，又遏制腐败，树立起良好形象。但是，国有企业完善现代企业制度，必须深刻吸取过去国有企业改制中食洋不化、照搬西方公司制模式带来党的领导削弱、民主监督落空的严重教训，要坚持"制度自信"，把党的核心领导、职工民主管理等制度优势与适应市场的公司治理体系有机融合，建成真正能够代表先进、符合人民利益和意愿的中国特色现代国有企业制度，在协调运转、有效制衡、科学决策、良性发展上显示出强大生命力，从而去影响和带动其他性质的企业。

四是无愧执政骨干的企业领导形象。这些年国有企业领导干部出问题的不少，有的非常严重，查出的问题也触目惊心。这是让社会民众对国有企业领导普遍不看好，也不大信任的主要原因。习近平总书记明确国有企业领导人员是"党在经济领域的执政骨干"，这个定位非常重要，破除了多年来企业干部特殊论，好像党规党纪管不着；又强调国有企业领导人员肩负经济领域治国理政的重大责任，必须做到"对党忠诚、勇于创新、治企有方、兴企有为、清正廉洁"五条标准。人的因素是决定因素。人民群众希望看到国有企业领导干部树立新的形象，不是"老板"，也不是"官僚"，而是一心为公、对党和人民高度负责的好领导，能够坚定信念、任事担当，把党的要求落实到经营管理各项工作中。如果一遇困境，就想把企业卖掉，这样的国有企业领导肯定是不合格的！

### 国有企业怎样塑造良好形象

国有企业形象建设，既有怎么讲的问题，也有怎么做的问题。事实胜于雄辩，怎么做比怎么讲更加重要。群众更加看重你怎么做，做本身也是宣传，而且是最有说服力的宣传。但是，怎么讲也非常重要。历史和现实都证明，舆论的导向力、影响力不可小视，好的舆论是国有企业发展的"推进器"。所以二者应该良性互动，配合协同，相辅相成。当前应该做好以下几点。

一是深入学习领会习近平总书记有关国有经济的思想，把握国有企业改革的正确方向。深化国有企业改革要解决什么问题，怎么解决？习近平总书记作了一系列重要讲话和指示，次数之多、容量之巨，反映出对国有企业的重视程度之高、问题针对性之强、涉及面之广、要害把握之准、内涵之丰富，都是前所未有的，可以说，已经形成了一套内容完整、逻辑严密、思想精深、实践管用的科学体系，对于中国特色国有经济理论作出了重大创新，是深化国有企业改革的科学指南。国有企业改革存在一些乱象，说到底是因为思想不统一。有的部门、地区和企业的做法，实际上偏离了习近平总书记有关国有经济的思想，导致人民群众不满意、社会舆论质疑和负面评价很多。改革是要为发展服务的，影响国有企业发展的私有化改革，不但不会给国有企业形象添分，相反，只会严重败坏国有企业形象。所以当前亟需抓紧系统深入地学习研究和宣传贯彻习近平总书记有关国有经济思想，这是统一思想、明确方向、推进改革的有力举措。

二是正视矛盾困难，积极主动转型发展，不要在改革浪潮中失去发展壮大国有企业的初心和定力。在当前我国整体经济下行压力加大、结构调整任务艰巨、国际市场低迷、国内矛盾叠加的情况下，部分国有企业出现了产能过剩、库存积压、负债加重、经营困难的低效甚至亏损状况，但这种状况只是局部性和阶段性的，是整个国家经济进入新常态发展后必然经受的阵痛。任何一个企业的发展都不可能一帆风顺、直线前进，在市场竞争选择中经受波动和曲折不足为怪，不能由此否定国有企业被长期历史所证明的宏观上和微观上的高效性。部分国有企业今天遭遇的是全行业性的产能过剩局面，这种结构失调状况，是与过去一些年实行的扩张性宏观政策和扭曲的产业政策引导分不开的。因此，对受困国有企业，不能简单推给市场、一卖了之，而应积极扶助、科学引导，多方努力、共渡难关。国有企业自身也应自觉担当，紧紧依靠工人阶级力量，调动主人翁责任感积极性，同舟共济、集智聚力，在结构调整中该转主动转，该重组积极重组，共同奋斗去实现转型升级目标。要防止在供给侧结构性改革中，把化解过剩产能简单变成消化国有企业，把暂时遇到困难的国有企业都当作"僵尸"处理。难道搞"混改"私资不控股就不算改革到位？既然搞成私资控股的企业，那还算什么国有企业改革？这样的"改革"结果，到底是在放大国有资本功能，还是在放大私人资本功能？

三是关键要把国有企业领导干部队伍搞强。在当前转型发展困难多、反腐纠风压力大的形势下，一些国有企业领导不愿作为、不敢作为、不会作为的现象比较突出，乱作为问题也依然存在。比如贯彻全国国有企业党建工作会议精神，有的国有企业领导干部仍停留于个人说了算的"老板思维"，关心的是今后谁当"一把手"，有的还规定今后党委书记都是企业"二把手"。有的躺在现有官位上观望，宁可在国际国内竞争中坐失企业有利发展机遇，也不做对个人没有利益的事情。这种状况令人担忧，如果长期的改革迷惘和利欲诱惑在相当程度上动摇了一代国有企业人的心志，患得患失成了正常思维，那就离"执政骨干"的要求太远了。领导队伍素质不行，一切都是空话。要整顿国有企业领导干部队伍，用实际工作成效考核选用干部，把真正有觉悟、能担当、懂经营、敢作为的人才用到领导位置上，拿出让人民群众看得见的成果。

　　四是树立正确导向，加强和改进正面宣传。要客观评价目前我国国有企业的经营效率，加大正面宣传力度。应该多宣传国有企业在困境中自觉担当、主动调整、改革增效、发展壮大的事例，让人民群众在国有企业身上看到希望和力量。从各级党委、政府有关部门、官方媒体和研究机构，到国有企业自身，要理直气壮地为国企正名、撑腰，为发展壮大国有经济说话。要注重用事实说话，按照党和人民的期盼，重点调研和突出宣传一批我国国有企业改革发展的正面典型和优秀企业领导人，让老百姓认识和了解中国国有企业的先进榜样。要注意运用新媒体平台，创新传播形式和技术手段，拿出一批群众喜闻乐见、有感染力说服力的宣传成果，以扩大国有企业的传播影响力。

《红旗文稿》2017年第6期

# 只有建立中国特色的现代企业制度才大有可为

张瑞敏[*]

近年来,海尔集团在始终坚持党的领导、充分发挥集体所有制优势的同时,顺应互联网时代的潮流,秉承锐意进取的企业文化,在工作中不断求新求变,积极探索适应互联网时代具有中国特色的企业管理模式,通过深化制造业与互联网的深度融合,不断提高海尔这一民族品牌在全球家电市场的核心竞争力,有力地促进了海尔集团跨越式发展。

## 一、党的领导始终是保证企业长久发展的根本原则

习近平总书记指出,坚持党的领导、加强党的建设,是我国国有企业的光荣传统,是国有企业的"根"和"魂",也是我国国有企业的独特优势。坚持党对国有企业的领导是重大政治原则,必须一以贯之;建立现代企业制度

---

[*] 作者:海尔集团党委书记、董事局主席、首席执行官。

是国有企业改革的方向，也必须一以贯之。这充分说明：在中国，国有企业离开党的领导就不是国有企业。同样，作为公有制形式之一的集体所有制企业，离开党的领导也就不是集体所有制企业。海尔集团作为中国最大的集体所有制企业，在坚持党的领导这一重大政治原则上始终毫不动摇，一以贯之。

**1. 坚持党建工作和业务工作统一部署、统一落实、统一考核。**现在一些地方和部门的党建工作存在两种现象。一是党建工作难以真正与具体业务工作相辅相成，二者有的时候不合拍，存在相脱离的"两张皮"现象。比如，有的企业党的建设工作脱离企业发展的实际，对企业发展缺乏指导作用；有的企业基本上忽视党的领导，认为坚持党的领导和加强党建工作无法解决企业在市场中遇到的问题，出现党建工作被虚化的现象。二是一些地方党组织在推动工作发展上不能发挥作用，甚至被弱化成一种俱乐部的形式。特别是在部分农村地区的基层党组织，大家坐在一起开党员会，跟茶话会一样，党组织没有发挥推动农民增收和农村发展的应有的领导作用。出现这两种现象就在于，当前党的领导对具体业务工作是不是还能够起到领导作用？如果能，又该采取什么有效形式发挥党的领导作用？在这个问题上，海尔集团党委的认识一直是清楚的、坚定的：只谈业务工作而不抓党建工作，很可能就会迷失方向；不结合业务工作抓党建工作，肯定是走形式，最终也会影响业务工作。只有将党建工作和业务工作很好地结合起来，党建工作才真正管用，才能切实贯彻党对企业的领导。

海尔集团党委坚持党对企业的领导，不只是停留在开会或口头上，而是最终落实在做强做优做大企业上，落实在加强改进党支部建设上。多年来，海尔集团根据自身管理模式的不断变革，也在不断地调整党支部建设的方式，把党建工作融入业务工作之中，实现了党建和业务的有机结合。其中最重要的经验就是，实行支部建在"小微"（海尔的基本名词和组织单元，类似于自主经营体）上，各个党支部就是各个"小微"，实行党政合一，并且规定一把手必须由党员担任，这样就保证了党支部的战斗力也就是各个"小微"所形成的市场综合竞争力。而在如何解决个别党支部党员人数不够建制的问题上，组织部门过去的做法可能是调几个人过去以符合建制标准，现在是以用户为中心，从市场节点出发，建立新的党组织网络，以端对端、同一目标、倒逼体系的创业"小微"为落脚点，组建新的党支部，实现无空白、全覆盖，从而保障党的路线方针政策落实在终端，保证集团战略落地在终端。在"小微"内，我们也要求党员要在具体工作中，充分发挥先锋模范作用，不能让党员落在普通群众的后面。当然，虽然党组织和行政组织表面上看完全一致起来了，但实际上党组织的任务和行政组织的任务还是不一样的。它们之间的关系就像纲和目的关系，而党的领导始终是保证企业长久发展的根本原则。

2. 坚持发扬党的建设的优良传统，创新工作方式方法。毛泽东在三湾改编时提出了"支部建在连上"。实践证明，红军历经艰难险阻而不溃散，"支部建在连上"是很重要的保障因素。为什么呢？红军之所以成功，有内外两方面的原因，外部体现的是人民子弟兵和群众的鱼水关系；内部有一个很重要的武器是批评和自我批评。而共产党以外的部队只知道打仗，至于打仗的目的、为谁打仗却不知道，只要给钱就行，更不要说想着老百姓和自我批评了，这样的部队怎么可能有战斗力并最终取得胜利呢？与军队建设把支部建在连上一样，新中国成立以后，我国工业体系发展很快，也正是因为我们党的领导已经深入到了企业的最基层，从而保证了我们党关于我国工业体系建设的决策部署能够落到实处。

党在组织建设上打造的这种以人民为中心和自我批评的精神是一种非常优良的文化，也是我们党发展壮大的一种文化基因。海尔集团党委根据互联网时代新变革，强调把支部建在"小微"上，就是要借鉴和利用党的基层组织，打造海尔的精神和作风。对外，永远以用户为中心，用户永远是对的，这就体现出海尔的精神和文化。在内部，我们永远自以为非，寻找自己的问题和差距，永远挑战自我。

在检验党支部工作成效上，革命战争年代就是用战斗来检验、在战场上来检验，就是看这支队伍能不能打胜仗。如果一支队伍到了打仗的时候永远是一打就垮，一打就撤退，那么它的番号就得撤掉。今天的市场，就像战争年代连队面对的战场。在战场上，部队自主灵活地去进行战斗，党支部就起了重要作用，不仅要执行上级命令，还会根据战场上的情况自主作出决策。海尔集团的每个"小微"就是一个党支部，"小微"在市场上的竞争力就是检验这个党支部有没有战斗力的标准。

3. 坚持党的使命和个人使命的有机结合。当年毛泽东之所以能够领导中国革命取得胜利，一个最重要的原因就是，把党的使命和个人的使命有机结合起来。支部建在连上，要把党的决策部署有效贯彻下去，其关键就是把党的使命和个人的使命结合在一起。革命战争年代，人民子弟兵来自劳苦大众，也是为着解放劳苦大众的。打土豪分田地，不仅是党的性质决定的，同样也是战士革命的目标。这样就把党的使命和个人使命有机结合起来了。

海尔集团党委把支部建在"小微"上，既通过党的基层组织把员工组织起来，又使他们活跃起来，这就将党的使命和个人使命有机结合起来。企业要想长足发展，在市场竞争中占据有利地位，最重要的是要有激励机制。在海尔集团，驱动力主要就是薪酬。一般的企业是企业定薪，海尔集团是用户付薪，能够创造用户价值就可以获得更多收益，创造不了价值就是没有收益。如果3个月都没有收益，就必须离开必须解散。这是海尔集团创造的一种激励机制。在这种激励机制下，员工希望有更多的收入，就要真正实现自身价值。

对个人而言，海尔集团是施展个人才华、实现个人价值的舞台，这个舞台越宽广，环境越宽松，个人的价值体现就越充分；对企业而言，海尔集团的发展源于每个员工的劳动和创造，员工实现自我价值的过程，就是企业蓬勃发展的过程，二者相辅相成、相互推动、共同发展。1945年，毛泽东在回答黄炎培提出的关于历史周期率的问题时说：只有让人民来监督政府，政府才不敢松懈；只有人民起来负责，才不会人亡政息。海尔集团作为集体所有制企业，最重要的就是让每一个员工的利益真正地得到体现，让每个员工都负起责来，这样才能真正实现企业与员工的互利双赢。

在企业过去实行科层制的时候，一车间党支部、二车间党支部和财务党支部分得很清楚。现在打破科层制成立"小微"之后，变动非常频繁，人员经常变化。但是万变不离其宗，就是要创造市场用户的价值。我们把支部建在经营体上，就使党支部的任务与自组织的任务达成一致，并与创造用户价值联系在一起。党支部的理念是"只要党员走在前，市场创客无困难"，"只要支部有力量，党员群众有市场"。在每一个市场节点中，要求每个党员在创客上发挥带头作用，争做党员先锋。新建的党支部，涌现出了一批带头创出市场第一竞争力业绩的先进典型，成为员工的先锋岗和党员先锋岗。这样就既把员工组织起来，又使他们充分活跃起来。每个人在精神上非常充分地发挥自我的想象，在实践中充分发挥自我的才能，在给企业创造价值的同时，充分体现自我的价值。

总之，海尔集团始终坚持党的领导，十分重视党建工作，把党建工作作为推进业务工作的切入点，以持续打造"海尔蓝中党旗红"党建品牌为动力，不断提高竞争力，有力促进了集团发展。集团党委曾荣获"全国先进基层党组织"荣誉称号，海尔党建品牌"海尔蓝中党旗红"被命名为青岛市十大党建品牌之一，真正实现了党建工作与业务工作的同向发力、同频共振、共同发展。

## 二、不断探索适应互联网时代具有中国特色的企业管理模式

1. *互联网将颠覆传统商业模式*。传统的企业管理模式主要是层级结构的官僚制，这是最早由古典管理的先驱、被称为"组织管理理论之父"的马

克斯·韦伯提出的。这种模式是一层一层的"金字塔"型，最普通的员工在最下面，然后往上是基层管理人员、中级管理人员、高级管理人员，一直到最高领导者。这个管理结构在传统工业经济时代非常有效，因为它可以使企业从上到下的组织非常严密，而且指令传达下来以后，最底层可以马上贯彻执行。与此类似的，还有泰勒的科学管理模式，这种管理模式就是流水线作业，在今天许多地方和企业仍然在使用。此外，则是法国的法约尔所发明的职能管理模式，即企业内部一定要有很多职能部门，如财务部门等。

然而，正如美国管理学大师德鲁克所说，互联网消除距离，这是最大影响。面对今天这样一个信息化和互联网时代，传统的企业管理模式面临着巨大挑战，因为今天的用户需求是个性化的，在这种情况下，底层人员知道用户要什么，但要一层一层汇报上去，上面作了决策后再通过一层一层传达下来，这就完全和市场割裂了。为了解决这一问题，就必须把最大的权力授予一线员工，因为只有他们知道用户需求，并可以马上创造用户需求，至于其他的管理者则应该变成资源提供者。这种变化就决定了我们必须改变原来的组织架构，至少要去两化：去中心化和去中介化。去中心就是要把传统的以领导当作中心的组织架构变成以每个员工为中心，使每个人都成为中心，使每个人掌握的市场资源实现充分共享。去中介化就是要消灭所谓的中层，变成让员工和用户零距离接触。这种发展趋势最终可能会扬弃传统的组织管理结构。

**2. 探索"人单合一"模式。** 2000年达沃斯论坛（世界经济论坛）的会议主题就是"让我们战胜满足感"。会议探讨了以网络技术为基础的"新经济"的发展前景，互联网时代要来了，经典管理模式在新时代不一定适用了，不能沉浸在昨天的成功中，必须探索新的管理模式。后来，海尔提出，不触网便死亡，要求海尔集团的员工和业务必须上网。

2005年，海尔集团提出要实行"人单合一"的模式。人即是员工，单并不是狭义的订单，而是指用户价值，就是要把员工和用户价值连到一起。"人单合一"就是要让员工直接成为创业者，员工直接变成一个公司，实现员工与用户的零距离。正如德鲁克所言，每个企业必须要回答几个问题，第一个问题是你的客户是谁，第二个问题是你为客户创造的价值是什么，第三个问题是你给用户创造价值之后你的价值是什么。这些问题对企业来说可能都非常难回答，但是，我们现在要求每一个员工都来回答这些问题，就是要把每个员工都变成一个小公司。现在海尔集团8万人已经化成2000多个"小微"，这些"小微"将来要变为一个个小公司来运作，每个小单位、每个人都主动地去创造市场业绩，主动去创造价值。

"人单合一"模式可以概括为"三化"，即"企业平台化、员工创客化、用户个性化"。这"三化"可以说是对传统管理模式的颠覆。

一是对企业的颠覆，也就是企业从传统的金字塔型的科层制组织颠覆成平台化组织。

二是对顾客概念的颠覆，就是从顾客到用户，满足用户的个性化需求，用户个性化则颠覆了产销分离制。

三是对员工的颠覆，从原来的雇佣者和执行者转变成创业者和合伙人。

海尔集团的目标就是要通过"三化"把海尔集团从传统企业颠覆成互联网企业。颠覆成网络化后，海尔集团没有中层管理者了，只有三类人：一类人叫作平台主，平台主不是领导，是看平台上有多少创业公司，创业公司成功、成长与否，能冒出多少新的跨界创业公司。平台主的作用就是：提供最合适的土壤、水分、养料。一类人是小微主，也就是小型创业公司，看能不能够自主找寻机会创业。还有一类人就是创客。"所有的员工都应该是创客。"企业就从原来制造产品的加速器，变成孵化创客的加速器，不管资源在企业内，还是在企业外，都可以结合在一起，大家可以共同创造价值，共同分享。这样企业就打造成了一种网状结构，所谓网状结构就是内部没有层级结构了，上下级的关系变成一个契约关系，员工原来是听领导的，现在员工听用户的，领导听员工的。内部员工之间没有层级了，变成一张大网，这张网是动态的，是和用户个性化需求结合到一块的，然后这张网来发挥更大的感知、满足用户需求的作用。

3. 互联网时代有助于企业"换道超车"。现在媒体上经常喊的一个口号叫作"弯道超车"，但对这个口号，我并不赞成。我认为弯道不可能超车，原因有二：一是弯道上的行车规则是人家定的，不是你定的，你是跟着人家后面走的。二是由于在弯道上人家已经跑在前面，弯道要超车人家减速你也要减速，不可能人家减速你不减速，怎么可能超过去？所以我认为，"弯道超车"没有什么道理，所以我们换一个字，叫作"换道超车"。如果把原来的弯道比作传统经济，那么我们现在的道路就是互联网经济，我们为什么不能换到互联网的道上呢？如果我们换上互联网的道，其他人肯定也要换，我们先换，我们就真的可以超过走在传统经济道路上的企业。

到底什么样的企业才是互联网企业？很多互联网时代的企业只不过利用了互联网技术，其实不能算互联网企业。我认为，互联网企业应该是一个生态系统。怎样打造这样的生态系统？最重要的就是要建立并联生态圈和用户圈相融合的体系。企业内部原来是串联流程的，即先市场调研，调研完研发，研发完给制造，制造完给销售。而现在就是要变成并联流程，把研发的、制造的、销售的变成一个团队。现在海尔所探索的"人单合一"模式就是要把海尔真正打造成一个能够适应互联网时代的企业。

工业革命以来，企业管理模式经历了两次划时代的变革。第一次就是福特制，福特的概念就是把科层制变成流水线，变成了高效率。而高效率直接带给社会的成绩就是让普通家庭可以买得起汽车。当时的汽车可能卖 8000 美元一辆，后来变成 4000 美元一辆，但福特说用流水线可以降到 500 美元以下，它一开始降到 800 美元，后来降到 500 美元，最低时售价变成 300 多美元。这样普通人群也就可以买得起汽车了。第二个就是丰田制，丰田的精益管理带来的就是让老百姓得到更好的享受，以及更高的性价比。这是美国车做不到的，美国车的质量没有那么好，没有那么精细。但是这两种模式在互联网时代都面临着巨大的挑战，必须要探索一种全新的企业管理模式，才能在互联网时代立于不败之地。

## 三、深化制造业与互联网的融合是制造业转型升级的发展方向

当前，社会上有一种声音认为，中国制造业没有什么前途了，要搞就搞网络、金融等领域，这样来钱快。其实，这是一种错误认识。当然，如果还是秉持传统的思维、按照传统的思路，一味追求规模经济，只是想着把企业做大做强，那么这种方式在互联网时代很可能没有多大的前途。然而，如果制造业能够真正实现互联网经济，把卖产品转变成卖产品与卖服务的统一，从规模经济转向体验经济，那么制造业就会是前途无限的。因为，任何时代制造业都是国家经济的支柱，所以关键是如何做的问题。制造业从大的方面来说就必须互联网化，企业必须变成互联网上的一个节点，就像一台电脑一样，如果这台电脑上网，就可以无所不能，这台电脑如果不上网，就是孤立的，要成为系统就是不可能的。企业也和电脑一样，必须连上网络，深化产品与互联网的融合程度。

体验经济和传统经济最大的不同是：传统经济是以我为中心，体验经济必须是一个平台，企业和用户在一个平台上，从原来分销制变成产销合一。传统时代的研发和制造是徒步式的，直线思维，从一个台阶落下来，再落到下一个台阶上，逐步落到底以后不可能再回来，就像企业研发完了以后制造，制造完了就销售。过去很多企业学日本，日本推出新产品要花费两年时间，但是推出的产品绝对是尽善尽美无懈可击。而现在要求产品只要有一代的需求，就推出去，根据这个需求可以再改进，这就是迭代。企业在和用户交互中不断迭代，这和过去是完全不同的。在传统时代要么你是品牌企业，要么

你是品牌企业的代工企业。而在互联网时代，则要么拥有平台，要么被平台拥有。所以重要的是转变观念，建立体验经济的一个平台。

当前，党中央提出了供给侧结构性改革。2016年12月召开的中央经济工作会议指出，供给侧结构性改革，最终目的是满足需求，主攻方向是提高供给质量，根本途径是深化改革。我认为，这里提出的最终目的是满足需求，就是要深入研究市场的变化，理解现实需求和潜在需求，在解放和发展社会生产力中更好满足人民日益增长的物质文化需要。主攻方向是提高供给质量，就是要减少无效供给、扩大有效供给，着力提升整个供给体系质量，提高供给结构对需求结构的适应性。作为企业而言，同样也要实行供给侧结构性改革，即提高所供应的产品能够适应需求结构的变化，互联网时代也就是要实现供给和需求变成一个整体，而不是切开。可以说，中央所提出的供给侧结构性改革给制造业的发展提供了良好的环境。

例如，海尔现在钢板一年用量很大，包括国外都是统一的，现在用量一半以上是宝钢。为什么用宝钢？因为宝钢给海尔派来了一个研发小组，对海尔产品的所有的工序进行研究，提出降低成本的办法。如把钢板套材合并同类项就不用使用那么多规格的钢板了，一下子给企业节省了很多成本。再比如热水器生产，原来热水器是由3部分焊接起来的，焊接就会造成漏水，研发小组建议干脆把3部分变成两部分，两边方便可以用一个拉伸钢板，一下子就解决问题了。这就叫作真正的供给侧结构性改革。就是不仅在供给钢板，最重要的是提供服务。宝钢是海尔集团的供应商，海尔是它的需求方，这个供应和需求连在一起，海尔出的产品又成了用户供应商。再如海尔生产的烤箱，烤箱原来并不是高附加值的，现在重点围绕为烤圈用户做服务工作，即如何让烤箱烤制的食品为用户服务。目前能够完成最难烤食品、价格也最高的是法国的马卡龙，用它烤制的点心，最难烤而且卖得也非常贵。现在海尔的研发人员设计了一个程序，海尔生产的烤箱也可以烤出来。用户使用后觉得挺好，这个烤圈就越来越大。满足了用户需求之后，食材供应，如鸡蛋等食材的用量都上来了。然后广告商也来了。当然这里头有很重要一个方面，就是说这是个开放的体系，不仅包括所有的供应商，还包括所有的用户，形成了一个生态系统。所以过去对企业有一句话就叫作带围墙的花园，今后企业一定应该是一个生态系统，只有形成生态系统才可能真正的生生不息。总之，我觉得制造业将来必须变成是服务的、开放的、一种网络性的组织，而不是现在这样的等级性的企业模式。

## 四、小结

企业的发展永远是人的观念所决定的。海尔集团30多年的管理经验可以归结为企业即人，管理即借力。企业靠的是人的创造力；能够借来多大资源就有多大力量。企业应该包括两部分人，即内部员工和外部用户。内部员工能够创造价值，外部用户则认同你创造的价值，这个价值就能够变现。这两部分合起来就是"人单合一"。这是一种与美国的管理理念和模式根本不同的理念。美国企业的价值观就是股东第一。然而，股东只会分享财富，不会创造财富。股东关心每年年终分红、股票价格怎么涨等问题，至于企业怎么样创造财富他不管。创造财富的是谁？是员工。员工创造财富靠什么？靠创造用户价值。如果员工能够创造用户价值，其实股东也得到了他应该得到的价值。如果没有这一条，股东的分红也不会真正地得到实现。所以企业真正应该秉持的是员工第一。对于中国的企业来说，当然要学习西方一些先进的管理模式和理念，但是不要被他所禁锢和束缚，西方的管理模式并不是标准，而是要根据中国自身的行业特点和时代发展趋势，探索适合自身的企业管理模式。

《红旗文稿》2017年第4期

# 坚决加强和完善党对国有企业的领导

卢 江[*]

在全国国有企业党的建设工作会议上,习近平总书记强调,要通过加强和完善党对国有企业的领导、加强和改进国有企业党的建设,使其达到适应我国社会经济发展新常态和未来发展战略需要。党对国有企业的领导要坚持"有利于国有资产保值增值、有利于提高国有经济竞争力、有利于放大国有资本功能"三大方针。习近平总书记的重要讲话深刻回答了为什么要坚持党对国有企业的领导,以及如何坚持党对国有企业的领导等一系列事关国有企业改革发展的重大问题,具有很强的战略性、思想性、针对性。

## 加强党对国有企业的领导必须纠正各种错误观点

目前,围绕加强党对国有企业的领导有不少片面认知,并在各种因素交织情况下演化成一些错误认识,对坚持和维护党对国有企业的领导产生严重负面作用,必须予以批判和抵制。这些错误观点主要包括以下几种。

---

[*] 作者单位:浙江大学马克思主义学院。

第一种是不可调和论。这种观点认为加强党对国有企业的领导与企业自主决策是一对不可调和的矛盾，将加强党对国有企业的领导视为专权独断，天然没有民主性可言，事实上，党对国有企业的领导有利于民主集中制的贯彻落实，任何性质的企业在其发展过程中都是在民主和集中之间的权衡，自主决策亦需要有一定程度的权力集中。从根本上来看，加强党的领导是保证国有企业决策透明、公开的必要之举。

第二种是腐败低效论。这种观点以在市场化浪潮之下因对国有企业权力监管不足而产生的腐败为依据，认为加强党对国有企业的领导必然会进一步导致权力寻租的产生，从而出现腐败；另外，这种错误认识将党对国有企业的领导等同于国有企业的垄断性，并以西方经济学的市场结构理论为评判标准，认为垄断必然低效率。该错误观点将事物的现象等同于事物的本质，用主观反映论代替客观规律，当然不可能准确把握事物的发展。

第三种是利润侵占论。这种观点认为国有企业生产资料全民所有，其创造的利润应该为全民所分享，加强党对国有企业的领导必然会导致利润更加集中上缴，广大劳动人民利益受损。这种错误认识认为应该将国有企业的利润直接以分红并在每期支付给全体人民，是典型的机械认识论。加强党对国有企业的领导有利于国有企业利润分配实现形式的探索和实施，比如既有初次分配，也包括二次分配；既有直接收入，也有间接补偿等。

## 党对国有企业的领导完全具有合法性

中国共产党的根本宗旨是为人民服务，它除了工人阶级和最广大人民群众的利益，没有自己特殊的利益；社会主义公有制经济强调人民的主体性，即一切依靠人民、一切为了人民。从根本目标来看，中国共产党和社会主义公有制经济是一致的。而国有企业又是我国公有制经济最主要的实现形式，这就决定了国有企业是中国特色社会主义的重要物质基础和政治基础，也是我们党执政兴国的重要支柱和依靠力量。

国有企业的多重属性决定了必须加强党对国有企业的领导。从经济属性上来看，作为微观经济主体，国有企业要以实现利润为重要任务，因此在企业生产和经营上要保持相对独立的决策权，但是，市场固有的盲目性、自发性和滞后性的缺陷也会影响企业追求市场利润的目的，国有企业亦不例外，而通过强化党的领导和指导作用则有助于弥补微观决策的失灵。而且，作为宏观调控载体，国有企业是国家经济主权安全的重大保障，反映了公有制经济对社会主义制度的根本作用，只有不断加强党对国有企业的领导，才能实现国有企业与社会主义制度内在逻辑的自洽。除了经济属性外，国有企业还同时兼具政治、社会和文化等属性。在政治属性上，加强党的领导，有利于把控国有企业发展的政治方向，从而在经济结构上保证社会主义公有制经济的主体地位，此外，还能够保证以国有企业为重要组成的社会主义公有制经济能够在较短的时间内迅速整合社会资源，集中力量办大事。在社会属性上，国有企业担负的社会责任十分重大，包括对生态环境的保护、企业员工的权利保护和价值实现、社会反馈和贡献等。在文化属性上，国有企业不仅能有效产生和宣扬积极向上的企业内部文化，还可以在整个社会上弘扬正气、发挥正能量作用，从而践行社会主义核心价值观，实现文化自信。

党的执政规律和自身建设规律要求必须加强党对国有企业的领导。经济基础决定上层建筑。党的执政和自身建设依赖于经济发展的效果，党的执政能力和自身建设效果如何，关键是看民心向背。做强做优做大国有企业符合全体人民的根本利益。中国共产党是以马克思主义作为指导思想和为了实现共产主义而奋斗的政党，在当前的历史阶段，我们走中国特色社会主义道路、实行中国特色社会主义制度正是为了最大限度地解放和发展社会生产力，实现社会主义和市场经济的有机结合，这就必然要求在充分发挥市场活力的同时，让市场的价值规律在合宜的空间内发挥作用，这就需要让国有企业在涉及国家经济安全和国家经济命脉的领域具有绝对的主导作用。《共产主义原理》指出，共产党人取得政权后不能一下子就把私有制废除，"只能逐步改造现今社会，只有创造了所必需的大量生产资料之后，才能废除私有制"；[1] 在新的社会制度中，"为了共同的利益、按照共同的计划、在社会全体成员的参加下来经营"，[2] 因此，中国共产党的宗旨和性质也决定了需要加强党对国有企业的领导。

中国特色社会主义的内在要求决定了必须加强党对国有企业的领导。公平正义是中国特色社会主义的内在要求。党的十八大报告强调，"必须坚持维护社会公平正义"，这是我国社会主义道路建设的基本价值取向，也是实现中华民族伟大复兴的基本要求。生产资料所有制对维护社会公平正义具有决定性作用。作为社会主义公有制重要实现形式的国有企业，其收益归全民所有，在初次分配中能够较好地贯彻按劳分配制度，在二次分配中能够增加转移支付，从而成为有效遏制社会两极分化的重要力量，保证了其在维护社会公平正义上具有天然的优势。这种优势要真正落实到实践中，必须有党的坚强领导作保证，否则国有企业有利于社会公正的内在属性便会难以实现，成为无源之水、无本之木。

## 加强党对国有企业的领导关键要演好"二重协奏曲"

如何加强党对国有企业的领导？关键要在具体实践上演好"二重协奏曲"，一是要做强做优做大国有企业，二是要在国有企业内落实全面从严

---

[1] 《马克思恩格斯选集》第 1 卷，北京：人民出版社 2012 年版，第 304 页。
[2] 《马克思恩格斯选集》第 1 卷，北京：人民出版社 2012 年版，第 302 页。

治党。

**1. 做强做优做大国有企业**。习近平总书记多次强调，必须理直气壮做强做优做大国有企业。这表明既要建设好中国特色现代国有企业制度，同时又要全面提升国有企业经济质量。

一是关于建设好中国特色现代国有企业制度，必须要弄清楚两个重大问题，即党的领导为什么能与现代企业制度相融，以及党组织为什么能内嵌到公司治理结构中去。针对第一个问题，在1999年9月22日党的十五届四中全会审议通过的《中共中央关于国有企业改革和发展若干重大问题的决定》就曾强调，加强和改善党的领导，是加快国有企业改革和发展的根本保证，必须建立符合市场经济规律和我国国情的国有企业领导体制与组织管理制度，加强企业领导班子建设，发挥企业党组织的政治核心作用。可以说，从中央对国有企业进行全方位的改革初始，就强调要注重党的领导而不是不要党的领导，党的领导已经融入国有企业制度的各方面；也正是在党的领导和推动下，我国才建立了能够适应社会主义市场经济发展、以产权清晰、权责明确、政企分开、管理科学为主要特征的国有企业，并取得了举世瞩目的成绩。正是把发挥党的政治优势同运用市场机制结合起来了，国有企业改革和发展任务才能够稳步推进。

针对第二个问题，需要了解公司治理结构的基本形式和功能。现代企业制度的公司治理结构一般是以所有权与经营权的分离为根本特征，主要由股东大会、董事会、经理层为主要构成代表。在我国，一个重要的特点就是党管人才，体现在国有企业上就是党组织在国有企业管理者的选拔、考核、管理、赏罚之中都起着领导性的作用；同时，党的纪律检查机构对企业的职权监督和财务状况也能够起着重要的作用；而党组织的民主集中制原则和董事会、股东大会的民主决策也是相符的。因此，总体上看，党组织与公司治理结构的功能和原则并不冲突，在重大问题上可以达成一致性，因此党组织能够内嵌到公司治理结构中。

二是提升国有企业经济质量首先是要增强国有企业经济活力，关键要不断提高自主创新能力，同时结合世界经济发展态势，在行业选择、商品生产规模、商品定价等问题上做好长远规划，以市场需要为导向。另外还要探索企业管理新模式，充分调动企业员工的积极性。在计划经济年代，得益于党对国有企业的领导，中国制造出了"两弹一星"，并在集成电路电子计算机、水利工程、医药等领域取得了一批居于世界先进水平的科技成果。时至今日，得益于党的领导，我国国有企业在航天航空、基础设施、航母建设等又赢得了世界的掌声和尊重。毫不夸张地说，中国大型工程成就应归功于国有企业，它们在增强经济活力方面无可替代。其次是提升国有企业经济质量要增强国有企业抵御经济风险能力，包括内部经济风险和外部经济风险。特别是随着我国参与世界分工程度的加深，以制度性危机为主的外部经济风险越来越容易传导到国内，党对国有企业的领导则是国有企业抵御经济风险的强心剂。

**2. 国有企业的改革和发展必须坚持全面从严治党。**落实全面从严治党任务，在国有企业尤为紧迫。从中央专项巡视中管国有重要骨干企业发现的问题来看，有的企业党组织贯彻党的路线方针政策态度不坚决、执行不到位；违背党的组织原则，用人不守纪律、不讲规矩，"党管干部"变成"一把手"管干部，搞"一言堂""家天下"，许多企业权力寻租、以权谋私问题严重，亲属子女围着企业转，靠山吃山、损公肥私；还有的则以改革为名，打着建立现代企业制度的旗号，贱卖贵买，大肆侵吞国有资产。更为严重的是一些管理人员利用掌握的国有资源，搞利益输送，围猎领导干部。而出现这些问题的根本原因在于，企业党组织主体责任缺失，管党治党不力，领导干部忘记了自己管理的是党领导下的国有企业，党的观念淡漠、组织涣散、纪律松弛。国有企业中的这些现象严重损害了党在人民群众中的形象，如果不做好国有企业党的建设工作，那么国有企业的改革发展也将失去正确的方向，从而使公有制的主体地位受到侵蚀。

坚持全面从严治党、加强党对国有企业的领导绝对不是要独揽权力，相反，是要从真正意义上实行民主管理。我国曾经在国有企业管理模式上创造了"鞍钢宪法"管理模式，并取得了重大成就。但随着国有企业数量的下降和宣传力度的不够，鞍钢宪法的经验或是被淡化或是被刻意抵制。当前，我们应该充分借鉴历史经验，探索出符合我国国有企业发展实际的现代管理制度，将党对国有企业的领导真正落到实处。

*《红旗文稿》2017 年第 5 期*

# 辩证认识国有企业的制度功能、社会功能和经济功能

王 鸿[*]

社会主义国家的国有企业与资本主义国家的国有企业的根本不同在于，其不仅是社会主义制度的重要物质载体，而且是实现社会主义优越性的重要手段，也是社会主义国家发展经济的最重要的依靠力量。在我国统筹推进"五位一体"总体布局和协调推进"四个全面"战略布局的过程中，国有企业更是厚植中国特色社会主义制度优势，践行五大发展理念，推进国家现代化，保障和提高人民福祉的重要支柱和保障。因此，深化国有企业改革应当以马克思主义的立场、观点和方法，辨清国有企业的制度功能、社会功能和经济功能，充分发挥各种功能的聚合优势，做强做优做大国有企业，不忘初心，永葆初心，再塑国有企业的辉煌。

---

[*] 作者单位：审计署科研所。

## 一、从制度功能看，国有企业是社会主义制度的重要物质载体

从马克思主义政治经济学视角分析，人类的生产和生活活动，究其实质是资源的占有和利用过程，资源由谁占有，以什么样的方式占有，决定了谁在资源的使用中获取利益，从而决定了人在社会中的阶层和阶级属性。"在不同的财产形式上，在社会生存条件上，耸立着由各种不同的、表现独特的情感、幻想、思想方式和人生观构成的整个上层建筑"[①]。因此，区别社会主义制度与资本主义制度最根本的因素就是生产资料的占有方式，无论社会主义处在何种发展阶段，生产资料公有制都是最基本的核心要素特征。

生产资料占有不是目的，而是要通过占有实现生产和生活的目的，要通过一定的形式载体动态反映和实现占有的最终目标。国有企业是生产资料社会主义公有制的物质载体和主要且重要的实现形式，是生产资料社会主义公有制表象与实质的统一体。我国宪法明确规定社会主义制度是中华人民共和国的根本制度，社会主义经济制度的基础是生产资料公有制。因此，国有企业的存在，是我国社会主义制度本质的内在反映和必然选择。

党的十八届三中全会指出："公有制为主体，多种所有制经济共同发展的基本经济制度，是中国特色社会主义制度的重要支柱，也是社会主义市场经济体制的根基。"公有制为主体表明，一是国有企业的量上要占优势，这种量既反映在国有企业单位数量上的多数，也反映在国有企业资产价值量上的多数；二是国有企业质上的主动，这种质既表现在国民经济中的支柱、主体、主导作用，也表现在竞争领域与其他所有制企业的平等竞争及社会的引领作

---

[①]《马克思恩格斯选集》第 1 卷，北京：人民出版社 2012 年版，第 695 页。

用。深化国有企业改革，应当辩证认识国有企业量和质的统一性，量和质的变化应在作为度的社会主义制度范围内。

## 二、从社会功能看，国有企业是实现社会主义制度优越性的重要手段

破解资源分配利用与人类需求多样性之间的矛盾问题，归根结底是能否有效解决公平公正性问题。生产资料占有方式的不同，解决问题的方式也不同。私有制决定了生产资料占有者与非占有者之间存在着内生的天然不平等，决定了资本主义社会是不可能从根本上有效解决资源利用分配的公平公正性问题。与之不同的是，生产资料公有制是在倡导整体利益最大化的前提下，尊重个体利益，满足个体利益，张扬集体法权与个人法权结合下的普遍公平。只有在生产资料最初占有处于相对平等的条件下，资源的利用分配才具有实质上公平公正的意义，只有在真实的集体条件下，各个个人在自己的联合中并通过这种联合获得自由，才能真正实现人的自由全面发展。

作为公有制最主要实现形式的国有企业，其在我国的存在和发展：一是表明中国共产党的执政之基是社会主义公有制，中国共产党的执政理念是全心全意为人民服务，始终以人民利益为重，这也就保证了中国共产党不会受制于资本利益集团，保证党制定的方针政策能够真正代表人民，有利于人民。二是为实现人人享有平等劳动权和发展权，为人的个体发展提供了广阔的舞台，让全体人民共享劳动成果。三是从事生产经营的根本目的是，为了满足广大人民的物质和文化生活需求，提高人民的福祉。

国有企业所承担的社会功能是社会主义制度的必然要求，其不仅表现为现代市场经济条件下任何一个企业作为社会主体应具有的一定社会责任，而

且表现为不同于私有制企业的先进性，更能够彰显社会主义制度的优越性，最大限度地满足人的劳动需求和发展需求，实现共同富裕。

## 三、从经济功能看，国有企业是实现我国经济发展的最重要的依靠力量

当前，社会主义国家仍然需要全面提高和发展生产力，仍然需要遵循基本经济规律进行生产经营活动，实现国家物质财富的积聚和积累，满足人的生存和发展需求。物质生产仍然是社会活动的基础，企业仍然是社会生产的基本单位。

生产资料公有制决定了国有企业是社会主义国家发展经济、进行物质生产活动应采取的基本方式。追溯中国革命和建设历程，正是依靠国有企业，中国完成了新民主主义向社会主义的转变，建立了庞大的工业体系，积累了雄厚的工业基础。国有企业过去是、现在是、未来仍然是壮大国家经济实力的主要的依靠力量。

国有企业的经济功能表明：一是国有企业应具有企业的基本属性——营利性。国有企业与其他类型的企业一样，其首先是一个经济和法律意义上的商品生产经营组织，具有相应的法律权利和经济属性。国有企业是生产资料公有制下从事商品生产和经营活动的基本单位。深化国有企业改革，应解决好国有企业如何适应市场经济规律，从而与其他类型企业在市场中公平竞争的问题，通过优胜劣汰，壮大强盛国有企业，而不是行政命令干预进退。

二是国有企业是国家经济发展的主力军。国有企业在关系国家安全、国民经济命脉和重要国计民生领域占据主导地位，不仅仅是市场经济条件下国家实施宏观调控的需要，更重要的是巩固社会主义制度、促进地区发展平衡、保证国家政治经济正确的发展方向、维护国家安全的必然选择。社会主义国

家国有企业的战略经济功能是制度内生使然，不像西方国家的国有企业只是制度的特殊性选择，是私有制企业作用的拾遗补阙。

三是正确认识国有企业的效率问题。理论和实践都没有充分证据说明国有企业的经济效率一定低于私有企业，任何一个企业的成长与成功都是诸多因素聚合的结果。如果只有私有制企业才能实现经济效率，能够有效解决国家和社会发展中的资源效率问题，西方国家的企业都应该是有效率的，不存在破产，也不会存在国有企业。提高国有企业经济效率，应当在认清社会主义公有制企业优势的基础上，适应和把握市场竞争的特点，建立起具有比较优势的治理结构，变革管理，创新技术产品。惟有依靠不断创新和科学管理才能保证企业长盛不衰。

总之，社会主义制度下的国有企业是制度功能、社会功能和经济功能的统一体。制度功能决定了社会功能和经济功能的主要方面，社会功能是制度功能和经济功能的重要体现，经济功能为制度功能和社会功能的实现保驾护航，偏颇和缺失任何一种功能，国有企业就失去了其本身意义。深化国有企业改革，应当以坚持和巩固制度功能为根本，发扬和做优社会功能，做大和做强经济功能。千百年来中华民族发展史证明，只有社会主义能够救中国，而坚持和发展社会主义制度，国有企业责无旁贷！

*《红旗文稿》2017年第10期*

# 中国方案开启经济全球化新阶段

何自力[*]

面对全球治理失序、逆全球化浪潮汹涌、世界经济复苏前景不确定性增强的复杂形势,中国国家主席习近平出席达沃斯世界经济论坛2017年年会并发表主旨演讲,向全世界提出了推动经济全球化的中国方案,宣示了中国坚持自由贸易和继续推动经济全球化的坚定决心和愿望,彰显了中国在全球治理中的责任、担当和领导力,为国际社会应对风险和危机,完善全球治理体系,推动世界经济走上强劲、平衡、可持续和包容性增长之路指明了方向,具有重大的理论和现实意义。

## 一、经济全球化与逆全球化

经济全球化,顾名思义,就是世界各国由于资金、技术、商品及人员的广泛流动而相互开放、相互联系、相互依赖的一体化过程。经济全球化早在地理大发现助推资本主义向海洋扩张时期就已启动,随着科学技术的进步和

---

[*] 作者:南开大学经济学院教授,天津市中国特色社会主义理论体系研究中心南开大学基地研究员。

社会生产力的发展,经济全球化得到不断发展,到 2008 年金融危机爆发前,经济全球化达到了高潮,其表现是:国际分工从垂直型分工发展到水平型分工,全球价值链得以形成,在全球范围内开展协同生产达到新的高度;世界贸易的增速远远超过了世界经济的增速,规模庞大的贸易成为推动世界经济的强大引擎;股票、基金和债券三大市场全球联网,国际金融市场的规模迅速扩大;跨国公司数量不断增多,对外直接投资规模不断扩大,生产组织、技术研发、市场营销、人员配置等经营活动实现了全球化布局。经济全球化极大地推动了世界经济的发展,增进了世界各国的经济联系,提高了资源在全球范围内进行配置的效率。

然而 2008 年全球金融危机之后,经济全球化的强劲发展势头戛然而止,随之而来的是贸易保护主义抬头,逆全球化浪潮兴起。其表现是:其一,国际贸易的规模和增速都显著萎缩。2008 年国际金融危机以来,全球贸易增速明显放缓,已经从 1990 年到 2008 年间平均增长 7%,降至 2009 年到 2015 年间平均增长 3% 的水平。跨国公司的发展和对外直接投资增速也持续放缓,至今未恢复到危机前的水平。贸易和投资增速持续呈现低迷状况,意味着经济全球化陷入停顿。其二,投资限制和贸易壁垒加大。自 2008 年全球金融危机爆发以来,发达经济体普遍陷入空前严重的经济衰退,为了实现经济复苏,一些国家纷纷采取保护主义措施。曾经风靡一时的投资自由化和贸易自由化政策被束之高阁,严格的投资限制和严密的贸易壁垒大行其道。美国、日本和欧盟背信弃义,无视中国严格遵循国际贸易规则和自觉履行义务的事实,不承认中国的市场经济地位,公然践踏国际规则。美国总统特朗普则声称要将中国视为汇率操作国,并扬言对中国输美商品征收 45% 的关税,企图挑起贸易战。为了推动投资从别国回流美国,特朗普威胁美国大公司若不将投资转回国内,就将对这些公司的输美商品征收惩罚性高额关税。凡此种种,不一而足。保护主义严重阻碍国际贸易和投资的扩大,使经济全球化面临严峻挑战。其三,区域经济一体化呈现排他性、封闭性、碎片化发展态势。区域经济一体化是经济全球化的重要组成部分和推动力量，区域经济一体化有助于推动经济全球化的发展。但是金融危机之后，由于各种复杂的政治经济社会原因，一些地区的区域经济一体化进程受到重创。如，欧盟的建立曾是区域经济一体化和经济全球化取得的标志性成果，然而英国却不顾欧盟各国以及国际社会的劝阻和反对，借助公投强硬脱离欧盟，使欧洲一体化进程和经济全球化进程遭遇重创。区域经济一体化进程的扭曲和逆转严重阻碍了经济全球化的发展。

## 二、逆全球化的成因

近年来贸易保护主义抬头，经济全球化出现逆转，这不是偶然的，而是由经济全球化的特殊性质决定的。经济全球化具有两重性，一方面，它是生产高度社会化的产物，是社会生产力发展的客观要求和科技进步的必然结果，代表了社会经济发展的方向；另一方面，它是在资本主义生产关系主导下进行的，反映了资本主义生产方式在全球范围的扩展。这种特殊性质决定了经济全球化本身就是一个由积极效应与消极效应构成的矛盾统一体，当积极效应成为矛盾的主要方面的时候，经济全球化受到人们的欢迎，其进程就会加快，当消极效应成为主要矛盾方面的时候，经济全球化就会受到一些人的指责，其进程就会发生停顿甚至逆转。目前逆全球化浪潮的出现，意味着经济全球化内部的消极效应取代积极效应成为主要矛盾方面。

1. *技术进步迟缓，缺乏具有划时代意义的技术突破*。经济全球化是生产力发展水平不断提高的产物，技术进步则是生产力发展的强大推动力。自经济全球化进程伴随地理大发现和工业革命启动以来，技术进步一直是经济全球化的强大推动力。15世纪末，世界造船技术实现重大突破，推动了地理大发现和海上贸易，拉开了经济全球化的序幕。18世纪60年代，蒸汽机技术的发明助推第一次工业革命，人类步入工业化时代，机器大工业生产体系吸纳的原材料来自世界各国，所产出的商品远销异国他乡，有力地推动了经济全球化的发展。19世纪60年代，电和内燃机的发明推动第二次工业革命的发生，社会生产力进一步发展，大规模的商品资本输出和借贷资本输出推动世界市场形成，经济全球化水平进一步提高。20世纪80年代，兴起的信息技术革命推动产业升级换代，促进经济迅速增长，推动经济全球化步入历史发展的新阶段。但是，进入21世纪以来，诸如3D打印、人工智能等新技术虽然已经出现，但是并没有像以往历次技术进步那样引发生产方式深刻而全面的变革，没有形成推动全球经济快速增长的全新供给能力，难以对经济全球化进程形成强有力的支撑，这意味着技术进步迟缓限制了经济全球化进程。

2. **收入差距和社会不平等扩大**。发达国家是经济全球化的主导者和主要获益者，理应承担起继续推动和引领经济全球化的责任，但是事实上近年来西方发达国家内部反全球化的呼声一直很高，其原因是经济全球化的真正获益者并非多数人，而是极少数私人垄断资本。发达国家私人垄断资本通过对外直接投资、对外贸易以及跨国金融交易，财富快速膨胀，富可敌国，导致国内收入差距急速扩大；私人垄断资本通过大规模对外投资获取巨额利润的同时导致产业严重空心化和大量制造业工人失业，进一步拉大收入差距；私人垄断资本在海外投资赚取巨额利润的同时采取种种手段进行避税，导致政府税源枯竭，债台高筑，调节社会矛盾的能力锐减。所有这些引起了发达国家内部大量普通民众对经济全球化的强烈不满，一些极端政治势力借此进行政治投机，利用反全球化宣传拉选票，将制造业衰败和工人失业的责任归结到别国头上，进而实施贸易保护主义政策，逆全球化浪潮兴起。

3. **发展模式缺乏包容性**。长期以来，世界经济虽然在经济全球化的推动下有了长足发展，各国都分享了经济全球化的积极成果。但是由于经济发展模式缺乏包容性，世界经济发展严重失衡。首先，发达经济体凭借资本、技术和管理等方面的强大优势在国际经济关系中占据中心地位，广大发展中国家则处于外围和依附地位，中心与外围的关系是支配与被支配、剥削与被剥削的不平等关系，严重制约了发展中国家的发展。其次，发达国家凭借高科技产业保持发展优势，而将资源耗费量大、环境污染严重的落后技术转移到发展中国家，加上发展中国家自身也缺乏保护环境的意识和技术条件，导致资源过度开发、环境污染严重、发展条件日益恶化。最后，发达国家通过直接投资控制发展中国家的经济命脉，以附加政治条件的方式向发展中国家提供贷款，使发展中国家成为发达经济体的商品倾销地和原材料输送地，导致发展中国家失去独立自主发展经济的能力，难以摆脱贫穷落后面貌。经济发展模式缺乏包容性使发达国家和发展中国家经济发展出现严重失衡，导致经济全球化出现停顿和逆转。

但是，经济全球化已经把世界各国紧密联系在一起，形成了你中有我、我中有你，相互联系、相互依存的局面。因此，必须积极打造经济全球化新动能，缩小收入差距，改革过时发展模式，健全全球治理体系，推动经济全球化健康发展，助推世界经济走上强劲、可持续、平衡、包容增长之路。

## 三、开辟经济全球化新时代

在新的历史条件下，面对逆全球化思潮的兴起，习近平主席在出席达沃斯论坛和访问联合国日内瓦总部期间所发表的系列重要讲话，向全世界提出了推动经济全球化的中国方案，回答了需要什么样的经济全球化的问题，指出了经济全球化的发展方向，表达了继续推动经济全球化的坚定决心，为开辟经济全球化新时代贡献了中国智慧。

1. **坚持创新发展理念，打造富有活力的增长模式，厚植经济全球化新动力。** 创新是从根本上打开增长之锁的钥匙。以互联网为核心的新一轮科技和产业革命蓄势待发，人工智能、虚拟现实等新技术日新月异，将给人们的生产方式和生活方式带来革命性变化。创新增长方式，其一，要创新政策手段，推进结构性改革，为增长创造空间、增加后劲。其二，要把握好新一轮产业革命、数字经济等带来的机遇，世界各国通力合作，把实施创新政策的力量汇集一处，做到理念上有共识、行动上有计划、机制上有保障。其三，要处理好开发智能产业与创造新就业机会的关系，在培育新产业新业态新模式过程中创造新的就业机会，让世界各国重拾信心和希望，共享创新发展成果。

**2. 坚持开放发展理念，打造公正合理的治理模式，推动经济全球化有序进行。** 其一，打造全球经济治理要以平等为基础，更好反映世界经济格局新现实，增加新兴市场国家和发展中国家代表性和发言权，确保各国在国际经济合作中权利平等、机会平等、规则平等。其二，打造新型全球经济治理要以开放为导向，坚持理念、政策、机制开放，适应形势变化，广纳良言，充分听取社会各界建议和诉求，鼓励各方积极参与和融入，不搞排他性安排，防止治理机制封闭化和规则碎片化。其三，打造全球经济治理要以合作为动力，全球性挑战需要全球性应对，合作是必然选择，各国要加强沟通和协调，照顾彼此利益关切，共商规则，共建机制，共迎挑战。其四，打造全球经济治理应该以共享为目标，提倡所有人参与，所有人受益，不搞一家独大或者赢者通吃，而是寻求利益共享，实现共赢目标。

**3. 坚持联动发展理念，打造互利共赢的合作模式，协同推动经济全球化进入新阶段。** 其一，要在世界经济共振中实现联动发展，坚定不移发展全球自由贸易和投资，在开放中推动贸易和投资自由化便利化，旗帜鲜明反对保护主义。其二，要加强政策规则的联动，一方面通过宏观经济政策协调放大正面外溢效应，减少负面外部影响，另一方面倡导交流互鉴，解决制度、政策、标准不对称问题。其三，要夯实基础设施的联动，推动全球基础设施互联互通，加大对基础设施项目的资金投入和智力支持。其四，要增进利益共赢的联动，推动构建和优化全球价值链，扩大各方参与，打造全球增长共赢链。

**4. 坚持包容发展理念，打造平衡普惠的发展模式，夯实经济全球化的共赢基础。** 旧的经济全球化是赢者通吃、弱肉强食的全球化，这样的全球化不可持续，发生逆转是难以避免的，新的经济全球化必须体现公平包容原则，这是实现经济全球化持续推进的根本保证。其一，要让全球经济发展更加平衡，让发展机会更加均等、发展成果人人共享，就要完善发展理念和模式，提升发展公平性、有效性、协同性；其二，要着力解决贫困、失业、收入差距拉大问题，照顾好弱势人群的关切，促进社会公平正义；其三，要保护好生态环境，推动经济、社会、环境协调发展，实现人与自然、人与社会和谐；其四，要建设包容型世界经济，夯实经济全球化共赢基础，努力让经济全球化更具包容性。

中国已经成为世界第二大经济体，中国的发展得益于深度参与经济全球化，中国也是经济全球化的有力推动者。推动经济全球化的中国方案为经济全球化的新时代描绘了一幅新的蓝图，可以预见，这将大大增强国际社会对实现世界经济复苏的信心，有力遏制逆全球化的浊浪，为经济全球化持续发展注入新动能，助推世界经济走上强劲、可持续、平衡、包容增长之路，为构建人类命运共同体，实现世界各国人民共赢共享崇高目标作出伟大贡献。

*《红旗文稿》2017年第3期*

# 新自由主义对中国未来发展的潜在危害

陈培永[*]

新自由主义自20世纪80年代由西方传入我国以来,经过多年演变发展,如今已不再是仅停留在口头、书面上的理论学说或社会思潮,而是渐渐成为一些人头脑中根深蒂固的思想观念,对于这种状况我们必须警醒并加以肃清,否则将会直接影响到我国改革的正确方向。客观审视新自由主义的基本价值理念及其实践,预判其对未来中国社会发展的潜在危害,采取积极进取的态度进行回应,对我们来说至关重要。

## 一、谨防新自由主义削弱社会主义核心价值共识

新自由主义是以批判马克思主义、社会主义、共产主义思想登上历史舞

---

[*] 作者:北京大学中国特色社会主义理论大众化与国际传播协同创新中心研究员、北京大学马克思主义学院研究员。

台的，无论其代表人物、所谈话题、关注领域如何变化，这一点始终是其一以贯之的基本主线。如果说其他社会政治思潮还能在一定领域中同我国主流意识形态相容存在的话，那么新自由主义与我国的指导思想、共同理想、核心价值则是彻头彻尾的直接对立。新自由主义表面上倡导"意识形态多元化"，实际上是要实现新自由主义一元指导下的多元化局面，这涉及争夺意识形态领导权的问题。

新自由主义最具蛊惑性和煽动性的核心理念是个人自由，其致力于让人们认同的是只有坚持新自由主义才能够真正实现个人自由。它把马克思主义污蔑为垄断的僵化的意识形态，把社会主义和共产主义理念及实践定性为极权主义、专制主义，将公有制、国有经济、社会公平、共同富裕、共享发展等社会主义的基本理念宣扬为不可能实现的乌托邦和欺骗民众的意识形态工具，甚至污蔑为是加强思想控制、搞一党独大、专政极权的手段。如果任由新自由主义思潮肆意传播，必然会使人们对中国特色社会主义的社会主义属性产生怀疑，对社会公平、共同富裕、共享发展等社会主义核心价值理念产生怀疑，从而滋生所谓社会主义国家不追求个人自由，用集体压制个人、用威权控制自由、用国有侵犯民有、用公有剥夺私有等错误认识。

新自由主义思潮喜欢使用个人、财产、自由、人权、权利、平等、民主、多元等话语，很容易造成思想混乱。我们要揭穿其蛊惑性，就需要在宣传思想工作中强调追求个人自由不代表就是自由主义，要祛除谈个人自由就是自由主义，谈社会主义就是不要个人自由的错误观念。必须讲清楚，自由同样是马克思主义、社会主义、共产主义的价值理念，是社会主义核心价值观的重要内容。我们不能放弃对自由的话语权、阐释权、实践权，要在充分挖掘马克思主义自由观的基础上，系统阐释中国特色社会主义自由理论。其中需要讲清楚的问题包括：离开社会公平的个人自由是靠不住的，也是不可能实现的；公有制与个人自由不是冲突的，反而是实现个人自由的前提和保障；离开政府调控的市场自由是不可能实现的；共享发展、共同富裕与个人自由的实现是同一个过程；等等。

## 二、谨防新自由主义宣扬国有企业和集体土地私有化的意图

反对公有制、主张私有化是新自由主义的基本主张。从改革开放伊始，我国的新自由主义者就宣扬"国退民进""国有企业从竞争领域退出"，最近几年还有一些声音，比如"国有企业的存在就是问题"，"'把国企做强做优做大'的提法本身就是错的"，"农村集体土地的私有化"等。

新自由主义提出的理由冠冕堂皇，主要包括：其一，国有企业的存在是导致市场无法发挥决定性作用的根源，而且政府不可能公正对待国企和非公企业，国有企业存在必然破坏政府的公正性；其二，国有企业依靠国家政策、资金扶持获得巨额利润，却只满足少数人的利益，不可能实现全民共享；其三，民营企业根本没有办法与国有企业竞争，国企挤压民企，与民争利，导致民营经济无法壮大；其四，国有企业效率低下，是腐败的重灾区；等等。

与国有企业私有化相似的主张是实现农村集体土地的私有化。新自由主义者认为，农民之所以没有享受到改革的福利，就是因为农村土地集体所有制导致农民个体家庭对土地没有产权，无法享受产权收益，集体所有沦落为少数村干部个人所有，大量农民的权益被少数人剥夺。解决这个问题的方法很简单，就是让农村土地产权归农民个人所有，农民可以自由买卖。

不可否认，在我国的国有企业中的确存在一些问题，但不能因为有问题，就否定国有企业的一切。习近平总书记强调，国有企业是中国特色社会主义的重要物质基础和政治基础，是中国特色社会主义经济的"顶梁柱"。我们要做的是按照党的十九大部署推动国有企业深化改革、提高经营管理水平，使

国有企业成为贯彻新发展理念、全面深化改革的骨干力量。

在农村土地问题上，需要明确指出，一旦土地私有化、商品化，农民个体可以自由买卖土地，只是获得短期收益，从长远看必然会导致土地被少数资本持有者收购、吞没，农民将失去土地。土地私有就会成为农民彻底失去土地、彻底无产阶级化的过程。中国农民的数量很大，如果大量农民失去土地，将带来不可想象的后果。所以，必须坚决反对土地的私有化，坚持农村土地自由流转的只能是经营权，不能是所有权。当然要努力的方向是依靠制度确保农村土地真正归集体所有，让农民切实享有共同决策权，获得更多的收益。

## 三、谨防新自由主义鼓吹彻底市场化以推进资本空间扩张

在西方国家，新自由主义是资本逻辑的代言理论，尽管形式上宣扬的是自由化、私有化、市场化，但实质上追求的是资本化，是一切服务于资本的扩张，让资本的力量成为社会所有领域的主宰力量，自由化、私有化、市场化包括全球经济一体化必然为西方国家跨国公司扩张资本空间提供必要条件。新自由主义者还抨击政府权力对市场的干预只会有损于市场效率及市场的健康运行，导致经济的失序和社会的不公，最终侵犯个人自由和财产等权利。从这个意义上，将其归结为"市场原教旨主义"有一定道理，但更重要的是要看到，新自由主义的中心或服务的对象不是市场，而是资本，市场背后的真正主宰力量是资本，让市场来决定一切，最后必然是让资本来决定一切。这与古典自由主义规制国家权力、服务资产阶级利益的意图是一致的。

中国的新自由主义者不相信国家权力，从历史实践和理论逻辑上得出政府权力必然会带来专制、集权、暴政的结论。对他们而言，中国改革开放所

出现的腐败、社会不公、两极分化等问题，不是市场经济本身的问题，而是因为不受约束的国家权力干预、控制、扭曲了市场。因此认为中国的根本问题不在于解决资本及其市场经济运作的问题，而在于解决权力不受制约的问题，在于发挥市场力量来冲击固化的、不受制约的权力。不难看出，中国的新自由主义者归根结底无非三层意思，其一，市场经济本身蕴含着自由、平等、公平、共富，反倒是未受规制的国家权力的干预导致了中国社会的种种问题。其二，必须依靠完善的市场经济来冲击国家权力，促使国家权力更为公平、更为合理地运行。其三，资本本身并不可怕，它甚至还是可以借助的规制政治权力的积极力量。

然而，当代世界各国发展完全不是新自由主义者所想象的那样，在西方资本主义国家，自由的市场经济带来的不是公平和平等，也没有带来大多数人想要的自由、财产及各种权利。市场经济释放出来强大的资本力量，不断扩大自己的疆域，并试图操控权力，使权力拜倒在自己的石榴裙之下。资本与权力的结合，权力服从于资本、服务于资本，侵犯的是劳动一方、大多数劳动者的利益，这时候的权力就不再是"公权力"，而变成了"资权力"，它所推动的"民主"也就变成了"钱主"。新自由主义盲目信任市场经济会制约政府权力进而带来个人自由，而忘记资本会和权力联合，或将自身变成权力而侵犯个人自由。反对政府监管市场的新自由主义，按道理来说应该实现的是"赌场资本主义"，实际上带来的却是"权贵资本主义"或"裙带资本主义"，这一点已经在西方发达国家得到验证。

积极应对新自由主义，发挥市场在资源配置中的决定性作用，必须预防资本力量对公权力的入侵，杜绝资本与权力的联盟。政府调控市场，很重要的任务就是规制资本，保证权力更多实现、更实质性地体现好劳动一方的利益。对当代中国来说，不仅要依靠全面从严治党、全面依法治国、全面加强监督约束权力保证其公共性，还要规制资本，坚决抵制资本的权力寻租，防止它向社会领域和政治领域的扩张。不能幻想着依靠释放市场的力量冲击权力之后再去规制资本。因为当资本操控了权力，一个不合理的政治经济秩序形成后，再去规制资本就为时已晚。

## 四、谨防新自由主义导致经济命脉受控于国际垄断资本，确保中国在国际舞台上的独立性和主体性

新自由主义成为西方主流经济理论与经济全球化进程是相伴前行的，西方国家主导的经济全球化需要新自由主义思潮为其摇旗呐喊，新自由主义也需要借助经济全球化证明自己的理论主张。新自由主义认为只有各个国家打开大门，接受解除管制、完全开放、自由贸易、资本跨国自由流动、浮动汇率等建议，才能真正实现全球一体化。

现在来看，新自由主义确实将"忽悠"的技术运用到极致，发达资本主义国家从来不曾真正放弃政府干预，那些听从新自由主义建议的国家，比如阿根廷、俄罗斯被搞得遍体鳞伤，一些拉美国家经济长期受制于他国，后续影响持续到今天。事实证明，新自由主义的目标根本不是全球共同繁荣、共同进步，而是牺牲大多数国家成全少数国家，或者更准确地说是通过对后发达国家"暴力性掠夺"成全国际垄断资本，实现国际垄断资本对后发国家经济命脉的控制。资本主义推崇的世界秩序是资本力量主宰一切的秩序，新自由主义代表的正是国际垄断资本的利益，服从的正是大资本的意志，它暗合了国际垄断资本全球扩张的需要。

即使如此，中国的新自由主义者还是没有放弃美好想象，依然主张政府要放松管制，要彻底推进市场化，推进国有企业私有化。比如，新自由主义者指责政府对金融监管过度、干预过多，国有金融企业垄断市场，导致中国金融市场扭曲，他们因此提出要进一步推动中国金融自由，督促政府放松对国有银行的管制。金融国际化和自由化，如同国有企业私有化、土地私有化

一样，都是新自由主义推动国际垄断资本扩张的有力工具，金融自由、国企私有、土地私有、完全放开市场对一个国家而言是非常危险的，是国家将经济命脉拱手交给国际垄断资本的前奏，对这点我们必须保持清醒。

坚持改革的正确道路，正确的逻辑应该是改革行政体制，更好地发挥政府作用。作为一个大国，中国如果没有强有力的政府，将无法在国际舞台上保持自己的独立性和主体性。我们不能一味迷信小政府、大社会，要具体情况具体分析，坚决抵制新自由主义的国际战略，在复杂的国际环境中增强战略定力，保证中国经济和社会政策的独立性。

值得一提的是，中国正在日益走向世界舞台的中央，我们要坚持合作共赢，积极推进人类命运共同体建设，走出不同于西方发达国家的经济全球化道路。

*《红旗文稿》2017 年第 24 期*

# 文化热点问题辨析

# 文化自信是制度自信和国家竞争实力的基础

张 勇 胡福明[*]

如何推动经济社会和文化建设协调发展，是中国在经济高速增长之后需要解决的一个重要问题。也就是说，推动经济和文化协同发展，发挥文化对经济发展、制度选择的影响是一项事关全局的重要任务。文化是重要的引领和激励机制，文化自信是道路自信、理论自信、制度自信的前提和基础。政治、经济、军事实力并不是一个国家走向强国的全部，现代文化价值体系和文化软实力建设同样是赢得现代化强国竞争的重要维度，是实现"两个一百年"奋斗目标和中华民族伟大复兴的中国梦的战略支撑。

一

经过近40年的改革开放，中国取得了举世瞩目的发展成就，成为世界第

---

[*] 作者：张勇，中央财经大学经济学院副教授；胡福明，江苏省政协原副主席。

二大经济体，经济增速和人均收入增长幅度遥遥领先，各项硬实力建设取得很大进步。

但在迈入中等收入门槛以后，中国同样面临着很大挑战，以投资、出口为主的经济发展模式面临着严峻形势。经济发展可持续性受到影响，主要表现为创新和技术进步对增长的贡献下降，在全要素生产率贡献方面仍有较大提升空间。经济建设也面临着分配不均、发展失衡等问题，尤其需要注意的是经济高速增长而社会和文化发展相对滞后的问题。这种滞后问题导致随着收入水平的提高，一些居民缺乏目标和自我的实现感，正确的价值观缺失，一定程度上沦为单纯为了生活甚至生存去工作的机器。而这些情况的发展可能会导致一些人制度自信的缺失，即对国家、民族以及社会的未来缺乏信心，从而漠视事关国家和社会发展的各种重大问题，社会凝聚力和协作能力下降。在一定程度上，还可能导致信仰、道德和价值观被扭曲，甚至出现信仰缺失、不良价值观盛行的情况。这将致使来自社会传统、文化、道德层次的自我管理和激励机制缺失，一定范围内使社会丧失来自文化的深层次的稳定和优化功能。

那么，为什么中国在创造了举世瞩目的"中国奇迹"之后，经济社会可持续发展却出现了一些问题？一些经济学家认为这是改革不到位导致的。那么，又是什么原因导致中国改革没有到位以至于体制效率出现了某种程度上的下滑？一个重要根源就在于文化价值体系建设没有到位，即对观念、信仰、道德、价值观等文化要素建设不到位，从而产生了一定范围内对体制认同感的下降，也使改革缺乏可持续性动力。

在经济体制改革进程中，需注意两种观点与主张：一是经济决定论，认为增长就是一切，片面追求GDP增长和数量累积，认为经济增长会自动带来社会进步和文化繁荣，并进而推动国家凝聚力的提升。二是制度决定论，认为现代社会关键是完善民主法制以及现代企业制度等，制度完善后人们的社会化激励机制就会自动建立起来，经济创新能力以及增长可持续性就可以长久保持下去。

这两种观点与我国改革开放初期的国情是相适应的，但我国经济社会发展到今天，它们一定程度上已开始制约经济社会的进一步发展。首先，长期来看，任何国家的经济增长都不可能单兵突进，需要与政治建设、文化建设、社会建设、生态文明建设协同发展；其次，经济增长和制度完善并不会自动带来社会的文明与进步。人们的很多行为和创造力，事实上更多是受思想和观念支撑的，是受信仰、道德、价值观等文化层面的因素所约束和影响的。因此，如果片面追求经济增长而忽视文化建设，就会导致激励机制不足和创新能力下降。同时，文化自信缺失也会导致制度自信缺乏根基，从而致使凝聚力下降、激励机制缺位，发展力不从心。

因此，在肯定经济社会发展和建设成就的同时，还必须意识到中国发展也面临着一些不容忽视的问题。发展必须是双向的，既要强调经济增长和制度建设的带动作用，也要强调观念、信仰、道德、价值观、文化自觉、文化自信等对经济创新、技术进步、人才培养、制度建设、社会发展所产生的内在的稳定和激励作用。我们要坚持道路自信、理论自信、制度自信，最根本的还有一个文化自信。我们要坚定中国特色社会主义道路自信、理论自信、制度自信，说到底是要坚持文化自信。这一战略定位凸显了以习近平同志为核心的党中央的文化战略以及对文化建设的高度重视。通过现代文化价值体系建设提升我国文化软实力，增强文化自信，充分发挥文化发展对经济、制度和社会建设的推动作用。

文化建设是经济增长、制度完善与社会进步必不可少的重要方面和基本元素。文化建设包括社会主义文化自信和自觉意识的提升、现代文化体系和社会主义核心价值观建设与培育、发展以提升文化影响力和文化软实力为目标的相关文化产业等。以文化自信为支撑建设现代文化体系和社会主义核心价值观并在此基础上提升文化影响力和文化软实力，是中国走向强国的根本战略，也是实现"两个一百年"奋斗目标和中华民族伟大复兴的中国梦的重要基石。

## 二

从文化和制度的相互关系来看，由于文化一定程度上影响人们对制度的选择和认可，因此，文化自信实际上成为制度自信的一个重要基础和支撑。文化是制度选择和制度变迁的重要原因，文化基因决定了制度的某些基本方面。文化影响制度的发展，如果将文化因素纳入社会制度之中，则文化又是制度持久存在的机制。制度往往是在特定的文化底蕴中形成的，但当人们把一种制度模式作为思考问题的约定俗成的出发点和社会活动的判断标准的时候，制度反过来又成为一种文化理念。因此，文化和制度的发展与变迁是互动的、互为影响因子的。文化是影响制度的形成、价值取向和效率的重要因素，而制度反过来又影响着文化的性质和形态。

马克思认为文化差异对各民族经济社会制度发展模式具有重要影响，并从不同民族从事生产活动的物质条件的差别来理解和说明这种差别。根据马克思的论述，制度是组织要素，它是文化观念的凝结，但不是文化观念本身，而是文化观念的客体化；它是客观存在的事物，但不是原本自然的客体，而是文化观念所规定的用以组织器物生产的客体。[①] 在马克思看来，文化是影响制度的深层次因素，制度在发展过程中趋于发展为一种文化理念。他正确地指出了文化与制度的相互关系，为进一步研究文化对于制度的影响奠定了理论基础。

文化与制度的相互关系对人类社会发展史产生了重要影响。文化背景的不同影响着人们对同一制度的看法，进而影响着人们对于制度的选择和变革

---

[①] 鲁鹏：《制度与发展关系论纲》，《中国社会科学》2002年第3期。

的方式，这就带来了制度演进的差异，并进一步影响经济社会发展，形成发展的差别化形态。

因此，文化构成了一个社会基本的价值体系，从而对制度选择、演进与效率产生重要影响，并进一步影响经济社会的发展，而制度的确立又强化了这种文化价值体系。文化与制度的这种相互关系，决定了文化是制度选择的一个基本前提。因此，文化自信也就成为制度能否受到认可并使人们坚定制度自信的关键。从这个方面来看，采用一种统一标准去衡量和评价不同国家的特定制度毫无意义，因为不同国家的制度选择来源于不同的文化背景。西方主要国家的分权制制度基础是在西方的文化背景下演进而来的，在本质上与罗马共和国和希腊城邦制历史上的"长老会""元老会""议会"等模式是一脉相承的。由于文化传统不同，其他区域国家大多很难建立西方国家的分权制民主。非洲、拉美和中东等地区的分权制民主最终都没有实现真正的民主，反而成了"民主化"的反面教材。

众所周知，中国选择社会主义道路有其必然性。由于中国在其历史长河中大部分时期是一个大一统的国家，没有分权制的文化传统，把西式的资本主义条件下的民主观念强加于社会主义的中国事实上是背道而驰的。我们的确是要在民主法治的基础上建设一个现代文明社会，但这并不意味着一定要采用西式民主。中国民主必然有其特色，而这种特色是由中国社会长期的文化底蕴和价值取向所孕育的。从这一维度看，盲从于西式民主背离了我国制度与文化的社会主义取向，也不符合马克思关于制度与文化相互作用的发展机制。

中国人民选择的人民代表大会制度、共产党领导的多党合作和政治协商制度、民族区域自治制度以及人民群众直接行使民主权利的基层民主制度是中国特色社会主义民主政治的基本制度，也是制度自信的基础。在长期的革命、建设和改革实践中，我国形成了社会主义文化价值体系，其集中表现就是社会主义核心价值观。从文化与制度的相互作用来看，社会主义核心价值观是社会主义文化建设的重要基础,对于维护社会主义制度以及经济社会发展的可持续性至关重要,失去以共产主义理想为基础的社会主义核心价值观及其相关文化体系,社会主义制度也就失去了精神文化上的根基。因此,社会主义制度自信首先应该建立在社会主义文化自信的基础之上。

由此可见,文化是制度选择的重要基础,这也是我们坚定社会主义制度自信的重要前提。每个民族都可以而且应该根据自身历史、文化和社会的传统选择适合自身发展的制度体系。这种经过自觉的文化选择的制度体系往往具有内在的稳定性与契合性,因而更容易坚定人们对于这一制度的自信。

## 三

文化不仅影响制度选择和制度效率并进而通过制度对人们的经济活动和社会行为产生间接的影响,而且文化还会以其对于作为主体的人的制约和激励功能直接影响人们的经济活动和社会行为。可以说,文化对经济活动和社会行为这两个方面的影响对经济社会发展的可持续性来说是带有根本性意义的。中国梦的现实基础是持续提升经济社会的综合实力,而这种持续提升必须以现代文化价值体系建设作为有力支撑。

尽管文化在经济社会发展中起着至关重要的作用,但不少经济学家和社会学家最初并没有充分认识到文化的这种作用,尤其是没有充分认识到由文化背景产生的对经济行为的约束和激励效应。经济发展理论最初只是强调要素积累和制度变革的作用,它往往假设文化是中性的,即文化的背景是与生俱来的,且不会发生改变,因而文化要素对经济活动的影响微乎其微。后来经济社会发展实践推翻了这个观点,文化在制度变革与经济社会发展中的作用日益受到重视。

首先,观念、信仰、道德、价值观等文化价值体系要素会直接或间接地影响经济行为，产生约束、控制、激励等各种效果，进而成为经济社会发展的重要推动力量。文化对经济的影响首先是通过约束和激励机制产生的。文化和制度一样对人们的行为起到重要的约束和激励作用，是社会规范的一个方面。美国学者罗伯特·莫非认为，文化显示着"不同社会特定的生活方式。文化包括行为模式，或称行为准则，即规定了哪些行为是合适的、正常的、符合道德规范的。这种后天学到的行为模式是与社会中其他成员共同遵守的"。[①] 从这个意义上来说，制度本身就是在道德风俗等文化元素的基础上形成的。

其次，从中国近现代和当代社会发展的实践来看，文化在中国经济社会发展中始终起着基础性作用。中国优秀传统文化与马克思主义相结合，深刻影响了中国现代社会制度的选择，使中国坚定走向社会主义。中国优秀传统文化、革命文化和社会主义先进文化带来的社会凝聚力和民族自豪感使新中国在成立初期极其困难的情况下仍在科技、军事、经济等领域取得巨大成就。改革开放以后，文化在中国特色社会主义事业建设中同样发挥了至关重要的作用：中华优秀传统文化内含的勤俭节约理念使中国以最少的外债规模换来了世界最高的资本积累率，革命文化培育的集体观念和勤劳传统使中国更易于推动工业化进程而成为世界工厂。

最后，文化建设相对滞后和文化软实力的不足，也是中国当前经济增长可持续性受到影响的原因之一。中国经济发展的一个时期，出现了一切以经济增长为核心的现象。在一些政策层面开始表现为片面追求GDP，忽视了经济发展、社会制度和文化建设作为一个共同发展的生态体系的重要性。这导致了一个时期经济社会发展在一定程度上出现了正确价值观引领缺位的问题。文化自觉带来的激励效应被单纯的制度效应所代替，社会创新活力下降，经

---

① ［美］罗伯特·莫非：《文化和社会人类学》，吴玫译，北京：中国文联出版公司1988年版，第21—23页。

济发展的可持续性受到影响。

我们一度误以为经济增长可以解决所有社会问题，物质激励和制度建设可以解决所有管理问题。我们一度忽视了在物质激励和制度建设之外，文化建设所带来的巨大潜在价值。比如，新中国在20世纪五六十年代所取得的社会主义建设成就，不仅仅是靠经济实力和综合国力，也不仅仅是靠对劳动者实施各种物质激励，而是出于劳动人民自发或自觉地对建设国家的责任和热情，是这种责任和热情产生了巨大凝聚力。这充分体现了信仰、道德、价值观等文化要素对于经济社会建设的重要意义。

经济条件、制度约束、物质激励不能代替责任、使命、追求等精神和文化要素的作用。目前我国经济局部出的一些问题，经济可持续性发展受到一定影响，这与文化建设滞后、缺乏文化自信导致的社会凝聚力下降、精神文化激励机制欠缺有很大关系。要扭转这种局面，再也不能完全依赖GDP积累、基础设施建设、投资规模扩大等经济手段，也不能过于依赖企业制度、法制建设等制度层面的措施。当前，要格外重视文化自信增强、文化软实力提高带来的劳动激情、创新激励和社会凝聚力。如果没有人民文化层面的觉醒和参与，单纯依赖经济要素，必将导致经济社会发展问题难以解决。这也是习近平总书记多次强调文化自信对于道路自信、理论自信、制度自信的重要意义所在。可以说，在中国，文化自信的重要意义由于中国共产党理论上的自觉，必将在中国特色社会主义建设实践中有着更为鲜明的体现和发挥更大的作用。

如今，在政治、经济和军事实力之外，文化软实力已经成为强国竞争的重要方面，现代文化价值体系和文化软实力与经济和军事实力等一起构成一个国家的综合实力。美国、日本、德国、英国等强国在世界竞争格局中的领先地位不仅依赖其强大的政治、经济、军事实力，而且还在很大程度上依赖其强大的文化影响力。依靠强大的文化影响力和文化软实力，美、英等国将西方价值观、道德观、行为方式、生活方式乃至宗教信仰向全世界扩散，成为提升国家影响力的重要方面。

　　当代世界强国呈现给我们的不仅是发达的物质文明，还包括其强势的文化价值体系。从这个意义来讲，具有民族精神独立性的文化的丰富繁荣也是社会全面发展和国家综合实力强大的一个重要标志。一个现代化强国首先应是一个拥有功能良好的现代文化价值体系的国家。在我国，文化自信的增强和文化软实力的提升可以产生强大的道路自信、理论自信、制度自信以及社会凝聚力。只有以现代文化价值体系作为基础才可以增强文化影响力和国家影响力并充分发挥现代制度对经济社会发展的推动作用。文化价值体系建设还可以焕发人们巨大的创新激情，产生巨大的社会创造力，使国家创新水平和经济竞争力得以大幅度提升。因此，以提升文化自信、文化影响力和软实力为核心的现代文化价值体系建设，已经成为当前世界强国竞争的重要方面。

　　中华民族走向伟大复兴不能单纯依靠经济增长等硬实力的提升，还必须着力建设现代文化价值体系，增强国家文化软实力和文化凝聚力。要切实发挥文化对现代制度建设的推动作用，提升文化带来的创新激励对创新驱动的贡献，扩大中华优秀传统文化、革命文化和社会主义先进文化的影响，最终为实现"两个一百年"奋斗目标和中华民族伟大复兴的中国梦奠定坚实的文化基础、提供坚强的文化支撑。

*《红旗文稿》2017 年第 4 期*

# 在历史的启示中坚定文化自信，
# 弘扬中华优秀传统文化

严昭柱 *

党的十八大以来，习近平总书记多次号召全党全国人民要坚定"四个自信"，特别是要坚定文化自信。他强调，坚定中国特色社会主义道路自信、理论自信、制度自信，说到底是要坚定文化自信，文化自信是更基本、更深沉、更持久的力量。

民族若是一片森林，文化就像阳光、雨露和土壤，是民族形成、发展的必要条件。文化是民族的精神家园，其内涵极其丰富，从语言文字到饮食服饰，从家风民俗到节庆乡愁，从婚丧嫁娶到待人接物，从英雄传说到歌诗乐舞，耳濡目染、以文化人，渗透于国家、民族的全部社会生活，为全体社会成员提供着多层次多方面的精神滋养，是民族凝聚力的重要源泉。文化以价值观为精髓，融入社会生活、浸润思想道德。在我国，文化自信的要义，就是对中华民族优秀传统文化、对革命文化、对社会主义文化的自信，特别是对其中蕴含的核心价值观的自信。这是中华民族精神独立性的基本标识，是

---

\* 作者：太湖世界文化论坛主席，中央政策研究室文化研究局原局长。

中华民族生生不息、发展壮大的精神支撑。

## 一、文化自信的历史命运

文化自信的历史命运，与人类经济、社会、政治的发展密切相关。马克思恩格斯在《共产党宣言》中指出，资产阶级时代不同于过去一切时代，过去那种地方的和民族的自给自足和闭关自守状态，被各民族的各方面的互相往来和各方面的互相依赖所代替了。物质的生产是如此，精神的生产也是如此。事实上，文化自信的历史命运，在资本主义之前和之后，确实表现出显著不同的特点。

随着国家、民族的形成和发展，各国各民族之间的交往不断发展起来，冲突与合作、对峙与融合、战争与和平，缤纷杂现、变幻莫测。但是，在资本主义之前人类社会发展的历史中，这种交往从范围来说还是地区性的，从性质和价值趋向来说则受到不同时期地区主要强国的文化特性的明显影响。例如，在世界东方，就受到历史悠久的中华文化的深刻影响，以和平、友好为主旋律，在交往中各国各民族的文化自信得到了高度尊重。古代中国出现了如汉唐盛世那样推动东方各国各民族友好相处、和平繁荣的局面，出现了如张骞通西域、玄奘西行、鉴真东渡、郑和下西洋等开辟古代丝绸之路的壮举，贯通欧亚大陆、横跨亚非海路，促进了更大范围各国各民族友好贸易、和平交往的发展。

资本主义的产生和发展，推动了各国各民族在各方面的全球性相互往来和相互依赖，这合乎经济社会发展的规律，是历史的进步。但是，资本的本性及逻辑却把少数国家、民族的繁荣建立在劫掠大多数国家、民族的财富与尊严的基础之上，把世界推入殖民掠夺的血海，开启了世界历史在近代的大变局、大动荡、大分裂。西方列强用坚船利炮满世界抢夺殖民地，同时到处践踏和摧毁殖民地半殖民地人民的文化自信。世界不是更加和谐而是更加分裂，民族之间不是更加平等而是更加对抗。这成为文化自信历史命运的一个重大转折。

全世界从此既紧密相连又深刻分裂，一边是西方列强，一边是被侵略被掠夺的殖民地半殖民地国家和民族。西方列强以"文明"自居，以"世界中心"自诩，以"文化优越感"自恋，他们把文化自信扭曲成自己的"文化霸权"，既要把自己的价值观强加于人，又极其伪善地到处实行"双重标准"。他们"霸气"十足，奉行"强权即真理"的强盗逻辑，同时在殖民地半殖民地国家和民族肆意摧毁其文化自信，豢养"奴才"、培植"奴气"。文化自信从来没有像这样在全世界面临一方面被扭曲、一方面被践踏的大危机。

有压迫就会有反抗。在帝国主义殖民主义的压迫和洋奴们的为虎作伥面前，殖民地半殖民地人民的文化自信，以不屈不挠、宁折不弯的骨气迸发出来，放射着强烈民族精神独立性的时代光辉。这种骨气，就是毛泽东面对疯狂的日本侵略者发出的庄严宣示："我们中华民族有同自己的敌人血战到底的气概，有在自力更生的基础上光复旧物的决心，有自立于世界民族之林的能力。"这种骨气，就是毛泽东高度赞赏的"鲁迅的骨头""鲁迅的方向"："鲁迅的骨头是最硬的，他没有丝毫的奴颜和媚骨，这是殖民地半殖民地人民最可宝贵的性格。鲁迅是在文化战线上，代表全民族的大多数，向着敌人冲锋陷阵的最正确、最勇敢、最坚决、最忠实、最热忱的空前的民族英雄。鲁迅的方向，就是中华民族新文化的方向。"

殖民地半殖民地人民以"骨气"反对西方列强的"霸气"，以坚决的革命斗争反抗帝国主义殖民主义的侵略压迫，这不仅反映了被压迫民族的要求，而且反映了整个世界的要求。因为西方列强对世界的统治其实是国际资产阶级的阶级统治，所以全世界无产阶级和被压迫民族便成为声气相投的兄弟、并肩战斗的盟军。恩格斯在《共产党宣言》1893年意大利文版序言中强调："不恢复每个民族的独立和统一，那就既不可能有无产阶级的国际合作，也不可能有各民族为达到共同目的而必须实行的和睦的与自觉的合作。"文化自信由此在新的历史条件下以深刻的时代内容和深远的世界意义获得了升华。

正如毛泽东在《新民主主义论》中指出的，中国共产党是在一个殖民地、半殖民地、半封建的社会，在"我们民族的灾难深重极了"的条件下领导中国人民进行革命的；中国革命发生在国际资本主义"非更加依赖殖民地半殖民地便不能过活的时代"，发生在各个资本主义国家的无产阶级"宣布他们赞助殖民地半殖民地解放运动的时代"，因而中国革命已经是"新的世界革命的一部分"，是"无产阶级社会主义世界革命的一部分"，因而"不为帝国主义所容许，而为帝国主义所反对"。中国共产党就这样准确判定了时代发展的必然趋势，准确判定了中国革命的历史方位，深刻认识了中国人民肩负的世界历史使命。因此，毛泽东提出了"发展民族新文化提高民族自信心"的庄严任务，强调这种新文化首先就是"反对帝国主义压迫，主张中华民族的尊严和独立"的。这种高度的文化自觉、坚定的文化自信，帮助中国人民推翻了三座大山，取得了新民主主义革命的胜利，为实现近代以来无数志士仁人"振兴中华"的梦想提供了基本前提。经历了百年屈辱，"中国人民从此站起来了"，这是对全世界无产阶级革命和被压迫民族争取独立、解放事业的巨大鼓舞，是对正在土崩瓦解的殖民主义体系的沉重打击。

世界反法西斯战争胜利以后，许多国家和民族走上了独立自强的发展道路。新中国建立后，中国共产党领导中国人民进行社会主义革命，进而开始了巩固和建设社会主义的艰辛探索。但是，西方列强称霸世界的野心没有改变，它们拉拢资本主义国家、敌视社会主义国家，把世界拖入冷战的旋涡。它们信奉和推行西方中心论的观念没有改变，竭力摧毁其他各国各民族文化自信的企图没有改变，它们继续推行强权政治、炮舰外交，把自己的社会制度和意识形态强加于人，同时大搞种族歧视、双重标准，对不顺从自己的国家实行经济封锁、政治颠覆、挑起内乱和战争。它们对社会主义国家实施西化分化战略，大肆煽动抹黑其历史荣光、抹黑其领袖和英雄从而摧毁其理想信念与文化自信的历史虚无主义思潮。20世纪80年代末90年代初，苏联解体、东欧剧变，世界社会主义运动跌入低谷。

但是，中国却在中国共产党领导下，以坚定的文化自信，高举社会主义旗帜，历经曲折，战胜艰险，成功地找到了建设中国特色社会主义的道路，改革开放和现代化建设取得了辉煌成就，国家兴旺发达，人民生活水平不断提高。特别是进入21世纪以来，和平和发展的时代潮流席卷全球、势不可当。以中国为代表的新兴经济体和广大发展中国家，经济、社会快速发展，在世界经济中的分量越来越重，国际影响力和话语权越来越大。而西方发达国家经过国际金融危机的打击、中东战争的消耗、恐怖袭击和难民潮的冲击，新自由主义到处碰壁，"华盛顿共识"声名扫地，霸权主义捉襟见肘，"民主"神话濒临破灭，体制失效警钟长鸣。整个世界的财富和力量的重心正在发生历史性转移。广大发展中国家和新兴经济体的文化自信越来越有底气。在这样的历史关头，西方国家特别对中国的文化自信感到担忧，甚至视为威胁，深刻反映出他们面对霸权主义滑落轨迹的历史挫败感。

施害者和受害者的历史记忆和历史感受迥然不同，但是，历史的前行却不以人们的主观意志为转移。时代不同了，各国各民族的文化自信再也不容随意践踏，这是全世界人民奋斗的胜利成果，是文化自信自身真理性和正义性的历史证明。坚定文化自信，将继续成为各国各民族兴旺发达的精神支撑，将帮助全世界人民奔向持久和平、共同繁荣的未来。历史已经证明并将继续证明，坚定文化自信，促进世界各国各民族全球性普遍交往和相互依赖，实现各国各民族独立自主、相互尊重、合作共赢，共建人类命运共同体，这符合世界各国人民的根本利益，是历史发展不可阻挡的大趋势。殖民主义、霸权主义，终将被汹涌澎湃的历史潮流所吞噬。

## 二、以坚定的文化自信传承和弘扬中华优秀传统文化

中华民族有5000多年的悠久历史，创造了灿烂的中华文明。在世界四大

古老文明中，惟有中华文明延续至今，并保持着强大的生命力和创造力。中国作为一个文明古国，长期在世界上科技领先、经济繁荣、国力强盛，对人类文明进步作出了巨大贡献。我们坚定文化自信的一个重要方面，就是要科学总结历史文化遗产，把那些真正体现中华民族禀赋、特点、精神的优秀传统文化继承下来，并根据新的时代条件在创造性转化、创新性发展中加以发扬光大。

## （一）以坚定的文化自信传承和弘扬中华优秀传统文化中天下为公、以民为本的价值取向和精神追求，永远和人民血脉相通，全心全意为人民服务

我国古代很早就提出"民为邦本，本固邦宁"，把人民作为国家的根本。周武王伐殷，师渡孟津而作《泰誓》："天视自我民视，天听自我民听""民之所欲，天必从之！"把"民之所欲"作为推翻商纣暴政的革命正义性的根本依据。春秋战国时期，以民为本是诸子百家的共识。管仲鲜明地说："政之所兴，在顺民心；政之所废，在逆民心。"老子说："圣人恒无心，以百姓之心为心。"孔子提出"大道之行也，天下为公"的"大同"社会理想。孟子主张："民为贵，社稷次之，君为轻。"他对齐宣王说："乐以天下，忧以天下，然而不王者，未之有也。"对梁惠王说："老吾老，以及人之老；幼吾幼，以及人之幼。天下可运于掌。"天下为公、以民为本的思想博大精深，为中华传统文化种下了富有人民性和革命性的基因，在长期的历史发展中反复经受实践检验而不断丰富和发展，形成多层次的核心价值观和坚定的精神追求。举贤任能、讲信修睦，关心民瘼、重视民生，倾听民意、顺乎民心，成为促进国家兴旺发达、克服各种危机和挑战的强大正能量；公忠为国、公而忘私，重义轻利、先义后利，"先天下之忧而忧，后天下之乐而乐""天下兴亡，匹夫有责"，铸就了充沛天地的人间正气；"己所不欲，勿施于人"，推己及人，扶危济困，尊老爱幼，慈爱友善，催进着中华民族的社会和谐与进步。

在马克思列宁主义指导下，中国共产党在领导中国革命、建设、改革的

伟大实践中，把人民群众作为国家真正的主人，作为历史的创造者，一切为了人民，一切依靠人民，充分发挥人民群众的历史主动性，帮助人民推动历史前进。这是对中华民族优秀传统文化的继承和升华。在实现中华民族伟大复兴的奋斗中，坚定文化自信，必将使前人"天下为公"的理想和"以民为本"的传统在新的历史高度上得以发扬光大。

**（二）以坚定的文化自信传承和弘扬中华优秀传统文化中自强不息、勇于创新、善于学习、与时俱进的开放思维和开阔胸襟，永远保持中华民族精神上的独立性、创造性和生命力**

中华民族自古铭记"满招损，谦受益"，对客观世界采取敬畏尊重、虚心学习的态度，是一个谦逊好学、求真务实的民族。老子提出"道法自然"的原则，承前启后，影响深远。古代哲人讲"日新之谓盛德"，讲"苟日新，日日新，又日新"，讲"天行健，君子以自强不息"，都不但是"道法自然"的生动实践，而且培育了中华民族乐观进取的精神、开放创新的思维和开阔包容的胸襟。同时，中华民族又历来反对叶公好龙、纸上谈兵，讥讽坐井观天、夜郎自大，批评刻舟求剑、囫囵吞枣，嘲笑邯郸学步、东施效颦，要求无论学习和创新，都要从自己的实际出发，都要注重实践、接受发展着的实践的检验。这种勇于创新又不忘初衷、谦逊好学又不失根本、乐于包容又拒绝迷信盲从的充满辩证精神的文化立场和态度，使中华优秀传统文化富有原创性、开放性、包容性，使中华民族自古以来就以"朝闻道，夕死可矣"的精神去执着地追求真理、实践真理，为真理而斗争。

这种文化立场和态度，在天下为公和以民为本的价值取向和精神追求的驱动下，使中华民族在强盛时能够亲仁善邻、海纳百川、取长补短、互学互鉴，在困顿与灾难中能够不屈不挠、励精图治、转益多师、探寻新路，形成了中华民族积极进取的巨大创造力和"多难兴邦"的强大修复力。玄奘西行、鉴真东渡这样历经艰辛、九死一生的文化交流传奇，是发生在国势强盛的唐朝的千古美谈。明朝郑和率领船队横跨波涛汹涌的太平洋、印度洋，到处传播友谊、互惠贸易，那是当时世界上最为强大的无敌舰队。而在1840年鸦片战争以后，在陷入殖民地半殖民地悲惨境地的深重灾难中，中华民族进行了人类历史上最为伟大的海外学习运动、最大规模的社会变革试验、最为深刻的人民大革命，终于成功改变了民族命运。

自20世纪中叶以后，为了探寻救国救民的真理，中国一批又一批志士仁人去西方各国考察、学习，向国内介绍、宣传西方各种思想理论。但是，迷信西方、全盘向西方学习的结果，却总是先生打学生。最后，学习了马克思主义，中国人民才在精神上掌握了主动权，找到了前进的方向。为了探寻适合中国国情的制度，辛亥革命推翻封建王朝以后，中国把君主立宪制、议会制、多党制、总统制都拿来试过了，结果都行不通。最后，中国人民选择了社会主义，才走上了民族复兴的道路。而且，在中国共产党领导下，中国革命也没有简单照搬俄国十月革命首先在城市暴动的具体经验，而是探索出坚持武装斗争，以农村包围城市、最后夺取全国胜利的中国经验，取得了革命的胜利。中国在基本建立社会主义制度以后，在世界社会主义探索遭遇严重挫折的情况下，又确立了改革开放这个根本政策，创造性地探索出在社会主义制度下发展市场经济的中国特色社会主义道路，创造出举世惊羡的中国奇迹。可以相信，继续坚定不移地传承与弘扬这种以人民为中心的价值取向、从善如流又不失自我主体性和独立性的辩证思维，中华民族将能成功应对各种时代挑战，不断进行理论创新、制度创新，沿着中国特色社会主义道路胜利前进。

**（三）以坚定的文化自信传承和弘扬中华优秀传统文化中热爱和平、以德服人、向善向上的道德境界，践行亲仁善邻、和而不同、合作共赢的国际关系原则，建设人类命运共同体**

中国自古重视德。《尚书·大禹谟》中说："正德、利用、厚生惟和。"把"正德"列为平治天下的三件大事之首。先秦时期的诸子百家共同塑造着中华文化重德尚义的传统。在老子那里，德就是"善"，他说："上善若水，水利万物而不争。"在孔子那里,德的核心是"仁",提倡"泛爱众而亲仁"。孟子也说:"仁者,爱人。"这种观念渗透于"修身齐家治国平天下"的各个层面。在这些层面上,都要重德、敬德,都要与人为善,都要践行"己所不欲,勿施于人""己欲立而立人,己欲达而达人"的原则。

中华优秀传统文化对于德的重视和认识,其重要特点和可贵之处在于不仅讲"利万物""泛爱众",而且讲"和而不同""和为贵"。在长期的社会实践中,先哲们对世界的多样性有着深刻的认识和概括。西周史伯说:"夫和实生物,同则不继。以他平他谓之和,故能丰长而物归之,若以同裨同,尽乃弃矣。"指出不同的东西彼此和谐才能生成世间万物,如果所有的东西都一样,世界就不再发展了。由此形成了中华优秀传统文化中"和而不同"的思想。《周易》所谓"地势坤,君子以厚德载物",《礼记》所谓"万物并育而不相害,道并行而不相悖",都是讲"和而不同"是自然之道,也是君子之德。这就要承认差异,包容差异,尊重差异,以求同存异、互学互鉴去和谐相处,并推动事物的积极发展。人与人相处、国与国相交、民族与民族相友,都要遵循这个原则。这是个人和顺、家庭和睦、社会和谐、民族团结、天下太平的通途。所以,中国自古反对霸道,反对穷兵黩武、对外扩张,主张"远人不服,则修文德以来之",强调"得道多助,失道寡助",践行亲仁善邻、协和万邦。这些,正是"和而不同"的观念在处理国家关系、民族关系上的运用。

中华民族是在历史进程中逐渐形成并经过数千年历史风雨考验和洗礼的一个多民族的大家庭。这些民族之间的关系不是征服者与被征服者的关系,而是相互尊重、平等相待、情深谊长的同胞兄弟。中华文化是这些民族共有的精神家园,中国是这些民族共同的祖国,是这些民族的命运共同体,各个民族各自独有的文化特点、风俗习惯和权益得到了充分的保障和尊重。这本身就是"和而不同"的一个成功典范。

中国自身的历史经验使中国向来拒绝扩张野心,也从来没有为扩张领土而发动过侵略战争。中国在很长的历史时期一直是世界强国，却从来没有奉行过西方列强那种"国强必霸"的思维逻辑和行为模式，更没有西方列强为抢夺殖民地而残酷灭绝土著民族、大规模劫掠非洲黑奴的罪恶行径。新中国成立后，一直奉行独立自主的和平外交政策。经过60多年的奋斗，中国正在强大起来。一些西方舆论鼓噪所谓"中国威胁论"，其实正是按照他们自己的思维逻辑和行为模式以己度人。1860年英法联军抢劫并纵火焚毁圆明园、1937年日本侵略者南京大屠杀等令人发指的暴行，早已被世界人民钉在历史的耻辱柱上。那种殖民主义、军国主义的文化传统和精神追求，必然被抛进历史的垃圾堆。中国将坚定文化自信，传承和弘扬中华优秀传统文化，亲仁善邻、以德服人，和而不同、合作共赢，努力建设人类命运共同体，造福于中国人民，造福于全世界。

英国历史学家汤因比曾明确地比较了中华文明与西方文明的特征和历史贡献。他认为，西方在经济和技术上影响和征服了全球，但是却留下了政治上的民族国家林立世界的超级难题，这个政治真空将由中华文明来补足。他最终的结论是，中华文明，这个历史上一直以和平主义和世界主义为取向的天下文明，将在21世纪成为全人类的共同精神财富。

历史和现实都正在强有力地证明，一个强大、自信的社会主义中国在世界东方蒸蒸日上，不会重复西方资本主义发展的老路，将打破"国强必霸"的西方逻辑，不是世界的"威胁"，而是世界的机遇。它将为应对各种全球性挑战和加强全球治理提供重要的中国方案，为世界各国人民谋和平求发展奉献有益的中国智慧，在推动世界建设人类命运共同体方面作出独特的中国贡献。

*《红旗文稿》2017年第11期*

# 文化自信的来源及价值

汤 恒

2014年的全国两会期间,习近平总书记在与贵州代表团一起审议《政府工作报告》时指出:"体现一个国家综合实力最核心的、最高层的,还是文化软实力,这事关一个民族精气神的凝聚。我们要坚定道路自信、理论自信、制度自信,最根本的还有一个文化自信。"在2016年庆祝中国共产党成立95周年大会上,习近平总书记又强调,"文化自信,是更基础、更广泛、更深厚的自信"。这些重要论述把文化自信提到了一个新的高度。认真研究文化自信这个课题,既有重大的理论价值又有重大的现实意义。文化自信,是指人们对我们党、国家和民族文化的历史传统、价值内涵和现实意义的认识、认同以及在此基础上建立起来的信念。关于文化结构,有着许多种界说,本文将从物质、制度和精神三层次说来展开对文化自信的论述。

## 一、我们的文化自信从哪里来

1. **中华民族独自形成了系统的原生文明**。作为一个地理范畴的中国,是从上古时代华夏族在黄河流域建立的中国开始的。《诗经·大雅·生民之计》讲的"民亦劳止，汔可小康。惠此中国，以绥四方"，反映了华夏族人认为自己居天下中央，而相邻地区为四方的观念。元代人王文亮曾描述道："中华者，中国也。亲被王教，自属中国，衣冠威仪，习俗孝悌，居身礼仪，故谓之中华。"这就是我们中华民族早期形成的优势和魅力所在。

在那个时代，我国已经产生了比较成熟的农业文明，土地为国家和集体共有并向个体私人所有发展，石器和铜器成为农业生产工具，集体劳动以抵抗自然力量。部族首领领导人们治水就是集体劳动的见证。

在那个时代，我国进入了国家文明的阶段，与古希腊大体同步。在夏朝政权创建后的1300多年里，我国早期国家最高政权只经历了3次重大更迭，保持了结构的稳定性和继承的连续性。已经形成相对稳定的社会秩序结构，有了军队、监狱和官吏组织系统，有了王室对诸侯的管理制度以及各方面的细化和有效的管理。

在那个时代，我国已经产生了体系较为完整的成熟文字甲骨文、金文，它们是现代汉字的早期形式。今天见诸于世的10多万片有字甲骨中，含有5000多个不同的文字图形，其中已被识别的有1000多字。

在那个时代，特别是积累到了春秋战国时期，我国产生了一个又一个思想理论派别和体系，其中有道家、儒家、法家、阴阳家、名家、墨家、杂家、农家、兵家、纵横家等。世界各民族的文明都有着自己的发展道路。因为大海、大河、高山和沙漠的阻隔和无法跨越的距离，文明无法对话。我们有理由自豪，尽管在同一个时期，中国的诸子百家和古希腊等世界上的思想大家的思想高峰如约而至，但我们的思想理论、价值观念和典章制度等却循着独创之路，为人类文明贡献着光华。

**2. 中华文化是全世界唯一没有中断过的文化之河。**中华文化已经在世界上持续存在几千年，这是任何一个国家、任何一个民族都不曾发生过的事实。古埃及、古巴比伦、古印度这些有着灿烂文化的国家都败亡了。梁漱溟曾总结道,"历史上与中国文化若后若先之古代文化,或已夭折,或已转易,或失其独立自主之民族生命。唯中国能以其自创之文化永其独立之民族生命,至于今日岿然独存"。从历史的具体表现形态上看,几千年间,中华文化经历了无数次大大小小的天灾人祸的考验,具有对灾难和创伤的强大修复功能。包括王朝的更替,短暂的国家分裂和外敌的入侵,都经过了战乱和动荡。但是,无论遭受怎样的苦难,遇到怎样的灭顶之灾,走过怎样的曲折道路,中华民族始终不屈不挠、浴血拼搏、奋力抗争,最终化险为夷、转危为安。

人们不禁要问,葆有独立民族生命力的密码到底是什么。按照唯物史观的观点,建立在相对优越自然地理条件上的农耕经济的持续性,是造就中国文化持续性的首要原因。同时,与自然的、个体的农耕经济相适应的家国同构的政治结构,也是中国文化持续向前发展的重要支撑。从整体上讲,中华民族对自己国家和民族的历史、文化及未来,从来都有着坚定的自信心。抗日战争时期,即使敌我双方在经济、军事、政治组织能力和综合国力对比非常悬殊的条件下,毛泽东依然通过科学论证和严谨分析坚定指出:"亡国论者看敌人如神物,看自己如草芥,速胜论者看敌人如草芥,看自己如神物,这些都是错误的。我们的意见相反:抗日战争是持久战,最后的胜利是中国的——这就是我们的结论。"[①] 这就是一位脚踏中国坚实大地、吸吮中华优秀传统文化和人类优秀文明成果的伟人的思想力量,这就是科学的力量、文化的力量。

3. 马克思主义中国化理论成果具有的真理力量。在今天看来,明清之际,我们国家已经丧失了赶上世界发展潮流的机会。而1840年之后向西方学习,又是被坚船利炮打开国门、割地赔款、痛定思痛的选择,带有鲜明的救亡色彩。从兴实业、建海军,到变法图强,从搞革命、组政党,到共和流产,中华民族的救亡振兴之路屡屡受挫。反思中华传统文化,的确存在很多

---

[①]《毛泽东选集》第2卷,北京:人民出版社1991年版,第514—515页。

与时代发展不相适应的地方。正因如此，中国共产党人选择马克思主义作为自己的指导思想，把它郑重写在自己的旗帜上，才显得弥足珍贵。

在马克思主义中国化成果——毛泽东思想的指导下，中国共产党领导人民取得了人民革命的伟大胜利，建立了新中国，又积极探索适合中国国情的社会主义建设道路，改变了中国人民的命运。所以，这是历史的选择，人民的选择。

近40年来，在我们党领导的改革开放和社会主义现代化建设伟大实践中，以邓小平同志为核心的党的第二代中央领导集体第一次提出了"建设有中国特色的社会主义"的重大命题，创立了邓小平理论这个中国特色社会主义理论体系的最基础的重要组成部分。以江泽民同志为核心的党的第三代中央领导集体创立的"三个代表"重要思想和以胡锦涛同志为总书记的党中央提出的科学发展观，不断总结新鲜经验、作出理论概括，发展了中国特色社会主义理论。

党的十八大以来，以习近平同志为核心的党中央提出的一系列治国理政的新理念新思想新战略，与邓小平理论、"三个代表"重要思想和科学发展观在理论渊源、主题、品质、基点和目标上，一脉相承，接续探索，把中国特色社会主义理论推向了新的境界。靠着这些科学理论的指引，靠着这些强大精神支柱的支撑，中国的革命、建设和改革大业才能乘风破浪，一往无前。

**4. 中国共产党的优良作风蕴含的道义力量。**中国共产党在90多年的革命、建设和改革实践中，以马克思主义和马克思主义中国化成果为指导，以中华优秀传统文化继承者、倡导者和践行者为己任，大力弘扬以爱国主义为核心的民族精神和以改革创新为核心的时代精神。在长期斗争中形成的理论联系实际、密切联系群众、批评和自我批评的优良作风，反映了党的性质和宗旨，体现了中华文化的精髓，是辩证唯物主义和历史唯物主义世界观和方法论在党内生活和党的工作实践中的具体体现。三大作风树立了我们党的崇高道德形象，成为我们党区别于其他政党的显著标志。

回顾我们党的光辉历史，弘扬和践行中华优秀传统文化，始终是我们党的优秀分子的自觉追求。在艰苦卓绝的革命斗争岁月，我们党和人民军队培育了以坚定信念为核心的井冈山精神，以一不怕苦、二不怕死为核心的长征精神，以自力更生、艰苦奋斗为核心的延安精神，以"两个务必"为核心的西柏坡精神。在社会主义建设时期，我们的党、军队和人民共同培育了以不畏强敌、保家卫国为核心的抗美援朝精神，以爱国、创新、求实、奉献为核心的大庆精神，以热爱祖国、无私奉献、自力更生、勇攀高峰、大力协同为核心的"两弹一星"精神等，凝结在无数革命先烈的英雄壮举上，凝结在许多先进集体的无私奉献中，成为我们党作为中国人民和中华民族先锋队的表征。

在纪念红军长征胜利80周年大会上，习近平总书记指出："伟大长征精神，是中国共产党人及其领导的人民军队革命风范的生动反映，是中华民族自强不息的民族品格的集中展示，是以爱国主义为核心的民族精神的最高体现。"长征精神和其他的革命精神、社会主义精神、集体主义精神一起，在革命和建设的实践中锻造出中华优秀传统文化在现代和当代的接续传承和升华，构建出社会主义先进文化的精神高地，成为永远激励中国共产党人和中国人民奋发前进的道义力量。

**5. 社会主义核心价值观昭示的先进文化前进方向。**富强、民主、文明、和谐，自由、平等、公正、法治，爱国、敬业、诚信、友善，这12组词、24个字，体现了社会主义意识形态的要求，体现了中华优秀传统文化的传承，体现了人类优秀文明成果的借鉴，体现了亿万群众社会生活实践和精神生活的创造，反映了社会成员主观愿望的最大公约数。价值观是文化中最核心的部分，规定着文化的性质、方向，起着社会稳定器和精神生活方向盘的作用。社会主义核心价值观的凝练和概括来之不易。我国百年来遭遇三千年未有之大变局，社会变化之剧烈前所未有。经济和政治的变化与图强相起伏、与屈辱相交织、与战争和复杂斗争相伴随，与此相关联，新思想新观念与旧思想旧观念的较量纷呈僵持。只有马克思主义来到中国，中国革命的面貌才为之一新。中国文化也出现了全新的面貌。但新中国成立之后，社会主义文化建设的规律，又经历艰难摸索的过程。今天，经过近40年的改革开放，我们的党早已实现从革命党到执政党的转变，我们的文化建设实现了与以阶级斗争为纲相适应到与以经济建设为中心相适应的转变，实现了从与社会主义计划经济相适应到与社会主义市场经济相适应的转变。我们党对社会主义文化建设规律成熟把握，根本的一条就是确立了社会主义核心价值观。坚持以社会主义核心价值观为引领，人民群众精神世界的主流一定会始终向上向善、丰富充实，社会主义文化建设的主流一定会保持坚定正确的前进方向。

## 二、深刻认识文化自信的时代价值

1. **从理想信念的高度看文化自信的价值。**对理想信念的自信，对于今天的中国共产党和每个党员，甚至对于广大群众，都是最可宝贵的。

首先，对中国共产党历史的自信，有利于强化党的领导的正义性和引领力。历史虚无主义者总是通过似是而非的"历史细节"的"揭秘"，通过对"历史真实"的"反思"，放大我们党曾经犯过并且已经纠正的错误，掏空和扭曲党的历史。历史是理想信念的载体。只有以辩证唯物主义和历史唯物主义的态度认识我们党的历史，坚决回击各种错误观点和思潮，才能引导人们坚信我们党的历史是光荣和伟大的，坚信是我们党引领中国走向了光明、进步和繁荣，才能使我们的党员干部和人民群众一心一意听党话跟党走。

其次，对党的指导思想的自信，有利于全党全国人民形成团结奋进的共同思想基础。马克思主义是我们立党的根本，靠着马克思主义与中国实际相结合，靠着毛泽东思想，中国共产党领导人民成功找到了农村包围城市、武装夺取政权的革命道路，初步探索了社会主义建设的道路。还是靠着马克思主义中国化成果——邓小平理论，引领中国阔步走上改革开放和社会主义现代化建设的康庄大道。马克思主义的科学原理及其世界观和方法论在伟大实践中的运用，不断推进马克思主义中国化的巨大飞跃，使我们党实现指导思想上的与时俱进，这带给人们极大的信心：中国共产党的思想创新成就是继承中国传统、根据中国实际条件并且吸取世界各国经验教训的成就，属于发展着的马克思主义思想体系，它所指导的实践属于社会主义范畴，在世界社会主义运动中别具一格、自成一家。

最后，对理想信念力量的信心，有利于扭转和解决现实中一些党员和群众理想信念滑坡的状况。社会主义和共产主义是共产党人的政治信仰。自从马克思主义传入中国，社会主义和共产主义作为一种政治理想，就与中国共产党产生了必然的和密不可分的联系。在革命、建设和改革各个历史时期，有无数共产党员牺牲个人利益甚至献出宝贵的生命，为党和人民事业作出巨大贡献，支撑他们的就是"革命理想高于天"的坚定信念。但一个时期以来，总有那么一些缺少理想信念的言行流布。有的党员干部对共产主义心存疑虑，认为那是虚无缥缈、难以企及的幻想；有的认为马克思主义已经过时，共产主义越来越遥远，中国最终也会向资本主义靠拢；有的认为理想信念不能当饭吃，别太认真，过好自己的日子才是硬道理；有的不信马列信鬼神，从封建迷信中寻找精神寄托，热衷于算命看相、烧香拜佛，遇事"问计于神"；有的甚至向往西方社会制度和价值观念，对社会主义前途命运丧失信心。认清和勇敢面对种种现实思想问题，只是我们找到钥匙的开端。固理想之本，凝信念之魂，补精神之钙，才是巩固我们党优良思想作风的根本之道。

党的十八大以来，习近平总书记以巨大的政治勇气和创新魄力，就新形势下坚定理想信念、加强党的建设提出了一系列新思想新观点，从理想信仰的大本大源上观照道路、理论、制度，体现了对党的最高理想和最终奋斗目标的无比忠诚，体现了对中国特色社会主义的深厚定力，并以科学的思想理论为走向明天的中国共产党增添了意志和自信，以伟大共产主义者风范为全体党员朝着目标前进增添了意志和自信。党的十八大以来的实践表明，理想需引领，信念须笃行，务必使全体党员牢记，以马克思主义为立党之本，以实现共产主义为最高理想，以全心全意为人民服务为根本宗旨，这就是共产党人的本，只有抓住了这个本，立好了这个本，我们才能不忘初心，走好新的长征路。

**2. 从坚持走中国特色社会主义道路的高度看文化自信的价值。**中华优秀传统文化、革命文化和社会主义先进文化是中国特色社会主义的文化土壤，文化自信是道路自信的根脉。理论自信与文化自信既有区别又有联系，理论自信规约着文化自信，文化自信包含着理论自信。制度自信是文化自信的具体形态和集中体现。文化自觉和自信体现着中国特色社会主义的文化本质和魅力，与"三个自信"一起展现着中国特色社会主义的根本性质和发展方向。从制度文化的角度考察中国特色社会主义制度的形成过程和现实形态，我们可以看到它有着三个鲜明特色。一是它来源于中国人民的自主创造，从结构元素上借助由西方开启的现代国家文明体系，经过一次又一次试错探索和实践，终于从5000年文明中、从170多年的抗争中走来，建立了人民民主的国家。二是在传统的大一统国家的基础上实现整体转型，保持了长期统一的中国的历史延续性。这在世界上是罕见的。三是中国共产党主导中国现代制度的构建，赋予中国现代制度以社会主义的根本属性，成为中国特色社会主义的核心力量。历史已经证明中国特色社会主义制度的科学性和有效性，这是我们制度自信的基础。习近平总书记指出，"中国最大的国情就是中国共产党的领导。什么是中国特色？这就是中国特色。中国共产党领导的制度是我们自己的，不是从哪里克隆来的，也不是亦步亦趋效仿别人的"。正是因为具有这样一些特色，在党的领导下，落实"四个全面"战略布局，经过不断的改革和完善，集中力量办大事等优势将不断得到巩固，制度的潜力活力将不断得到释放，我们党领导人民在发展中将向世界贡献更好的中国方案，在人类文明发展规律、社会主义建设规律和中国社会发展规律方面将会取得更大成就，中国特色社会主义制度文化将焕发出更加夺目的光彩。

**3. 从实现中华民族伟大复兴的中国梦的高度看文化自信的价值。** 我国是一个多民族国家。各民族在长期交流融合中发展，形成多元一体的中华民族。中华民族在自己的土地上建立的国家，历史上以统一时期居绝大多数，分裂时期往往是短暂的，而且每一次分裂哪怕有二三百年，但从团结统一的历史大跨度来看都是短暂的，这就形成了中华民族追求团结统一的伟大传统，反抗内外分裂和侵略的伟大爱国主义精神。鲜明的大一统观念、家国一体观念，强烈的国家认同、民族认同，曾经在内心深处极大地激发了一代又一代爱国志士深信中国不会亡、中华民族不会亡，为祖国的完整统一不懈奋斗甚至血洒疆场。这也成为我们今天始终不渝地追求大陆与台湾实现统一，坚定反对民族分裂主义的精神源泉。

从中国历史的角度来看，中华民族创造过汉、唐盛世，在当时的世界居于前列，这种对祖先伟大创造和伟大业绩的认识、赞颂和肯定，极大地激发了中国人民的民族自信心和自豪感。当我们党带领人民获得了国家的独立和自由，获得了发展的基本条件，我们心中就会涌起追赶世界潮流、追赶发达国家、实现民族复兴的强烈愿望。我们的"两个一百年"奋斗目标来源于历史深处，牢牢地镌刻在当代中国人民的心中，必将成就于我们脚踏实地、砥砺前行的奋勇拼搏。

从世界历史的角度看，大国的崛起多数都与武力扩张和战争相伴随，今天的中国正朝着大国强国迈进，却秉持"己所不欲，勿施于人"的思想，坚守"和为贵"的理念，超越西方人所谓"国强必霸"的逻辑，以人类命运共同体的思想为引领，坚持走和平发展道路，不通过军事扩张称霸，而是依靠自己的努力奋斗，包括学习借鉴各国的有益经验、拓展国内市场和拓展全球贸易来实现发展，并且寻求与各国互利共赢、共同发展，努力推动建设持久和平、共同繁荣的世界。

习近平总书记强调："现在，我们比历史上任何时期都更接近中华民族伟大复兴的目标，比历史上任何时期都更有信心、有能力实现这个目标。"[1] 这里所指的信心，既是建立在改革开放以来累积起来的强大物质力量上的信心，也是对中华优秀传统文化、革命文化和社会主义先进文化的信心，还有横扫一切颓唐之气并代之以硬朗的骨气、底气的信心。它给今天的中国人民带来蓬勃的朝气、昂扬的锐气和不骄不躁的饱满的精气神。这是最为难能可贵的价值所在。

## 三、文化自信的实现路径

中国特色社会主义文化，从本质上讲，就是人民的文化。被人民所掌握，被人民所运用，日用而不觉，就是文化建设的最大成功。

1. **坚持对中华优秀传统文化、革命文化和社会主义先进文化的一体认同**。中华优秀传统文化在我国历史上发挥着重大作用，特别是以儒家为代表的思想文化和道德传统，与其他思想文化一起构筑起我国人民的精神伦理家园，深深浸染着人民的日常生活。以儒家为代表的思想文化很早就建立了世界性的声誉，受到西方启蒙思想家充分肯定，经过伏尔泰的推荐，孔子的"己所不欲，勿施于人"的思想被写入人权宣言等政治性文件。

今天，弘扬中华优秀传统文化已经成为我们社会的主流共识，对中华优秀传统文化的强烈自豪和自信，是我们文化自信的重要来源。但我们还是有两种不自信，一种认为是革命时期诞生的革命文化打断了中华文脉，而我们现在早已成为执政党了，因此要告别革命。这是非常错误的。还有一种就是

---

[1] 《习近平谈治国理政》，北京：外文出版社 2014 年版，第 35—36 页。

认为社会主义文化一开始是向苏联学习，后来又发生了"文化大革命"，因此社会主义建设时期特别是新中国成立以后的前30年的文化没有什么好讲的。这也是有偏颇的。

实际上，这两种不自信的背后，有着"四个忽视"。一是忽视了以儒家为代表的思想文化与100多年反帝反封建的、争自由争独立的斗争不相适应，尽管其自身具有很大的优势，如美德的系统与传承、具有革命性的因素等，但其结构的稳定性等使之难以发出引导人们自我革命的声音，在具体的历史条件和时代背景下存在一定的缺陷。二是忽视了中华传统文化中蕴含着朴素唯物主义、朴素辩证法、朴素进步历史观等，为马克思主义这一有世界影响的科学思想体系在中国落地生根提供了适宜文化土壤，是中国特色社会主义植根的文化沃土。① 三是忽视了中国近代以来革命斗争历史的内在逻辑，这是一个持续接力发展的过程，也是一个否定之否定、螺旋式上升的过程。在中国共产党走上历史舞台前的60多年里，近代中国已经进行了很多次革命和抗争，只有中国共产党找到了先进的理论和正确的道路，成为中国革命经验的集大成者，成为中华优秀传统文化的继承者和转化创新者，当然这是在严酷斗争条件下不断探索创造的结果，呈现着特殊的历史文化形态。四是忽视了向前看和向后看的问题，实践着的文化是必须向前走的，孤立、静止地看，"中断传统说"似乎是有理的，但没有中国共产党的坚强和正确引领，中华优秀传统文化绝不可能像今天这样转化为中国特色社会主义文化，富有活力，绵延不绝。②

今天的中国是历史中国的延续。我们要增强文化自信，就不能割断历史，将前后对立起来，而应当把中华民族优秀传统文化、革命文化和社会主义先进文化贯通起来，一体化认识和认同。一定要让全体人民不忘本来，不忘中

---

① 刘奇葆:《坚定文化自信 传承中华文脉》,《求是》2017年第8期。
② 李捷:《红色文化与文化自信》,《福建日报》2017年5月8日。

华民族优秀传统文化，不忘党和人民培育和践行的革命文化和社会主义先进文化。一定要让全体人民不忘近40年改革开放过程中我们对外国优秀文明成果的吸收和借鉴，在文化建设中绝不走封闭僵化的老路，自信我们的文化基因能够整合各种优秀文化分子，以更加从容、海纳百川的态度，在世界文明进步的大潮中充分吸收有益营养。只有这样，我们的文化才能坚定地走向未来。

2. **坚持创造性转化和创新性发展**。这包含着三个层次的内涵。首先是我们党在新的形势下确立的文化建设的方针。2013年11月，习近平总书记在山东考察工作时提出，要加强对中华优秀传统文化的挖掘和阐发，努力实现中华传统美德的"创造性转化、创新性发展"。以后他又在多个场合强调要坚持这个基本方针。"两创"方针与文化为人民服务、为社会主义服务的方向，与百花齐放、百家争鸣的方针各有侧重，互为补充，共同构成一个有机整体，深刻回应了文化建设的发展方向和发展路径问题，是体现了我们党对文化建设规律性认识的新成果。其次是扬弃继承。几千年积累的中华文化，博大精深，内容繁杂。从个别的来讲，有今天直接适用的，从整体的来讲，必须采取客观科学礼敬的态度，辩证地、有鉴别地加以对待，取其精华、去其糟粕。只有这样，我们才能守得住文化根脉，传承好文化基因。最后是转化创新。坚持实践标准，着眼于文化现代化，着眼于能不能解决今天中国的现实问题和满足人民需求，对传统文化的内涵加以补充、拓展、完善，赋予其新的时代内涵和现代表现形式，使传统文化的当代价值得到充分弘扬，服务和造福人民。

"两创"方针是以习近平同志为核心的党中央就弘扬中华优秀传统文化提出来的。正确理解和把握这个重要方针，既用之于指导我们传承和弘扬中华优秀传统文化，又要用之于指导整个文化建设。一方面，革命文化和社会主义文化历史比较久远的部分，因为时代背景的变化和历史的局限，有一个扬弃继承和转化创新的问题。另一方面，我们以开放包容的态度参与到经济全球化的过程中,对待与经济深度相融的外国文化,既要有拿来主义的气魄,又要有以我为主、辩证取舍、择善而从的坚决态度,还要有消化吸纳和防止唯洋是从、唯洋是举、一切向西看的错误做法的工作机制。"两创"方针在文化建设实践中的贯彻,将会发挥越来越大的作用。

**3. 发展中国特色社会主义文化。**毛泽东曾指出,新民主主义文化是"民族的科学的大众的文化"。① 党的十八大报告提出,"建设社会主义文化强国……建设面向现代化、面向世界、面向未来的,民族的科学的大众的文化"。在这里,明确将毛泽东对我国新民主主义文化性质的界定转化成了对中国特色社会主义文化性质的界定。还明确将邓小平给景山学校题词中的"三个面向",转化成了对中国特色社会主义文化性质的界定。上述两个板块加起来,基本确立了中国特色社会主义文化的6个结构要素。

所谓民族的,是指我们弘扬中华优秀传统文化、革命文化和社会主义先进文化,主张中华民族的尊严和独立,它是我们这个民族的,带有我们民族的特性,并且应有自己的形式,就是民族形式。所谓科学的,是指以先进的科学理论为指导,弘扬科学思想和科学精神,坚持唯物辩证法,反对唯心主义,反对资本主义腐朽观念和封建残余。所谓大众的,是指我们坚持以人民为中心的发展思想,坚持文化建设为了人民,文化建设依靠人民,文化成果由人民共享。所谓面向现代化,是指我们的文化坚持走中国特色社会主义文化发展道路,与社会主义民主政治和市场经济相适应,与社会主义现代治理体系相协调,有利于中华民族大踏步赶超发达国家,实现中华民族伟大复兴的中国梦。所谓面向世界,是指坚持文明的多样性,强调各国文化的平等地位、相互尊重对方的文化,强调以开放包容的态度对待各国文化并在各国文化间进行交流互鉴,坚持走改革开放之路,广泛借鉴世界一切有益文化成果,用以滋养和壮大我们自己的文化。所谓面向未来,是指我们的文化主要是引

---

① 《毛泽东选集》第2卷,北京:人民出版社1991年版,第706页。

导人们特别是广大青少年向前看，而不是向后看，为着未来的理想而采用历史的、现实的和外国的资源，加以独立创造或者综合集成创造，实现固本开新、别开生面。

当前和今后一个很长的时期，我们还要下大力气、下大功夫，让社会主义核心价值观融入社会管理、融入政策法规、融入生产生活，成为人们的精神信仰。只有这样，中国特色社会主义文化和社会主义意识形态的要求，才能牢牢扎根于中华大地、扎根于广大人民心中，成为中华民族永不退却的底色和永不枯竭的力量源泉。

*《红旗文稿》2017 年第 18 期*

# 红色文化与文化自信

刘润为[*]

一

文化自信，就是对于自我文化效能的确认感。大凡行为主体都有一定的文化，也都有预定的行为目标。当一个行为主体求实地认定自身拥有的文化能够保障实现预定目标的时候，它就产生了某种程度的文化自信。近年来，我们强调要坚定文化自信，就是说要始终坚信党和人民拥有的文化是先进的，是世间罕有的好东西，是实现中华民族伟大复兴的中国梦的思想保证、精神动力和智慧源泉。

那么，我们党和人民拥有哪些文化呢？一种是中华优秀传统文化，即列祖列宗留给我们的有益文化；一种是我们党和人民创造的文化，即革命文化和社会主义先进文化，通常我们统称为红色文化。这两种文化虽然不同，但在发挥效能时，却并非彼此孤立的二元存在，而是统一于推动中国发展进步

---

[*] 作者：中国红色文化研究会会长。

的社会实践之中的。而中华优秀传统文化一经党和人民实践的创造性转化，也就脱胎换骨，变成了红色文化。比如"实事求是"，原本是《汉书》作者班固称赞河间王刘德的话，意思是说刘德在古籍整理方面不尚浮辩、严谨扎实，但是到了中国共产党人这里，则被作出全新的解释："'实事'就是客观存在着的一切事物，'是'就是客观事物的内部联系，即规律性，'求'就是我们去研究。"① 由此，这一词语也就从特指"修学好古"的学风上升为我们党的思想路线。在庆祝中国共产党成立 95 周年大会上的讲话中，习近平总书记在阐述中华优秀传统文化和红色文化的精神价值之后，又着意归结强调："我们要弘扬社会主义核心价值观，弘扬以爱国主义为核心的民族精神和以改革创新为核心的时代精神，不断增强全党全国各族人民的精神力量。"这样的严谨论述，充分体现了辩证唯物主义一元论的文化观。因此，可以说，文化自信，归根结底是对红色文化的自信，或者说红色文化是文化自信的根本支撑。

## 二

历史的经验值得注意。

在漫长的古代历史中，我们中华民族创造了光辉灿烂的文化，因而一直以伟岸的身躯自立于世界民族之林，一直拥有山海一般的文化自信。正是因为有了这种坚定深沉的自信，我们的先人们才能够以博大的胸襟容纳外来文化，以从容的态度改造外来文化。佛教的中国化就是一个至今仍让我们引以为豪的光辉范例。可以说，如果没有先人们的那种文化自信，以儒、释、道为主的中华传统文化就会三分明月少其一。

但是，中国封建统治阶级随着政治上的日趋没落，在文化上也日趋腐朽。

---

① 《毛泽东选集》第 3 卷，北京：人民出版社 1991 年版，第 801 页。

为了维护反动统治，他们日甚一日地阉割、窒息传统文化中的生机与活力，日甚一日地尊崇、放大传统文化中的保守、僵化因素。到头来，儒家文化以至整个中华传统文化似乎只剩下"君权神授""三纲五常""三从四德"之类的枯槁信条，而"自强不息""与时偕行""苟日新，日日新，又日新"等鲜活的元素则被抛到了九霄云外。这种文化上的倒行逆施，持续到1840年鸦片战争之后，终于在封建统治阶级内部引发上百年的文化危机。危机的根本标志就是丧失文化自信：一是文化自负，即过高估计封建主义文化的实力和效能。它往往表现为既抱残守缺又妄自尊大。面对西方资本主义生产方式、政治制度和文化观念的冲击，面对国内变法求新图强的呼声，慈禧太后控制的清廷虽然不得不作出一些赞成变法或实施新政的姿态，但骨子里依然顽固地抱定"纲常名教，亘古为昭""不易者三纲五常"之类的陈腐宗旨。更有甚者，竟然连学习一点资本主义的先进技术都不能容忍。大学士、理学大师倭仁曾公开指责洋务运动"上亏国体，下失人心"，强调万万不可动摇"尚礼义不尚权谋"的"立国之道"。二是文化自卑，即过低估计中华传统文化的实力和效能，妄自菲薄、引喻失义，由自信转为他信。在这方面，胡适就是一个典型的反面教员。他虽然对五四新文化运动作出过不小的贡献，但是又由反封建而不分青红皂白地否定中国的历史和文化，甚至公开声明："我主张全盘的西化，一心一意的走上世界化的路。"

　　文化自信的丧失，实质上是民族自信的丧失。1931年，日本侵略者制造九一八事变，继而东北沦陷。在这民族生死存亡的危急关头，一些代表统治阶级利益的文人、政客居然慌张到六神无主的地步，因此上演了一幕幕令人啼笑皆非的丑剧。《大公报》发表题为《孔子诞辰纪念》的社评，断言"中国人失去了自信力"。蒋廷黻扬言，"为了对日和平不惜任何代价"。有蒋介石"国师"之称的戴季陶则联手下野军阀段祺瑞，请九世班禅在杭州灵隐寺举办时轮金刚法会，还振振有词地说："今则人心浸浸以衰矣！非仗佛力之加被，未由消此浩劫。"上流社会制造的乌烟瘴气，不可避免地要蔓延开来，泱泱中国弥漫着萎靡不振、手足无措的气氛，中华民族的文化软实力也随之跌入低谷。严峻的事实告诉人们，不打破腐朽的封建政治专制和文化专制，不但要导致中华传统文化的中断，也势必把整个中华民族推向覆亡的深渊。

那么，打破封建专制的力量何在呢？其仍然存在于中华民族之中，存在于中华优秀传统文化之中。早在1900年，梁启超发表著名的《少年中国说》，指出有两个中国：一个是"老大中国"，即腐朽没落的帝国；一个是"少年中国"，即充满朝气的工业化强国；有两种国民：一种是默认并固守"老大中国"的"老大国民"，一种是憧憬并创造"少年中国"的"少年国民"。"老大中国"是腐朽的封建统治阶级制造的"冤业"，"少年中国"则将是由具有少年一样"心力"的国民创造的辉煌。他大声疾呼：要用"少年国民"取代"老大国民"，用"少年中国"取代"老大中国"，让"我少年中国，与天不老"，让"我中国少年，与国无疆！"1934年，鲁迅针对"中国人失掉自信力"的悲观论调，明确指出："我们从古以来，就有埋头苦干的人，有拼命硬干的人，有为民请命的人，有舍身求法的人，……虽是等于为帝王将相作家谱的所谓'正史'，也往往掩不住他们的光耀，这就是中国的脊梁。""说中国人失掉了自信力，用以指一部分人则可，倘若加于全体，那简直是诬蔑。"

然而，在资本主义已经形成世界体系的国际环境中，在半殖民地半封建的社会历史条件下，要激活、扬厉中华传统文化的生命活力，唤醒、振作民族精神，必须有一种新的文化元素的植入；要动员、组织富有民族精神的"少年国民"或"中国脊梁"，形成改写历史的伟力，必须有一种新的社会力量的出现。正是在时代的召唤下，马克思主义和中国共产党走到中国历史舞台的中央，承担起指导、带领亿万人民拯救中国及中华传统文化的重任。

中国人民自古以来就崇尚和谐、追求和谐，一直憧憬"使老有所终，壮有所用，幼有所长，矜寡孤独废疾者皆有所养"的大同社会，向往没有城狐社鼠、没有剥削压迫的"乐土"，积淀之深，已经成为中华优秀传统文化的核心价值观。可以说，愈到近代，中国人民的这种向往便愈加热切。当年康有为的《大同书》不胫而走，就是一个明证。然而，中华优秀传统文化尽管确立了美好的核心价值观，却未能提供实现这一价值观的正确道路。这个时候，马克思主义一经传入，中华优秀传统文化必然会产生久旱逢甘雨、歧路见明灯那样的亲切感和依靠感，这就是我们通常所说的马克思主义与中华优秀传统文化的深刻的内在统一性。在马克思主义指导下，中国共产党团结、带领亿万人民改造中国的实践过程，也是扬厉优秀传统文化、荡涤腐朽传统文化的过程，实现马克思主义与中华优秀传统文化融合的过程，培养、造就千千万万具有崭新精神气质的"少年国民"或"中国脊梁"的过程。正是在这一无比壮丽的伟大历史进程中，诞生了以中国化马克思主义为核心的红色文化。历史毋庸置疑地证明，马克思主义是中华传统文化的救星，中国共产党人是中华优秀传统文化的忠实继承者和卓越发扬者，而用红色文化武装起来的中华优秀儿女则是改造中国的"少年国民"或"中国脊梁"。任何把红色文化与中华优秀传统文化对立起来的观点，都是没有根据的。

1949年新中国成立前夕，毛泽东把红色文化称为"中国人民学会了的马克思列宁主义的新文化"。[①] 回顾党和人民的奋斗历程，他十分自豪地指出："自从中国人学会了马克思列宁主义以后，中国人在精神上就由被动转入主动。"[②]

首先是指导思想上的主动。仅以革命时期为例。马克思主义的世界观和方法论与充满辩证精神的民族智慧在革命实践中的融合，孕育出《中国的红色政权为什么能够存在？》《论持久战》《抗日战争胜利后的时局和我们的方针》《在中国共产党第七届中央委员会第二次全体会议上的报告》等一系列指导性的理论著作。这充分表明，在每一个转折关头，在每一个发展阶段，我们党都能发现规律、科学决策、成竹在胸，从而牢牢掌握斗争的主动权。这

---

① 《毛泽东选集》第4卷，北京：人民出版社1991年版，第1515页。
② 《毛泽东选集》第4卷，北京：人民出版社1991年版，第1516页。

就是马克思主义的中国化,这就是马克思主义中国化的优秀成果!自从诞生了中国化的马克思主义,中国人民就彻底告别了近代历史上没有思想武器可用的窘迫局面,完全摆脱了四顾茫然、不知所之的被动状态。

其次是精神状态上的主动。自从有了马克思主义的武装,中国共产党人和中国人民就把"东亚病夫""劣等民族"之类的帽子甩到了太平洋中。越是面对艰难和坎坷、风险和挑战,我们党和人民越是迸发出惊人的勇气和智慧。红船精神、井冈山精神、延安精神、西柏坡精神、抗美援朝精神、大庆精神、航天精神、98 抗洪精神、抗震救灾精神……所有这些,都是筚路蓝缕、以启山林,和衷共济、众志成城,舍生取义、尽忠报国等民族精神的灿烂升华,从而在一个更高的历史起点上诠释了中华民族之为中华民族的伟大与光荣。

最后是文化斗争上的主动。从 1927 年国民党反动派背叛革命到 1937 年全面抗战爆发,帝国主义、封建势力和官僚资产阶级结成"神圣同盟",在对红色政权进行凶残的军事"围剿"的同时,也对红色文化进行了空前的文化"围剿",甚至疯狂屠杀革命的、进步的文化工作者。然而其结果却是 1935 年一二·九青年革命运动的爆发,而作为共产主义者的鲁迅,也正是在这一"围剿"中成为文化革命的伟人。这里还应当特别指出的是,红色文化的巨大效能和独特魅力还往往令对手折服。1947 年 9 月 9 日,国民党召开六届四中全会暨党团联席会议。根据蒋介石的指示,会上印发了中共延安整风的 3 个文件,即《关于调查研究的决定》《关于在职干部教育的决定》《关于增强党性的决定》。蒋介石还特别强调,这 3 个文件"是非常重要的参考资料,大家要特别注意研究,看看他们是如何增强党性,加强全党的统一;如何调查敌情,研究敌情;如何教育干部,改造学习的风气"。败退台湾以后,蒋介石痛定思痛,于 1950 年开展国民党改造运动。其间,他除再次将延安整风的有关文献作为参考资料外,还要求国民党干部学习 4 本书,即《辩证法》《中共干部教育》《中共工作领导及党的建设》和《中共整风运动》。当然,由于党的性质的根本不同,党和人民的红色文化是他们根本学不来的。

迄今为止，我们党和人民依靠红色文化打了三场大仗。第一仗取得新民主主义革命的胜利，推翻了帝国主义、封建主义和官僚资本主义的反动统治，建立了人民民主专政的共和国，从而终结了世界近代史上看不起中国人民和中国文化的时代；第二仗取得社会主义革命和建设的胜利，为中国实现现代化奠定了政治文化基础和物质技术基础，中国人民和中国文化得到全世界人民的普遍尊敬，我们的朋友遍天下；第三仗取得并且还在取得改革开放的胜利，短短近40年，中国就跃居为世界第二大经济体，中国的国际地位越来越高，中国人民参与国际交往的范围越来越大，中华民族的文化软实力空前增强。

试问，中国历史上有过这样的科学的大众的文化吗？有过如此效能强大、战无不胜的文化吗？没有，从来没有。完全可以肯定地说，党和人民在革命、建设、改革实践中创造并且还在创造的红色文化，正在复兴着中华优秀传统文化。这种文化就其先进性来说，不仅超越封建社会和半殖民地半封建社会，也超越了整个资本主义世界。它使得中国文化在世界文化之园中重新焕发出夺人心魄的光彩，它使得中华民族再次以伟岸的身姿自立于世界民族之林。作为具有民族感情的中国人，我们没有任何理由不对这种文化产生由衷的自信和自豪。

## 三

习近平总书记指出，现在，我们比历史上任何时期都更接近中华民族伟大复兴的目标，比历史上任何时期都更有信心、有能力实现这个目标。然而，越是接近这一中国人民梦寐以求的理想，国际敌对势力越是千方百计地消解我们的红色文化，处心积虑地瓦解我们的文化自信。在这场看不见硝烟的较量中，帝国主义文化和封建主义文化再一次结成"神圣同盟"。他们或者鼓吹"以儒代马",主张重新"将儒教立为国教",或者鼓吹"全盘西化",企图用西方的"宪政民主"颠覆我们的人民民主,用新自由主义改造我们的生产关系,用"普世价值"取代我们的社会主义核心价值观。正是着眼实现民族复兴的远大目标,正是出于对当前文化态势的深刻洞察,党的十八大以来,习近平总书记才一再强调坚持马克思主义的指导地位,一再强调弘扬中华优秀传统文化,一再强调传承红色基因,努力建设社会主义先进文化,一再强调在全党全国人民中树立起坚定的文化自信。这些充分体现了习近平总书记用心之良苦,寄托之深远。

文化自信并非行为主体对于自身的文化实力和文化效能的机械反映。也就是说,不是拥有雄厚的文化就一定能够产生文化自信。楚厉王和楚武王都曾亲睹并可能拥有荆山之玉,无奈其识见鄙陋,反而将其认作普通的石头。可见文化自信的前提是文化自觉。这里所说的文化自觉,就是能在纷纭缭乱的文化现象中,把握红色文化的本质特征、普遍联系和发展规律,从而对它的效能和前途作出正确的判断。这是一种科学的理性,它恰如巨大的羽翼,托载我们上升到一个居高望远的境界。一旦进入这个境界,我们就会看到平日貌似庞然大物的资本主义文化其实并不足观,就会在浮云笼罩的时候看到即将普照的灿烂阳光,就会在遇到困难和挫折的时候看到民族和民族文化的光明前景。

从20世纪90年代起,美国国际战略学者约瑟夫·奈陆续发表《注定领导世界:美国权力性质的变迁》《软实力》《软实力:世界政治中的成功之道》等著作和文章,不断阐发他的软实力理论。在他看来,自冷战结束特别是苏联解体、东欧剧变以后,国际格局发生了巨大变化。世界的相互依赖日益加深,跨国公司林立世界。生产的一体化、工艺的扩展等都在证明:传统的暴力、财富手段正在逐渐失灵,权力正在由资本密集型向信息密集型转移。在当今世界,倘若一个国家的文化处于中心地位,别国就会自动地向它靠拢;倘若一个国家的价值观和外交政策支配了国际秩序,它就必然在国际社会中居于领导地位。总之，在当今和未来，国际的较量主要在文化领域进行。应当说，这个理论尽管漏洞不少，但毕竟勾勒出了国际竞争重点转移的大趋势。这是我们必须借鉴的。

约瑟夫·奈是一个政客出身的学者，他研究软实力理论的目的在于保持并强化美国的世界霸主地位，但是资本的逻辑并不以约瑟夫·奈的意志为转移。苏联解体、东欧剧变以后，世界社会主义陷入低潮，国际资本以为天下已定，又变得无法无天起来。国际资本对于劳动大众和发展中国家的贪婪榨取和疯狂掠夺，在不到 20 年的时间内，就把资本主义基本矛盾又一次弄到激烈对抗的地步，从而在 2008 年引发了国际金融危机，资本主义文化的软实力也随之迅速滑落。对于资本主义的极度失望，必然催生对于社会主义的热情向往，于是越来越多的人把希望的目光投向中国，投向中国的文化。在遍及欧美的反对资本主义的群众运动中，被剥夺者们举起了"天下为公"的旗帜。种种事实表明，社会主义的中国正面临提升文化软实力的大好机遇。

民族复兴，归根结底，体现为文化的复兴。我们应当不忘初心、不负使命，抓住机遇、锐意进取，不断实现中华优秀传统文化的创造性转化和创新性发展，不断推动红色文化的发展繁荣。让以中国化马克思主义为核心的充满民族智慧的红色文化在指导实践、推动发展中取得更加伟大的成就，让我国的国际示范作用越来越大，国际威望越来越高……到了我国在实现人与自然和谐、人和社会全面发展中居于世界领先地位的时候，我国在化解国际社会各种矛盾、保障人类可持续生存和发展方面成为榜样并发挥引导作用的时候，我国因为对人类作出巨大贡献而得到国际社会普遍拥护的时候，我国文化特别是中国化马克思主义为世界人民所普遍倾心的时候，我们就可以自豪地宣告：中华民族实现了伟大复兴。

《红旗文稿》2017 年第 12 期

# 中国文化与马克思主义

秦 哲[*]

文化是一个民族、一个国家的历史积淀，具有最深层、最广泛的群众思想基础；理论是一个政党、一定阶级的价值理想，具有更现实更同步的斗争实践指导性。中国是"东方人类历史的开端"，中国文化是全体中华儿女的共同价值追求和精神家园。马克思主义是人类文明最优秀成果，是世界共产主义者进行伟大斗争的科学的世界观和方法论。先进理论反映着文化的普遍性，彰显真理意义；优秀文化体现着理论的特殊性，蕴含生命价值。文化是理论最高实现形式，理论是文化基本价值实践。中国文化为马克思主义中国化贡献了人文底蕴、气质，马克思主义为中国文化创新发展赋予了时代内涵、意义。

## 一、马克思主义推动中国文化实现觉醒

"文化的觉醒，从根本讲是个人本位（英美）社会向社会本位（苏联）社

---

[*] 作者单位：中央军委机关。

会思想、意识的觉醒。"① 在人类历史长河中，重大历史事件往往促使人们警醒与清醒。而这种警醒与清醒，正是产生文化自觉的前奏，用这种文化警醒与清醒，引领社会意识的觉醒。历史证明，中国革命、建设、改革与发展的过程，也是马克思主义基本原理与中国具体实践相结合，推动中国以伦理本位社会为核心的文化觉醒的过程。

致力民族独立、获得人民解放，实现中国文化第一次伟大觉醒。"观乎人文，以化成天下。"可以说，文化是古老中国的全部记忆。正如英国学者罗素于20世纪30年代在中国演讲时所说："中国实为一文化体而非国家。"文化使然，国家意识薄弱是近代国人之大写真。1932年年初，上海"一·二八"事变中，巴黎晨报记者行经离上海不远地方，看到人们大多若无其事，不禁感到惶惑，甚至莫名其妙。而1934年3月16日德国发布恢复征兵消息时，柏林一位60多岁女房东闻讯欢喜过度，倒地而亡。这一鲜明对照，不在其事件本身，而在于文化。中国的家族观念在其全部文化传统中占主导地位，且根深蒂固，亦是世界闻名。中国老话有"国之本在家""积家而成国"之说，久而形成轻个人而重家族、先家族而后国家的价值理念。近代以来，特别是从新文化运动开始，无数志士仁人面对一盘散沙的旧中国，常常陷入"家"与"国"的文化反思。

十月革命一声炮响，给中国送来了马克思列宁主义。革命先驱者李大钊在《新纪元》中这样说："俄罗斯之革命，非独俄罗斯人心变动之显兆，实二十世纪全世界人类普遍心理变动之显兆"，这一胜利"是世界革命的新纪元，是人类觉醒的新纪元""是二十世纪革命的先声"。以毛泽东为代表的中国共产党人，从嘉兴南湖红船革命理想启航到延安窑洞艰难探寻，再到天安门城楼上庄严宣示，28年的浴血奋战，让这个内忧外患、社会危机空前深重的民族获得了新生、实现了伟大觉醒。民族的觉醒本质上是文化的觉醒。中

---

① 梁漱溟：《中国文化要义》，上海：上海人民出版社2011年版。

国文化形成根基在广大人民群众，觉醒根源却在马克思主义指导下的群众斗争实践。在中国伦理本位社会文化大背景下，用马克思主义唤醒"人民观念"，赋予了"民族意识""国家意识""社会意识"新的时代内涵，才最终实现了中国从几千年封建专制政治向人民民主的伟大历史飞跃。

实行改革开放、大力发展经济，实现中国文化再次伟大觉醒。以农耕文明起家的中华民族，惯以"王者以民人为天，而民人以食为天"思想治国理政，千百年来始终把解决百姓温饱问题放在首位，逐步形成了封闭、保守，自给自足、自我循环的经济理念和文化观念。20世纪50年代中后期我们在社会主义改造基本完成之后，由于受"左"的思想影响，曾一度超越发展阶段，大搞以阶级斗争为纲、一大二公、平均主义大锅饭，致使我国经济社会发展遭到巨大损失。

以邓小平为代表的中国共产党人，坚持真理、修正错误，解放思想、实事求是，从以阶级斗争为纲到以经济建设为中心，从封闭半封闭到全面对外开放，从计划经济到社会主义市场经济，完成了中华民族有史以来最为广泛而深刻的社会变革，确立了以公有制为主体、多种所有制经济共同发展的基本经济制度。"改革开放是中国的第二次革命。"马克思认为，一定经济形态决定着社会的政治和文化形态。改革开放推动我国经济取得巨大进步的同时，社会主义的政治和文化也发生了根本性改变，整个社会面貌焕然一新。如果说，改革开放是我们党的伟大觉醒，那么也应是中国文化的伟大觉醒。邓小平曾经说，中国的改革是从农村开始的，这个发明权是农民的。所以说，这次"觉醒"从本质看，是马克思主义基本原理的实际运用，打破了中华民族千百年来政治与经济、政治与文化自上而下的单向权力推动，变成了新的历史起点上经济与政治、经济与文化上下结合的双向良性互动，才最终实现了中华民族命运根本扭转、持续走向繁荣富强的伟大飞跃。

涵养党内政治文化、净化党内政治生态，是中国文化又一次伟大觉醒。一个民族的复兴必将伴随其文化的复兴。中国共产党要肩负起民族文化复兴的重任与使命，必须首先建设好党内政治文化，确保党始终代表着中国先进文化的前进方向。在一个时期里，有些地方和部门，由于党的领导弱化、党的建设缺失、管党治党不严，由于封建腐朽文化影响和商品交换原则侵蚀，党内政治生活随意化、形式化、平淡化、庸俗化现象蔓延，个人主义、分散主义、自由主义、好人主义盛行，系统性、塌方式、家族式腐败不时出现。党内严重腐败从表面上看是党的作风建设薄弱问题，但根子都在文化。

人的思想观念来源于文化，价值理念根植于文化。我国有过2000多年的封建社会历史，一些旧文化、旧思想对每个中国人的影响都是潜移默化的、浸润身心的。"一人得道，鸡犬升天"，封妻荫子、光宗耀祖、任人唯亲等封建思想残余在一定程度上依然存在，侵蚀着党内政治生态建设。马克思说过，无产阶级革命与其他革命不同之处就在于：它自己批评自己，并靠批评自己壮大起来。革命者必先自我革命。党的十八大以来，以习近平同志为核心的党中央以从严管党治党开局起步，以刀刃向内的政治勇气朝党内顽瘴痼疾开刀，反腐败斗争取得重大成果，形成压倒性态势。中国共产党作为中国工人阶级同时作为中国人民和中华民族的先锋队，就是要从加强党内政治文化建设抓起，坚持不懈与中国文化的糟粕、封建思想的残余做斗争，彻底清除形式主义、官僚主义、享乐主义和奢靡之风流毒，匡正政治生态、引领社会风尚，真正建立起新时代意义上的文化自信，最终实现中国人民从站起来到富起来、强起来的伟大飞跃。

## 二、中国文化为马克思主义中国化提供丰厚沃土

马克思主义来到中国不是孤立存在的，而是始终与中国文化特别是中华优秀传统文化相生相存。马克思主义之所以能够在中华大地上生根发芽、开花结果，既不是偶然，也不是巧合，而是生长在中国文化这一沃土上的中国

人民历史的选择。革命的、道德的和大同的思想元素构成了中国文化的基本特征。中华优秀传统文化的丰厚底蕴、中国革命文化的炽热激情与社会主义先进文化的实践创造，构筑起当代中国马克思主义的文化脊梁。

重视变革与革命的文化传统经过基于马克思主义基本原理的创造性转化、创新性发展，形成当代中国革命理论与传统。中国传统儒家文化既重视伦理与秩序，也重视变革与革命。儒家典籍《周易》讴歌商汤、周武王推翻暴政的革命行动。"汤武革命，顺乎天而应乎人，革之大事矣哉。""革命""变通""革故鼎新"等词汇均出自此。孟子、荀子也对汤武革命进行了褒扬。齐宣王曾问孟子，商汤流放夏桀、周武王讨伐商纣，算不算犯上作乱？孟子回答，夏桀、商纣已经失去君王的基本德行，是毁仁害义的独夫民贼，诛杀流放这些人，不属于犯上弑君。荀子站在儒家的立场上，也认为把商汤、周武王的行为看成弑君犯上是错误的。他说君主的地位并不是永恒固定的，商汤、周武王奉行道义，为天下人谋福利、除祸害，因而天下人归顺他们。可见，中国传统文化并非一般人眼里纯然的愚忠愚孝文化，而是同时也蕴含着变革与革命的文化传统。

近代以来，中国人民受到帝国主义和封建主义的双重剥削和压迫，中国命运何去何从，富有爱国主义精神和革命传统的中国人民，开始了前赴后继的救国救亡运动。辛亥革命尽管赶走了封建皇帝，但旧文化、旧思想始终难以驱离。新文化运动的兴起，给中国革命带来前所未有的新希望，特别是十月革命给中国送来马列主义，中国共产党开始登上历史的舞台，革命的面貌从此焕然一新。1940年，毛泽东在陕甘宁边区文化协会第一次代表大会上发表演讲时，就指出了革命文化的内涵、作用与特点："革命文化，对于人民大众是革命的有力武器。革命文化，在革命前是革命的思想准备；在革命中是革命总战线中的一条必要和重要的战线。"中国文化中的革命元素，与马克思主义彻底的批判精神相融合，以认识世界、改造世界，认识社会、改造社会前所未有的巨大胆识和气魄，产生并造就了革命的马克思主义政党和革命的人民。我们党在马克思主义革命理论指导下，不仅形成了独具特色的中国革命理论，也锤炼出了更具人类文明进步意义的革命文化。从土地革命到社会主义革命，从实行改革开放到全面深化改革，从延安整风再到正风反腐，可以说，一部中国共产党历史，就是一部在勇于自我革命与善于领导革命中实现超越和发展的革命文化史。

中华优秀道德传统经过基于马克思主义基本原理的创造性转化、创新性发展，形成了中国特色社会主义道德信念。道德文化是中国传统文化重要组成部分，是我们立身做人的价值遵循。中国道德文化从本质上讲是"自我"修养的文化，既脱俗于自然又融入自然，始终关注生命的意义；既来源于物质又高于物质，始终关照生命的价值。经过千百年不断演变，逐步形成了以"天人合一""修齐治平""厚德载物""自强不息""礼义廉耻""仁者爱人""孝悌忠信""忠恕之道"为主要特征的中华传统道德观，这不仅给中国人处理人与自然、人与他人、人与自己关系提供了基本价值遵循，也为马克思主义道德观的中国化奠定了深厚文化根基。马克思早在《1844年经济学哲学手稿》中，就基于"自由、人类共同体和自我实现"三个概念，形成了一种系统的道德观。马克思认为，这三种价值都是内在的、自由的和终极的善；个人只有生活在与他人、自然的和谐关系中，自我决定才是可能的和现实的。这些，都与中国道德文化高度吻合，它既是非政治的、没有任何社会强制性的道德实践，也是在与他人的合理关系中自我发展的积极的人生境界。

中华优秀道德传统不仅是中国人的文化家底，也为马克思主义道德观在中华大地生存发展创造了现实条件，为彻底摒弃资产阶级虚假的、欺骗的、口是心非的，以及夸大其词的道德教义，探索人类至善理论打下坚实文化基础。习近平总书记在北京大学师生座谈会上指出："核心价值观其实就是一种德，既是个人的德，也是一种大德，就是国家的德、社会的德。"2014年2月，习近平总书记又在中共中央政治局第十三次集体学习时指出："牢固的核心价值观，都有其固有的根本。抛弃传统、丢掉根本，就等于割断了自己的精神命脉。"正是基于马克思主义的道德理念、道德实践和道德标准，我们立足社会主义的本质和实践，创新运用中华道德传统中向上向善的思想价值，逐步形成了在国家层面倡导"富强、民主、文明、和谐"，在社会层面倡导"自由、平等、公正、法治"，在个人层面倡导"爱国、敬业、诚信、友善"，三个层面相统一的社会主义核心价值观，为传承和弘扬中华道德传统赋予了新的时代内涵，也为马克思主义"自决的自由""自我价值实现"增添了中华优秀传统文化的人文底蕴。

经典的大同思想经过基于马克思主义基本原理的创造性转化、创新性发展，形成了中国人民团结奋斗的共同思想基础。在中国的优秀传统文化中，大同思想源远流长。中华文化中大同思想是以追求公天下理想为主要特征的。大同的文化理念早在先秦时期就已经出现，《礼记·礼运篇》中就有"大道之行也，天下为公。选贤与能，讲信修睦……是谓大同"。孔子所设想的大同社会是人类美好的理想社会，实现大同则需要遵循天下为公的大道。一个没有私念的公天下的社会，是贤能得其所用，人与人之间真诚而和睦的社会。从道家"小国寡民"社会构想，到墨家"兼相爱交相利"思想形成，再到洪秀全"有田同耕、有饭同食、有衣同穿"的理想天国等，正是在大同文化感召下，中国人表现出了"天下兴亡，匹夫有责""先天下之忧而忧，后天下之乐而乐"的济世情怀。这种理想追求一直活跃在历代先贤和志士的精神世界里，并被全体中国人民所选择和接受。

20世纪初的中国是政治、经济、文化极其落后的半殖民地半封建国家，但人们对大同世界的理想始终不渝。孙中山先生把"天下为公"作为毕生的奋斗目标，中国早期的马克思主义者也都是以大同思想来理解共产主义。他们认为马克思主义与大同思想是异质同构，高度契合中国人的文化心理。1878年，最早介绍社会主义的《西国近事汇编》认为，"共产主义"就是"无产主义""贫富均财"。经典作家虽然没有对未来的共产主义进行详尽描绘，但还是确定了其中的一些基本原则。如，生产资料全民公有，实行"各尽所能，按需分配"的原则，消灭城市与乡村、工业与农业、脑力与体力劳动"三大差别"对立，阶级和国家消亡等，与马克思所设想的共产主义社会是一个公平、公正的大同世界相一致。应该说，大同思想是中国传统文化与马克思主义的契合点，为马克思主义在中国传播和发展提供了适宜的文化土壤和文化缘由。这便是中国共产党带领中国人民最终选择马克思主义、向往共产主义社会、接受社会主义学说的深厚根基和根本动因。

## 三、中国特色社会主义文化开启人类文明发展进步新境界

人类社会发展进步始终离不开世界优秀文明成果作支撑。中国特色社会主义文化是中国文化现阶段最显著的特征，是在马克思主义指导下，经过不断自我改造、自我革命逐步形成的。其中蕴含的思想方法、价值理想、精神理念，既是世界优秀文明成果，也是人类文明宝贵精神财富。中国特色社会主义文化，不仅让中国人民实现自我觉醒，也逐渐成为世界人民的普遍价值共识，更为人类社会文明进步增添了强劲动力。

"为人民服务"理念为人类社会获得精神自由与解放打开了一扇窗户。"为人民服务"是1944年9月毛泽东在为因公牺牲的普通战士张思德开追悼会时提出的。70多年间，"为人民服务"作为中国共产党的奋斗宗旨，成为中国共产党人一切行动的出发点和落脚点，并为广大群众所认同，深入人心、家喻户晓，甚至传播于世界。1848年2月，马克思、恩格斯在《共产党宣言》中向全世界宣告：无产阶级要消灭私有制，建立共产主义社会，解放全人类。解放全人类首要的是自我解放，只有自我得到解放、获得自我精神自由，才能推动全人类的解放。人的精神自由，是以对精神的深刻自我意识为条件的。要做到这一点，就需要这个时代的思想家、政治家，启悟全体民众对本民族的精神文化有一个比较深透的理解和把握，从而自主、自觉地对内心世界实

现有效的整合、统一和完善，成为自我意识的主人。而毛泽东提出"为人民服务"，其思想本质与价值核心正在于此。

我们党之所以长期坚持与封建主义特别是"官本位"思想作斗争，就是要让全体中国人民特别是中国共产党人通过"自我解放"，真正获得精神上的自由。因为，在漫长的等级森严的封建社会里，官为百业之首，不同等级的官员享受不同等级待遇，形成了以官职大小衡量人生价值、成就、地位的"官本位"意识。"官本位"文化是几千年封建等级思想的残余，在中国文化的构成中占主导地位，也一直束缚着中华民族精神的自由与解放。"为人民服务"思想是在对封建主义的批判、对道德伦理的重塑中逐步确立起来的，是促使人类社会实现从"自我"意识觉醒到"忘我"境界升华的价值观完善。它不仅让中国共产党人冲出思想牢笼，获得自我解放，达到精神独立与思想自由，为中国文化在本民族恰当定位，也为人类社会文明迈上新台阶、实现新进步打开了一扇心灵窗户。

"共同富裕"理念为人类社会实现财富独立与自由开辟了一条通道。改革开放之后，邓小平多次论述过共同富裕问题。1985年3月，在全国科技工作会议上他再一次指出："社会主义的目的就是要全国人民共同富裕，不是两极分化。""富裕"问题本质上是一个"财富"问题。追求财富是人的本性，也是社会进步的杠杆。几千年的人类文明史，既是人类追求财富、增加财富的历史，也是财富不断异化的历史。《论语》讲，"富与贵，是人之所欲也，不以其道得之，不处也"。这说明，富贵之道，既不是损人利己，也不是巧取豪夺，而是仁义之道。马克思在《资本论》中指出，异化劳动是财富异化的根源，资本家就是靠剥削工人劳动剩余价值而获得财富的。也就是说，劳动创造财富，但异化的劳动却使财富走了样，让人们失去了真正意义上的财富独立与自由，也由此产生了阶级对立、阶级压迫和剥削。

"贫穷不是社会主义"，建设中国特色社会主义离不开财富增长，实现共同富裕才是社会主义的本质。但我们提倡的共同富裕，既不是同步富裕，也不是平均主义；既需要勤劳致富，也需要合法致富；既是物质上共富，也是精神上共富。这就将我们党对"富裕"特别是"财富"本质的认识从"物"提高到了"人"的高度，实现了从"共同富裕"到"自由全面发展"的跃升。改革开放近40年来，我们党始终致力于发展社会主义经济，缩小贫富差距，坚决防止两极分化，使中国跃升为世界第二大经济体；对外坚持做到独立自主，互帮互助，共享共建，积极推动经济全球化，让世界分享中国经济发展成果。当今时代，中国共产党人在一步步践行"共同富裕"思想中形成了这样的价值理念：必须树立劳动创造财富、能力发展财富、人本支撑财富的观念，摒弃金钱财富、权力财富、资本财富的思想；必须处理好财富与社会发展、财富与个人发展的关系，抵制以财富创造为核心的经济社会发展理念；必须大力倡导实现人的自由全面发展就是财富，反对少部分人垄断国家大部分财富，摆脱人成为物的奴隶的羁绊；等等。这不仅深刻揭示了人类社会对财富本质规律的认识，也为实现人的财富独立与自由全面发展提供了理论依据，为构建新的世界经济文化形态开辟出一条思想通道。

构建"人类命运共同体"理念为人类社会永续发展与进步点亮了一盏明灯。当今全球190多个国家、约70亿人口，时刻面临着诸如经济发展长期处于低迷、贫富差距日益拉大、经济危机和金融危机隐患不断加剧；军备竞赛和核竞赛逐步升级、局部战争持续暴发、恐怖主义事件频起；资源枯竭、环境恶化、疾病肆虐、粮食短缺等问题，人类生存与发展始终被一系列世界性、全球性难题所困扰。人类社会未来将走向何方？无论是古代历史上的"华夏中心论"，还是近代以来的"西方中心论"，都不符合时代发展趋势，都无益于人类永续发展和世界持续繁荣。

"坚持和平发展道路，推动构建人类命运共同体"，这是中国共产党和中国人民基于对历史、现实和未来深入思考给世界提供的中国方案、中国理念。在党的十九大报告中，习近平总书记进一步向全世界呼吁，各国人民同心协力，构建人类命运共同体，建设持久和平、普遍安全、共同繁荣、开放包容、清洁美丽的世界。构建人类命运共同体理念超越了种族、文化、国家与意识形态界限，蕴含了多样与平等、包容和普惠的精神，充满着推动人类发展进步的大担当和大智慧，既继承了中华优秀文化思想精髓，也体现出马克思主义时代化大众化的使命意识，是人类文明的价值共识。人类社会惟有相互尊重、平等协商，坚决摒弃冷战思维和强权政治，走对话而不对抗、结伴而不结盟的国与国交往新路；惟有坚持以对话解决争端、以协商化解分歧，统筹应对传统和非传统安全威胁，反对一切形式的恐怖主义；惟有同舟共济，促进贸易和投资自由化便利化，推动经济全球化朝着更加开放、包容、普惠、共赢的方向发展；惟有尊重世界文明多样性，以文明交流超越文明隔阂、文明互鉴超越文明冲突、文明共存超越文明优越；惟有坚持环境友好，合作应对气候变化，保护好人类赖以生存的地球家园，人类社会才能真正摆脱困境、面向未来、走向光明。"人类命运共同体"理念，既是中国人民站在人类真理和道义制高点上，为化解世界矛盾冲突、解决各种争端分歧开出的一剂良方，也是中国共产党探索人类社会发展规律，为世界和平发展进步而点亮的一盏智慧明灯。

*《红旗文稿》2017 年第 22 期*

# 在攀登文艺高峰征途上高擎理想信念旗帜

董学文[*]

习近平总书记在中国文联十大、中国作协九大开幕式上的讲话，是继2014年在文艺工作座谈会上的讲话之后又一指导文艺发展的纲领性文献。这一文献进一步发展了中国特色社会主义文艺理论，对21世纪中国马克思主义文艺学的构建作出了新的贡献。

一

认真学习习近平总书记这次文代会、作代会开幕式上的讲话并将其与他在文艺工作座谈会上的讲话联系起来，就会发现，前者比较集中阐发的是新形势下社会主义文艺发展繁荣的方向、道路和现状问题；后者比较集中阐扬的则是新形势下社会主义文艺如何发展、如何繁荣的问题。或者说，前者主

---

[*] 作者单位：北京大学中文系。

要解决的是拨正船头、指明航向、扭转文艺界的不良风气问题；后者主要解决的是怎样做一个合格的社会主义文艺家的问题，是事关"文心"和"艺魂"的问题。习近平总书记的文艺论述，总括起来看，解决的是文艺家"为什么创作"和"如何创作"的问题。这个问题的提出和解决是历史的需要，是时代的召唤。在实现"两个一百年"奋斗目标、实现中华民族伟大复兴的中国梦和为人类对更好社会制度的探索提供中国方案的时候，我们的文艺因时而兴，乘势而变，随时代而行，与时代同频共振，这是极为光荣而紧迫的战略性任务。

文艺的作用不可替代，文艺工作者大有可为。但文艺怎么才能擎起民族精神的火炬，吹响时代前进的号角，筑就新时代的文艺高峰呢？这成了习近平总书记在这次文代会、作代会开幕式上重要讲话的主题。为了说明这个道理，他从多个方面进行了论述。在这些高屋建瓴、意蕴深邃、亲切感人又言近旨远的阐释里，其中最为关键、最为根本的，则是期望在文艺阵地和文艺家头脑里高高飘扬起理想信念的旗帜。这是问题核心中的核心，要害中的要害，整个讲话都可以说是围绕这一轴心展开的。

习近平总书记突出强调要坚定文化自信，这在本质上就是要注重张扬理想和信念。他曾在文艺工作座谈会上的讲话中指出，中华民族保持了坚定的民族自信和强大的修复能力，培育了共同的情感和价值、共同的理想和精神。增强文化自觉和文化自信，是坚定道路自信、理论自信、制度自信的题中应有之义。其后，在哲学社会科学工作座谈会上的讲话中，他强调，我们说要坚定中国特色社会主义道路自信、理论自信、制度自信，说到底是要坚定文化自信。文化自信是更基本、更深沉、更持久的力量。历史和现实都表明，一个抛弃了或者背叛了自己历史文化的民族，不仅不可能发展起来，而且很可能上演一场历史悲剧。在此次讲话中，他更是把文化自信问题提到掌握哲学社会科学话语权和巩固国家、民族地位和生存价值的高度，并且同文艺创作成败得失紧密联系起来。他说："坚定文化自信，是事关国运兴衰、事关文化安全、事关民族精神独立性的大问题。没有文化自信,不可能写出有骨气、有个性、有神采的作品。"

这是习近平总书记首次提出"坚定文化自信"是事关多方面的"大问题",且对它与文艺创作的关系说得非常彻底。的确,经验和教训反复告诫我们,由于我国有独特的历史、独特的文化、独特的国情,这就决定我国必须走一条有别于他国的自己的文艺发展之路。如果我们的文艺总是陷在"以洋为尊""以洋为美""唯洋是从"的泥潭,还是"把作品在国外获奖作为最高追求",依然"跟在别人后面亦步亦趋、东施效颦,热衷于'去思想化''去价值化''去历史化''去中国化''去主流化'"那一套,那么,这种文艺创作不仅没有前途,而且会直接影响国运的兴衰,威胁文化的安全,甚或民族精神的独立性都将受到挑战。可见,确立自觉而坚定的文化自信,在习近平总书记治国理政新理念新思想新战略以及其文艺思想中占据何等重要的位置!

习近平总书记强调坚定文化自信,当然是有具体所指的。他对文化自信中的"文化"概念,有着明确的界定,擘画出清晰的范围。他在庆祝中国共产党成立95周年大会上的讲话中说过,在这次文代会、作代会开幕式上的讲话中又加以重申:我们可以自信的文化是指"在5000多年文明发展中孕育的中华优秀传统文化""在党和人民伟大斗争中孕育的革命文化"和"社会主义先进文化"。这个界定表明,我们所坚守和自信的文化,是完全正能量的文化。随意把文化自信中的"文化"概念泛化,把各种糟粕文化也纳入其中,是不妥当的。尤其是,习近平总书记提出的党领导人民创建的革命文化和社会主义先进文化,是有具体内涵的,它是社会主义核心价值观的源泉与渊薮。它以其鲜明的时代性、革命性和先进性,理应成为我们文化自信的主要成分。

文化自信的实质是什么?说穿了,就是理想和信念的自信、世界观和价值观的自信。理想、信仰、信念、世界观、价值观,是文化的精华,是关乎人的灵魂的本根。文学家、艺术家乃"人类灵魂的工程师",对于他们而言,这是最要紧的事情。习近平总书记号召文学家、艺术家坚定文化自信，归根结底就是坚定对理想和信念的自信。党的十八届六中全会公报说得好："共产主义远大理想和中国特色社会主义共同理想，是中国共产党人的精神支柱和政治灵魂，也是保持党的团结统一的思想基础。必须把坚定理想信念作为开展党内政治生活的首要任务。"这种字字千钧的要求，是对全党发出的，对于党员文艺家，对于进步的文艺家，也不能例外。习近平总书记在不同场合多次谈到理想信念问题，他明确指出，我们的信仰是马克思主义，我们的信念是社会主义和共产主义。这就从根本上揭示了坚定文化自信的内核与精髓。

二

在中国文联十大、中国作协九大开幕式上的讲话中，习近平总书记谈了很多文艺创作和批评问题。这些问题，从文艺理论角度看，可说是创作方面的意见；如果从思想建设的角度看，又可说是个精神塑造问题。一言以蔽之，搞好文艺创作和批评，文学家、艺术家和批评家坚定理想信念，切实解决好世界观、人生观、价值观这个"总开关"问题是第一位的。这个"总开关"问题若解决得不好，创作和批评出现这样那样的偏颇与弊端就不可避免。习近平总书记曾经语重心长地说过，理想信念动摇是最危险的动摇，理想信念滑坡是最危险的滑坡。信仰缺失是一个需要引起高度重视的问题。在这次文代会、作代会开幕式上的讲话中，他从文艺的角度把这个问题谈得更加透彻了。

习近平总书记要求广大文艺工作者坚持以人民为中心的创作导向，坚持为人民服务、为社会主义服务，高擎民族精神火炬，吹响时代前进号角，把艺术理想融入党和人民事业之中，做到胸中有大义、心里有人民、肩头有责任、笔下有乾坤，推出更多反映时代呼声、展现人民奋斗、振奋民族精神、陶冶高尚情操的优秀作品，为人民昭示更美好前景，为民族描绘更光明未来。显而易见，这样的一种愿景，如果没有理想信念的有力支撑，是不可能真正实现的。这样的一种状态的出现，只能是理想信念充盈之后的反映。

在这次讲话中，习近平总书记给文艺家们提了4点希望。这4点希望，可以说恰是对文艺家扬起理想信念之帆的真诚呼唤。他要求广大文艺工作者"坚定文化自信，用文艺振奋民族精神"。他期待文艺创作"把握时代脉搏，承担时代使命，聆听时代声音，勇于回答时代课题"，"发时代之先声、开社会之先风、启智慧之先河，成为时代变迁和社会变革的先导"。要完成这个任务，没有笃定的理想信念呵护，没有将理想信念作为导引人们前行的灯火，没有在文化自信中挺起理想信念脊梁的勇气，是不可想象的。那种"离开火热的社会实践，在恢宏的时代主旋律之外茕茕孑立、喃喃自语"的作品，之所以不被人民接受和欣赏，说到底，就是因为那些作品把理想信念抛到了脑后，忘记了文艺同国家和民族休戚与共、紧紧维系才能发展的道理，结果造成目光狭隘、信仰匮乏、卑琐小气、一地鸡毛的局面。

习近平总书记指出："对文艺来讲，思想和价值观念是灵魂，一切表现形式都是表达一定思想和价值观念的载体。离开了一定思想和价值观念，再丰富多样的表现形式也是苍白无力的。文艺的性质决定了它必须以反映时代精神为神圣使命。"他批评了"亵渎祖先、亵渎经典、亵渎英雄"的现象，告诫文学家、艺术家"不能用无端的想象去描写历史，更不能使历史虚无化"。任何戏弄历史的作品，最终必将被历史戏弄。

习近平总书记要求文学家、艺术家坚守艺术理想，用高尚的文艺引领社会风尚。他一方面强调，只有用博大的胸怀去拥抱时代、深邃的目光去观察现实、真诚的感情去体验生活、艺术的灵感去捕捉人间之美，才能够创作出伟大的作品。而要做到这一点，显然，只有马克思主义文艺观才能提供最强大的思想武器。另一方面，他又指出："伟大的文艺展现伟大的灵魂，伟大的文艺来自伟大的灵魂。"正是文学家、艺术家的灵魂质量制约着文艺的生态和面貌。他说:"虽然创作不能没有艺术素养和技巧,但最终决定作品分量的是创作者的态度。具体来说,就是创作者以什么样的态度去把握创作对象、提炼创作主题,同时又以什么样的态度把作品展现给社会、呈现给人民。"也就是说,跟"素养""技巧"相比,在决定作品分量的时候,"态度"和"立场"是更紧要的。文艺承担着以文化人、以文育人的职责,因之,"文艺要塑造人心,创作者首先要塑造自己"。文艺家须德艺双馨,自觉抵制不分是非、颠倒黑白的错误倾向,反对拜金主义、享乐主义、极端个人主义腐朽思想。要"敢于向炫富竞奢的浮夸说'不',向低俗媚俗的炒作说'不',向见利忘义的陋行说'不'",要把崇高的价值、美好的情感融入作品,引导人们向高尚的道德聚拢,"不让廉价的笑声、无底线的娱乐、无节操的垃圾淹没我们的生活"。

习近平总书记希望文艺家坚持服务人民,用积极的文艺歌颂人民;勇于创新创造,用精湛的艺术推动文化创新发展。不难看出,这里强调的依然是唯物史观问题、人民本位问题,依然是伟大实践才能给文化创新提供强大动力和广阔空间的问题。

习近平总书记明确反对那种"以为人民不懂得文艺,以为大众是'下里巴人',以为面向群众创作不上档次"的观点,认为只有永远同人民在一起,艺术之树才能常青。他明确主张文艺要塑造典型人物,要能以高于生活的标准来提炼生活,认为这是艺术创作的基本能力。毫无疑问,在习近平总书记心目中,典型人物是文艺家社会理想和审美理想的载体,只有灌注理想和信念,"只有创作出典型人物,文艺作品才能有吸引力、感染力、生命力"。

为此,习近平总书记指出:"读懂社会、读透社会,决定着艺术创作的视野广度、精神力度、思想深度。"这就表明,掌握能"读懂""读透"社会的社会科学理论,是尤为必要的。有了这个理论,我们才能以强烈的现实主义精神与浪漫主义情怀去观照人民的生活、命运、情感,表达人民的心愿、心情、心声,才能创作出传之久远的精品力作。在他看来,文艺家要把提高作品的精神高度、文化内涵、艺术价值作为追求，让目光再广大一些、再深远一些，向着人类最先进的方面注目，向着人类精神世界的最深处探寻，摆脱个人身边"小悲欢"的缠绕和遮挡，努力创作出中华民族新史诗。而这，惟有坚守文化自信，走高扬理想信念之路，才能最终实现。

高扬理想信念，是社会主义文艺的宝贵传统，是社会主义文艺"不忘初心"的根本体现，是社会主义文艺立于不败之地的主心骨，是社会主义文艺安身立命的基石。任凭理想信念动摇滑坡，就容易成为市场的奴隶，就难以抵制俗媚的诱惑，就会导致精神上缺"钙"，就会使历史虚无主义泛滥。如此一来，创作出无愧于伟大时代、伟大国家、伟大民族的优秀作品，就将成为一句空话。

筑就新时代的文艺高峰，须得筑就新时代的精神高峰。而攀登文艺高峰，须得体现出理想高峰、信念高峰、信仰高峰、道德高峰和价值高峰。让我们展开理想信念的翅膀，为繁荣发展社会主义文艺而努力奋斗。

《红旗文稿》2017 年第 2 期

# 网络评论是大家和专家的共同事业

易涤非[*]

信息网络化为人们传播分享信息提供了极大便利，但信息爆炸又给人们带来了很大困扰——垃圾信息和虚假信息遍布网络，欺诈、谣言、暴力、色情、赌博等有害信息给社会造成了巨大危害，妨碍互联网积极作用的发挥。公众普遍要求加强网络空间治理力度，建设更加健康、更加可信、更能为社会提供便利的网络，尽快使网络空间清朗起来。

当前，网络空间治理工作正在深入展开。宏观地看，网络空间治理需要从3个层次推进。第一，要讲道理，即报道真相、传播真知、探求真理，揭露各类谎言、批驳错误观点，减少虚假信息、错误思想对人们的误导和困扰。第二，要讲道德，各类网站诚信经营、严格自律，普遍尊重社会公序良俗；广大网民谨言慎行，自觉远离污言秽语，杜绝各种形式的网络败德行为。第三，要讲法治，科学立法，严格执法，依法办网、上网、管网，并制裁越过法律底线的行为，为建立公正的网络秩序划出红线。

讲道理、讲道德、讲法治三者相互联系、相互支持。讲道理为讲道德、讲法治提供依据；讲法治为讲道理、讲道德提供后盾。网络评论，作为增强

---

[*] 作者单位：中央网信办网评局。

互联网舆论引导力的重要抓手,其主要目的是用科学的理论武装人、用正确的思想引导人。简而言之,就是"讲理"。这是当前网络空间治理的重要任务之一。

## 一、网络评论的实质

评论,能够表达观点,最鲜明地反映媒体的政治立场和价值判断,并通过传播真相、真知和真理,增信释疑、激浊扬清,从而服务社会、造福大众。当前,互联网上的言论已经发生了显著变化。首先,网上发言的主体,早已形成了"人人都有麦克风,个个都是评论员"的格局,这同传统媒体少数评论员独享发言权显然不同。其次,网上发言的内容,既谈风云又说风景,从"天下兴亡"到"小桥流水",短则三言两语,长则洋洋万言,影响力与日俱增,一些突发事件能在数小时内引爆网络舆情。再次,诸如文字、音频、视频、图片、漫画甚至表情包等网上言论样式五彩缤纷,令人目不暇接。最后,在互动环节(如跟帖、论坛、微博、微信),数以亿万计的网民持续发表看法、意见。在波涛汹涌的网上言论中,既有真知灼见、又有雾霾垃圾,亟待通过多样化、高质量的评论分析去伪存真、披沙拣金。

评论,必须"讲理"。因为只有科学理论和正确思想指导的实践,才能够成为自觉的实践,才具有远大的前途和胜利的希望。回顾中国共产党的早期历史,在大革命时期,我们党创办报刊,用"请看事实"的办法来鼓动人们支持革命;在井冈山根据地和中央苏区,我们党制定了宣传群众、组织群众的一系列制度,在红军队伍中组织宣传兵,负责刷标语、做演讲、油印"时事周报"等工作,从此奠定了我们党的宣传工作、群众工作的光荣传统。

"人心齐,泰山移。"如何实现万众一心、上下同欲,却知易行难。当前网上信息鱼龙混杂,容易使人莫衷一是、陷入迷惘困惑之中。各种有害信息已给社会团结稳定和人们正常生活造成了实际的危险和损害。网络评论在百家争鸣、众说纷纭之时，要用正确的道理说服人，关键需要做到：有铁的事实、好的道理，还得有耳目一新、引人入胜的表达。

一般而言，网络评论发表的是个人的观点和意见，但影响的却是他人和社会。这些观点和意见，一般来说是围绕一定时期的事件而发表的，正所谓"文章合为时而著，歌诗合为事而作"。事件的真假，与观点的正误有着密切的关系。如果对事实把握不准，甚至依据似是而非的流言臧否人物、褒贬是非，只能是无的放矢，不仅不能说服人，还会招致公众的鄙视和反感。因此，好评论一定要让观点建立在铁的事实之上。为此，一要深入实践、深入群众，搞好调查研究，根据事实来描写事实、而不是根据愿望来描写事实。二要正确分析事实，依据普遍联系和不断发展的观点解剖事实，分清事实的主流和支流、整体和局部、历史和现状、成绩和不足，不犯一叶障目或者刻舟求剑的错误。对于每一个网络评论员，都应当牢记："纸上得来终觉浅，绝知此事要躬行。"

好的道理，首先要经得起实践的检验、时间的考验；其次是在逻辑上自洽，不能自相矛盾。由此说来，网络评论要讲好道理，第一，要使主观认识符合客观实际，对于前人的理论、思想、主张，用实践的尺度加以分析衡量、批判吸收、有所损益，永远不干削足适履的事。第二，要避免陷入各类教条主义的束缚之中，不能过度迷信所谓权威泰斗，而放弃自我分析和思考、丧失"凡事问个为什么"的主动性。第三，对于某些貌似高深的理论、学说，一定要审视其是否合乎逻辑，倘若自相矛盾之处甚多、前言不搭后语，则要保持高度警觉，不能盲从吹捧、误己误人。

信息网络化的快速发展，为耳目一新、引人入胜的表达创造了近乎无限的可能性，网络评论的文体风格、编排方式、传播渠道都有巨大创新空间。在网络评论实践中，要善于利用各种形式为表达服务，例如综合使用文字、音频、图片、漫画、视频、表情包等元素，加强评论作品的趣味性、可读性。要适应移动互联网快速发展的要求,根据不同的终端来设计、编排内容,方便网民接受信息、分享信息。总之,"内容为王"反映了思想至上的取向,"媒介为王"则反映出技术至上的取向。实践证明,网络评论要取得好的传播效果,二者不可偏废,要始终把优质内容与高效渠道结合起来,相辅相成、相得益彰。

## 二、网络评论的主要任务

习近平总书记把党的新闻舆论工作的职责和使命,全面精辟地概括为48个字:"高举旗帜、引领导向,围绕中心、服务大局,团结人民、鼓舞士气,成风化人、凝心聚力,澄清谬误、明辨是非,联接中外、沟通世界。"这同样是当前网络评论工作应当努力完成的任务。

新中国经过数十年努力,打破了西方世界的对华封锁。随之而来的改革开放,大大促进了国内外的文化交流、技术进步和思想共享。信息网络化的发展,则进一步创造了前所未有的便利条件,极大地提高了传播效率。历史学家曾指出,一个社会是否有机会从相邻社会汲取更加先进的文化成果,是这个社会能否取得进步的关键外部条件。开放的社会环境为思想文化的传播和人们个性的发展,总体上创造了有利条件,便于不同国家和地区的人们在文化交流互鉴中取长补短、融合进步。当前,中国特色社会主义正在深化改革、对外开放的背景下胜利推进,分析网络评论工作的具体任务,应当包括4个互相关联的方面。

首先,要坚持在解放思想中统一思想。一个国家、一个社会要实现长治久安,它的领导集团就不仅要在物质生活领域(如经济建设、国防建设等方面)行使领导权,还必须在精神生活领域(意识形态方面)掌握领导权。开展网络评论,要着眼于建设并巩固健康有力的意识形态领导权。

意识形态和舆论一样,根本上是社会物质生活的反映,并且随着现实生活的变化或快或慢地发展变化着。两者的差别在于，舆论是一段时间内部分社会成员对特定事件的看法和情绪，随着事件的发生与结束，舆论"其兴也勃、其亡也忽"。意识形态则往往通过左右社会舆论而发挥作用，舆论争夺的结果又会从不同方向加强或者削弱意识形态的力量。对于一个社会而言，思想僵化、迷信盛行，它的生机和活力就会窒息；思想混乱、无所适从，社会就会陷入内耗和停滞。

做好网络评论工作，必须坚持实事求是、与时俱进，正确分析和认识各类现实矛盾，并在此基础上得出既符合客观规律又为公众广泛认同的正确结论，从而形成正确的舆论导向，激发社会巨大的向心力、创造力。值得警惕的是，缺乏实事求是的"解放思想"，必然导致胡思乱想、哗众取宠；而不坚持解放思想的统一思想，则极易导致盲目追随、迷信盛行。二者对社会健康运行和长治久安都有害无益，网络评论工作应当努力避免这两种不良倾向。

其次，要努力在多元文化中确立核心价值。只有借鉴人类创造的一切文明成果，中国特色社会主义伟大事业才能取得成功。开放的社会环境加上发达的网络工具，大大改善了人们交流的条件。但交流的目的在于去粗取精、去伪存真、古为今用、洋为中用。因此，开展网络评论，需要广泛参与丰富多彩的文化交流，实现不同文化互鉴互惠，在取长补短中丰富完善自我，确立社会主义核心价值观——使大多数社会成员对美丑、善恶、是非、利害形成基本一致的标准，从而广泛争取人心、凝聚共识，为共同的理想和事业长期团结奋斗。

倘若在多样的文化交流中缺乏良好的鉴别力，一味人云亦云、邯郸学步，势必失去初心、迷失自我，更谈不上确立社会主义核心价值观。为避免出现这样的失误，网络评论要坚持具体情况具体分析，把是否有利于解放生产力、发展生产力、造福最广大人民群众作为根本标准，择其善者而从之、择其不善而弃之。要勇于保持定力，把促进国家富强、民族复兴、人民幸福、社会文明的价值追求作为网络评论工作的着眼点。要始终不忘初心，善于在丰富多样的文化中吸收借鉴，使一切有益的东西为我所用。

第三，要善于在广泛对话中凝聚社会共识。网络时代，人们各抒己见的物质条件大为改善、主观意愿明显增强。总体上讲，这是社会进步的表现，体现了广大人民群众参与国家治理的热情，显示了当代社会的蓬勃生机。但同时必须估计到，即使在人民内部，由于贫富矛盾、干群矛盾、地区矛盾等广泛存在，人们也一定存在或多或少的不满；再加上每个人受制于社会环境和个人素质的影响，不可避免地存在或多或少的偏见。因此，对于网上出现的不满意见，要线下线上双管齐下，做好解疑释惑、析事明理工作。一方面，要加大线下工作力度，从实际出发解决住房、教育、医疗、养老、生态环境、食品安全等大量与群众生活密切相关的问题，创造条件让广大人民共享发展成果，坚定共同的发展理想和信念。另一方面，要做好线上信息发布和引导工作，弄清问题、讲明困难、说清情况，深入分析形势和条件，并把解决问题的思路、办法和希望告知民众，取得民众的理解和支持。对于群众中存在的不切实际的要求和固执己见的偏见，要开展善意严肃的批评教育。

最后，要在舆论交锋中捍卫党和人民利益。在社会矛盾错综复杂和国际竞争空前激烈的环境下，网上的对话绝不只有风花雪月，而必然包含刀光剑影。随着中国综合国力迅速增强，某些霸权国家企图把中国的发展成果转化为国际垄断资本进一步积累的条件，遏制中国的意愿和力度在不断膨胀。为此，他们不惜利用经济、政治、文化和军事等各种手段，与中国既合作又较量；同时，还在我国拉拢收买某些势力充当其代理人，伺机在中国社会制造分裂和骚乱。对某些固守霸权主义思想和西方优越论的势力来说，他们清楚中国已经成长为一个在硬实力方面难以打败的巨人，于是转而企图用所谓"软实力""巧实力"实现"不战而屈人之兵"的目标——摧毁中国内部的团结，在中国制造"颜色革命"——挖空心思诱使无法战胜的巨人"自杀"。

对于境内外敌对势力及其代理人的造谣惑众、挑拨离间、恶意攻击，我们必须旗帜鲜明地揭露谣言、辨明是非、果断"亮剑"、坚决反击，坚定维护党的领导和中国特色社会主义制度，坚定捍卫中华民族复兴的伟大事业和人民群众的根本利益。同时，对于某些无事生非的现象——如"食用狗肉之争""繁简汉字之争""方言保护之争"等，表面看似无伤大雅，也要引起高度警觉。这类事件很容易为一些特殊力量操控挑拨、激化对立，严重者甚至引发局部骚乱。对于上述现象，网络评论要善于见微知著、未雨绸缪，及时发现问题、刺破"脓包"，向群众讲清事实和道理，引导网民看清本质，以免养痈遗患、危害国家安全和民众生活。

## 三、大家和专家的共同事业

做好网络评论工作是信息网络化快速发展的新形势向我们提出的新任务。如果说，人类进入文明时代之后，以往的各个社会都曾致力意识形态建设以图长治久安；那么，网络具有的强大力量，已使它成为当前争夺舆论优势和意识形态领导权最重要的工具。政府、政党（包括社会团体）、学校（特别是大学）、媒体、教会、智库等机构，都必须努力掌握网络以争夺话语权和思想领导权。

纷繁复杂的社会矛盾，与犬牙交错的网上舆论争夺和意识形态交锋交织在一起，很容易给国家发展造成干扰，甚至导致社会动荡不安。历史经验反复表明，丧失舆论主动权，势必引发意识形态危机；而一旦在意识形态斗争中落败，一个国家、一个政权要想继续维护正常、有效的统治秩序，几乎没有成功的可能性。俄罗斯（苏联）历史上的"十月革命""八一九事件"从军事上讲微不足道；但两次事变均摧毁了原本强大的国家，恰恰从正反两个方面展示了意识形态斗争的巨大力量。做好网络评论工作，及时化解社会矛盾、维护团结稳定，促使网络这一巨大变量化为巨大正能量，对保证中国特色社会主义事业始终在正确道路上高歌猛进，意义非常重大。

马克思主义的一个基本观点，即无产阶级的解放是无产阶级自己的事情。我们党在长期革命、建设和改革中形成的群众路线，其基本原则也包括互相联系的两个方面，即群众需要和群众自愿。做好网络评论工作，用正确的思想武装成千上万人的头脑，必须唤起亿万民众共同努力。因此，网络评论工作是大家的事情，需要组织各个部门、各个地区一大批政治清醒、学识扎实、网络传播能力强的网民参与其中，发扬"官教兵、兵教兵、兵教官"的政治工作优良传统，开展好"以网民引导网民"的工作。

网络评论面对各类错综复杂的问题，要对这些问题作出正确的观察、分析和说明，不仅需要实事求是的思想方法作指导，还需要大量专业知识作为工具。毛泽东同志曾形象地告诫人们，要想过河、就必须有船或桥。搞好网络评论工作，正确引导舆论，必须依靠各方面专家的专业研究能力，对现实矛盾和问题作出正确分析、得出经得起实践和历史检验的有益结论，从而引导人们形成共识。因此，网络评论工作迫切需要成千上万的专家参与其中。以往我国有很多优秀专家习惯于利用报刊、书籍、广播、电视等媒体作为阵地开展信息传播工作，随着信息网络化的发展，需要动员组织一大批优秀专家尽早转移到网络主阵地，传播科学文化，开展舆论斗争，建构意识形态。

网络评论工作是新形势赋予大家和专家的共同事业。需要警觉的是，虽然宣传工作、群众工作是我们党的光荣传统，但在网络时代发扬这一传统仍然会招致某些别有用心的污蔑攻击。比如，某些特殊势力及其附和者，热衷将网络评论员称为所谓"五毛党""网络水军"，企图污名化、妖魔化网络评论工作。殊不知，对饱经风霜、久经考验的人们来说，这类现象早已是见怪不怪。历史上，不是曾有过指责农民运动为"痞子运动"、诽谤鲁迅先生是"卢布党"的反动力量吗？那些污蔑者"而今安在哉"？

网络评论工作的性质是"讲理"，任务是报道真相、传播真知、探求真理，这就决定了所有网络评论员必然在服务大众、维护人民利益中取得进步和支持，决定了这项事业必有蓬勃的生机和光明的未来。

《红旗文稿》2017年第5期

# 红色文化传统的断裂与苏联的解体

丁恒星[*]

1991年12月25日，苏联解体，不但大大影响了苏联各加盟共和国的经济社会发展，也深刻地改写了国际地缘政治大格局。26年来，中外学者一直在探究其中的原因，有学者将这些原因归结为"民族矛盾""上层自决""斯大林模式""意识形态"等。实际上，除上述原因外，还有一个比较关键的原因，就是对红色文化传统的抛弃。自列宁开始，苏共逐渐形成了良好的社会主义文化传统，但在斯大林去世之后，逐渐被赫鲁晓夫、戈尔巴乔夫集团所抛弃，最终祸起萧墙，导致苏共亡党、苏联解体。深入研究苏联解体的这个原因，对于我国继续传承和发展中华优秀传统文化、革命文化特别是社会主义先进文化，坚定文化自信具有重要的启发意义。

一

回顾历史，落后的俄国之所以能跨越"卡夫丁峡谷"，夺取社会主义革

---

[*] 作者：中国矿业大学高等教育研究所所长。

命的胜利，主要是由于马克思主义俄国化——列宁主义的产生与发展的结果。列宁主义作为苏共的指导思想是把马克思主义与俄国革命实际相结合的产物。从一定意义上说，这种融合俄国传统文化创造性发展而来的社会主义红色文化传统，在苏维埃政权建立以后很好地适应了革命胜利之初的形势，有效地应对了武装干涉和国内战争，捍卫了胜利成果，并推动了后来苏联社会主义建设事业的发展。

毫无疑问，列宁是苏联红色文化传统的奠基人。在列宁的主导下，苏联形成的红色文化传统主要有以下几个方面：

1. 坚定的理想信念。列宁主义强调的社会主义、共产主义信仰是苏共在与错误思潮的斗争中形成的，面对困难和挫折，列宁说："谁害怕社会主义建设中的困难，谁被这些困难吓倒……谁就不是社会主义者。"①

2. 服务人民群众。在列宁看来，社会主义国家自然是为人民群众的利益服务的，他经常深入人民群众，了解群众的诉求，并创立了信访制度。

3. 民主治党治国。列宁实行"彻底的集中制和坚决扩大党组织内的民主制"，② 实行集体领导，在国家治理上，即便在战争年代，也坚持召开各个层面的苏维埃代表大会，保障人民民主权利。

4. 尊重民族文化。在《关于无产阶级文化的决议的草稿》中，列宁指出，不是臆造新的无产阶级文化，而是根据马克思主义世界观和无产阶级在其专政时代的生活与斗争条件的观点，去发扬现有文化的优秀典范、传统和成果。

列宁所创立的这些良好的红色文化传统，从根本上改变了俄国人民在罗曼诺夫王朝时期生活在村社制度下的悲惨处境，得到了党内外的广泛支持，为苏共赢得了最广大的人民群众的支持。列宁在任期间，苏维埃政权经历过残酷战争、采取了"战时共产主义"政策，虽然也面临着诸多困难和挑战，但都没

---

① 《列宁全集》第38卷，北京：人民出版社1986年版，第343—344页。
② 《列宁全集》第11卷，北京：人民出版社1987年版，第325页。

有阻挡人民群众坚定地追随列宁和苏共的步伐。人民群众对列宁的爱戴可以从当时要求加入苏共的人数快速增加看出来。苏共不仅解决了人民群众急需的"土地、和平和面包",而且带给人民群众的印象是负责、担当、清廉。

列宁为苏联社会主义的发展开了一个好头,苏联社会主义呈现出欣欣向荣的景象。他去世之后,斯大林继续带领苏联人民推进社会主义建设事业,在苏联工业化、农业集体化、战胜法西斯、人民的福利、知识分子政策等多个方面取得了卓越的功绩。期间,苏联在很多方面超越了美国,比如经济增长速度、科学技术成绩、国民教育水平等,成为世界上一流国家。即便经历了 20 世纪 30 年代的大清洗运动,苏联人民也没有否定苏共的领导,反而在目睹了卫国战争中众多苏共党员的牺牲后,更是切身感受到了苏共的先进性。苏维埃政权除在思想上获得苏联人民群众的爱戴之外,在外交上也取得了极大的成功,成为国际社会主义运动的核心。

## 二

美国学者希尔斯说,传统是一个社会的文化遗产,是人类过去所创造的种种制度、信仰、价值观念和行为方式等构成的表意象征;它使代与代之间、一个历史阶段与另一个历史阶段之间保持某种连续性和统一性,构成一个社会创造与再创造自己文化的密码,并给人类生存带来秩序和意义。政党执政的合法性在于在尊重传统的基础上创造了新的、代表人们愿望的传统,一旦这种传统被破坏掉,那么执政者就会失掉广泛的社会基础。

如果 1953 年斯大林去世之后,苏共继任者能够以实事求是的态度对待苏共的政治遗产,并推行适合国情和历史传统的改革,苏联可能会在社会主义的道路上继续前进。然而从赫鲁晓夫开始,继任者以非理性的态度来对待苏共的历史和文化,扯断了苏共历史发展的整体性。苏共二十大是苏联思想文化的分水岭，生硬地、没有缓冲地改变了红色文化传统的信仰生态和思想文化生态，为日后苏联思想大混乱埋下了隐患。

到1985年，苏联经济社会、思想文化等领域的矛盾累积虽然不是积重难返，但也是需要动大手术了。苏共党员和人民群众都急切期盼一个年富力强的领导者来唤回苏共建党建国时的初心，重振民族雄风。

历史关头，戈尔巴乔夫出场了。然而不幸的是，戈尔巴乔夫的改革方向完全背离了列宁开创的苏联社会主义道路，同时也背离了苏共的红色文化传统。他提出的包括经济社会、民主政治等内容的"加速发展"战略，丝毫没有考虑当时苏联的国情，这种盲目学习西方资本主义的改革当然最终会以失败告终。与此同时，他提出了一些看似时髦的口号来迎合西方国家和苏联民众，比如"公开性""民主化""新思维""全人类价值"，等等，配合这些口号的是制定和推行了一系列不利于人民群众利益的政策。这些政策的实施不仅使苏联人民开始全面质疑苏共的领导和苏联的历史，而且开始怀疑原来的社会主义的红色文化传统。特别是戈尔巴乔夫武断地否定了苏共对一些重大历史事件的定论，使苏共党员和苏联人民对苏共原本正确的做法也产生了怀疑：他们是不是一直在欺骗我们？他们代表谁的利益？他们要把我们带到哪里？加之苏共领导的政府官员当时存在着严重的贪污腐败而人民生活相当困难，最终导致苏联人民和苏共党员彻底对苏共领导和苏共创建的红色文化传统失去了信心。

## 三

列宁创造的社会主义文化传统即红色文化传统对苏共来说是一笔宝贵的财富，然而却被其继任者销蚀殆尽。特别是在戈尔巴乔夫时期，政治民主、社会主义文化、民族关系、宗教信仰、干群关系等各个方面的传统，都与列宁时代完全背离了。列宁提倡的政治强调民主、文化尊重传统、民族关系融洽、干群关系鱼水情深等好传统都被抛弃了。可以说，苏共的红色文化传统在戈尔巴乔夫奔向西方"自由"的时候已经完全断裂了。它的灾难性后果是一个伟大的巨人轰然倒地，苏共亡党、苏联解体。其对当下国际社会主义运动的重要启示主要有以下几点：

1. 坚定共产党人的理想信念。共产党人的理想信念是推动社会主义事业健康发展的精神力量。它内在体现为了人民群众的利益而有所敬畏、光明磊落、公正无私、忠诚担当的特质。纵观苏联历史，我们可以看出，如果真正具有坚定的理想信念、真正尊重党的优良传统的话，就不会有后来的历史悲剧发生。当然，在苏联解体过程中，背叛共产主义信念的不仅仅是苏共领导人，还有许许多多身居高位的苏共党员，他们的信仰随利益而变，谁对他们有利，他们就信谁，因此才有了很多原苏共党员后来摇身一变成为叶利钦执政时的官员，他们都是苏共的掘墓人。

理想信念是共产党人的精神之"钙"，有了这种"钙"，我们才能具有向前奋进的力量。正如邓小平所说："为什么我们过去能在非常困难的情况下奋斗出来，战胜千辛万苦使革命胜利呢？就是因为我们有理想，有马克思主义信念，有共产主义信念。"[①] 作为社会主义事业的领导者，要承担历史责任，共产党人的这种信仰传统必须坚如磐石，不能变、不能丢，否则就会出现灾难性的后果。

2. 培育社会主义核心价值观。不同民族、不同国家由于自然条件和发展历程不同，其核心价值观各不相同。一个国家不能完全采用别国的价值观来指导自己的发展。从十月革命胜利到苏联解体，以美国为首的西方国家毫无间断地用西方的"自由、民主和人权"来对苏联的一切进行批评，并用这些价值观引导苏共党员和群众。戈尔巴乔夫提出的民主化改革，从概念、标准到内容就是西方国家的民主制度翻版。为什么西方国家的核心价值理念能被苏共高层领导人所接受？最主要的原因是以戈尔巴乔夫为首的苏共高层领导人完全抛弃

---

[①] 《邓小平文选》第3卷，北京：人民出版社1993年版，第110页。

了马列主义和苏共的社会主义价值传统,一味地迎合西方的结果。

核心价值观是一个民族、一个国家最持久、最深层的力量。我国的社会主义核心价值观体现了马克思主义指导下中华优秀传统文化、革命文化和社会主义先进文化的传统,包含国家、社会和个人三个层面,具有极强的先进性和时代性。因此,我们要用社会主义核心价值观这个"一"来包容、统领多种多样的社会思潮。

3. 弘扬优秀传统文化的精华。传统文化是国家软实力的重要组成部分,它以无形的力量影响着每一个时代的人。苏联时期有三个重要的文化传统,即村社的集体主义传统、宗教信仰上的东正教传统和由列宁开创的红色文化传统。如何对待这三个传统实际上影响了苏联69年的思想文化建设。而对待传统文化的态度,则决定了苏联每个时期的思想状况。苏共1917年取得革命胜利的重要原因是传统的村社集体主义文化传统与马克思主义具有天然的契合性;在1991年失去政权的时候,则是当时的苏共完全抛弃了马克思主义和优秀的民族文化传统。

对待传统文化的正确态度是弘扬传统文化中的精华,抑制其糟粕,推动优秀传统文化的精华结合现实条件进行创造性转化、创新性发展。"人们自己创造自己的历史,但是他们并不是随心所欲地创造,并不是在他们自己选定的条件下创造,而是在直接碰到的、既定的、从过去承继下来的条件下创造。"[①]社会主义由空想变成现实不仅是因为马克思主义的科学性,而且也是因为先进的共产党人善于把马克思主义与各国各民族的优秀文化传统及国情结合起来推进马克思主义本土化。当然,这种结合必定会创造出新的、更符合人民利益的先进文化传统。对于这些红色文化传统,我们要怀有敬意、要实事求是地予以继承和发扬,唯此,才能使社会主义发展获得广为认同的力量。

《红旗文稿》2017年第12期

---

[①] 《马克思恩格斯选集》第1卷,人民出版社1995年版,第585页。

# 社会思潮问题辨析

# 警惕错误思想对马克思主义核心话语的消解

王雪冬 *

党的十九大报告指出，"时代是思想之母，实践是理论之源"。"实践没有止境，理论创新也没有止境。""我们必须在理论上跟上时代，不断认识规律，不断推进理论创新。"那么，如何推进理论创新，它有什么基本遵循？概括起来，有两个基本原则必须坚持：一是要坚持在马克思主义基本原理基础上进行理论创新；二是要结合时代特征和实践发展，在实践基础上进行理论创新。不坚持用马克思主义基本原理进行理论创新，就容易走上理论发展的歪路甚至邪路；不结合时代特征和实践需要推进理论创新，就会使马克思主义固化直至过时、僵死，最终都会葬送马克思主义，这是绝对要不得的。

当前，社会思想领域在对待马克思主义问题上还存在着一些错误认识和态度。有些人看不到马克思主义必须与时代和实践结合的必然性，大肆叫嚣所谓"过时论"，企图否定马克思主义理论的科学真理性和现实指导意义；有些人不顾实践发展的现实，将之奉为僵化的教条，从而将马克思主义固化、

---

* 作者单位：中国社会科学院马克思主义研究院。

教条化；有些人干脆避而不谈马克思主义，力图淡化、遗忘马克思主义，进而另起炉灶，谋求他途……这些对待马克思主义的错误思想倾向和态度已经成为当下宣传贯彻马克思主义理论创新成果的严重障碍，应当引起我们足够的重视和警惕。

## 一、当前对待马克思主义核心话语的三种错误态度

马克思主义是无产阶级或工人阶级进行革命斗争的理论武器和行动指南，而无产阶级或工人阶级革命斗争的目的不仅是要解放自身，还要解放全人类。因此，关于无产阶级革命和人类解放的一系列话语，如无产阶级革命、无产阶级专政、共产主义、共享财富（共同富裕）、人的自由而全面的发展等，就成为马克思主义理论的核心话语。

当前我国社会思想领域中，在对待马克思主义核心话语问题上主要存在着三种错误思想倾向：

一是刻意歪曲，力图消解。随着我国改革发展进入了关键期和攻坚阶段，国内外一些敌对势力企图从各方面干扰我国的社会发展进程，尤其是在社会思想领域中积极策划"暗战"，甚至矛头直指作为我们党的指导思想的马克思主义。他们故意曲解马克思主义的一些核心话语，意图消解这些话语的历史内涵和现实意义，妄图根除其存在的必要性和必然性，从而企图彻底否定马克思主义，达到颠覆我国的社会主义制度和中国共产党的领导的险恶目的。

二是态度暧昧，避而不谈。部分人甚至包括少数所谓的马克思主义学者对马克思主义的核心话语采取躲闪、回避的态度，文章中不涉及，言语中不谈及，以避免所谓的政治风险，明哲保身。这种态度和立场对于第一种态度客观上起到了纵容甚至是推波助澜的作用。这部分学者立场摇摆、态度暧昧，

只愿谈"问题",不愿谈"主义",不能算作坚定的马克思主义者。

三是狭隘理解,固守教条。这种态度与第一种态度针锋相对,他们坚决维护马克思主义的指导地位,不容他人诋毁马克思主义的核心话语,然而,由于他们把马克思主义作为与时代和实践发展无关的僵化的教条,从而使自己走向了另一种极端。持这种态度和立场的人把马克思主义的核心话语变成了僵死的教条甚至是激进的政治口号,他们不顾中国仍处于并将长期处于社会主义初级阶段的基本国情,主张对一切非社会主义的因素立即予以清除,这实际上也不是坚持马克思主义的科学态度。

## 二、三种错误思想倾向和态度的危害

持第一种态度的人,将马克思主义话语放到了西方人性论的框架内进行分析和批判。在他们看来,革命、阶级斗争和无产阶级专政都是与暴力分不开的,是有违人性的,于是将"暴力论""反人类"等大帽子扣到了马克思主义头上,借机大肆批判。他们否定马克思主义理论,否定中国革命史,进而质疑和否定社会主义制度确立的历史必然性和合理性,力图动摇社会主义制度及中国共产党的领导,妄图使社会主义中国改旗易帜。与此同时,他们又试图把西方一些政治话语如"自由""民主""宪政""普世价值"等引入中国,企图取代马克思主义的核心话语。他们的政治目的显而易见,即从社会思想领域入手动摇社会主义大厦的思想根基,企图颠覆我国的社会主义制度。

马克思主义认为,暴力是革命的必要手段,"是每一个孕育着新社会的旧社会的助产婆",[1] 但马克思主义并不是歌颂暴力,马克思、恩格斯和列宁

---

[1] 《马克思恩格斯选集》第 2 卷,北京:人民出版社 1995 年版,第 266 页。

从未放弃过和平实现旧社会向新社会过渡的尝试，只是无数次的革命实践证明，在反动阶级力量极其强大的情况下，和平手段往往不能取得革命的胜利，反而会造成巨大的牺牲。资产阶级并非看不到这一点，他们对封建主义的胜利同样不是用和平而是用暴力手段实现的。然而，在资产阶级掌握政权之后，他们为了粉饰太平，极力宣扬西方的"自由""民主""人权"等所谓的"普世价值"，一方面迷惑人民，缓和阶级矛盾；另一方面则以此对抗和消解马克思主义的核心话语，力图使历史终结于资本主义。由以上分析不难看出，一些人对于马克思主义核心话语的批判是有选择性的，他们抓住一些可以大做文章的话语进行批判，而对于马克思主义的另一些话语，如共享财富（共同富裕）、人的自由而全面的发展等，则只字不提，因为这些话语可做文章的空间很小，今天的中国已经在共同富裕和人的自由而全面的发展方面取得了巨大成就，并仍在朝着这一目标大踏步地迈进，中国特色社会主义以实践证明了社会主义具有无可比拟的优越性和无限的生机活力。

　　持第二种态度的人大致有两方面的心理：一方面，阶级斗争扩大化时期的历史阴影挥之不去，他们急欲将马克思主义这些话语从他们的思想深处抹去，不愿再谈，避之不及；另一种心理则是基于这样一种认识，即经济全球化进程已使今天的中国全面参与到资本主义占主导的世界体系中，发展才是硬道理，不必再区分什么"颜色"与立场，马克思主义理论已经不再适用。基于这两种心理，他们对马克思主义避而不谈，转而关注新问题、新理论，甚至用一些西方理论来解释和解决中国的实际问题。这些人实际上在思想上已经偏离了马克思主义，他们没有弄清楚中国化马克思主义从一开始就是以马克思主义的这些核心话语结合中国实际建立起来的，并在此基础上根据时代和实践的发展进行理论创新的。因此，任何淡化马克思主义基本理论的态度和观点都是十分错误的。

　　持第三种态度的人，看似是"真正的"马克思主义者。然而，他们对于马克思主义核心话语的理解是僵化的，甚至是口号式的，他们没有看到或有意忽视时代的变迁和社会的进步，没有认识到马克思主义理论应当随着时代主题的变化和实践的发展不断与时俱进，一些核心话语的内涵需要不断进行创新阐释，这是由马克思主义固有的理论品格和精神品质决定的。不"真懂"马克思主义，不深刻领会马克思主义的精髓，就不能把马克思主义作为一个开放的理论体系，并不断创新、发展和完善。马克思主义提供给我们的是辩证唯物主义和历史唯物主义世界观宏大视野和一系列观察、分析及解决问题的方法、原则，而不是一些僵死的教条。任何把马克思主义看成教条、口号，不懂得理论联系实际，不能科学地理解和运用马克思主义的人，都不是真正的马克思主义者。

## 三、正确对待马克思主义的核心话语

当前，中国特色社会主义已经进入新时代，要顺利进行伟大斗争、建设伟大工程、推进伟大事业、实现伟大梦想，就必须坚持马克思主义基本原理，努力推进实践基础上的理论创新。

1. 结合时代条件和实践需要，深刻阐释马克思主义核心话语的理论内涵和实践意义。马克思主义是一个开放的理论体系，与时俱进是其固有的理论品格。要科学理解马克思主义，首先就要从马克思主义的核心话语入手，深刻阐释马克思主义核心话语在当今时代的历史内涵和现实意义。马克思主义核心话语的内涵是随着时代的变迁、实践的发展而不断得到丰富和发展的。需要强调的是，对马克思主义核心话语的再诠释不是要摒弃或掏空原有话语的基本内涵而塞入一些其他的东西，恰恰相反，是要在原有内涵基础上赋予其时代化和实践性的品格。比如，对于"革命"这一概念，马克思说过，革命是历史的火车头，它是新社会取代旧社会的必要手段。在一种社会制度取代另一种社会制度的过程中，暴力革命往往是必要的，而在实现了这种过渡之后，和平形式的"革命"就占据了主流。在社会主义政权建立之后，社会主义建设成了我们党领导人民要完成的首要和核心的任务。然而，"'社会主义社会'不是一种一成不变的东西，而应当和任何其他社会制度一样，把它看成是经常变化和改革的社会"①。而在中国社会主义改革的过程中，必然会遇到很多困难和阻力，改革同样需要大刀阔斧、勇往直前的革命精神。因此，社会主义改革是一场巨大而复杂的社会革命。这一革命涉及很多方面，包括一系列社会制度的革命，也就是社会主义制度的自我完善；党的自我革命，即党的自我净化、自我完善、自我革新和自我提高；人的革命，即人的素质的全面提高、人的自由而全面的发展；等等。这就从广度和深度上拓展了马克思主义关于"革命"这一话语的理论内涵和实践意义。

2. 及时批判错误思潮，遏制其对马克思主义核心话语的侵蚀。一些反马克思主义思潮是扰乱当前社会思想意识、阻碍马克思主义理论创新的主要因素。他们抓住马克思主义的某些核心话语，用西方政治话语体系对其进行刻意曲解，力图以此对马克思主义进行审判，进而否定我国社会主义制度和中国共产党领导的合法性。从社会心理学上看，他们抓住了某些人尤其是一些年轻人猎奇的心理，抛出各种不同于马克思主义的声音以吸引他们的注意力，使一些不明真相的人对其形成政治认同和价值认同，其负面效应和危害是巨大的，应当引起我们的高度重视。由此可以看出，对待马克思主义核心话语的态度直接决定了对待马克思主义的态度，是坚持并科学阐释马克思主义的核心话语，还是反对、消解马克思主义的核心话语，体现了马克思主义与反马克思主义立场的对立。马克思主义理论工作者必须对此作出及时的反应：一方面要坚决批判这些错误思潮，抓住其立论依据，深入辨析其话语的西方特征，揭露其背后的政治目的；另一方面，要有破有立，在批判错误思潮的同时，把马克思主义核心话语的理论内涵、时代意义等向人们讲清楚。

---

① 《马克思恩格斯选集》第4卷，北京：人民出版社1995年版，第693页。

当前，最重要的就是要把习近平新时代中国特色社会主义思想的丰富内涵阐释宣传好。马克思主义是一种战斗的理论，而不是一种好斗的理论；马克思主义是一种革命的理论，而不是一种暴力理论；马克思主义是一个开放的理论体系，而不是一些僵死的教条。将马克思主义贴上"好斗"和"暴力"的标签，是对马克思主义的刻意歪曲，是别有用心的。

3. 加强宣传阐释，使中国化、时代化、大众化的马克思主义核心话语逐步深入人心。马克思主义中国化、时代化和大众化的关键就在于推进马克思主义核心话语的中国化、时代化和大众化。习近平新时代中国特色社会主义思想结合时代特征和实践需要对马克思主义核心话语进行了创新性阐释，是马克思主义核心话语中国化、时代化和大众化的最新成果。对于这一创新性理论成果，要通过各种途径和方式积极地向广大人民群众进行宣传，使其逐步深入人心。此外，各级党校、党政机关要经常组织理论学习，深入学习马克思主义哲学、政治经济学和科学社会主义理论，使广大党员干部把其中核心话语的深刻内涵、时代意义及其理论逻辑和历史逻辑真正学懂、弄通。只有理论上通透，思想上才能坚定，实践上才能卓有成效。

《红旗文稿》2017年第22期

# 决不允许用西方"普世价值"消解社会主义核心价值观

凌胜银　胡志彬　陈茂霞[*]

第二次世界大战之后特别是"冷战"结束以来，以美国为首的西方国家在世界各地大力推销所谓"普世价值"。近几年，针对中国的推销尤其卖力，掀起了一波又一波的"普世价值"热。特别是党的十八大以来，"普世价值"论者以"社会主义核心价值观全面肯定普世价值"为幌子，再掀波澜。那么，西方"普世价值"这个葫芦里到底卖的是什么药？社会主义核心价值观和西方所谓"普世价值"是不是一回事？

## 一、西方"普世价值"推销本质上是意识形态征服战

"普世"这一概念最早是由基督教东、西两派为争夺在整个罗马帝国的影响力而提出和使用的。第二次世界大战以后，以杜勒斯为代表的一批

---

[*] 作者单位：南京陆军指挥学院。

西方政治家提出了和平演变社会主义国家的战略，从此"普世价值"具有了明确的政治目的，成了美国历届政府实施和平演变的思想武器。杜勒斯说，必须用"和平的方法"，即"精神的压力""宣传的压力"把社会主义国家的人民"解放"出来，"只要把脑子搞乱，我们就能不知不觉改变人们的价值观，迫使他们相信一种经过偷换的价值观"。尼克松认为，应该制定一个在铁幕里面同社会主义国家进行"和平竞赛的战略"，诱使社会主义国家"和平演变"；开展"意识形态竞争"，打"攻心战"，扩散"自由和民主价值观"，打开社会主义国家的"和平变革之门"。里根上台执政后，利用苏联、东欧面临经济困难之际，对外采取大步进攻态势，开展同苏联在"思想和价值观念"方面的"和平竞争"，声称自由民主事业在向前挺进的途中将"把马克思主义抛进历史的垃圾堆"，进而提出在现今世界上正在进行的这场斗争中，"最终的决定性因素不是核弹和火箭，而是意志与思想的较量"。1989年7月，布什提出，要用二三十年时间，打一场"无硝烟的新的世界大战"，届时我们将有可能融化掉社会主义，从而建立起一个以我们西方文明为指导的新的世界，最终解决战后社会主义与资本主义两种社会制度之间的"历史性较量"。从这些史料中，我们不难看出，推销"普世价值"一直是以美国为首的西方国家和平演变社会主义国家的意识形态征服战。20世纪80年代末90年代初，苏联解体、东欧剧变，其中，西方"普世价值""功"不可没。

这些年来，西方国家通过互联网、报刊影视、学术交流、基金会资助以及扶持"西化精英"等手段，明里暗里对我国进行"普世价值"渗透，目的就是要按西方政治理念和制度模式改造中国的政治制度，企图废除马克思主义指导地位，推翻中国共产党的领导，最终实现西化、分化中国的图谋。塞缪尔·亨廷顿说："普世主义是西方对付非西方社会的意识形态"，一语道破了西方"普世价值"的本质。所以，"普世价值"推销，"销"的是资产阶级的意识形态，"推"的是社会主义国家和"不听话"国家的政权，是彻头彻尾的意识形态征服战。对此，我们必须保持高度警惕。

## 二、西方所谓"普世价值"极具迷惑性和危害性

西方国家把民主、自由、人权等奉为超阶级、超国家、超时空的"普世价值"，是一种绝对化的思维方式。

1. 西方"普世价值"在理论上是站不住脚的。所谓"普世价值"，就是具有永恒性、世界性、普遍性的价值，是对所有时代所有人都适用的价值。这里有两层意思：一是"普世价值"具有超时空、超阶级的适用性，适用于所有人；二是"普世价值"具有绝对的永恒性，适用于所有时间、所有地点，不以任何条件为转移。但是，在现实中，在资本主义与社会主义两种根本不同制度并存的意识形态领域，这种只有普遍性而没有特殊性、只有永恒性而没有变化性的绝对抽象价值，是不存在的。

第一，价值是具体的。马克思主义认为，价值本质上是一种关系，是以主体为尺度的主客体统一的状态，是客体对于主体需要的满足和意义。客体满足主体需要的程度越高，价值就越大。这里的客体指的就是与主体有关的一切物质的和精神的存在。所以，价值关系是一种客观关系。价值观是对价值关系的反映，因而是具体的。

第二，价值是变化的。人类社会是不断发展的，主体、客体以及主客体之间的关系是不断变化的，由此决定了价值观也是不断变化的，并不存在超时空、永恒不变的价值关系和价值观念。自由、民主、人权等价值都是随着社会历史发展而逐渐产生的，又在历史发展的不同阶段被赋予不同的内容。奴隶社会、封建社会不可能产生现代自由民主观念，古希腊的民主与现代西方国家的民主也是不同的。

第三，价值是相对的。由于价值是以主体为尺度的关系，而不同主体具

有不同需要，同一主体在不同条件下的需要也各不相同。这样，同一事物对于不同主体便具有不同的价值，同一主体对同一事物在不同条件下的价值判断也不尽相同。这就是说，价值具有主体性，是相对的。资产阶级有资产阶级的价值观，无产阶级有无产阶级的价值观，不存在什么绝对的自由、民主、人权。

第四，价值共识不等于西方"普世价值"。没有放之四海而皆准的价值。价值共识源于主体的共同需要，反映的是人类的共同利益、共同追求，是人的社会性和相互依存性，是不同的人、民族、国家之间的共性。价值共识是分领域、分层次、有差别的，不可能适用于一切时代、一切国家和民族，只能适用于特定时期、地域，只能存在于具体的价值关系中。西方国家推销"普世价值"时总是披上价值共识的外套，其目的就是制造话语陷阱，利用自由、民主、人权等概念，布设价值观和意识形态领域的"迷魂阵"。如果你默认或者接受西方"普世价值"，则正中其下怀；如果你反对西方"普世价值"，他就直接给你戴上不民主、反自由、反人权等帽子。

2. 从西方国家的历史和现实看，西方"普世价值"是虚伪的。长期以来，西方国家总是打着民主、自由、人权的幌子对别国指手画脚，可他们自己做得怎么样呢？英国是世界上第一个宪政国家，也是最早实行议会民主选举的国家，然而当时在英国700万人中，有投票权的只有25万人！法国大革命被认为是人类历史上最伟大的革命，革命中提出的天赋人权、自由、平等、博爱原则响彻云霄。然而，《人权与公民权利宣言》中的"人"和"公民"在法文里，指的就是男性白种人，不包括妇女、有色人种和穷人。美国独立时喊得最响的就是"人人平等"。然而包括华盛顿在内的众多开国之父们大多是奴隶主，蓄有黑奴。在刚开始通过的美国宪法中，确立众议院按人口比例选举议员，而南方蓄奴州的黑奴在当时被视为奴隶主的固定资产，没有投票权，因而只能按3/5的人口数计算。美国独立后，开始了工业化进程。英国和法国原始积累的一幕再现美国。这期间，对所有的工人罢工一律镇压。现在的"八小时工作日"和五一劳动节就是芝加哥工人用鲜血换来的。第二次世界大战后,美国已成为全球头号强国。然而,美国国内仍然实行严格的种族隔离制度。所有的公共场所,甚至教堂、墓地都要分黑人、白人。

时至今日,在西方国家内部,"选举"这一被西方政客标榜为公民最基本的权利,实质上却是"富人的游戏"和"钱袋的民主";国际金融危机暴露了西方资本主义制度的固有缺陷;斯诺登事件彻底揭穿了西方自由的真实面目;"占领华尔街"运动更是对西方社会所谓"公正"的极大讥讽。尽管西方"普世价值"头顶着自由、民主、平等、人权等耀眼的光环,但西方国家用自己的行为戳穿了其"普世价值"的谎言。

**3. 西方向发展中国家推销"普世价值"推销带来了严重危害。**西方"普世价值"自诩"美好",实际效果如何呢?从那些接受或被迫接受西方"普世价值"国家的情况看,这些国家要么发展缓慢,要么四分五裂,要么社会动荡。西方"普世价值"为什么给这些国家带来无尽的灾难呢?根本原因在于,西方所谓"普世价值"作为资产阶级意识形态,在人类历史发展到现今阶段,既不具有先进性,更不具有人民性,其内在的矛盾决定了它既不可能解决好发展问题,也不可能解决好和平问题。加之,由于资本主义的"丛林法则",先发展起来的西方国家早已占据国际体系的中心地位、国际分工的高端位置,控制后发国家既是其本性决定的,也有这个条件和能力。这一点西方资产阶级是非常清楚的,所以他们才要费尽心机对其意识形态进行包装和抽象,用欺骗的手法向世界推广。对于这一点,早在20世纪40年代,美国国际政治学者汉斯·摩根索说:"所谓普世价值根本不存在,那只是强者美化自己、削弱别国的一种策略。美国应该不断地以自己发明的普世价值去蒙蔽别国,同时极力防止对方的蒙蔽。"事实一而再、再而三地证明,不切实际地照搬西方资本主义国家的所谓"普世价值",只能是取乱之道、取祸之道。

## 三、故意混淆社会主义核心价值观与西方"普世价值"用心险恶

党的十八大提出,倡导富强、民主、文明、和谐,倡导自由、平等、公正、法治,倡导爱国、敬业、诚信、友善,积极培育和践行社会主义核心价值观。这"三个倡导"、24个字,从国家、社会和公民三个层面概括了社会主义核心价值观的价值目标、价值取向和价值准则,勾绘出了我国社会主义社会的价值内核、全社会的共同理想、13亿多人民的精神家园,是我们党凝聚全党全社会价值共识作出的重要论断,在全社会激发起强烈共鸣。

然而,有人抓住社会主义核心价值观与西方所谓"普世价值"某些字面上的重合,宣称中国的社会主义核心价值观就是西方"普世价值",企图用西方"普世价值"取代社会主义核心价值观。这种故意把社会主义核心价值观与西方"普世价值"混为一谈的谬论,居心叵测,制造了思想混乱,必须予以澄清。

毫无疑问,社会主义制度是作为资本主义制度的替代物而出现的,同资本主义有着千丝万缕的联系,这种联系也深刻地反映在价值观领域。社会主义核心价值观是在吸收包括资本主义文明成果在内的一切文明成果的基础上发展起来的,代表了人类进步的价值理想。这样,在"三个倡导"中,出现"自由、平等、公正、法治"等字眼也就不难理解了。但是,社会主义又是作为资本主义的对立物出现的,必然同资本主义有本质区别。这就决定了社会主义核心价值观与西方"普世价值"在内涵上有着原则界限。

一是社会性质和阶级属性不同。价值观是人的价值观,而人总是属于一定的社会和一定的阶级的。社会性质不同,阶级地位不同,价值认识、价值取向和价值观念也就不同。列宁曾尖锐地指出:"只要阶级还没有消灭,对

于自由和平等的任何议论都应当提出这样的问题：是哪一个阶级的自由？到底怎样使用这种自由？是哪个阶级同哪个阶级的平等？到底是哪一方面的平等？"这告诉我们，社会性质和阶级属性是区分社会主义核心价值观与西方"普世价值"的根本标志。

我们党倡导的社会主义核心价值观是工人阶级和全体人民的价值观，它以马克思主义为指导思想，以中国特色社会主义为共同理想，反映了工人阶级和全体人民的价值目标和愿景追求，体现了社会主义的本质要求。富强、民主、文明、和谐回答了我们要建设什么样国家的重大问题，展示了社会主义现代化国家的崇高价值目标；自由、平等、公正、法治回答了我们要建设什么样社会的重大问题，展示了社会主义制度的本质要求；爱国、敬业、诚信、友善回答了我们要培育什么样公民的重大问题，展示了社会主义基本道德规范的本质要求。

以"自由、民主、平等、人权"为口号的西方所谓"普世价值"，一方面，作为资本主义的核心价值观，作为资产阶级反对封建专制主义和宗教神学的思想武器，具有历史进步意义；另一方面，在遵循资本逻辑、追求利益最大化的增殖运动中走向自身的反面，成了维护资产阶级根本利益和政治统治的思想工具，体现了其局限性。一句话，社会主义核心价值观是中国特色社会主义的身份标识，是姓"社"而不是姓"资"的。

二是所有制基础不同。恩格斯曾经指出："人们自觉地或不自觉地，归根到底总是从他们阶级地位所依据的实际关系中——从他们进行生产和交换的经济关系中，获得自己的伦理观念。"这就告诉我们，价值观作为人们对好坏、善恶、美丑等价值的立场、看法和态度，总是根源于经济基础并受经济基础制约，是处于一定经济关系之中的人们利益和需要的反映。而经济关系最集中地表现为人们在所有制中的关系和地位。所有制不同，人们在经济关系中的实际地位就不同，实际地位不同决定了人们经济利益的不同，经济利益的不同决定了人们价值观念的不同。离开所有制来谈价值观，就只能是空中楼阁。

社会主义经济基础是以公有制为主体的，全体人民共同占有或集体占有生产资料，成了一个密切联系、荣辱与共的利益共同体。这种公有制，消除了社会成员之间利益分裂、对立、冲突的基础，决定了集体主义是社会主义的主导价值。无论是"倡导富强、民主、文明、和谐""倡导自由、平等、公正、法治"，还是"倡导爱国、敬业、诚信、友善"，都不是仅仅从个人出发的，而是从个人与他人、个人与社会、个人与国家的关系出发的，体现的是集体主义的价值理想、价值标准和价值准则。所以，社会主义核心价值观，从根源上讲是社会主义公有制为主体的经济关系的反映。

资本主义是生产资料私人占有制，私有财产神圣不可侵犯。这种私有制的经济关系，决定了个人至上的"个人主义"成了资本主义的主导价值。而在资本主义社会中有产者和无产者在所有制中经济地位的不同，最终也决定了自由只能是资本的自由，平等只能是资产阶级财团内部的平等，民主也只能是有钱人的民主。对此，马克思曾一语道破其中的奥秘："生产者不占有生产资料是不能获得自由的。"

三是根本目的不同。目的反映动机，目的宣示立场，目的展示形象。相信谁、依靠谁、为了谁，是否为最广大人民谋解放、谋利益、谋幸福，是区分唯物史观和唯心史观的分水岭，也是判断社会主义核心价值观和资本主义所谓"普世价值"的试金石。

社会主义核心价值观，坚持人民群众是历史创造者和真正英雄的根本立场，字里行间贯穿着全心全意为人民服务的根本追求。倡导富强、民主、文明、和谐，强调的是没有国就没有家，建设一个现代化的国家，是人民幸福之源；倡导自由、平等、公正、法治，强调的是建设一个秩序井然、富有活力的社会，是人民幸福的条件；倡导爱国、敬业、诚信、友善，强调的是每个人都是目的和手段的统一，只有人人胸怀报国理想、坚持道德操守、激扬蓬勃朝气，从自己做起，才能积小我为大我，将人生带入更高的幸福境界。

不难看出，社会主义核心价值观，就是以实现好、维护好、发展好最广大人民群众的根本利益为出发点和落脚点的价值观。这是中国共产党性质宗旨的体现，是中国革命、建设和改革成功的保证，也是马克思主义理论与一切非马克思主义理论相区别的一个鲜明特色。

资本主义所谓"普世价值"，尽管把"自由、民主、人权、博爱"标榜为全人类的普遍利益，但由于其以抽象人性论为基础，无法掩盖少数人占有绝大部分生产资料和社会财富去盘剥大多数社会成员的事实。美国著名学者威廉·格雷德在《资本主义全球化的疯狂逻辑》一书中讲了这样一个现象："在美国，35%的土地、房屋、股票、债券等净资产被1%的家庭所拥有；80%的社会财富被1/5的人所拥有。……这种现象愈演愈烈，超过了20世纪20年代灾难性的财富聚敛程度。"所以，资本主义所谓"普世价值"本质上是为"少数人"谋利益，是维护资产阶级政治统治的意识形态和重要工具。

归结起来，社会主义核心价值观和西方所谓"普世价值"作为两个思想概念，它们之间的原则界限泾渭分明，性质目的根本不同，完全是两股道上跑的车。企图混淆社会主义核心价值观与西方所谓"普世价值"，就是妄想通过"偷梁换柱"，抽空我们的精神支柱，销蚀我们的共同理想，把中国特色社会主义引向邪路，最终达到改旗易帜、西化中国、颠覆社会主义国家政权的目的。这样说，绝非危言耸听。当年，戈尔巴乔夫鼓吹"人道的民主的社会主义"，推崇"全人类的共同价值"即"普世价值"，无视阶级利益、民族利益、国家利益的客观存在，无视国际范围内资本主义与社会主义之间复杂而尖锐的斗争，逐步放弃了共产党的领导，放弃了社会主义制度，结果使苏联走上了一条亡党亡国的不归路。教训启示我们，西方"普世价值"是我们民族的精神毒剂，必须高度警惕，决不能任由西方"普世价值"来转化我们的精神基因，消解我们的社会主义核心价值观。

《红旗文稿》2017年第11期

# 不能将中国的独立公正司法与西方的"司法独立"混为一谈

尹国明[*]

前段时间，最高人民法院院长在谈及人民法院的意识形态工作时，提出要坚决抵制西方"宪政民主""三权分立""司法独立"等错误思潮影响，这引起个别人的异议。他们认为，拒绝西方的"司法独立"，就等于没有司法公正。

显然，这些人是把西方的司法理念和司法制度视为司法公正的唯一标准，认为凡是不符合西方标准的司法体系，都做不到司法权的独立行使，因而也就无司法公正可言。

中国所强调的独立公正司法与"司法独立"是两个不同的概念。独立公正司法是指司法机关独立行使司法权，不受行政机关、人民团体和个人的干预，这个原则已经被我国的宪法和法律所确认。而一些人主张的"司法独立"，除了指司法机关独立行使司法权之外，还有两个基本特点：一是司法机关要在政治上和组织上独立于党的领导，二是司法机关要独立于人大，司法

---

[*] 作者：中国社会科学院国家意识形态中心新媒体研究院特约研究员。

机关在职权和组织上要绝对独立。

真理往前多迈一步哪怕是一小步，就会变成谬误。司法权的独立行使，本来是为各国的司法文明所公认，但有人非要把独立行使司法权理解成司法机关在组织和政治上的绝对独立性，这不由让人思考这样一个问题：世界上真的存在绝对独立的司法体系吗？

## 一、以美国为代表的西方国家的"司法独立"有名无实，既没有独立于政党，也没有独立于立法机关和行政机关

首先，美国的司法权主要是指法院的审判权，美国的检察权并没有独立于行政权。

美国的联邦检察机关和司法部是合在一起的，司法部长也就是总检察长。美国的检察权实际上是政府行政权的派生权力，具有明显的行政性质。比如，美国前代理司法部长耶茨因反对总统特朗普颁布的"旅行禁令"，并下令司法部检察官不得为禁令辩护，就被特朗普撤销了职务。这已不是美国的行政机关第一次对美国的检察系统进行人事干预了。早在2006年，美国时任司法部长冈萨雷斯领导的司法部在一个月内先后解聘了8名联邦检察官，原因之一就是这些检察官对布什的"忠诚度"不够。美国的检察机关，在相对于行政机关的组织独立性方面远不如中国的检察机关做得好。

其次，除了检察系统，美国的法院系统同样没有真正独立于立法和行政机构以及政党政治。

最明显的一点就是，美国法官的产生和任命没有做到独立于行政与立法机构，也没能独立于政党政治。以美国联邦大法官的任命程序为例，根据美国宪法，美国总统有权在联邦最高法院大法官席位出现空缺时提名新人选，但须经参议院下设的司法委员会举行听证会对提名人选进行审查，再经参议院全体

会议进行投票表决，达到简单多数，提名才获通过。美国大法官的提名和任命权，从来都是两党激烈争夺的对象。2016年2月，保守派大法官安东宁·斯卡利亚去世，美国两党就围绕新的大法官人选展开了激烈的政治博弈。时任总统奥巴马正式提名哥伦比亚特区上诉法院首席法官梅里克·加兰填补空缺，但遇到了共和党占多数席位的参议院的拒绝。参议院多数党领袖、共和党人麦康奈尔明确表示，参议院将不会就加兰的任命举行听证会和投票，理由是：新一任大法官的任命将决定联邦最高法院在未来对重要案件的判决结果，因此必须由下一任美国总统而不能由即将卸任的奥巴马提名。麦康奈尔的意思很清楚：民主党提名的大法官，对民主党有利，对共和党不利。所以共和党为保证对这一大法官位置的控制，宁可让联邦最高法院缺额持续一年之久。

由此可以看出，美国联邦大法官也都是具有明显政治倾向的，事实上，联邦大法官正是因为其表现出的政治倾向才有机会得到相应政党的提名，被谁提名，跟谁站队，为谁服务，政治逻辑相当清晰。对应于美国的民主党和共和党，美国联邦大法官的政治立场可分为自由派和保守派。美国联邦最高法院由1名首席大法官和8名大法官组成，在保守派大法官安东宁·斯卡利亚去世之前，美国最高法院长期保持5名保守派大法官和4名自由派大法官的派系结构。这种保守派和自由派的法官人数对比，直接决定了关键性判决的结果。比如2000年美国大选，小布什和戈尔因为对佛罗里达州的投票存在争议，佛罗里达州最高法院因7名大法官中有6名是由民主党人州长提名和任命，所以该州最高法院就支持了民主党人戈尔的诉求，在棕榈滩等县继续进行人工计票。而由5名保守派和4名自由派大法官组成的联邦最高法院，则以5：4的投票支持了共和党的诉求，帮助共和党获得这次充满争议的选举胜利。

可以说，真实的美国司法，既没有中国某些人所说的组织层面的"独立"，也没有实现职权层面的"独立"。美国的司法不但不能独立于政党政治，反而深受政治的影响，甚至成为政治斗争的工具；美国的法官不但不能离开政治，而且更要讲政治，否则连被提名的机会都很难有。

有人可能会说，美国联邦最高法院固然不能独立于政党政治，但毕竟美国是两个党派轮流执政，所以并不妨碍美国"司法独立"的实现。但问题是，美国100多年的两党制轮替，已经实现了对权力的垄断性固化格局，这两个党派在基本主张方面并没有本质的不同。两个轮替执政的政党都是美国基本制度的忠实维护者，两党的主张都没有超出自由主义的边界。甚至可以认为，所谓的两党，实为资产阶级一党的两派，有学者将美国的两党制概括为"两党合作制"，也很有道理。美国法院系统的法官内部的保守派和自由派之争，也从来没有越出资本主义意识形态的边界，无论是保守派法官还是自由派法官，在维护美国制度安全的问题上，立场是高度一致的。

考察美国司法体系，可以得出结论：美国并不存在某些人宣扬的"司法独立"。西方其他国家的司法体系也大同小异，绝对的"司法独立"不存在于现实中，只存在于某些人的想象里。

## 二、西方国家的司法体系，在实践层面很容易滋生腐败

仍以美国为例。美国的司法体系，在政治层面是一种不具有真实性的伪独立的司法设计，在实践层面很容易滋生腐败。

美国的司法体系设计，过分关注法官在关键性判决中的政治倾向性，但同时又过分忽视一般性司法案件中法官个人操守的监督，这不可避免地导致司法腐败滋生。宾夕法尼亚州鲁泽恩县法院前法官夏瓦瑞拉和他的同伙、首席法官迈克尔·康纳瀚，收受两座私人青少年监狱承包商260万美元的贿赂，从2003年到2008年，先后把近3000名无辜少年送进少年监狱，以增加囚犯的数量来保证私人监狱获利。东窗事发之后，夏瓦瑞拉的2480个案子被推翻。这种司法腐败的规模和严重性，在中国是不可想象的，但是在美国却成为现实。美国纪录片《孩子换金钱》给出了这样一组数据：美国每年关押的孩子几乎是

世界上任何国家的 5 倍。这其中又有多少是被司法腐败送进去的无辜少年？

根据美国学界的研究，"美国刑事冤案的比例在 1%—5%，通过比率推算，每年约有 1 万例"。对此，美国《赫芬顿邮报》用了"惊人数字"的标题进行报道，而发表于美国国家科学院院刊的一项研究则表明，美国死刑错判率超过 4%，这 4% 的犯人可能根本就无辜。早在 1991 年，美国哥伦比亚大学法学院就开始进行一项美国死刑案错误率研究，调查了 1973 年以来所有走完了上诉程序的死刑案。研究组于 2000 年 6 月发表了一份名为《一个破碎的系统：美国 1973—1995 年死刑案错误率》的调查研究报告，指出，从 1973 年到 1995 年的 23 年间，全美总共判处了 5760 个死刑，重大错误率是 68%。大量的冤案存在，却很少有人被追究。2013 年，美国得克萨斯州发生了一起冤案，检察官隐瞒了当事人无罪的证据，导致该案被告人被定罪入狱服刑 25 年。最终，这名检察官被定藐视法庭罪，判处 10 天监禁、500 小时的社区服务和罚金 500 美元了事。这种"罚酒三杯"式的惩戒力度，根本无法阻止司法腐败的大量产生。

不该判的被判了，该判的却没有人去管。自 2003 年伊拉克战争爆发以来，美国政府支付的伊拉克战争和重建援助经费，存在被大量侵吞的腐败现象。美国三大审计机构负责人在国会众议院作证时披露，在已审计的 570 亿美元中，约 100 亿美元被美国政府"浪费"了。仅美国前副总统切尼的石油服务业巨头哈利伯顿公司一家承包商就吞掉了 27 亿多美元。但这些显而易见的腐败行为，却没有得到追究，最后不了了之。

中国的司法体系，固然有很多不完善之处，司法领域也存在着腐败现象，但某些人奉为圭臬的美国司法体系，并不值得中国效法和移植。

## 三、国内某些人为什么主张"司法独立"

说到底，国内某些人呼吁"司法独立"，本质上是一种政治诉求。这种

"司法独立"的主张，真正的要害在于要将中国的司法权在政治上和组织上独立于中国共产党的领导。问题是世界上并没有真正独立的司法系统，独立于中国共产党的领导，就必然要接受另一种政治力量的领导，那么这又该是一种什么样的政治力量呢？

追根溯源，"司法独立"的实质是一些势力和平演变中国、推动中国政治转型的一种曲折隐蔽的实现形式。通过司法独立来变相推动西式宪政体制的建立，才是呼吁"司法独立"者想要达到的真实目的。通过司法独立来控制中国的司法权，用司法权来制约行政权，并虚化中国共产党对行政和司法的政治领导，从而改变中国的社会主义政治制度。"司法独立"是手段，改变制度是目标。前些年，某位所谓知名教授就直言不讳地讲，"通过解决司法的问题，最终实现政治体制的改革"，其政治意图暴露无遗。

中国需要的不是所谓"司法独立"，而是保证司法机关独立行使职权，保障人民法院的独立审判权和检察机关的独立检察权。

独立的司法权，中国的宪法和法律已经有明确规定。2004年宪法第一百二十六条规定了人民法院独立行使审判权，第一百三十一条规定了人民检察院独立行使检察权。《中华人民共和国刑事诉讼法》第五条规定：人民法院依照法律规定独立行使审判权，人民检察院依照法律规定独立行使检察权，不受行政机关、社会团体和个人的干涉。党的十八届四中全会提出的司法改革的重点之一，就是人民法院和人民检察院"依法独立公正行使审判权和检察权"，提出"建立领导干部干预司法活动、插手具体案件处理的记录、通报和责任追究制度"。2015年开始在全国设立跨区域的巡回法庭，也是为了实现独立公正司法的尝试和探索。在这方面，我国不但有了法律方面的明确规定，而且也为了落实法律规定的独立行使司法职能而制定了清晰的司法改革方案。

中国反对的不是独立公正司法，反对的是通过"司法独立"来取消党的领导，改变中国的根本政治制度；反对的是把党的领导和独立司法对立起来，通过虚构的"司法独立"概念制造"党大还是法大"的伪命题，借机制造理论和思想的混乱。

反对"司法独立"，也是依宪治国的需要。我国现行宪法规定了中国共产党的领导地位，也规定了立法机关和司法机关的关系，司法机关产生于全国人民代表大会，并对其负责。一些人主张司法机关在组织和政治上独立于党的领导和人大监督，这些都严重违反了宪法的基本原则和明确规定，与依宪治国的基本原则是背道而驰的。

一方面，我们承认我们的司法体制还不完善，还存有很多问题和需要改进的地方，要坚定司法体制改革的决心和信心，在现行根本政治制度不变的前提下，对存在的司法权力受行政权力干预等突出问题，逐步加以解决。另一方面，对那些旨在改变中国国体政体的"司法独立"的错误思潮，要进行坚决抵制和积极批判。

*《红旗文稿》2017 年第 8 期*

# 全面正确理解人权概念、人权话语以及话语体系

张永和[*]

中国改革开放以来，人权事业取得了举世公认的成就，特别是党的十八大以来，中国人权事业的发展更是有目共睹。2017年6月22日，联合国人权理事会首次通过中国提出的"发展对享有所有人权的贡献"决议。这一标志性事件，一方面说明中国人权话语正以铁的事实为依托而影响国际社会，另一方面也表明建立起一套中国自己的人权话语和人权话语体系的任务迫在眉睫。而要形成完整的人权话语体系，必须对人权的基本理论有清楚的认识。所以，我们首先需要做的是，对人权概念、人权话语以及人权话语体系予以正确理解。

## 一、关于人权概念

人权概念是在社会发展过程中形成的对人在经济、文化、政治活动中的

---

[*] 作者：西南政法大学人权研究院执行院长。

本质进行抽象化的产物。从完整的意义上讲，对人权概念的理解，必须立足于两个要素：一方面，人权（Human Rights）概念必须基于"人"或"人类"（Human Being）的立场对人之为人所必需的各项权利进行表达；另一方面，人权必须是以人权（Human Rights）这样的语词形式表达人权之精神品质、思想理念和具体内容。

为了把握人权这一概念，我们还有必要精准把握其由来。

第一，人权思想早于人权概念产生，中国人权思想早于西方人权思想。对中国来说，人权概念是一个舶来品，但孔子（公元前551—公元前479年）的"仁者爱人"和"民本"思想已经在实质上具有丰富的人权意蕴，强调人与人之间、人与社会之间的理想关系，这种人权思想传统的形成早于西方。对于西方而言，古希腊时期的普罗泰戈拉（公元前490—公元前420年）提出"人是万物的尺度"，强调人的主体性与尊严，但这是从人与神、人与自然的关系中提出的，并不是现代意义上的人权概念。总的来说，远古时期，无论中国还是西方，都没有形成明确、完整的人权概念。

第二，西方一再强调的3部"人权文件"中并没有出现人权概念。人权概念在西方的产生是16世纪以后的事情。一般认为，英国《大宪章》、北美《独立宣言》和法国《人与公民权利宣言》是3部最经典的人权文件。但事实上，在这3部文件中，并没有使用人权（human rights）概念。例如，《独立宣言》和《人和公民权利宣言》分别使用的是"权利"（rights）和"人的权利"（Rights of Man），而非人权（Human Rights）。而权利、人的权利与人权是有区别的。所以，这3个"最重要"的人权文件都只是表达了封建贵族或新兴资产阶级的权利主张，并不是站在"人"的立场对人权予以确认。

第三，人权概念的正式出现是在第二次世界大战后联合国文件中，是人类社会共识的产物。《联合国宪章》（下称《宪章》）和《世界人权宣言》（下称《宣言》）是国际社会首次站在"全人类"（Human Being）的立场、明确地提出人权（Human Rights）概念。这两份文件是国际社会出于对第二次世界大战的反思，为了应对和防范战争、极权、贫困、饥饿等全人类的共同灾难而制定的。其中的人权概念是建立在世界各国的不同景状、多元文化融合的基础之上，否定了原初稿以基督教上帝为庇佑的基本视角。值得一提的是，作为起草委员会主要成员的张彭春，还为《世界人权宣言》中的人权概念注入了"仁爱""四海之内皆兄弟""良心"等中国传统的人权理念。而后来的《经济社会文化权利国际公约》《公民及政治权利国际公约》，明确规定各项具体权利内容，使《宪章》和《宣言》中抽象的人权概念更加具体化。在这两个公约中，东西方不同国家关于具体权利的主张基本得到了平等、全面的表达，人类关于人权内容的认识得到了丰富，并形成了完整、系统的人权概念体系。1986年，联合国大会通过《发展权利宣言》，虽然该宣言并非是具有较强法律约束力的国际公约，但其中明确表达出的"全体人类"的立场，对人权概念体系进行了重要的补充与完善，这已成为国际社会的广泛共识。可以说，人权概念是基于人的本质，在总结人类如何克服世界性难题的过程中，人的自我认识的必然产物。

第四，人权概念是一个多位阶的概念系统。人权关怀着"人"的精神世界和物质世界的方方面面。但人权不是有关"人"的全部，人权只是对"人"的一方面权利的具体表达，是"人"的一个部分。如果说"人"的概念是一阶的，那么人权概念就只能处于二阶，而人权概念还需要进一步地表述为各项具体权利，民主、自由、发展权、生存权、人格权、尊严、环境权等三阶概念。

## 二、关于人权话语

人权话语是对人权概念的解释和阐发，包括对概念的阐释能力、阐释力度、阐释方式和阐释过程。

首先，人权概念是人权话语的载体，人权话语是对人权概念的阐释，二者是载体与内容的关系。人权话语更具有主观性，从不同的立场出发，通过不同的解释方式，同一个人权概念可能产生不同的人权话语。比如，西方在阐释人权概念时，仅仅将其解释为自由、民主、宗教信仰等政治权利和公民权利概念，并将这些概念冠以"普世价值"的名号，由此塑造出符合其自身利益的人权话语，并在世界范围内推广。可见，对人权概念的解释过程，也是形成人权话语权的重要过程。其实，西方这种对人权概念的切割，其目的就是将人权概念限定在政治哲学的范畴，然后意识形态化，以便达到他们打击敌人的目的。

其次，我国对人权概念进行话语转换，采用的是与西方不同的立场和思路。我国人权理论认为，人权的内容和人权的主体一样，是历史的、发展的概念。人权的内容也根据各国国情的不同而有所差别。在中国，依据国情，政府和理论界基本一致的看法是，生存权和发展权是首要人权。

最后，人权话语还在于如何表达，即如何通过阐释，向外宣介人权。有一段时间，我国在人权表达上基本是只做不说。这种传统的内敛、矜持文化以及对人权概念的"过敏"，制约了中国人权理念在世界范围的传播，导致了我国人权话语的"供给不足"。近年来，各界认识到，对于我国的人权理论和成就不能只做不说，需要与世界各国进行交流，特别是通过讲故事的形式传播出去，要在推广的过程中向国际通行的人权概念注入中国元素。这种有别于西方的人权阐释方式和过程实际上就是"人权话语"建构的重要方式和过程。

## 三、关于人权话语体系

人权话语体系是指，在确定的人权话语范围内，将同类的现象按照一定的秩序和内部联系组合而成的整体，有时候也可以是由不同系统组成的整体。影响我国人权话语体系形成的原因主要是我们忽略了对概念不断进行系统梳理和必要的解读。

虽然在长期的国内人权建设与国际人权交流中，我国已在"生存权与发展权是首要人权""人权与主权""人权的特殊性与普遍性"等问题上形成了富有特色的人权话语，但是，话语的体系化程度还相对较低，各项人权话语之间的关系并没有得到充分说明，特别是在统摄全局、具有前瞻性的宏观建构方面还有待于进一步提高。

第一，人权话语体系是人权话语被系统化后的整体。人权话语体系是一个较为复杂的言辞表达系统，是由话语基础、核心话语、话语内容、话语载体、话语方式及话语阐释过程等要素组成的立体的、全面的多层次表达体系。比如，作为二阶概念的人权需要由众多三阶概念支撑，这些支撑概念也就是二阶概念人权的话语。但仅有三阶概念对二阶概念支撑，并没有完成人权话语体系的构造，还需要对三阶概念进行阐释。仅仅作为概念而存在的民主、自由、生存权、发展权、尊严、人格权、环境权等，并不具有活力，需要得到进一步阐释。西方在人权话语选择和人权话语体系建构上先于我们，并在其人权话语体系的建构过程中形成了一套自己的选择模式和论证方式。比如，西方将人权解释为民主、自由等政治权利和公民权利，将这些权利定性为消极权利、可诉的权利，并强调只有可诉的和消极的权利才能被称为人权。在西方看来，发展权等权利由于主体不确定，不属于消极权利，且不可诉，不属于人权范畴。西方因对自身人权发展历史进程的过分强调而形成了"西方中心主义"，但这导致其人权话语体系组合可能存在错误、混乱，甚至在某种程度上遮蔽了人权本质。比如，将二阶概念人权与三阶概念自由、民主等混用，剥去同样体现二阶概念的生存权、发展权、环境权等三阶概念。这造成了对人权内涵的减损，形成了不全面的人权话语体系。这个体系仅仅由如下部分构成：二阶概念人权，三阶概念民主、自由等以及对自由、民主的全部阐释。西方长期以来始终坚持这一套人权话语体系，并通过阐释民主概念，向其内涵中注入西方式的政治制度模式，并宣称其是"迄今为止人类创制的最好的制度"，从而形成了一套具有影响力的民主话语体系。

第二，人权话语体系应立足于人类命运共同体的大格局，着眼于全人类共同价值，将"人"作为出发点。党的十八大以来，习近平总书记提出了"人类命运共同体""全人类共同价值""以人为中心"等理念，对于理解人权话语体系具有重要的指导意义。

首先，人权是全人类的共同事业，因此，中国人权话语体系应立足于人类命运共同体的大格局，重构国际人权共识，引领国际人权事业发展。

其次，人权是对全人类共同命运、共同利益的表达。因此，中国人权话语体系应当全面、客观地表达全人类的共同价值，而不能像西方那样，仅仅站在自身的立场，片面地将政治自由和民主宣称为"普世价值"。

再次，"人"是人权的主体，人权是对"人"全方位的关怀，中国人权话语体系应该将"人"作为出发点，全面地表达生存权、发展权、经济权利、社会权利、文化权利、政治权利等各项人权内容。而西方人权话语体系的局限性正体现在仅仅从公民权利和政治权利这一特定的人权内容出发而遮蔽了人权的其他内容。

第三，人权话语体系形成，应基于深厚的实践和理论基础，凝练出核心话语，并围绕核心话语全面地阐发各项具体内容。西方立足于自身的资产阶级革命与国家治理实践，依据西方政治自由主义理论，将政治上的自由、平等、民主确立为核心话语，从公民权利和政治权利的角度阐发人权的内容，这套人权话语体系存在理论上的片面性。构建中国人权话语体系，应以马克思主义人权理论及其中国化成果为理论基础，不仅要全面总结本国人权保障经验，还应充分考察当代各国尤其是发展中国家的人权现实，科学地凝练出能够真正统领所有人权话语与人权概念的核心话语，保证各类权利主体、各项权利内容、各种权利保障方式能得到全面、均衡表达。

第四，人权话语体系应具备相应的人权概念体系。概念是话语的载体，人权话语体系必然要求一套与之相匹配的人权概念体系作为载体。其关键在于，要根据人权话语体系的核心话语，在各项三阶人权概念中确立一个核心人权概念。西方人权话语体系一方面确定政治自由、平等、民主为核心话语，选取公民权利和政治权利为核心概念，另一方面却弱化其他方面的人权概念。这样的人权概念体系实际上破坏了人权概念体系的结构完整性。因此，中国在构建自己的人权话语体系时，应注意两个方面：一方面，核心人权概念既要符合人权核心话语，也应该是与人权一阶概念最契合的概念；另一方面，确立核心概念并不意味着遮蔽其他概念，反而应该全面涵盖其他概念。

第五，人权话语体系应该具备合理的话语表达方式。合理的话语表达方式，是人权话语体系产生影响力的重要保障。一方面，在表述人权话语体系的时候，应当根据国内、国际的不同场合，有针对性地分别设计政治话语、学术话语、大众话语，并实现各类话语的灵活转化；另一方面，在建构和表达人权话语体系的过程中，还应不断提升话语解释力，对国内外各类人权现象作出既符合人权话语体系，又令国际社会信服的叙述和评价。

《红旗文稿》2017 年第 14 期

# 党史国史研究中抵制历史虚无主义的三个关键抓手

宋月红[*]

当前，我国意识形态领域面临复杂形势、严峻挑战和多重考验，做好意识形态工作的一项重要任务就是要旗帜鲜明地大力批驳和抵制历史虚无主义思潮，肃清这一思潮对人们的历史观、世界观、人生观、价值观以及对培育和践行社会主义核心价值观的严重危害。党史国史以马克思主义中国化为思想基础、以社会主义革命、建设和改革为基本内涵，是党的思想理论建设的重要源泉。历史虚无主义思潮则在历史问题上大做文章，特别是把新中国成立以来的历史打扮成一连串错误的集合，大做"翻案"文章，把已经颠倒过来的历史再重新颠倒过去，诋毁党的领导和社会主义制度，严重扰乱人们的历史认知和思想认识。反对历史虚无主义思潮，必须捍卫党史国史的主题与主线、主流与本质，以正确的舆论和理论引领社会思潮，增强全国各族人民共同思想政治基础，增强中国特色社会主义道路自信、理论自信、制度自信和文化自信。

---

[*] 作者：中国社会科学院当代中国研究所理论研究室主任、研究员。

## 一、关键在于加强党史国史理论研究和建设

"虚无"历史之所以形成一种所谓主义和思潮,是因为其具有一套以唯心史观为指导、建立在"虚无"历史基础之上的认识论和方法论,具有掩盖和否定历史规律、颠倒是非曲直、扰乱人们思想和价值观的政治图谋,而且最为集中地表现在否定党史国史的规律性和必然性,歪曲党史国史的主题与主线、主流与本质。因此,反对历史虚无主义,必须把它作为一种错误的理论形态和社会政治思潮给予高度重视和警惕,进行理论的批判。

然而,当前历史研究特别是党史国史研究,存在两大严重偏差或缺陷,在反对历史虚无主义上显得能力不足,在引导社会舆论上影响力不强。一是在理论研究的来源与基础上,偏重专门史、专题史研究甚或"碎片化"研究,通史性研究则严重薄弱。"欲知大道,必先为史",但不通历史,则难为其理,也就不能够深刻揭示历史发展的大道和大势。

二是在理论建设上,重学科理论与方法研究,轻历史理论研究和建设。历史理论与史学理论是相互联系的,但彼此在历史认识中的地位与作用是有差别的,历史理论是关于历史的本体论,是揭示历史是什么、历史向何处去和历史昭示什么的规律性认识;史学理论则是立足历史,如何对待和把握历史的立场、观点、方法和手段的认识。应该说,历史理论是史学理论的认识基础,史学理论是历史理论的认识工具。二者相辅相成、相得益彰,但史学理论是服从和服务于历史理论的,这是历史研究中理论研究和建设的辩证法。因此,无论是推动历史研究特别是党史国史研究,还是反对历史虚无主义思潮,都需要把历史理论特别是党史国史理论研究和建设,放在更加突出的重要地位。

历史理论研究是研究历史发展的方向、道路的,是总结历史发展的经验

教训的，是探索历史发展规律的。加强党史国史理论研究和建设，有利于党史国史研究更有力地服务于党的思想理论建设、巩固和增强马克思主义在我国意识形态领域的指导地位；有利于党史国史研究创新发展，更加有效地反对历史虚无主义等各种错误思潮，使历史虚无主义在我们的党史国史理论体系面前归于破产。

当前，加强历史理论特别是党史国史理论研究和建设，要始终坚持把马克思主义唯物史观与我国历史、中华民族历史、党史国史的具体实际相结合，并丰富和发展唯物史观，彰显唯物史观的科学性和生命力。把党的思想理论成果与历史研究相结合，即把党的基本理论、基本路线、基本纲领、基本经验和基本要求与历史理论相结合，促进党史国史研究的政治性与科学性的高度统一。把历史理论特别是党史国史理论研究放在历史研究中的优先战略地位，在马克思主义研究和建设工程的推动下，加强历史通史性研究和宏观叙事研究，着力于揭示党史国史的主题与主线、主流与本质，揭示坚持党的领导、坚持社会主义制度的历史必然性、先进性和规律性。全面深化和拓展党史国史研究，立足党史国史发展中的基本问题，不断加强国史理论和学科体系建设，增强为国家写史、为人民立传的理论与方法论基础。运用科学的党史国史理论，促进历史教育和党史国史教育，进一步凝聚全国各族人民的共同思想政治基础，凝聚实现中华民族伟大复兴的中国梦的强大精神动力。

## 二、深入推进党的领导的理论体系和话语体系建设

党的领导是中国特色社会主义最本质特征，坚持党的领导是中国特色社会主义制度最大优势。因此，社会主义与资本主义两种制度、两条道路之间的尖锐斗争，始终而且最为集中地体现在坚持党的领导问题上。坚持

党的领导,是近代以来中国社会发展的历史必然,是人民的选择、历史的选择。然而,长期以来,诋毁、否定党的领导的声音却一直没有消停过,一有时机就兴风作浪,企图扰乱人们的思想、误导社会舆论、动摇党执政的思想基础。

当前,坚持党的领导,需要高度警惕以所谓对"领导"进行释义来消解和否定党的领导的错误声音。所谓对"领导"进行释义,标榜对"领导"的本义作所谓"正本清源的解释",实质在于消解和否定党的领导的科学内涵。

误导之一,认为领导的本质是"影响"。这种观点认为领导不具有强制性,领导不是上级命令和支配下级完成某项任务的过程。领导者和被领导者都是组织或群体中的成员。作为组织或群体中的成员,其地位是在组织或群体中形成的,因此,领导地位不是固定不变的,随着影响力的动态变迁,被领导者可以成为领导者,领导者也可以成为被领导者。中国共产党在实施领导的过程中,不能以命令和支配的行为,强制国家机关和社会公民服从党的领导。党的主张经过法定程序能否变成国家意志,党组织向国家政权机关推荐的候选人能否成为法定的负责人,党的路线、方针、政策能否在实践中得以有效实施,主要取决于党的影响力和影响作用发挥的效能。

误导之二,领导过程中的权力与国家公共权力没有必然的联系。这种观点认为,领导和被领导是在特定环境中通过权力实现的,但这种权力既可以是组织或群体中的内部权力,也可以是国家的公共权力,至于何种性质的权力,一般视领导者在国家中的地位而有所不同。当组织(主要指政党政治组织)在国家中居于执政地位时,领导者的领导过程主要是通过国家公共权力和组织内部权力的混合运用实现的。当组织在国家中处于非执政的在野地位时,领导者的领导过程只能运用组织内部的权力予以实现。这种观点还认为,中国共产党在领导的过程中,应将主要的关注点落实在权威的提升上,而不是权力的过度或全面运用上。

上述这两种对"领导"进行的释义,显然是以西方领导学为基础,混合了中西领导学说，冠以中西或学界"共识"，把对"党的领导"的认识引向庸俗化、去核心化和泛化，歪曲党的领导中"领导"概念的历史理论和学理基础。对其必须予以高度警惕，同时深入发展党的领导科学。

四项基本原则是立国之本，坚持四项基本原则的核心在于坚持党的领导。中国共产党科学总结历史经验，将坚持四项基本原则确立为改革开放和社会主义现代化建设的思想政治前提。坚持四项基本原则，是党对社会主义现代化建设规律、党的建设规律和执政规律的科学揭示，为改革开放和现代化建设坚持党的领导和社会主义方向，不断推进马克思主义中国化，提供了根本思想基础和政治保证。四项基本原则是内在统一的，如果动摇了其中任何一项，就动摇了整个社会主义现代化建设事业。

坚持四项基本原则，就要深入推进党的领导的理论体系和话语体系建设。一要根据科学社会主义理论逻辑与中国社会发展历史逻辑的统一，深刻揭示坚持党的领导的历史必然性和科学性，把坚持党的领导融入人类社会发展规律、共产党执政规律和社会主义建设规律之中，从理论和实践的结合上深入推进党的领导规律的探索。二要坚持和发展党的领导的科学内涵。党的领导主要是政治、思想和组织的领导。要把党的领导和党的执政统一起来，从理论上充分阐明，共产党执政就是领导和支持人民掌握管理国家的权力，实行民主选举、民主决策、民主管理和民主监督，保证人民依法享有广泛的权利和自由，尊重和保障人权。三要牢固树立既要坚持党的领导又要改善党的领导的思想，在加强党的自身建设中不断推进党的执政能力建设，丰富和发展党的执政理论。从理论上充分阐明，中国共产党的执政能力和执政地位，从根本上都来源于人民，离开人民群众的拥护和支持，党的执政能力和执政地位就会成为无源之水、无本之木；党的执政能力，就是党提出和运用正确的理论、路线、方针、政策和策略，领导制定和实施宪法和法律，采取科学的领导制度和领导方式，动员和组织人民依法管理国家和社会事务、经济和文化事业，有效治党治国治军，建设社会主义现代国家的本领。

## 三、牢牢掌握对党史国史的叙述权、阐释权和话语权

习近平总书记指出,一个民族的历史是一个民族安身立命的基础。学习历史知识,要坚持马克思主义的历史观和方法论。学习党史、国史,是坚持和发展中国特色社会主义,把党和国家各项事业继续推向前进的必修课。对党史国史的研究、宣传、教育是我们党的一项重要工作。坚持实事求是研究和宣传党的历史,要牢牢把握党的历史发展的主题和主线、主流和本质,旗帜鲜明地揭示和宣传中国共产党在中国的领导地位和核心作用形成的历史必然性,揭示和宣传中国人民走上社会主义道路的历史必然性,揭示和宣传通过改革开放和社会主义现代化建设实现中华民族伟大复兴的历史必然性,揭示和宣传党在革命、建设、改革各个历史时期领导人民所取得的伟大胜利和辉煌成就,揭示和宣传党在长期奋斗中积累的宝贵经验、形成的光荣传统和优良作风。

党史国史是党、国家、人民和中华民族安身立命的基础。党史国史是中国人民、中华民族在中国共产党的领导下团结奋斗、实现中华民族伟大复兴的历史,是探索和推进中国特色社会主义现代化建设事业的历史,是马克思主义中国化的历史,是维护国家领土完整和主权统一、不断推进祖国和平统一大业的历史。反对党史国史问题上的历史虚无主义思潮,需要坚持以马克思主义唯物史观为指导,站在党、国家、人民和中华民族的立场上,牢牢掌握对党史国史的叙述权、阐释权和话语权,不断提高对中国特色社会主义道路、理论、制度的建设和发展规律的认识,不断开辟当代中国马克思主义发展新境界。

党史国史编修是党治国理政的重要战略。党史国史编修是党治国理政的"软实力""软战略",又是党的思想理论建设的基础性工作和国家历史文化

传承工程。共产党执政规律、社会主义建设规律，是蕴含于国史发展之中的，探索这些规律，不仅需要深入推进改革开放和中国特色社会主义现代化建设事业，而且需要推进马克思主义中国化和理论创新发展。

历史、现实与未来是联系在一起的。党史国史问题既是历史问题，又是对现实与未来直接产生重大影响的思想理论问题。大力推进党史国史编修，加强党史国史高端智库与对策研究，有利于在历史与现实、理论与实践的结合上，科学揭示党史国史的主题与主线、主流与本质，在总结历史经验的基础上深刻反映人类社会发展规律、共产党执政规律和社会主义建设规律。面对历史虚无主义等错误思潮对党史国史的严重歪曲和否定，必须以国家的意志、政府的力量和社会的参与，大力推进党史国史编修事业，同时及时对党史国史中的历史虚无主义予以批驳，切实把党史国史作为党、国家、人民和中华民族安身立命的基础，自觉维护好、运用好和传承好，并以正确历史观为指导，通过党史国史编修，不断总结历史经验教训，深刻揭示党史国史发展规律，从党史国史中汲取我们党治国理政的丰富智慧和强大精神动力。

*《红旗文稿》2017年第6期*

# 坚决抵制与克服历史虚无主义

高希中[*]

历史虚无主义思潮是自20世纪90年代中期有人提出所谓"告别革命"论以来，在中国社会，尤其是在学术理论界具有很大影响的一种政治思潮。近几年来，历史虚无主义思潮甚嚣尘上，波及史学、文学、艺术、教育等多个领域。习近平总书记多次对历史虚无主义思潮提出批评。这充分说明党和国家对批判历史虚无主义思潮的高度重视，也为新形势下社会各界抵制和克服这一错误思潮指明了方向。

一

历史虚无主义滥觞于19世纪、20世纪之交的西方社会。作为一种哲学思潮，虚无主义否认存在着普遍永恒的正确原则，因而具有怀疑主义、相对主义、解构主义与颓废主义等思想特色。作为一种社会思潮和文化思潮的历史虚无主义，其实质就是秉持虚无主义历史观来认识、分析和解释历史现象。

---

[*] 作者单位：中国社会科学院历史研究所。

这与西方哲学中的存在主义、现象学、解构主义、相对主义等思潮不无关系。就当下而论，历史虚无主义又与后现代主义史学理论的影响密切相关。

虚无主义伴随着西方资本的扩张、连绵不断的侵略战争以及西方文化的传播与渗透来到我国。与上述西方虚无主义相比而言，在我国，人们所理解的虚无主义通常是指"不加分析地盲目否定人类文化遗产、否定民族文化，甚至否定一切的思想倾向或社会思潮，是与唯物辩证法相对立的形而上学否定观的一种表现"。[①] 我国的历史虚无主义思潮，最早可追溯至20世纪20—30年代的全盘西化论。由于这种观点否认民族文化的独立性与主体性，过分夸大西方文化的"普世性"，没有能够解决中国文化的根本出路问题，因而这种观点一出现便受到各方的批评。抗日战争时期，随着民族解放运动的推进和爱国主义精神的高涨，全盘西化论逐渐失去市场。新中国成立之后，马克思主义被确立为我们的指导思想，全盘西化论走向沉寂。

自20世纪70年代后期，在我国拨乱反正、实行改革开放和转入社会主义现代化建设这一特定的历史条件下，历史虚无主义作为自由化思潮在历史观上的一种体现又有所抬头。一些人在文艺领域推动形成了一场否定、虚无传统文化，主张全盘学习西方文化的思潮。

20世纪80年代后期至90年代中期，由于国内政治形势的变化和国际上东欧剧变、苏联解体，加之来自西方的各种社会科学新理论和新方法如潮水般涌入中国，马克思主义面临非马克思主义甚至反马克思主义思想的强大挑战。20世纪90年代中期以后，在社会上出现了一种影响较大的"告别革命"的论调，由此，一些人对中国近现代史尤其是中国共产党成立以来的历史采取了极端虚无主义的态度。

历史虚无主义思潮的重新泛起与世界社会主义处于低潮、各种西方社会思潮的冲击及改革开放以来国内形势的变化有很大的关系，有其国际与国内

---

[①] 冯契：《哲学大辞典》，上海：上海辞书出版社2001年版，第1727页。

政治的原因与诉求。

其一，苏联解体、东欧剧变和国际共产主义运动处于低潮，构成当前我国历史虚无主义重新泛起的重要国际背景。

其二，近年来随着我国与西方国家在经济与政治方面的交往不断增多，西方社会思潮对我国产生了相当影响。其中出现于欧美史学界的否定革命、鼓吹改良的历史相对主义思潮，以及新自由主义、新文化保守主义等思潮对我国历史虚无主义的泛起起到了直接推动作用。

其三，从现实环境看，历史虚无主义是经济全球化背景下中国社会转型过程中，部分利益集团的政治诉求在历史领域中的反映，以及在市场意识驱动下一些人对于历史的肆意"消费"。

其四，从历史学的发展看，历史虚无主义是受第二次世界大战后崛起的叙事史的负面影响所致，是以倡导讲故事为主的微观史学滥用的结果。

其五，从历史哲学层面看，现阶段历史虚无主义的泛起主要与20世纪90年代以来传入我国的西方后现代主义史学思潮相关。

## 二

历史虚无主义的根源是唯心史观，主要手法是混淆历史的支流与主流、现象与本质；其要害是从根本上否定马克思主义指导地位和中国走向社会主义的历史必然性，否定中国共产党的领导。历史虚无主义在历史研究领域有多方面的表现。

第一，"告别革命"论是历史虚无主义思潮的集中表现。自20世纪90年代中期以来，历史虚无主义最突出的表现就是竭力贬损和否定革命，诋毁和嘲弄中国人民争取民族独立和人民解放而进行的反帝反封建斗争，诋毁和否定我国社会发展的社会主义取向及其伟大成就。在历史虚无主义者看来，革命只起破坏性作用，没有任何建设性意义，并由此出发虚无中国革命的历史，虚无中国共产党的领导、马克思列宁主义的指导，虚无社会主义制度和人民民主专政，虚无以马克思主义唯物史观为指导的史学研究。

第二，在中国古代史研究中，历史虚无主义表现为不顾历史真实，公然篡改中国文明的起源，试图证明"中国文明西来说"。

第三，历史虚无主义以"学术研究"的面目出现，在"重写历史"的名义下，做翻案文章，丑化党的领袖，戏说人民英雄，公然为反面历史人物翻案。

第四，历史虚无主义者有着明确的政治诉求。表现为反对四项基本原则这一立国之本，力图扭转中国现代化建设和改革开放的发展方向，把中国纳入西方资本主义体系中去。

第五，历史虚无主义与马克思主义唯物史观是根本对立的。历史虚无主义违背实事求是的历史研究的根本原则，违背全面、客观的历史研究方法，否定历史认识的科学性，认为一切历史认识都是相对的，历史认识不存在真理。从这种认识出发，对过去在马克思主义指导下获得的对中国近现代史的正确认识采取简单否定的态度。所以，他们所宣扬的观点不是在全面、系统地掌握史料的基础上经过科学分析得出来的，而主要是表达自己的某种政治倾向、某种个人情绪，带有极大的主观随意性。

第六，历史虚无主义对历史采取实用主义态度，缺乏对待历史的科学态度。一些历史虚无主义者把历史与现实等同起来，对中国近现代历史抱着为我所用的实用主义态度，抹杀历史与现实的界限，将历史与现实作简单的比附，丧失了基本的历史科学立场。他们根据现实或个人的需要任意裁剪历史，按照现实或个人的要求任意改造历史。

第七，历史虚无主义史料基础薄弱，史实依据贫乏。史料是历史研究的直接前提。史料有真伪、偏全、粗精、聚散等区分，所以对史料必须进行大量的博采、钩沉、辨析、选择、确证、核定等工作。历史虚无主义者大多缺乏对这些专门学问系统、全面的训练与了解。有的研究者甚至轻视对史料的辨伪和充分占有，或仅凭一些表面的历史事实就大胆立论，或随意根据一点历史资料就大胆评论，或精心挑选某些片面的不具有整体性和代表性的历史细节对历史进行歪曲，更有甚者以假设、臆测抽象推演历史事件，把历史事实当作依赖语言描述而存在的事物。

由此可见，历史虚无主义以唯心主义历史观为哲学基础，肯定支流、否定主流，透过个别现象否认本质，通过孤立分析历史中的琐细片段来否定整体过程。历史虚无主义所反映的不仅是文化问题而且是政治问题，不仅是对待历史的态度问题而且是对待现实的态度问题，它已经对我国的文化安全和意识形态安全产生了一定的消极影响。

历史虚无主义的主要危害，一是起到消解主流意识形态、搞乱人们思想的恶劣作用。二是主动适应西方反共势力西化、分化中国的战略企图。三是通过翻历史旧案的方法，丑化正面历史人物，曲解民族文化标识和表征符号，进而瓦解民族精神和民族信念。四是否定马克思主义指导地位和中国共产党的领导，从而动摇社会主义中国的立国之本和中国特色社会主义道路。五是虚无中国优秀传统文化，抹杀中国优秀传统文化所承载的价值观，消解文化认同，瓦解人们的民族自尊心和自豪感，削弱中华民族的自信心和凝聚力。

历史虚无主义所散布的种种言论，不仅涉及史学领域的大是大非问题，而且直接关系到立党立国的根本问题。如果听任这些原则问题被颠倒、被消解，就会从根本上搞乱人们的思想，一个民族、一个国家就会失去进步发展的思想基础。

## 三

历史虚无主义思潮说到底是一种政治思潮。对此，习近平总书记给予过明确回应，他一针见血地指出:"古人说:'灭人之国，必先去其史。'国内外敌对势力往往就是拿中国革命史、新中国历史来做文章，竭尽攻击、丑化、污蔑之能事，根本目的就是要搞乱人心。苏联为什么解体？苏共为什么垮台？一个重要原因就是意识形态领域的斗争十分激烈，全面否定了苏联历史、苏共历史，否定列宁，否定斯大林，搞历史虚无主义，思想搞乱了，各级党组织几乎没任何作用了，军队都不在党的领导之下了。最后，苏联共产党偌大一个党就作鸟兽散了，苏联偌大一个社会主义国家就分崩离析了。这是前车之鉴啊！"[①]

对如何克服历史虚无主义，在理论界和学术界人们主要提出了两种观点，一是主张用事实说话，二是坚持唯物史观。这两种观点对抵制和克服学术领域的历史虚无主义都具有重要意义。下面，在理论层面，我们结合学习习近平总书记的相关重要论述，对如何抵制与克服历史虚无主义作几点阐发。

1. 坚持以马克思主义为指导，把握正确研究方向。习近平总书记在 2016 年 5 月 17 日哲学社会科学工作座谈会上的讲话中，强调哲学社会科学研究要坚持以马克思主义为指导。历史观是哲学社会科学的重要组成部分和理论基础，必须坚定不移地深入学习马克思主义的立场、观点和方法，提高用马克思主义指导史学研究的自觉性和坚定性。

有人认为马克思恩格斯是 19 世纪的哲学家、思想家，现在已经是 21 世纪，时代不同了，他们的观点也"过时"了。殊不知，马克思主义是科学的、开放的、发展的思想体系。不能因为时代与环境的不同，就盲目否认马克思主义。对马克思主义应该采取联系与发展的观点对待，而不能以静止的观点看待并加以否定。

从世界文明史的角度看，大的社会转型一定会推动历史宏大理论的诞生。

---

[①]《习近平总书记系列重要讲话读本（2016 年版）》，北京：学习出版社、人民出版社 2016 年版，第 32—33 页。

马克思主义的诞生及其在中国的传播与发展如此，对当前中国社会巨变的阐释也是如此。今天的中国正在崛起，当今的中国正经历着前所未有的社会转型，对此，我们离不开马克思恩格斯所创造的唯物史观。尽管时代和环境不同，但这并不妨碍它仍然是阐释中国从传统社会向现代社会转型的最有力思想武器。理解和阐释当前中国历史的这种大脉络、大趋势、大变革的变动，离不开马克思主义。

2. 尊重历史认识的客观性，坚守历史真实。历史虚无主义忽视历史的真实性，否定历史事实。这就使分析、研究、解决学术问题的基础或根基不稳，或其前提本身就存在问题。占有史料不足而表达出来的观点，不可能形成历史定论，因为这随时都会因新材料的不断发现而得到修正，甚至否定。历史的确需要不断去认识、继承和解读，以求得更全面、准确的历史认识和科学的历史知识，但这不等于颠倒黑白和抹杀历史真实。

历史一般具有双重含义，一是指人类经历过的客观过程，也就是人们所说的客观的历史；二是指人们根据一定的史料和历史观念、思想等，对客观历史的记述与阐释。

对前者而言，不论是虚无主义还是相对主义，也不论有多么强大的主体意志，都是改变不了、歪曲不了的，因为这种客观历史已经固化在时间的长河之中，"历史不会因时代变迁而改变，事实也不会因巧舌抵赖而消失。"[①]

对后者而言，则具有很大的变动性，因为记述、研究的主体不同，依据的史料不同，历史观与历史思想不同，从而对客观历史的叙述、理解与解释会呈现出不同的面貌。但在这些层面，都有一个底线，那就是历史的真实。其中，历史叙述和历史解释是主观成分最多的环节，它们可以突破证据的限制，也可以逸出真实之外，但不能不接受真实的约束。真实既规定了历史记录、历史叙述与历史解释的底线，又限定了它们可以大体发挥的空间。比如，

---

① 习近平：《在南京大屠杀死难者国家公祭仪式上的讲话》，北京：人民出版社2014年版，第3页。

不论如何叙述甚至粉饰20世纪30—40年代的日本侵华史，都无法回避日本侵略者给中华民族和中国人民造成的深重苦难和生灵涂炭。其中的南京大屠杀惨案铁证如山，任何人都否定不了，无法篡改也不容篡改。① 这就是真实的刚性原则。历史虚无主义者所犯重大错误之一就是违背历史真实，没有接受历史真实的约束，而是从主观臆想来认识和阐释历史。

3. 增强历史范围意识，具体问题具体分析。历史认识与具体的历史语境相联系，在一定的历史范围之内，一定的历史认识可能是真理，但是一旦超越了一定的时空范围和具体的历史条件，而置于不同的历史环境和社会环境之中，则可能变为谬误。这就要求我们在分析问题时必须将问题放到其所处的具体历史条件之下，增强历史范围意识，具体问题具体分析。历史虚无主义者看待问题的方式方法就违背了"把问题提到一定的历史范围之内"的原则。

对如何坚持历史主义，习近平总书记关于历史人物评价的论述具有重要示范意义。2013年12月26日，在纪念毛泽东同志诞辰120周年座谈会上，习近平总书记深刻指出："对历史人物的评价，应该放在其所处时代和社会的历史条件下去分析，不能离开对历史条件、历史过程的全面认识和对历史规律的科学把握，不能忽略历史必然性和历史偶然性的关系。不能把历史顺境中的成功简单归功于个人，也不能把历史逆境中的挫折简单归咎于个人。不能用今天的时代条件、发展水平、认识水平去衡量和要求前人，不能苛求前人干出只有后人才能干出的业绩来。""革命领袖是人不是神。尽管他们拥有很高的理论水平、丰富的斗争经验、卓越的领导才能，但这并不意味着他们的认识和行动可以不受时代条件限制。不能因为他们伟大就把他们像神那样顶礼膜拜，不容许提出并纠正他们的失误和错误；也不能因为他们有失误和错误就全盘否定，抹杀他们的历史功绩，陷入虚无主义的泥潭。"这为我们评

---

① 习近平：《在南京大屠杀死难者国家公祭仪式上的讲话》，北京：人民出版社2014年版，第3页。

价历史人物和克服历史虚无主义提供了科学的方法论。

**4. 传承优秀传统文化，切实增强文化自信。**一个民族的文化传统事关国家的认同感与民族自尊心和自信心，同时也是一个民族和国家发展及走向世界的重要软实力。历史虚无主义的一个主要表现和危害就是虚无中国传统文化，消解文化认同，瓦解人们的民族自尊心，削弱中华民族的自信心。对此除了保持清醒的认识，我们更应该传承优秀传统文化，创新社会主义文化，增强文化自信，这样才能从根本上消解历史虚无主义。

习近平总书记多次强调和阐述中国传统文化的重要价值。2014年10月13日，他在中共中央政治局第十八次集体学习时强调，怎样对待本国历史？怎样对待本国传统文化？这是任何国家在实现现代化过程中都必须解决好的问题。我们要对传统文化进行科学分析，对有益的东西、好的东西予以继承和发扬，对负面的、不好的东西加以抵御和克服，取其精华、去其糟粕，而不能采取全盘接受或者全盘抛弃的绝对主义态度。我们不是历史虚无主义者，也不是文化虚无主义者，不能数典忘祖、妄自菲薄。

一个民族的历史是一个民族安身立命的基础。我们要继承和弘扬中国知识分子天下为怀的责任感、使命感，坚持以马克思主义为指导，捍卫中华民族的光荣历史，旗帜鲜明地反对历史虚无主义。同时，融会贯通地借鉴和吸收中国传统史学和西方学术界有益的理论与方法，结合具体历史实际和社会现实，加强对中国近现代历史、中共党史和中国历史上重大问题的研究，拿出有理、有据、有力的学术成果，深入剖析历史虚无主义的种种谬论，不断丰富、发展、创新具有中国特色、中国风格、中国气派的马克思主义史学理论。

*《红旗文稿》2017年第2期*

# 警惕网络历史虚无主义传播的新趋势

黄星清[*]

前一段时间，网络上关于"重新评价"西北军阀马步芳的噪音甚嚣尘上。在这些噪音中，一个被盖棺定论的人民公敌被一些人一再美化，居然逆袭为"禁绝鸦片，兴办教育"的"环保先驱""抗日英雄"，由血债累累、恶贯满盈的历史罪人变为几乎没有缺点的"完美圣人"，大有彻底颠覆人们对该人物及民国史的正确认识的势头。很显然，"重新评价"马步芳及类似人物等要求和对已经盖棺定论的历史事实和历史人物进行"重新评价"的噪音一样，不是个体事件，而是历史虚无主义利用互联网兴风作浪的惯用手法和表现。历史虚无主义在互联网上散播错误历史观，直接影响人们特别是青少年对历史的认知，必须引起我们的高度关注和警惕。

## 一、网络历史虚无主义的传播趋势

1. 传播信息的网络化。随着互联网和信息终端技术的普及，特别是进

---

[*] 作者：中国社会科学院国家文化安全与意识形态研究中心特邀研究员，昆仑策研究院研究员。

入自媒体时代后，论坛、博客、微博、微信、客户端以及新兴视频网站构成了网络信息现存的主要表达渠道。一些针对革命领袖、民族英雄、爱国志士的恶搞段子、恶搞视频，就是历史虚无主义错误言论和历史观、价值观利用各种论坛、博客、微博、微信以及新型视频网站散播的。如2016年在互联网上引发社会广泛关注的洪振快诉郭松民梅新育案，以及狼牙山五壮士后代反诉洪振快案，其起因就是洪振快等人在互联网上先后发表了《小学课本"狼牙山五壮士"多有不实之处》《"狼牙山五壮士"的细节分歧》，对英雄群体进行"挖墙脚式"的质疑，这样的文章在网络上迅速传开，在社会上引发了甚为消极的影响。在互联网的传播下，历史虚无主义插上了信息网络化的"翅膀"，使一些受众特别是青少年在不知不觉中受其毒害。

2. 传播受众的青少年化。中国互联网络信息中心发布的第37次《中国互联网络发展状况统计报告》显示，截至2015年12月，中国网民规模已达6.88亿，占据中国人口总数的50.3%，并基本覆盖了我国4.84亿10岁至39岁的青少年人群。调查显示，青少年是网络信息的主要受众。历史虚无主义错误言论及历史观、价值观在互联网上的传播，不可避免地会使包括高校学生在内的一部分青少年受到影响。

教育部人文社会科学课题"当代社会思潮对高校师生的影响及对策研究"课题组，曾采用抽样问卷、座谈等方式，了解了武汉大学、中国人民大学、上海交通大学等10余所高校多学科、多专业、不同学习阶段的学生和部分教师对历史虚无主义思潮及其主要观点的知晓度和认同度。调查结果显示：自认为对历史虚无主义思潮"非常了解"和"比较了解"的学生人数占15.7%，而"不大了解"和"不了解"的人数占60.7%。在关于中国近现代以来社会发展道路的选择、中国革命的必然性和历史作用、重大历史事件和重要历史人物的评价、中国共产党对中华民族解放和复兴的历史贡献等重要问题上，不同程度地认同历史虚无主义观点的比例竟然大幅超过他们的自评比例。这一调查结果说明，一些师生在不知不觉中受到了历史虚无主义思潮的影响，他们对此缺乏清醒的认识；历史虚无主义思潮在互联网上的传播和蔓延，致使一部分学生接受它的观点，甚至对正确历史观和正确价值观产生了怀疑；高校学术研究中普遍存在重学术轻是非的研究导向，导致师生缺乏辨别、判断历史虚无主义观点的标尺，更缺乏判断理论是非的引导。

历史虚无主义受众的青少年化，和一段时间以来历史虚无主义思潮在西方价值体系的推动下，通过互联网等途径从社会领域向教育领域扩散有关；同时，还跟一些学校教师的价值认知和历史观存在问题不无联系，特别是个别打着"还原历史"或"重新审视历史"幌子的中学或高校教师，无视历史事实，大搞"历史发明"歪风，随意解读历史，恣意歪曲历史的本来面目，颠倒历史是非黑白，甚至不惜散布谣言、伪造历史。曾登过《百家讲坛》、拥有1300多万微博粉丝的北京某历史教师，长期对党和国家的革命、建设进程中的重大历史事件进行造谣和歪曲，对开国领袖和民族英雄极尽污蔑和诋毁之能事，在网络上造成了极其恶劣的影响。该教师在网上的"著名"言论有："五零年镇压反革命，三年干掉三百多万人啊。蒋介石四一二才杀多少人啊，有名有姓的才几百个。""日本的教科书不写南京大屠杀，咱们的教科书不写的东西多了去了。而且日本被篡改的教科书在日本的采用率不到百分之0.1，而我们的教科书人人都得采用。考完试这本书赶紧烧了，要不搁你家一天都脏你屋子。""全国大炼钢铁，造成了59年到61年的三年困难时期，国内统计饿死了两千万人，国外统计饿死了四千万。抗日战争时期，八年死了一千八百万，你能说这一千八百万人都是被日本人杀的吗？就都是，八年一千八百万。您这可倒好，三年在没有战争的和平年代活活饿死了两千万，这效率太高了，为计划生育作出了突出贡献。"这样一个散播历史虚无主义毒害的历史教师居然长期受到一些学校、电视台或网络媒体热烈吹捧，竞相邀请其登台演讲，使一些不明真相的人特别是青少年深受其错误言论及价值观、历史观的影响，值得我们深思和警惕。

青少年正处于价值观、历史观的形成时期，对社会的认识不够深刻、全面，思想可塑性强，对新的理论观点、新的历史资料带有强烈的好奇心，且缺乏判断理论是非的能力，容易接受一些与主流历史观、价值观不同的所谓新观点。因此，加强对青少年的中国近现代史教育，使他们认清历史虚无主义的严重危害，坚持正确的历史观、价值观就显得十分必要和紧迫了。

3. **传播内容的细节化和隐蔽化。** 历史虚无主义者断章取义，伪造历史事件，把一些历史事件任意剪裁，特别是充分利用微博内容短小易传播的特点，用小细节小故事来歪曲大历史；利用符合大众心理和娱乐习惯的文化消费形式，把核心观点转化为夺人眼球的通俗文字或感性的艺术形象。比如，微博博主"浩然无疆"写道："1945年，抗战胜利，全国上下，欣喜若狂。马步芳，王洛宾，低头促膝，一起编写了《花儿与少年》。这是精通音律的马步芳，和锋芒已露的王洛宾，倾心之作。在胜利汇演上，没有任何提前透露消息，靠实力，夺得第一。欢快的节奏，幸福的歌词，甜美的旋律，让刚刚取得抗日胜利的人民，感受到幸福的滋味。"历史虚无主义者非常清楚马步芳的罪恶本质，所以，他们不会在马步芳以活埋、枪杀、火烧、扒心、取胆、割舌等惨绝人寰的手段残杀红军西路军的滔天罪行上进行辩护，他们不会在马步芳凶残压迫和恣睢剥削藏族同胞的历史事实上进行辩护，他们不会在马步芳与侵华日寇进行秘密军火交易等通敌罪行上进行辩护，他们也不会在马步芳奸淫自己胞妹、侄女、兄嫂、弟媳、外孙女以及部属妻女的罪恶人伦史上进行辩护。因为他们知道，任何就事论事地为马步芳的罪恶进行的辩护都是徒劳的，所以，他们才用"显微镜"在马步芳身上寻找一些文化、生活或者性格上的优点，哪怕是极微不足道的优点也要加以美化宣传。我们知道，只要有必要，有些人从恶狼的目光里都可以找到一丝温柔。于是，在上面这条微博中，罪大恶极的封建军阀马步芳就被美化成"精通音律"的抗日英雄了。历史虚无主义正是利用微博内容短小易传播的特点，以"润物细无声"的手法，在不知不觉中美化历史上的人民公敌，试图颠覆人们对相关历史的正确认识。

## 二、历史虚无主义与新自由主义相互影响、相互作用

研究证明，历史虚无主义与新自由主义在对社会的影响中呈现正相关关系。对历史虚无主义认同的人，同样比较认同新自由主义。研究苏联解体的历史不难发现，新自由主义与历史虚无主义往往同时在经济、政治、意识形态等多个领域相互影响，相互作用。从根本上看，这两种思潮具有相同的价值取向和政治立场，都是西方国家推行全球霸权战略的工具，它们分别从历史维度和现实维度否定中国共产党的领导，否定社会主义道路，瓦解社会主义政权，其哲学基础都是唯心史观，其理论出发点都是鼓吹西方资本主义国家的社会发展道路，维护西方霸权主义。

对当今的中国而言，历史虚无主义与新自由主义在经济、政治、军事、意识形态、民族等领域的影响同样呈现正相关关系。一些新自由主义经济学家，他们一边鼓动私有化、市场化、自由化，一边大弹历史虚无主义歪调，从否定"文化大革命"开始，到彻底否定改革开放之前的30年，进而全面否定社会主义建设和改革开放；从攻击党和国家领袖开始，到否定四项基本原则，进而全面否定社会主义道路和社会主义制度。在新自由主义的影响下，我国的一些媒体特别是互联网媒体多被外资控制，这也为历史虚无主义思潮的泛滥提供了传播平台；同时，历史虚无主义的传播也为新自由主义在意识形态领域施加影响提供了的舆论基础。

## 三、加强互联网管理，积极清除历史虚无主义影响

互联网是历史虚无主义等错误思潮传播的交汇处，而且已经成为意识形

态领域斗争的主阵地，是意识形态渗透与反渗透的关键领域。因此，我们必须不断加强互联网管理，积极应对历史虚无主义思潮带来的影响。

1. **加强国家网络安全和信息化的法制建设**。信息传播者的责任和权利应该被纳入法治管理的笼子，包括历史信息在内的传播必须受到国家法律法规的有效管理。在广泛采集社会信息的前提下，尽快完成我国网络安全立法工作，使维护网络安全有基础法的支持。网络信息管理，主要应该包括平台管理和信息管理，因此，积极推动网络平台管理和网络信息管理专项法规的制定工作，对于蓄意传播包括历史虚无主义在内的各种错误思潮、破坏国家意识形态安全的网络平台和相关责任人的惩罚和处置，应该在专项法规中有明确体现。逐步完善网络信息管理的法制建设，使打击破坏互联网意识形态安全的行为有法可依。

2. **依法严管，打击互联网上的历史虚无主义**。按照国信办的"微信十条""账号十条"和"约谈十条"，针对历史虚无主义信息比较集中的网络平台进行重点监管，开展专项审查，对于公然违反我国宪法法律，致力于推销西方意识形态、肆意兜售历史虚无主义的网上言论，必须依法处置、限期整改。对于屡教不改、肆意妄为的网络平台及相关责任人，可依法吊销其平台运营许可、关闭平台，司法机关可依法对相关责任人进行严惩。同时，组织一批坚持唯物史观的历史学家和评论家，主动收集历史虚无主义的主要观点及其"虚无"的主要历史节点等信息，集中研究和辨析其存在的错误，并形成有针对性的辨析文章，充分利用微信、微博等网络新媒体进行宣传，在青少年中树立正确的历史观和价值观。

3. **扶持新型正能量网站和网络媒体**。要谨慎对待私人资本（特别是外资）参股国家主流网络媒体，进一步发挥主流媒体的宣传引导作用。西方意识形态渗透都是有针对性地投入大量人力物力财力给各种非政府组织，利用其组织人员在网络上对我国的政治制度和意识形态进行攻击。因此，我们要加大对新型正能量网站和网络斗士的护持力度，使之成为维护我国意识形安全的生力军。对私人资本参与国家主流媒体应该从意识形态安全的高度进行研究和审核，严格把好入门关、审核关、组织关、内容关。主流网络媒体对污辱革命英雄甚至诋毁革命领袖等社会热点事件，必须在第一时间发声进行驳斥，对错误言论给予有力批驳，及时消除不良影响。

4. 以喜闻乐见的形式宣传我国的党史军史国史。对于我国的党史、军史、国史在网络上要理直气壮地宣讲，让广大网民了解我国的真实历史。要组织优秀的创作人员、编导演人员，打造政治性与艺术性有机融合的力作，再现中国人民探索民族复兴的艰苦奋斗历程，颂扬包括共产党员在内的仁人志士为民族独立和人民解放无私奉献的伟大精神和高尚人格；邀请坚持唯物史观的名师和优秀学者，通过多种方式包括录制便于网络传播的专题影视作品、在媒体上开辟中国近现代历史的专家网络讲坛（专栏）、编辑出网络版中国近现代史通俗读物等。在信息化的新时代，精彩历史不能讲得过于枯燥，特别是提供给年轻人的历史内容，更应会讲故事，走近历史现场，再现鲜活的历史画面，同时积极制作、呈现、发挥好微视频、动漫等年轻人喜闻乐见的形式，吸引他们尊重历史、敬仰英雄、感悟崇高。

《红旗文稿》2017 年第 1 期

# 唯物史观视阈下口述史料价值与历史虚无主义批判

周 进[*]

历史研究的根本原则和根本方法是从历史史实出发，以历史史料为依据，实事求是。唯物史观是科学的历史观和方法论的统一。习近平总书记在中共中央政治局第二十五次集体学习时强调，让历史说话、用史实发言。要做好亲历者头脑中活资料的收集工作，抓紧组织开展实地考察和寻访，尽量掌握第一手材料。

作为文献史料的重要补充，口述史料最大价值是能够反映一些鲜为人知的历史事实，尤其是对于近现代、当代人物或事件的研究，可以补充文献资料的不足，让历史更生动、更鲜活、更有情感，是大众更易于、更乐于接受的史料形式之一。但是，口述史料也有其主观性、局限性一面。历史虚无主义对待历史的态度，违背实事求是的历史研究准则，不尊重历史，孤立、片面引用史料，任意打扮历史、假设历史，打着"反思历史""还原历史""重写历史"的旗号，偏好口述史料，正是夸大利用口述史料这种主观性、局限

---

[*] 作者单位：中国社会科学院中国特色社会主义理论体系研究中心。

性一面，惯以"某某人物谈历史事件、历史人物""某某人告诉你不一样的历史等呈现形式"，随意曲解历史、甚至篡改历史，企图消解主流意识形态。

## 一、历史虚无主义唯心主义的研究方法及其对口述史料的"利用"

对于历史史料的利用、取舍和把握的方法和态度，也就是历史观，对史料运用起决定性作用，也是决定历史认知科学与否、正确与否的关键。有什么样的历史观就会有什么样的方法论，一定的历史观也是通过它的研究方法表现出来的。对待历史事实的态度，是尊重史实的客观性，还是任意为我所用，把历史变成"任人打扮的小姑娘"，这是严肃的历史研究和历史虚无主义相区别的一个分水岭。

历史虚无主义采用唯心主义研究方法，不仅抛弃已有历史研究成果，积极鼓噪重新撰写所谓"真实""客观"的历史，而且采用所谓微观实证、新史料公布的"碎片化"手段孤立、静止地对待历史，混淆历史逻辑，为其所用地切换历史场景，来质疑社会历史共识。历史虚无主义的研究方法具有反唯物史观、反科学的特征，主要采用否定和放弃阶级分析法、否定和放弃全面客观的史料分析法、夸大心理分析法等研究方法孤立、片面地利用口述史料。

1. 鼓吹所谓纯粹客观主义、"超阶级""超党派"，否定和放弃阶级分析法。恩格斯在《社会主义从空想到科学的发展》一文中指出："以往的全部历史，除原始状态外，都是阶级斗争的历史。"[1] 历史虚无主义基于唯心史观，在探索中国近现代历史时，把"客观公允"理解为"超阶级""超党派"

---

[1]《马克思恩格斯选集》第3卷，北京：人民出版社1995年版，第739页。

地分析研究历史现象和历史事件,不仅攻击马克思主义阶级分析法,而且把历史过程归结于人性的影响,归结为人的观念、视野、心理甚至性格等主观因素的作用,结果离历史真实越来越远。如,有的以所谓"口述史"和个人"回忆"的方式,否定党领导的"一化三改",看不到它在奠定社会主义制度与开创人类历史新纪元的重大历史意义。

事实上,纯粹的客观主义是根本不存在的,在阶级社会里,人不是抽象的人,而是处在一定社会关系中的具体的人,是具有一定的世界观、历史观、人生观和价值观的。任何历史口述者、研究者都是站在一定的立场上、自觉或不自觉地以一定的世界观、历史观为指导来记录、说明、研究历史。口述者、研究者的立场和政治态度必然会影响到总体历史观,而且还直接影响到研究者在具体的历史过程、事件、人物的研究中的观察视野。在经济全球化时代,想超然于唯心史观和唯物史观两大历史观之外是一种不切实际的幻想。只有以科学的唯物史观为指导,才能循着正确的认识路线不断还原、不断接近客观的历史真相,得出更加接近客观历史实际的结论。

2. **鼓吹所谓微观实证研究,搞历史"碎片化",否定和放弃全面、客观的史料分析法。**历史研究需要在充分占有历史材料的基础上,对历史材料进行分析筛选,去伪存真,然后才能从正确地(近似正确地)反映客观历史史实的真实材料出发,进一步深入下去,向着历史的真理接近。历史虚无主义在研究中,虽然采用史料分析法,却存在三种错误。

其一,不是"靠大量的、批判地审查过的、充分地掌握了的历史资料"得出结论,而是片面地、选择性地、按图索骥地发掘史料。通常是以所谓"口述""回忆""揭秘""重评"等形式,根据一两个"碎片化"材料,对史料不辨析、不考证、不甄别,往往违背孤证不立的原则,以点概面、以偏概全。如英国出版的《中国季刊》曾刊载一篇研究性长文,根据蒋介石自己的言论就荒谬地认定在四一二反革命政变后,"蒋介石国民党占统治地位的领导是反资本家的"。

其二,"经常把文献的历史和现实的历史当作意义相同的东西而混淆起来"[①],往往根据所用史料的真实性,判断所陈述的历史的真实性。史料的真实只是为说明历史的真实提供了必要条件,但仅此不够。即使根据史料把握了历史某个或者某些细节的真实,未必就能把握全局的真实。历史学的主要任务不仅是史料的收集、整理与考证,还要从史料中找出各种史实之间的互相联系,发现历史的规律性,从而达到对历史整体真实的把握。如,关于国史中三年自然灾害时期非正常死亡人数的问题,《毛泽东的大饥荒》的作者不仅臆测出所谓"大跃进"时期全国受饥饿而死的总人数,为了归罪于毛泽东,竟将上海会议上毛泽东1959年3月26日关于安排第二季度工业计划、3月28日关于粮食购销问题,与3月25日关于人民公社问题的这三个谈话相混淆,将针对削减基建项目的内容"移花接木"为吃饭问题,从而炮制出毛泽东曾说过"不够吃会饿死人,最好饿死一半,让另一半人能吃饱"的谎言。

其三,断章取义和篡改、伪造史料。伪造政治领导人物的日记,编造历史,传播谣言,是近年互联网环境下历史虚无主义者的一大惯用伎俩。如,近年来网上流传"某领导日记启封"一文,所谓的日记后来被机构或个人证实都是伪造的。但是,历史虚无主义者并不死心,又接连炮制"胡绩伟谈某领导日记"等互作伪证,编造出许多抹黑攻击胡耀邦、邓小平等领导人的邪恶说法。又比如,有的利用所谓口述和回忆录,极力渲染甚至编造"大跃进"期间发生的失误,以证明中国共产党不懂经济,根本没有抓经济建设的能力;有的无限夸大某些历史事件的"细节"和感受,涂黑历史,欺骗善良人们的感情,甚至捏造出"饿死几千万人"的谎言,企图煽起对党的领导的不满;有的以批判"文化大革命"为名,把党和新中国的历史说成是一系列"左"的错误的延续和叠加,以此否定中国共产党的执政能力。

**3. 鼓吹还原论,夸大心理分析法作用**。近些年来,历史虚无主义追

---

① 《马克思恩格斯全集》第3卷,北京:人民出版社1966年版,第551页。

随西方心理史学,搞研究方法的创新,在历史人物的分析研究上日益采用心理分析法,尤其是针对口述史料,较档案文献资料的严肃、刻板,具有生动细节、丰富情感和强烈历史带入感的特点,更是被解读得"绘声绘色""像模像样"。特别是在评价毛泽东上,一些研究通过对毛泽东幼年、少年活动的分析,毫无根据地得出其"心理阴暗"的结论;根据毛泽东的诗词、言行、文章等,把心理分析的模式生搬硬套,牵强附会地归纳出其有偏执型人格等结论,对毛泽东进行多个方面的污名化。在历史研究中可以使用心理分析方法,但必须结合其他科学研究方法,特别是阶级分析方法。口述史料作为历史史料之一,具有口述者参与的局限性、情感的个体性、认知的差异性。因此,心理分析法只能作为补充、辅助的方法,而不应成为主要方法。

## 二、辩证认识口述史料的价值与局限

1. 口述历史拓宽史料建构渠道,引起史学研究范式的更新。口述史,是一个现代意义上的、具有严格定义和规范的专门学科。"口述史是围绕着人民而建构起来的历史。它为历史本身带来了活力,也拓宽了历史的范围。它认为英雄不仅可以来自领袖人物,也可以来自许多默默无闻的人们","它把历史引入共同体,又从共同体中引出了历史"[1]。它把历史学视为一门关于人、关于人类过去的科学,反对传统史学局限于政治史的狭隘性;它主张史学研究应包含人类过去的全部活动,主张对历史进行多层次、多方面的综合考察以从整体上去把握;在方法论上,它倡导多学科合作,即吸取其他相邻学科的理论和方法,而口述史恰恰在这些方面大有用武之地。法国有句谚

---

[1] [英]保尔·汤普逊:《过去的声音:口述史》,覃方明等译,沈阳:辽宁教育出版社2000年版,第24页。

语:"一个老人的离去,就是一座小型博物馆的倒塌。"近年来口述历史更进一步,不仅把占人口绝大多数的普通人的行为,而且还把他们的愿望、情感和心态等精神交往活动当作口述历史研究的主题。这不仅使史学研究的视角产生了根本变化,也使史学研究的广度和深度都大大拓展了。如,20世纪50年代末60年代初,毛泽东提出"用村史、家史、社史、厂史的方法教育青年群众",① 激发了史学界尤其是高校历史系学生走向厂矿、农村进行历史调查,撰写"四史"的热情。在"四史"编写中,口述访谈、回忆成为较多运用的一种主要方法,尤其是家史,多着重于结合大的历史背景,通过个人回忆反映时代面貌。

2. 口述史料丰富了历史信息记载,为全面、立体、客观还原历史和认知历史提供可能。口述史料以形象、生动、鲜活的特性,和文献资料互为补充、互动互证。那些不仅来自领袖人物,也来自平民百姓和少数族群口述的人生故事,使史学家得以从耳熟能详的历史事件中,发掘出许多以往被忽略的侧面,或者为传统官私方文献遗忘的段落。它使人们可以观察到制度和结构以外的人性和他们的心态,这正是其他的史学研究方法难以企及而口述史特别擅长之处。这些亲历者具有重要的政治和历史地位,对于重大历史事件的内幕有着比较准确的了解,并且使用了很多不对外公开的档案资料,因此,不仅在史实方面比较可靠,而且往往含有很多独特的资料,具有不可替代的价值。

3. 口述历史具有不可回避的主观性、不可靠性和一定的验证难度。口述历史是一项无法独立完成的工作,必须由口述者和采访者合作。在这个过程中,口述者同时立足于口述历史的客体和主体两个位置上,因此其在这项工作中担任最重要的角色,但在这个过程中,口述者与采访者的交谈可能会产生不同的侧重点,口述者所诉说的事情中难免会带有个人色彩,在对具

---

① 《建国以来毛泽东文稿》第10册,北京:中央文献出版社1996年版,第297页。

体事物的评判上存在主观诱导性描述、对现代认识产生指涉性分析。同样，采访者也许会出于功利目的，在采访的问题中更倾向于了解符合自己观点的角度，从而对口述者产生方向性引导。因此，都能影响后人更客观、准确地了解那段不曾经历过的历史。同时，口述者因年龄、身体健康、情感、认识差异等原因，难免对过去的记忆存在不完整、不准确的情况。口述史料的准确性因口述者的离世或者旁证的缺失增加验证难度。

### 三、坚持唯物史观，在批判历史虚无主义中科学运用口述史料

要反对历史虚无主义的泛滥，增强与历史虚无主义斗争的自觉性、主动性、有效性、韧性，最根本的是要坚持运用马克思主义唯物史观观察世界、认知历史，坚持客观性、规律性、正确性、整体性原则加强口述史料的征集、整理、甄别、运用、宣传，加强专业体系建设和人才队伍建设。

1. **勤于征集、整理、留存、甄别口述史料，坚持口述史料与文献资料相印证的原则，提供立体、准确的历史记载信息，避免被历史虚无主义所利用，为深化历史研究夯实基础。** 口述中往往会有太多或有意或无意的记忆失误，也会有有意或无意的谎言，这样的口述虽然也有保留下来以为后人研究的价值，但是作为采访者，如果不认真反映做访谈时的特定环境、背景和被访者的状况，事后对口述者提供的材料一放了事，不去核对、鉴定，任由这样的材料保存下去，谬种流传，甚至会为某些别有用心者利用，结果是为后人制造一系列混乱，为历史虚无主义者所利用，这是对历史不负责任的表现。所以，作为采访者、整理者，要通过回访、扩大采访对象范围、查找历史文献资料等方式进一步去考证、核实。只有加强积累，经过这样的反复考证，才能挖掘出隐藏在背后的真相，口述史料的真正价值才能够体现

出来。

2. **勇于在学术上运用口述史料与历史虚无主义展开辩论，以其人之道还治其人之身，辨明历史虚无主义史料运用的错误性。** 当下历史虚无主义言论不少是从一些似是而非、以偏概全甚至错漏百出的口述史料展开，在传播内容上更加注重"碎片化"，有的甚至把一些历史事件不顾前因后果地任意剪裁，特别是充分利用新媒体自媒体内容短小精悍亲民的特点，用小细节小故事来剪裁、肢解、歪曲大历史。所以，要在学术研究上主动有针对性回应社会大众对历史与史实的关切，与历史虚无主义者展开深入辩论，用其矛攻击其盾，辨明是非曲直，对被历史虚无主义颠倒的历史进行拨乱反正、正本清源。只有在学理上驳倒这些观点，才能有效阻止其泛滥和传播。

3. **善于在传播上利用各种媒体形式做好传播、教育，以正向宣传引导，消解历史虚无主义负面影响。** 一些新媒体、自媒体由于发布便捷、传播速度快、范围广等特点，日渐成为历史虚无主义者各种论调和言论新平台。一些聚焦历史话题的微博、网络"大V"以及某些公共微信平台或个人微信已经成为歪曲历史甚至编造历史的主要推手，也使得一部分手机客户端、微信、微博成为历史虚无主义的集散地。与此同时，口述历史也顺应了互联网时代的潮流，积极地融入多元化的媒体之中，从口述历史的平民化等系列特征来看，其与媒体的交融是进一步发挥其价值的必然选择。近年来，以口述历史为内容的电视、互联网节目层出不穷，如中央电视台的《国家记忆》是中国第一档国史节目，以"为国家留史，为民族留记，为人物立传"为宗旨，展现党史、国史、军史中的重大历史事件、各领域重大工程建设、揭秘重大决策背后的故事、讲述各阶层各时代代表性人物，记录讲述党的奋斗史、创业史、中国特色社会主义探索史、改革开放进程史。国家图书馆的"中国记忆"项目，以传统文化遗产、现当代重大事件、各领域重要人物为专题，以传统文献体系为依托，系统性、抢救性地进行口述史料、影音资料等新型文献建设，并最终形成记忆资源体系，通过出版物、展览、讲座、专题片和体验活动等多种形式面向公众进行了资源推广。这些借助平面媒体、广播媒体、电视媒体及互联网媒体、手机新媒体，打破了传统单一媒体传播范围窄、传播速度慢的迟缓态势，在微博、微信、手机等多媒体的交融中拓宽了口述历史的传播渠道。历史工作者要不断加强对新媒体技术手段的学习运用，针对不同媒体受众，因地制宜地生产公共历史产品供给，激发媒体的责任感和使命感，强化媒体对科学历史观和主流意识形态的引领塑造作用。

**4. 鉴于与历史虚无主义斗争的艰巨性、长期性、复杂性，应构建口述史专业体系，建立以马克思主义唯物史观为指导的，具有价值立场、深厚史识功底和扎实知识背景的人才团队。** 由于长期以来口述历史理论体系的不健全，导致创作团队的非专业性，相对欠缺专业的学术性，中国口述历史尚处于初始的采集、整理"口述史料"阶段，远远未提升到"口述史学"的研究层面。全国高校中专职从事口述历史工作的专业人士也很欠缺，从而导致相关学术研究团队的专业水平并不高。全国各地的口述历史研究者，主要集中于高校和专门研究所，这些研究人员多为本单位的学术骨干，肩负着繁重的科研任务，他们所进行的口述历史研究，主要是因为对口述史学感兴趣而进行的兼职性的研究。很多人抱着抢救口述史料的使命感和学术责任感来从事这项艰苦的工作，是抱着牺牲与奉献精神来从事口述历史访谈及研究的。加上没有正规的研究机构作为学术依托，没有必要的经费加以支撑，从而导致口述史学发展缺乏有计划的长远规划，人们只是就自己感兴趣或有条件进行的口述历史访谈展开工作，那些急需抢救的人物及口碑史料难以有效地抢救。因此，要以马克思主义唯物史观为指导，着眼长远，加快构建学科体系和人才团队，使口述史学、口述史料工作更加科学化、规范化，为深化历史研究、批驳历史虚无主义、建设中国特色的哲学社会科学体系发挥积极作用。

《红旗文稿》2017年第21期

# 国际热点问题辨析

# 如何看待西方资本主义世界的新变化？

丁原洪[*]

继英国公投脱欧之后，特朗普以华盛顿政治体制"局外人"的身份，在美国内外各方讥讽、批评、打击下，凭借"离经叛道"的竞选方式，冲破重重阻力，最终赢得大选，成为美国的第45任总统，入主白宫。由此提出一个新课题：如何看待西方资本主义世界的新变化？本文仅就以下几个问题谈一些看法。

**1. 英国公投和美国大选折射出英美等国严重的阶级对立。**英国脱欧公投和美国大选在不同程度上折射出英、美这两个主要资本主义大国存在的社会严重分裂现象，即广大普通民众与精英阶层的尖锐对立。广大普通民众对现行体制、社会现实极其不满，对极力维护现行体制的精英阶层内心充满愤怒。按照美国历史学家乔治·纳什的说法，大选已使"双方之间的紧张关系达到意识形态上的'内战'状态"。不是大选造成美国社会的分裂，而是大选使美国社会严重分裂的现状暴露无遗。

---

[*] 作者：资深外交家，外交部政策研究室原主任。

对导致出现"特朗普现象"的美国社会的严重分裂，一些美国学者早有预见。美国外交学会会长理查德·哈斯在2016年3月24日曾发表文章指出，此次大选是3.2亿美国人的主要情绪"如果称不上公然愤怒，也是严重焦虑"的情况下进行的，"反对当权派的参选人正是这种心情的受益者"。特朗普恰恰在美国广大民众极为不满的问题上，以一种极端的语言和表达方式，响应了"民众的愤怒"。这就是为何他遭到社会精英、职业政客以及共和党大佬的打压、排挤，但却得到草根阶层以及社会地位下降的中产阶级坚定支持的原因。

中产阶级群众支持特朗普，与他们的社会经济处境变化有关。美联储前主席格林期潘曾撰文指出，国际金融危机后，"美国已经分裂成两个：一个是超级富人的美国，他们在经济复苏中赚到了高额的奖金；另一个则是大量中产阶级、中小企业主的美国，他们仍在艰难地挣扎"。据统计，受国际金融危机的影响，美国普通家庭在3年内平均收入缩水近40%，大致回到了1992年的生活水平。据美国皮尤公司的调查，美国中产阶级（收入中值为5.4万美元）在美国总人口所占比重从20世纪70年代的62%，降至目前的43%；家庭债务从1980年的9300美元提高到2015年的6.5万美元。2015年华尔街6家银行高管分红1.3亿美元，而半数美国家庭拿不出400美元现钞，必须借钱或变卖东西。

"特朗普现象"折射出的普通民众与精英阶层的对立，说到底是美国资本主义制度造成的，是当今垄断资本主义时代资本主义国家内部阶级斗争尖锐化的突出表现。对于西方资本主义世界正在发生的变化，只有用阶级分析的方法，才能洞悉其实质，掌握其内在规律，准确研判其前景。

2.*"逆经济全球化"的说法需作深入分析*。"经济全球化"现象由来已久，只是不同历史时期有着不同的内涵，美苏"冷战"结束后，美英等垄断资本主义国家的经济实力在世界上占据绝对优势地位，因而它们倡导的"经济全球化"是垄断资本主义制度在世界占据主导地位的"经济全球化"。

这种"经济全球化",从一开始就是不平等的。相比而言,它有利于富人,不利于穷人;有利于大跨国公司,不利于中小企业;有利于发达国家,不利于发展中国家;有利于经济实力最强的美国,不利于经济实力相对较弱的其他发达国家。

资本主义制度的固有弊端是贫富两极分化,"不平等"是这种制度的主要特征。20世纪80年代开始,美国带头推行新自由主义思潮引领下的"经济全球化",更把这种"不平等"现象扩展到全球范围。

令人始料未及的是,曾经推动经济全球化最为积极、获益最多的美国,也遇到了它不曾想到的恶果:众多跨国公司为追逐利润最大化将工厂转移到国外,从而导致国内实体经济萎缩、经济增长乏力、失业人口居高不下。这是造成近年来美国社会因利益分配不公而形成社会严重分裂的一个重要原因。英国前首相丘吉尔曾说过:"资本主义内在的罪恶在于幸福的分配不均。"

奥巴马2016年11月16日在柏林发表告别欧洲的演讲中称,"当前经济全球化进程存在问题,引发不公正感。不少选民觉得被快速推进的经济全球化进程抛在身后,产生沮丧和愤怒","世界通向经济全球化的道路必须纠正。现实给人们的教训之一是,不同国家面临相同的挑战,那就是必须着手应对社会不平等"。英国首相特雷莎·梅同一天在伦敦金融城发表讲话,也指出,英国公投脱欧和特朗普当选,"在一年内改变了世界","政府必须关注人民对经济全球化给就业和社会带来的影响的担忧","英国拥护自由贸易,但同时应管理经济全球化力量,以便它为所有人服务"。

特朗普在2017年1月20日的就职演说中,强调"我们国家被遗忘的男男女女将不会再被遗忘","从这一刻开始,只有美国优先——美国优先","我们将遵循两条简单的原则:买美国货,雇美国人"。他这番话是根据经济全球化给美国造成的负面效应而讲的,但他的这些主张有多少能实现是受体制限制的。

有人把英国脱欧、特朗普当选美国总统,乃至欧洲反一体化思潮的崛起,统统归之为"反经济全球化""逆经济全球化""反自由贸易"等，是不恰当的，也不符合实际。经济全球化、欧洲一体化进程当前遇到的这些问题，是其自身造成的。任何事物发展到一定程度都会出现变化。当前"经济全球化"遇到的问题同样在于此。

3. 慎用"民粹主义"概念。"民粹主义"（或"平民主义"）源于19世纪俄国革命运动中出现的一个小资产阶级派别——民粹派。它主张发动农民与沙皇专制制度进行斗争，掀起"到民间去"的运动，因而得名。民粹主义属于农民民主派的思想体系。后来它被视为马克思主义在俄国传播的障碍，受到普列汉诺夫、列宁等人的批判。

当下，西方学者所谓的"民粹主义"，与其原义不相同，实际上是与"精英政治""精英主义"相对而言。他们把反对"精英政治""主流社会""现行体制"的各种言论、主张，统统斥之为"民粹主义"。左倾的民主党总统竞选人桑德斯、法国极右翼国民阵线主席玛丽娜·勒庞、匈牙利总理奥尔班等，统统被贴上"民粹主义"的标签。这是不严肃的。

美国内外学界、舆论界多将特朗普的内外政策冠以"孤立主义""贸易保护主义""民粹主义"的定性，并不确切。特朗普并未放弃维系美国全球霸主的战略，只是在战略布局、策略运用、方式方法上与过去有所不同而已，何从谈起"孤立主义"？！基辛格讥讽这是不懂外交政策的一些人的"浪漫幻想"。美国等西方大国从来都在奉行"贸易保护主义"，奥巴马下台前还公开背弃诺言，拒绝承认中国市场经济地位，这难道不是"贸易保护主义"的表现？"贸易保护主义"并非特朗普独有的特征。其实，西方国家都是唯利是图的，凡是符合他们利益的都不算"贸易保护主义"，凡是不利于他们的事，他们都会挥舞"贸易保护主义"大棒。

至于说特朗普是"民粹主义"，同样是不贴切的。特朗普确实是借助美国广大民众对精英政治、现行体制的不满入主白宫的。但他作为美国垄断资产阶级的一员，必然也要服从于、服务于美国的根本利益，或者更确切地说是华尔街的利益。他上台后废除了奥巴马时期定下的金融监管措施，得到华尔街的支持。美国股市从特朗普当选迄今一直保持历史高位，从一个侧面表明特朗普的政策究竟会有利于谁。美国社会的严重分裂是垄断资本主义制度造成的，特朗普即使作为总统也是无法解决的。为了弥合分歧、顺利执政，他只能做些表面文章，以平息"民众的愤怒"，怎么可能成为体现普通民众利益的"民粹主义者"呢？

特朗普标榜自己奉行"美国优先""美国第一"，其实他的执政理念是奉"极端民族利己主义"为圭臬的。英国公投脱欧、特朗普当选美国总统，表明西方资本主义社会出现了重大危机。我们应坚持马克思主义的立场，对其进行密切跟踪和研究。

*《红旗文稿》2017 年第 6 期*

# 美国新自由主义兴衰的权力逻辑

王学军　程恩富[*]

由于新自由主义一贯主张"小政府、大市场",因而常常给人们造成新自由主义单纯主张限制政府权力,以及新自由主义是在学术自由讨论后才占上风的错觉。这是当前中外理论界必须辨清的一个重要问题。事实上,新自由主义对于政府权力,既有限制的一面,更有操弄利用的一面。以美国为例,没有政府权力的支持,新自由主义根本无法迅速兴起和实现全球扩张;新自由主义的横行,又反过来侵蚀了美国民主政治的基础,导致2008年国际金融危机的爆发,并不断削弱其国家治理能力,与此同时新自由主义也开始走向衰落。可见,新自由主义兴衰有着其内在的权力逻辑。

## 一、因权而兴

政府权力在新自由主义兴起中扮演着关键性角色。1980年,里根上台,

---

[*] 作者:王学军,东北师范大学马克思主义学院教授、博士后;程恩富,中国社会科学院马克思主义研究学部主任、教授。

标志着新自由主义在美国的兴起。此后，在政府权力支持下，新自由主义逐步取代了凯恩斯主义的主导地位，成为美国主流经济学。美国也相应由管制资本主义进入新自由资本主义阶段。

新自由主义的由来及其基本主张。第二次世界大战前后，西方国家逐渐形成了以伦敦学派、货币学派、产权学派等为代表的一批新经济学流派。这些经济学流派虽然在具体内容上各不相同，但都继承了传统自由主义思想。它们从维护资本主义立场出发，顽固坚持资本主义私有制和市场经济，反对社会主义与凯恩斯主义，因而人们将它们统称为新自由主义或新保守主义。私有化、唯市场化和唯自由化是新自由主义的基本主张。在新自由主义看来，市场是实现资源配置的最优选择，虽然有时也会失灵，但市场具有自我纠正功能，所以只要放任市场调节，即可避免资本主义各种经济危机；政府并非解决问题的办法，而是问题本身，作为"必要之恶"的政府，对经济干预只应保持在最低限度。

新自由主义兴起的历史契机。20世纪六七十年代，新自由主义在理论形态上就已逐渐成熟，但因与在美国处于主导地位的凯恩斯主义意见相左，新自由主义长期处于非主流地位。20世纪70年代中叶，美欧等西方国家爆发了严重的经济危机。经济危机爆发后，美国政府依旧实行凯恩斯主义政策，希望通过积极财政政策、扩大有效需求来实现经济复苏。但结果却是，不仅没有解决经济停滞问题，过量增发的货币反而又引发了严重的通货膨胀。经济滞胀使凯恩斯主义陷入失灵的尴尬境地。在这样的大背景下，里根赢得了1980年美国总统大选。他是继撒切尔夫人赢得英国大选之后，又一位在西方大国赢得大选的新自由主义支持者。随着里根上台执政，美英新自由主义得以从理论走向实践，并发展为一种经济全球化条件下的新自由资本主义模式。

新自由主义获得美国政府权力支持的根本原因。新自由主义能够赢得美国政府权力的支持绝非偶然，而是有着深刻的社会历史原因的。一方面，垄断资本对以新自由主义取代凯恩斯主义之心早已有之。凯恩斯主义与新自由主义虽然在本质上都代表着资产阶级的根本利益，但两者在具体政策取向上存在着明显差异。凯恩斯主义主张加强资本管制和增加社会福利，这无疑损害了垄断资产阶级的直接利益。此外，在凯恩斯主义指导下，美国战后公共事业得到长足发展，积累了大量的公共财富。垄断资本对此可谓垂涎已久。要对这部分公共财富实施私有化，也同样需要先去除凯恩斯主义障碍。另一方面，此时美国垄断资本已经积累了足够经济政治实力。两次世界大战使得欧美垄断资本元气大伤。战后蓬勃发展的世界社会主义运动，更使得垄断资产阶级陷入了无限恐慌。为了避免爆发苏俄和中国式的社会主义革命，垄断资产阶级不得不向劳工阶级作出妥协和让步。这正是战后凯恩斯主义在美国能够长期处于主导地位的重要原因之一。随着战后经济的恢复和发展，美国垄断资产阶级的实力得到极大增强，而社会福利制度的改善，使得国内阶级矛盾有所缓和，因而在垄断资本看来，此时用新自由主义替代凯恩斯主义不但具有必要性，而且具有可行性。

## 二、弄权而盛

自新自由主义兴起以来，美国虽然经历了几度政党轮换和政策调整，但基本保持了新自由主义的政策取向。从表面上看，新自由主义模式不但成功解决了困扰美国多年的经济滞胀问题，甚至在克林顿执政时期更是创造了相对的高增长、低通胀的经济格局。然而，与其将这些成就归功于新自由主义对市场的放任，不如归功于其对政府权力的操弄。操弄政府权力，牺牲劳工阶级与发展中国家利益，正是新自由主义成功背后的秘密所在。

向垄断资产阶级放权让利。首先，在税收政策上向富裕阶层倾斜。在里根执政期间，先后通过《1981年减税法案》和《1986年税制改革法案》，进行了两次大规模的税制改革。里根的税制改革，大幅度降低了个人所得税率和企业所得税率,使美国平均纳税额减少了6.4%,而超富裕阶层则降低了16%。新的税制使财富进一步向富裕阶层集中。其次,放松市场监管。在凯恩斯主义模式下,政府对公共事业领域实行了较严格的管制,只将经营权授予少数特许企业。新自由主义奉行放任市场政策,大幅度降低市场准入门槛和市场监管,为大资本家创造了更多的盈利机会。第三,在货币政策上,超量发行美元。小布什执政期间,一改以往几届政府相对谨慎态度,转而采取扩张性货币政策。在其总统任期内,美国公共债务几乎增加了10万亿美元。超量发行美元降低了资本家的借贷成本,加快了资本积累的速度。第四,实施国有股份私有化,低价出售政府持有的国有股份或资产。政府持有的国有股份或资产,一般主要集中在公共服务领域以及能源、交通等基础设施领域。这部分资产普遍质地优良,且对整个社会经济有着重要影响。向垄断资本家低价抛售政府持有的国有股份,既有利于壮大垄断资本家的经济实力,又有利于增加垄断资本家对经济社会的控制力。

对劳工阶级进行经济压榨和政治打压。与对资本家放权让利相反,新自由主义对于劳工阶级,则完全是另一副嘴脸。在政治上,利用政府权力不断打压工会等为代表的劳工组织。打击劳工组织,降低了劳工阶级的组织程度,导致劳工加入工会的比率大幅度下降,削弱了劳工阶级与资本家的谈判地位。在用工政策上,通过增加雇工弹性和引进外籍员工等政策的改革,增加劳动力市场供给,加剧了劳工阶级的内部竞争,进一步削弱了劳工阶级的组织程度和谈判能力。在社会政策上,大幅削减社会福利和公共事业开支,并将社会福利的主要责任由联邦政府下放给各州政府。1996年,克林顿签署《福利改革法案》,结束了自1935年以来联邦政府对于穷人帮助没有时限的做法。以上政策的实施,使得在过去30年中,美国劳工阶级实际工资和社会福利几乎没有增长,进一步加剧了劳工阶级(含所谓中产阶级)的相对贫困化。

在全球推行新自由主义。美国政府为了在国际上推行新自由主义,将其具体政策化为"华盛顿共识",并作为改革范本在全球推广。美国在国际上推行新自由主义的根本目的，在于建立美国主导的世界新秩序，进一步巩固美国霸权地位。新自由主义的全球扩张，方便了美国资本输出和国际剥削，加强了美国与其他发展中国家间"中心—外围""消费—生产"的不平等关系。在不合理的国际分工和流通体系下，新自由主义的国际扩张，使得广大发展中国家与发达国家的贫富差距进一步拉大。

### 三、滥权而衰

新自由主义之所以能够如此操弄政府权力，源于其对美国民主政治的深度侵蚀。新自由主义不仅是一种经济模式，而且是一种政治模式。新自由主义严重侵蚀美国民主政治的基础，加速了金融危机的爆发，削弱了国家的综合治理能力。

美国民主政治的衰败。新自由主义为金钱政治和权钱交易提供了理论支持，使其披上了合理合法的外衣。金钱政治、权钱交易原本就是资本主义的公开的秘密。资产阶级政客要赢得选举，必须首先要获得垄断资本在经济和媒体上的大力支持。而一旦当选，资产阶级政客必然要兑现承诺，投桃报李。但在以往，这种无耻行为还多少需要遮遮掩掩。新自由主义从个人主义立场出发，将成本、利润计算泛化为个人行为的基本原则。在个人利益至上的原则下，政治权力也不过是一种用来实现个人利益的商品。公平、正义、公共利益和公民责任等价值观念则变得可有可无。在新自由主义误导下，2014年4月，美国联邦最高法院裁定，取消个人政治捐款上限，更是为金钱政治和权钱交易打开了方便之门。同时，在新自由主义的打压下，美国左翼力量被严重削弱。由于缺乏大资金的支持，真正代表劳工阶级的政党或参选人，被早早排斥在政治权力之外。正如斯蒂格利茨所指出的，"所有美国参议员和大多数众议员赴任时都属于顶尖1%者的跟班，靠顶尖1%者的钱留任，他们明白如果把这 1% 者服侍好，则能在卸任时得到犒赏"。美国民主的实质就是"1% 所有，1% 统治，1% 享用"。

政府权力的滥用。美国民主政治的衰败，直接导致了政府权力的滥用。政府权力作为一种公权，本应以大多数民众的利益为其价值取向，而在利益集团操弄下，政府权力丧失了其公利性和公信度，转而成为极少数人牟取私利的工具。美国前总统卡特指出："现在，美国只有寡头政治，无限制的政治贿赂成为提名总统候选人或当选总统的主要影响因素。州长、参议员和国会成员的情况也是如此。所以，现在我们的政治体系已经遭到颠覆，它只是用来为主要的献金者提供回报。这些献金者希望并期待在选举过后得到好处，他们有时会得到好处……目前民主党和共和党的现任官员把这种不受限的金钱视为向他们提供的巨大收益。国会大佬们会有更多途径来捞好处。"美国利益集团通过操弄政府权力，换取各种权益。随着垄断寡头对于政府权力控制的加深，政府权力也愈发遭到滥用。例如，为迎合金融资本放松监管的需要，1999 年克林顿废除了 1933 年设立的《格拉斯—斯蒂格尔银行法》。弃用曾有效防范金融危机的《格拉斯—斯蒂格尔银行法》，为日后金融危机爆发埋下隐患，而克林顿本人却因此得到了华尔街金融家们的广泛支持，克林顿基金会也由此赚得钵满盆满。

政府国家治理能力的削弱，加速了金融危机的到来。政府权力的滥用直接导致国家治理能力的削弱。贫富两极分化和经济秩序混乱等经济社会问题长期得不到解决。本来，在自由资本主义时期以后，资本主义积累过程的稳定性，在很大程度上依赖于国家的基础设施以及国家对经济事务的直接干预，但随着金融垄断资本在经济社会中占据主导地位，资本主义国家开始更加按照占统治地位的国际垄断资产阶级的需要来支配经济和社会事务。当政府自身无力解决这些经济社会问题时，就不得不求助于垄断资本控制的市场，反映其利益要求。住房自有化和债务证券化政策，虽然在短期内对美国经济产生了一定的拉动作用，但虚假繁荣背后却潜藏着巨大的危机。垄断资本的贪婪与市场的失控最终于2008年引爆了国际金融危机。新自由主义所吹嘘的"市场自我纠正""反对政府干预"的谎言被这场金融危机彻底揭穿。金融危机爆发后，新自由主义不得不自食其言，再次利用政府权力，实施大规模救市政策，帮助垄断资本家走出困境。

综上可见，新自由主义与政府权力之间的关系，完全取决于垄断资本利益。但凡有利于垄断资本利益的，必然得到加强和利用；但凡与垄断资本利益相左的，必然遭到限制或去除。这也正是垄断资本主义社会的经济基础与上层建筑间相互关系的实质。所以，我们要破除对于新自由主义"小政府、大市场"的迷思，认清其实质，避免其误导中国特色社会主义建设。要正确认识和把握我国社会发展的阶段性特征，牢牢立足社会主义初级阶段这个最大实际，坚持和完善公有制为主体、多种所有制经济共同发展的基本经济制度，处理好政府和市场的关系，使市场在资源配置中起决定性作用和更好发挥政府作用。

《红旗文稿》2017年第15期

# 世界秩序的转折点与 21 世纪美国的沉疴

杨光斌　林雪霏[*]

2016 年无疑是西方世界的多事之秋。特朗普的当选和英国脱欧公投被视为"黑天鹅"事件，两个最老牌也是最典型的自由资本主义国家居然逆流而动。对此，普遍性的看法是，经济全球化逆转了。这种看上去或许不错的说法其实是有问题的，因为经济全球化已经开展了至少 500 年，经济全球化浪潮本身不会消退，只是由谁来主导、什么主义（思潮）来主导的问题。过去 100 年西方世界的政治思潮，大致是三个主义轮流登场的过程：从 19 世纪与 20 世纪之交到 1929 年大危机的第一个 30 年是放任自由主义即古典自由主义，1940—1970 年的第二个 30 年是带有国家主义或者说社会主义色彩的凯恩斯主义，第三个 30 年即 1980—2008 年则是新自由主义。因此，两只"黑天鹅"逆经济全球化之势而动，不能说经济全球化就此逆转了，只能说是过去 30 多年新自由主义主导的经济全球化遇到重大挫败的结果。特朗普企图对

---

[*] 作者：杨光斌，中国人民大学政治学系教授；林雪霏，中国人民大学国家发展与战略研究院博士后。

这种挫败震荡进行调整,然而,他主张的反经济全球化、民族主义、"孤立主义"与所谓的"亲劳工阶层"等,其实是重拾脆弱时代即19世纪美国的政治理念——基于民族主义的贸易保护主义、孤立主义和白人至上主义。用19世纪的药方治疗21世纪美国的重病,特朗普并没有为现有困境开辟"第三条道路",其政策主张更多是解构而非建构式的。

一

分析特朗普的总统竞选纲要及其上任以来发表的一些言论和政策主张,可以看出其内涵主要包括:

反建制,反20世纪以来自由主义化建制。"冷战"结束以来,美国始终充满自信地认为自己是民主的典范,并在世界范围内极力推广"民主加市场"的现代化方案,却少有人反思美国民主政治的弊端。特朗普指责奥巴马政府无能、抨击华盛顿传统政客,折射出美国民主政治的现有困境:美国政党政治的空前"极化"使美国的分权体制成为福山所言的"否决型体制";无休止的党争凌驾于国家利益之上,导致国会很难达成政策共识;府会间的平衡遭到破坏,即使是利国利民的决策也多半难产;国家治理与政府权威不断弱化。特朗普本身作为政治局外人,又频频发表挑战现有政治格局的言论,将自己塑造成反体制的战士,恰恰体现了美国民众对现有政治体制的反感。

反"政治正确",反对文化多元主义。特朗普自选举开始就以反精英、反"政治正确"的形象出现,他贬损女性、称墨西哥移民为"强奸犯"、上任后签署"穆斯林禁令"禁止全球难民和西亚北非七国公民入境,尽管这些过激的言论招致世界相关各国及美国各方的批评和抗议,却也为他带来了很多关注。特朗普以极尽夸张之能事去挑战精英阶层、挑战"政治正确",将那些过去刻意不被讨论的问题摆到了桌面上。

奉行民族主义的"美国优先",以美国本国的经济利益为首要标准去指导政策制定。这可能是历代美国总统在其位谋其政的核心原则,但自第二次世界大战以来,特朗普是第一位旗帜鲜明地公开表明这一主张的总统。这不仅展现了他的离经叛道和狂傲不羁,更预示着他对美国经济、社会和外交政策的全面变革。作为一种发展战略,特朗普的"美国优先"论强调利益为先、美国为先,通过资本回流和制造业的复兴,强调白人至上的种族主义以及不干涉主义,调动所有注意力与资源集中于国内事务,保护和增进美国经济利益。这既是回应当前美国所面临的经济社会问题,也是在美国经济形势较为低迷情况下的应对策略。

特朗普将美国现存的社会问题都归咎经济全球化、自由贸易、少数族群和移民等,基于反多元主义、反建制和本土主义的思想理念,他提出包括反经济全球化、反移民、"孤立主义"与所谓"亲劳工阶层"这四重政策取向。从更广泛的视角看,特朗普当选美国总统不是一起简单的孤立事件,更是一场美国反民主体制的社会运动,它表达了美国社会对于民主体制现状的愤怒,特别是广大白人劳资阶层对于资本主义的反感。

## 二

一个倡导文化多元主义、贸易自由主义和对外政策世界主义的美国,为什么一下子要采取"收缩战略"?这不能不讨论导致美国衰退的以新自由主义为导向的经济全球化运动。

如本文一开始所言,我们不能笼统地说经济全球化退潮或逆经济全球化趋势,而是要看什么样的经济全球化出问题了,从 500 年全球史看,经济全球化本身不会就此衰退。带有国家主义色彩的凯恩斯主义压制了放任自由主义40年之后，1979年撒切尔夫人在英国执政、1981年里根在美国执政，古典自由主义开始以"新自由主义"的面目风靡全球，谓之"经济全球化"。30年后，即2008年金融海啸，经济全球化触礁，新自由主义宣告失败。

严格意义上的新自由主义是一场经济自由化运动，但后来新自由主义的含义扩大化了，还包括政治自由化（民主化）和文化自由化（文化多元主义）。这场"三化运动"，伤及很多国家包括英国这样的发达国家，也重创了美国自身。

经济自由化。经济自由化的学说在政策上以"里根经济学"表述出来。所谓里根经济学，就是哈耶克的自由化加弗里德曼的货币学派，形成了产权私有化、市场自由化、预算稳定化（最小化）的新自由主义。

1991年"冷战"结束之后，伴随着"经济全球化"的便是"去国家化"，内在的逻辑就是用金融资本而撤除国家围墙。这样，从20世纪90年代开始，以自由化和货币主义为核心的经济全球化，大大地改变了美国的经济形态，从传统的农业社会到工业社会再到金融资本社会，"华尔街"就是金融资本社会的代名词。经济形态变了，人们的理性和偏好随之改变，其中改变最大的无疑是制造商，有谁还愿意投资那些回报率极低的制造业呢，只有傻瓜才无视可以一夜暴富的"华尔街"。就这样，象征着美国工业骄傲的底特律——美国传统的工业基地，破产了。商人出走了，把制造业迁到成本低廉的发展中国家，而新一代年轻人更不愿意从事报酬相对低的制造业。

里根经济学又称"涓滴经济学"，相信大河有水小河满，即富人富起来，百姓才随之受益。但是事与愿违。不同的经济形态对于平等的意义完全不一样。农业经济时代相对平等，尤其是对于美国这样广袤无垠之国度而言；工业经济时代，不平等的幅度开始拉大，但可控，比如1980年企业内部的最高收入与最低收入的差距不超过50倍；但是，到了金融资本时代，金融资本所制造的不平等以几何级数增长，在华尔街工作的回报与在制造业工作的回报简直如天壤之别,更别说华尔街与中南部农民之间的差距了,企业内部的最高收入与最低收入之差可以达到550倍。在整个社会的鸿沟形成之时,象征着不平等重要指标的最低工资,2006年与1968年相比,实际价值下降了45%。这就是"新镀金时代"不平等的民主。

新自由主义的经济全球化的最大赢家是美国金融资本,撤除国家围墙的自由化运动产生了虹吸效应,不但吸食着国内财富而制造国内不平等,也直接掠走了其他国家的财富,比如1998年东南亚金融危机使泰国、印度尼西亚等国的财富一夜减半,从而制造了全球更大的不平等。

对于金融资本制造的国内不平等,近年来美国国内爆发的"占领华尔街运动""民主之春"运动等只是这场抗争运动的预演,大规模的反抗就是脱欧公投和特朗普当选;而对于其制造的全球不平等,转型国家只能以失败的民主化来消极回应。民主本来是平等化的产物,当社会出现空前的不平等的时候,民主本身也会被重创,"自由主义民主"成为名副其实的"资本主义民主"或者"市场民主"。其实,在资本权力当家的社会,民主本来就是资本主义的,只不过冷战时期的话语权之争构建出所谓的"自由主义民主",新自由主义的经济全球化恢复了民主的本来面目——资本主义民主。资本主义与民主的组合,从来不是和谐的,正如19世纪西方严重的社会对抗。特朗普当选,内在的政治经济逻辑就是传统产业工人与金融资本之间的矛盾。作为传统产业代言人的特朗普看准了这一点,而已经和华尔街形成利益共同体的希拉里·克林顿则成为这种矛盾的焦点。

政治自由化。相比经济自由化,政治自由化自冷战开始就在有计划地进行,可以说,战后美国西方社会科学都是围绕"自由"而建构起来的。到20世纪80年代中期,基于苏联改革带来的政治变动以及东欧的变化,福山提出了著名的"历史终结论",亨廷顿写下了民主化的"第三波",都是在宣告自由主义民主的胜利。冷战结束一时间让整个西方世界陷于大狂欢之中,宣称所谓"社会主义必然灭亡,资本主义必然胜利"。

民主的第三波冲破了传统的国家围墙,金融资本长驱直入。伴随着这一金融资本主导的"经济全球化"和冷战的结束,美国政府也加大了"民主革命"的力度,到1998年,美国民主基金会的活动经费从几千万美元迅速攀升到16亿美元,开始设计"大中东民主计划",在各地搞"颜色革命"。结果,冷战后一直挤压俄罗斯生存空间的美国在乌克兰栽了大跟头,叙利亚内战最终也把美国挤出去,美国还在伊拉克牺牲了5000多人的生命。

在世界历史上,以"推广民主"之名而搞扩张,美国是第三个。第一个是2000年前的雅典,以输出民主之名到处征战,最终产生了内乱,雅典衰败。第二个是拿破仑,其结果众所周知。美国步了雅典和拿破仑的后尘,谁能想到,冷战后单极霸权的美国,仅仅20年就陷于危机之中。

文化多元主义。20世纪60年代的美国黑人民权运动,有力地推动了美国少数族裔的文化权力,并于20世纪80年代最终形成了作为"政治正确"的文化多元主义:价值观多元化、道德标准多元化、生活方式多元化、授课语言多元化、婚姻形式多元化、家庭模式多元化、性行为多元化,等等。从政府机构和公共舆论,到社区和家庭学校,言必称"多元",而且成为一种不能触碰的"政治正确"。可以想见,文化多元主义对于盎格鲁—撒克逊人的"美国信条"是多么严峻的挑战,也可以想象其中文化右翼的反弹。

也正是在文化多元主义的"政治正确"原则下,出现了亨廷顿所说的美国"国民性危机","美国信条"受到空前挑战。第一,苏联解体和外部安全压力的消除,使得美国国内的凝聚力大大下降。第二,多元主义的意识形态,挑战了美国国民特性中尚存的文化核心的合法性地位,而且民主党人已经成为多元主义的代言人,克林顿总统说美国需要继独立战争和民权运动之后的"第三次伟大革命",以"证明我们即使没有一个占统治地位的欧洲文化也能生存"。第三,第二次世界大战之前,美国移民主要来自欧洲,但从20世纪60年代开始,第三波大移民主要来自拉丁美洲和亚洲,同化越来越难。第四,在美国历史上,从未有过移民群体共说一种非英语的语言的现象，在美国的墨西哥人都说西班牙语。美国南部的"拉丁化"让美国白人忧心忡忡。特朗普对墨西哥移民、对阿拉伯人的态度即凸显了其文化右翼的特点。

三

美国建国 200 年来，从一个弱国走向强国乃至超级大国，从孤立主义、贸易保护主义、种族主义走向国际主义、自由主义、文化多元主义，人们尤其是精英阶层，已经太习惯于 20 世纪以来，尤其是冷战胜利之后美国的新政治传统，即所谓的政治自由、经济自由和文化自由。然而，这是美国强大之后的故事，而且这"三大自由"的泛滥给美国带来了严重的危机。具有强烈民族主义和贸易保护主义色彩的特朗普，显然是对美国 200 年政治走向的一种再定位。

在美国独立之初的近百年，凡是关税低的时候就爆发经济危机，而高关税则带来制造业的繁荣。19 世纪中叶，欧洲的英法等国奉行的是世界主义贸易政策，而"美国寻求国家幸福的方向恰恰与绝对贸易自由相反"，"当欧洲各国正满怀激情地努力使普遍自由贸易成为可能，尤其是英国和法国，正在为实现这个伟大的仁慈目标而努力并争取取得重大进步的时候，美国却为了促进国家的繁荣而试图重新采用已经在理论上被彻底驳倒、遭到唾弃的重商主义原则。"[①]

这样，当发达的欧洲都在推行自由主义贸易的时候，作为弱者的美国经济学界兴起了贸易保护主义理论，当时最有名的经济学者都是贸易保护主义者。流亡到美国的德国人李斯特，接触到美国当时流行的贸易保护主义经济

---

[①] ［德］李斯特：《政治经济学的国民体系》，邱伟力译，北京：华夏出版社 2009 年版，第 74—75 页。

学理论之后，在19世纪30年代写下了振兴德国经济的国民政治经济学——《政治经济学的国民体系》，完全违逆亚当·斯密的世界主义贸易理论，相信只有强国才可以搞自由贸易，强大之后的德国才能实行斯密的学说。李斯特生动地描述了200年前的美国是如何反主流理论而建构起自己的制造业并成为与英法齐肩的强国，其中的奥妙就是"制造商必须过来"。特朗普的一些主张可以说是一下子回到200年前的重商主义。

保护主义和孤立主义事实上一直持续到第二次世界大战。在这之前，美国虽然通过帝国主义扩张和对印第安人的种族清洗而拓展了自己的领土并拥有海外殖民地，但国内事务的危机（内战、进步主义时期的国内失序等）严重地束缚了美国的对外手脚。因此，即使到了第一次世界大战之后，美国总统威尔逊关于国际关系的"十四条"所主张的各民族自决权，也是美国无力干涉他国事务的写照。

直到第二次世界大战结束，美国才真正成为世界性强国，并在英国的利诱之下不得不从传统的孤立主义走向国际主义。走向国际主义的美国立刻利用各种"国际制度"建构了自由主义经济秩序，诸如世界银行、世界货币基金组织、WTO（之前是"关贸总协定"）、世界经合组织、北美自由贸易协定，等等。"反者道之动"，赢得了冷战的美国在狂热中把自己陷于不利的境地，这归因于一套错误的组合拳，其中新自由主义难辞其咎。

尤其是"冷战"之后，奉行新自由主义的美国推动的"经济全球化"，其实就是以自由化为核心的新世界秩序。不曾想，以货币主义而非制造业主导的美国经济政策，在这场历时30年的经济全球化运动中，杀伤了对手的同时也误伤了自己，几乎掏空了自己的制造业，基于传统制造业立命的美国白人处境艰难，由此才催生了以白人为主体的带有强烈的民族主义色彩的"特朗普主义"，其实质就是种族主义。

在实行对外政策的孤立主义、对外经济政策的重商主义即贸易保护主义的同时，20世纪之前的美国，在国内奉行典型的"白人至上主义"，这和当时的帝国主义—殖民主义一脉相承，认为西方的发达归功于优越的民族基因，而这一理论的基础便是社会达尔文主义。19世纪的自由主义者比如托克维尔、《论自由》的作者密尔等，基本上都是种族主义者，都在为本国的对外扩张提供种族主义理论基础以粉饰自己的侵略行为。

同样不例外的是，从美国的"建国之父"到19世纪的白人统治者，奉行的都是白人至上论，并对原住民实行了"种族清洗"。因推广民主而被称为"杰斐逊式民主"的美国第三任总统杰斐逊，其实是一个最臭名昭著的种族灭绝主义者，他说"一旦我们不得不对哪个部落举起斧头，我们就不会将斧头放下，直到该部落被根除或赶离密西西比河……战争中，他们会杀死一些我们的人，而我们将灭其全部"。19世纪20年代左右，当时的总统杰克逊更是印第安人的杀手，其1830年颁布的《印第安清除法案》，直接导致2万名印第安人死亡。在1850年左右，一个加州州长宣称，"一场根除战争将在两个种族之间继续直到印第安人灭绝"，继任者表示战争"必须也不可避免地是一种对许多部落的根除战争"。就这样，在现为美国人占据的地区，哥伦布到达之前印第安人口估计在400—900万，1900年人口普查时印第安人只有23.7万，减少了95%；其中，加州于1849年建州，10年之后，印第安人减少了80%（第三帝国12年杀掉欧洲70%的犹太人）。希特勒和希姆莱在思考他们的种族灭绝（途径）时都曾把美国的种族灭绝例子作为参考。

可以说，正是靠对异质文化的种族清洗，才最终在盎格鲁—撒克逊人内部建立起自由民主政体；靠重商主义的贸易保护主义，才扶植起美国制造业并使美国强大起来；靠对外政策的孤立主义而置身世界麻烦之外，才集中力量搞国内建设而不至于在过度扩张中消耗国力。特朗普所主张的民族主义、贸易保护主义和"孤立主义"，和19世纪乃至第二次世界大战之前的美国政治传统何其相似。

## 四

美国过去 30 多年的故事验证了历史制度主义的一个假说：制度变迁的非预期性。从 20 世纪 80 年代开始，尤其是冷战结束以来，美国不遗余力地推行了以自由化为核心的经济全球化，在自己的政治、经济和文化上也全面力推自由化，其结果却事与愿违。经济自由化掏空了国内的制造业并加剧了社会的不平等和不公正；政治自由化的对外政策大大消耗了美国的国力并把美国从所谓"普世价值"的道德高地上拉下来；而文化自由化即多元主义的后果则比经济和政治上更深远，直接挑战了美国赖以立国的"美国信条"并使得美国支离破碎。比较而言，经济后果和政治后果都是可以修复的，但文化上的"去美国化"所招致的"国民性危机"则是致命性的。

放在更长远的历史光谱上看，过去 100 年西方历经放任自由主义、凯恩斯主义和新自由主义，反新自由主义经济全球化的特朗普，也不属于 1929 年之前的放任自由主义，因为他表示要国家投资更多的基础设施，这一点颇有凯恩斯主义的味道，但他的减税主张又不同于凯恩斯主义。所以，特朗普的主张不是过去 100 年中的任何主义，反而可以回到美国 100 年前的历史去理解。从他废掉 TTP 并号称退出北美自由贸易协定的言论看，他已经是典型的现代版孤立主义者，这和美国 19 世纪之前的对外政策如出一辙；从他羞辱女性、墨西哥移民和穆斯林看，他是一个典型的反文化多元主义者，这和 19 世纪的白人优越论者相似。也就是说，特朗普似乎试图在用 19 世纪美国的政治传统来矫正整个 20 世纪演变所导致的政治社会乱象。

在特朗普的领导下，美国或许会发生"19 世纪的美国"与"21 世纪的美国"的遭遇战，这不是传统与现代的冲突，而是已经被淘汰了的"文明"比如白人优越论与现代文明之间的冲突，美国的社会分裂极有可能因之而加深。

看看大选中白人的狂热，就可以窥出白人的强烈的危机感。在很多白人看来，出了一个奉行文化多元主义的克林顿总统，已经让他们难以忍受，后来居然还出了一个奉行有色人种的美国总统，为此他们几乎绝望。看到民众中的这种情感的特朗普，在大选中火上浇油，怎么能激发白人的热情怎么说，美国已经存在的"文明的冲突"几乎演变为"文明的战争"。看看特朗普当选后美国大学校园的绝望情绪和上任后民众的反对声音，就可以知道这一点。

特朗普能走多远？答案在时间中。我们只是看到，到目前为止，特朗普内阁中的几个"文化人"都非常极端。而美国整个知识界采取了"非暴力不合作"，不加入特朗普政府。这就意味着，"两个美国"之间的冲突，即21世纪的美国与19世纪的美国之间的冲突已经开始显现。

*《红旗文稿》2017年第11期*

# 近年来美国学者对中国共产党的肯定性评价越来越多

薛念文　孙　健[*]

在西方，美国对中国共产党的研究处于领先水平。美国中国学研究的起步基本与中华人民共和国的成立同岁，其以丰富的一手资料收集、各类科学研究方法的即时应用而在西方世界具有相当的代表性。近年来，美国的中国问题专家开始更多地关注和研究中国共产党。总体来看，他们对中国共产党的肯定性评价越来越多。

## 一、高度肯定中国共产党领导人对国家和人民的责任意识

近年来，美国学者在关于中国共产党领导人的研究上出版了大量著作。杜克大学阿里夫·德里克教授的《毛泽东思想的批判性透视》、美国社会学家傅高义教授的《邓小平时代》、纽约大学熊玠教授的《习近平时代》、哈佛大

---

[*] 作者：薛念文，同济大学马克思主义学院教授；孙健，同济大学马克思主义学院研究生。

学费正清中国研究中心研究员罗斯·特里尔的《习近平复兴中国》都在国外产生了很大的反响。

美国学者对中国共产党领导人的研究体现了美国学者经世致用的取向，他们研究理路深刻而具体，既有国家政策层面的宏大叙事，也有领导人个性风格的微观刻画。他们认为，中国共产党在毛泽东领导下开辟了中国革命道路，建立了新中国，完成三大改造，推动中国进入了社会主义社会。哈佛大学终身教授麦克法夸尔对毛泽东评价颇高，认为"毛泽东时代的中国社会主义道路已经完成了对苏联模式的超越"。[1] 麦克法夸尔高度肯定了邓小平务实的工作作风，他认为，1982年邓小平开始使用"有中国特色社会主义"这一概念，这是从战略高度构建符合中国自身特征的发展模式，中国的发展要从本国国情出发，逐渐摆脱苏联模式，以农村家庭联产承包责任制推动中国经济改革，形成中国特色。傅高义对邓小平的历史功绩给予充分肯定："邓小平是一个非常了不起的改革家，他也是一个务实的政治家，能从中国现实出发，不一味强调意识形态。他讲究成就，不要争论，因此能改变当时中国落后的面貌。"[2] 近年来，以习近平同志为核心的党中央通过全面深化改革，加强经济新常态建设，提出"四个全面"战略布局，落实深化新发展理念，推动中国特色社会主义进入新阶段，以实现中华民族伟大复兴。这些也得到了美国学者的高度赞扬。美国学者瑞安·米切尔指出，中国政府已经在经济和社会领域进行了一系列改革，同时不断加强党的建设，从而使得当今中国出现"最新发展"[3]。

美国学者高度赞扬了中国共产党的领导力和行动力，对中国共产党的民主集中制原则也是赞赏有加，认为中国改革开放取得的成绩与中共领导人的鲜明个性与有力领导密不可分，中共领导人的准确判断和恰当布局维护了国

---

[1] ［英］麦克法夸尔：《〈中国季刊〉和中华人民共和国的历史》，《中国季刊》2006年第188期。
[2] 吴小曼：《对话傅高义："帮美国人了解中国改革"》，《华夏日报》2013年5月20日，第35版。
[3] 瑞安·米切尔：《中国崛起的韧性与脆弱性》，《马克思与哲学评论》2015年6月19日，第2版。

家的稳定。威斯康星大学密尔沃基分校教授谢尔·霍洛维茨撰文高度肯定中国共产党几代领导人在西藏问题和新疆问题上的战略策略,并指出这种战略的延续性对国家的稳定、团结与发展有着重大意义。他们认为,毛泽东坚持共产主义意识形态指导下维护国家领土完整的战略方针颇具远见;同时坚持中国各民族团结,增强了少数民族的身份认同,杜绝汉族大民族沙文主义,避免国家分裂。① 中共中央的正确决策维护了新疆、西藏等边疆地区的稳定与团结,维护了中国领土主权的完整。

孟德斯鸠有句名言:"在建国之初,领导人塑造着国家制度,接下来则是国家制度塑造着领导人。"斯坦福大学高级研究员蒂莫西·加顿·阿什认为,中国经济政策和外交的前景与未来取决于由中国政治制度产生的决策水平的质量。② 高度肯定了中国领导人对新中国制度构建和繁荣发展的卓越贡献。

美国学者对中共领导人尊重历史的态度、实事求是的勇气非常赞赏。美国丹佛大学当代中国研究中心赵穗生教授就习近平总书记对毛泽东的高度评价表示肯定。习近平总书记在2013年提出"两个不能否定"的论断,赵穗生认为,这是习近平总书记拒绝将中华人民共和国的历史划分为毛泽东时代和后毛泽东时代,而任何这样的划分都有倾向于贬低毛泽东的借口。③ 习近平总书记主政以来提出"四个自信",这是他对"三信危机"(信心危机、信仰危机、信任危机)的有力回应,不仅体现了他的远见卓识和深刻的洞察力,也体现了他对国家富强和人民幸福的强烈责任感。

美国学者对中国共产党强调集体智慧的思想表示赞扬。他们称赞邓小平强调的"实践是检验真理的唯一标准"、实事求是、反对教条主义和本本主

---

① 谢尔·霍洛维茨:《稳定中国的西部:对中国共产党对西藏和新疆地区治理策略的解释》,《中国政治学评论》2015年第4期。
② 蒂莫西·加顿·阿什:《习近平时期的中国是地球上最伟大的政治实践》,2015年6月1日。
③ 赵穗生:《重新审视关于"中国模式"的辩论》,《当代中国》2017年第103期。

义，而这也正是毛泽东思想的精髓。他们认为，新中国成立以来的繁荣、稳定和发展得益于中共善于总结经验与教训，形成集体智慧，更核心的是在于中共将马克思主义与中国实际相结合。他们非常赞赏中国共产党领导人和很多高级干部都有基层工作经历，认为这有助于他们更好地体察民情，扎实开展工作。党的十八大产生的中央政治局常委均有过长期基层经历，而这更促进了他们心怀民众疾苦，关心社会民生，制定政策时更多地将普通群众考虑在内，真正践行"党代表最广大人民的根本利益"这一宗旨。

## 二、高度肯定中国共产党强调党的建设的理论与实践

中国共产党一直高度重视自身建设。打铁还需自身硬，中国共产党长期不断加强自身建设，是保持其高度凝聚力的重要保障。美国学者高度赞扬中国共产党党的建设的相关理论与实践，高度赞赏中国共产党发展党员的趋势与特点，高度肯定中国共产党党建的理论与实践对增强其政治延续性的重要作用。中国共产党作为执政党一直高度重视对党员的教育，高度重视党的建设，中国共产党坚持通过吸收新成员以获取广泛的社会支持。坚持对党员的严格考察和系列教育，则保持了党组织的纯洁和凝聚力；吸收社会优秀人士入党使党员职业来源多样化，清晰地反映了政党获取社会支持策略的变化。美国著名中国政治研究专家狄忠蒲，通过对中国城市地区展开数据调查分析了中国共产党的党员发展趋势，肯定了党建对于中国共产党自身的发展与延续的重要意义。他指出，中国共产党应该意识到加强自身建设的重要性，因为他发现在部分地区，虽然中国共产党党员获得了各类保障，但这并没有有效转化为对各级政府的支持。而如果听任在部分地区党员对政党的腐蚀，这会导致十分严重的后果，甚至会使地方的稳定受到影响。所以，他高度认同当前中共严格考核申请人的举措，认为只有这样才能寻求兼具专业技能和政

治忠诚度的合格共产党员。如果不能筛除那些只想要追求物质利益，不支持和信任国家的人，中国共产党可能会进一步削弱其内部凝聚力和外部声誉。①

应该说，美国学者狄忠蒲的这些认识是相当有价值的。近年来，中国共产党对党员发展的方针进行了调整，严把党员发展的入口关，由"坚持标准、保证质量、改善结构、慎重发展"转变为"控制总量、优化结构、提高质量、发挥作用"，局部的微调反映了新形势下党对自身建设的明确要求。坚持对新入党员的高标准、严要求，能进一步督促党员发挥先进模范作用，加强党的先进性和纯洁性建设，提高党建科学化水平。

近年来，中国共产党的强力反腐败也得到了美国学者的高度赞同。他们认为，国家能力的增强需要聚集个体的力量。反腐败，可以重新加强国家的权力，也是当代中国反对"西化"的最有力的思想武器。②"治国之要，首在用人。"实现"两个一百年"的奋斗目标和中华民族伟大复兴的中国梦，要靠伟大的党，要靠高素质干部队伍。从严管理干部是从严治党的关键。美国学者高度关注中国共产党的干部选拔制度，将之作为中共党建研究的重点之一，并取得了丰硕的成果。美国密歇根大学中国研究中心学者曾庆杰采用文档研究、访谈和量化数据等手段，指出自20世纪90年代初以来，中国共产党引入了一系列措施，让更多的党员参与到干部选拔工作中来，丰富了党员的来源，加强了中国共产党的执政基础。他认为，中共希望以加强党内民主的措施来纠正因人事权过分集中而导致的用人腐败和官民关系紧张。③ 这是一个基于中国历史与现状作出的中肯的观察。美国知名学者奈斯比特对此也持相似观点，他指出，"中国共产党执政的理念与方式在过去数年中已经发生了巨大变化，转变为吸纳民众自下而上参与的执政党"，"中国的纵向民主是建立在自上而下与自下而上力量的平衡上的"，"两者的合力"促进了国家的强大

---

① 狄忠蒲：《谁想要成为一名中国共产党员？》，《中国季刊》2014年第217期。
② 赵穗生：《重新审视关于"中国模式"的辩论》，《当代中国》2017年第103期。
③ 曾庆杰：《中国共产党选举过程中的民主程序：实施与结果》，《中国季刊》2016年第225期。

和人民生活水平的提高,改革的成效最后的"判断权在人民手中"。① 美国学者这种有一定深度的审视,还是难能可贵的。

美国学者关注中国共产党加强自身建设的相关理论与实践,可以说是抓住了中国改革和发展的核心。他们通过研究发现,中国共产党在党建领域取得的巨大成就构成了中国深入推进改革的有力保障。

## 三、强烈期待中国共产党执政的光明前景

美国学者对中国共产党发展的未来前景十分关注,并对此作出种种预测,虽然其中有的乐观,有的悲观,但其中多数文章都能基于中国的现实问题提出善意的、合理的建议。那些依然充满傲慢与偏见、凭借自我想象恶意诋毁中国的文章已然只占少数。

在对中国共产党执政前景表示乐观的学者中,罗米·金的研究视角独特,他通过分析在环境保护过程中中国共产党和公众分别扮演的角色,指出在中国公共政治变革的压力几乎不存在,公众对中共执政的支持率很高,中国共产党的前景无疑是值得乐观的。②

广揽海外优秀人才,无疑会给中国的快速发展带来更大的助力。哈佛大学肯尼迪政治学院高级访问学者王辉耀指出,在吸引海外人才回归的过程中,中国共产党采取积极干预措施,不断改善自身形象,提高整体透明度,逐步吸引最优秀的海外人才回归。③ 在王辉耀看来,中国共产党的前景与其自身对变革的看法是不能分开的。这一点也多次被其他美国学者所提到。正如美

---

① 约翰·奈斯比特等:《中国大趋势》,魏平译,北京:中华工商联合出版社2009年版,第6页。
② 罗米·金:《中国的环境污染:中国共产党面前的政治困境》,《亚洲事务》2015年第42期。
③ 崔大伟、王辉耀:《中国能将最优秀的人才吸引回来吗?中国共产党组织中国的人才招聘》,《中国季刊》2013年第215期。

国学者库恩所说,中国共产党有一种革新的毅力、前瞻的视野和宽广的世界眼光,中国改革开放正是从中国共产党政治观念的变革与创新开始的,这才是中国改革开放真正的历史起点。今天,中国共产党又"有一种新的开放,他们厌倦了止步不前"①。

近年来,美国学者围绕中国共产党领导人、中国共产党自身建设、中国共产党执政未来前景等方面进行了深入研究,产生了很多真知灼见。政党领导人、政党党员、政党制度是政党可以顺利运行的关键要素。中国共产党始终加强自身建设,不断提高为人民服务的本领与能力;坚持全面从严治党,抵制腐败,加强领导干部作风建设;党内制度合理有序运行,产生的最高领导人均扎根基层,始终与民众同心。这些均得到了美国学者的高度认可。美国学者对以习近平同志为核心的党中央领导下的中国共产党执政也大多持乐观态度,认为中国共产党会带领中国进入新阶段,对中国共产党领导中国发展的光明前景表示强烈期待。

《红旗文稿》2017 年第 19 期

---

① 孔根红:《"读懂中国"——国外"中国观察家"谈中国共产党的几个核心特点》,《当代世界》2009 年第 12 期。

# 欧洲难民危机暴露出西方制度弊端

宋鲁郑[*]

自 2010 年开始的"阿拉伯之春"几年来一步步演进,最终引爆了欧洲在第二次世界大战之后最大的难民危机。这场危机在一定程度上导致了英国脱欧和欧洲民粹主义的强势崛起,欧盟面临进一步解体的巨大挑战。目前这场危机仍在持续,对欧洲的影响还难下最终的结论,但从危机的发生到欧洲对混乱的应对,使得西方政治制度的弊端显露无遗。

客观而论,这场难民危机即有远因也有近因。远因是美国 2003 年轻率发动伊拉克战争,在没有联合国授权的情况下以武力颠覆了一个主权国家的政府。外力的蛮横干预摧毁了伊拉克和中东的力量平衡,整个国家陷入无休止的动荡之中,为后来极端组织"伊斯兰国"的崛起创造了条件。"伊斯兰国"所经之处战火遍野,百姓流离失所,成为难民。

近因则是欧洲无视美国当年的教训,又以武力推翻了利比亚卡扎菲政权。卡扎菲在败亡前曾打电话给英国前首相布莱尔,直言他倒台后利比亚将陷入无政府状态,出现空前规模的难民危机,同时非洲一些国家的非法移民也会利用利比亚的混乱大举横跨地中海偷渡。然而欧洲无视这一警告,一意孤行,

---

[*] 作者:旅法学者。

重蹈美国覆辙。

难民潮发生时，欧洲正面临多重危机，处于第二次世界大战以来最大的困境之中：主权债务危机、大规模恐怖袭击、传统族群出生率下降导致的种族危机以及中产阶级萎缩成为少数、民粹主义抬头，等等。按说危机中的欧洲更应该慎重面对和处置自己参与造成的难民挑战，以免造成无法控制的连锁反应。但事实却恰恰相反。德国非常仓促地决定敞开国门接纳所有难民，一年之内就涌进了100万人。德国总理默克尔表示要拨款60亿欧元用于安置难民，结果仅2015年开支就高达210亿欧元。

更严重的是，德国此举不仅激发了更多的难民涌入，令难民危机的规模迅速膨胀，也使得原有的危机更加恶化：沉重的经济负担、恐怖分子以难民身份渗透进欧洲（仅2016年7月，德国就发生3起难民参与的恐怖袭击）、种族结构更加失衡、民粹主义更加迅速崛起。

而在英国，难民危机最为直接的后果就是导致脱欧计划成为事实，开启了欧盟解体的第一步。

西方主导世界500年，有着丰富的治理经验，何以进入21世纪后却频频犯下如此低级的错误？领导人的决策何以让人瞠目？

其实不仅难民危机是如此，恐怖袭击危机也同样如此。拿法国来说，希拉克主政时，法国没有发生过一起恐怖袭击事件。这是因为希拉克的政策充分考量了自己国家的特点。一是国内有700万穆斯林，多数人生活艰苦，极端伊斯兰恐怖分子容易在此找到同情者和支持者。二是法国疆域广大，四面环海，又是申根国家，在物流层面上很难控制危险品、爆炸品的进入。因此，2003年法国带头反对美国发动伊拉克战争，这既赢得了广大阿拉伯国家的支持，也稳定了国内穆斯林的情绪，更避免了在法国出现恐怖袭击。

但到了萨科奇时代和奥朗德时代，法国的这些致命弱点被忽视。法国先是参与了以武力推翻卡扎菲政权，随后在伊斯兰国还未将目标针对法国时，奥朗德政府突然决定向伊斯兰国开战，直接引火烧身。

这些行为看似只是政府领导人的决策失误，深层次的原因恐怕还是西方的政治制度。

## 西方选举制度的局限性日益显现，陷入"旋转木马式"的政治怪圈

西方制度模式权力的合法性来自选举程序，候选人把太多精力放到选举而不是治国上，其执政的着眼点短期而急功近利。西方制度历经数百年演化，基本上在 20 世纪完成了从精英政治到大众民主的转变。这一演进令其政治精英的产生模式发生了根本变化：从过去精英选择精英转变为大众选择精英。和关注长远利益也需要思考复杂国际形势的政治精英不同，大众只关心短期的自身利益，而且，大众的审美标准和个人好恶这些和能力无关的因素很容易成为决定选举成败的重要因素。于是，为了赢得选举，政治精英必须迎合大众，从他们的角度、心理和需求开展竞选、兑现承诺。这很容易导致政治人物的平庸化，也给极端政治人物的崛起创造了条件。

竞选是这样，当选后要连任也同样如此。2011 年，法国积极卷入利比亚内乱，就和萨科奇希望以对外战争的胜利争取连任有关。奥朗德执政期间多次对外动用武力，包括主动向伊斯兰国开战，也和拉抬自己的支持率密不可分，但后果却由整个国家承担。

刚刚结束的法国大选，执政党社会党的候选人阿蒙无视法国长期以来经济缺乏竞争力、处于困境中的现实，仍然提出竞选许诺：通过向使用机器人的公司征收机器人税，向每位成年公民发放每月 750 欧元的生活津贴。这一许诺乍一看似乎关照到了每一个人的切身利益，但收取机器人税将会把法国的先进制造业赶到周边国家，更加削弱法国的竞争力和国力，所有法国人都将为此埋单。

西方民主选择人才的逻辑是，先不管能力如何，选上去再检验，不胜任就在下一次选举时进行更替。把国家当成试验品的西方人才选拔逻辑显然过于草率和不负责任，而其导致的治理上的种种问题就不足为怪了。政治人物热衷于追求短期效应，置国家长远利益于不顾，这一点可以用来解释一个现象：曾经发达的西式民主国家如今经济增长都非常缓慢甚至是零增长或者长期负增长，而且大多债务累累。

对此，西方常用的说辞是经济发展到一定阶段，由于基数增大，各产业饱和发展，增长必然缓慢。这只是一部分原因，更重要的还是体制的活力被遏制。美国经济学家罗伯特·巴罗收集了近100个国家在1960年至1990年的数据并加以分析，结论是：当人们的政治权力水平较低时，这些政治权力的扩大有助于经济增长。而实现了适度的民主制后，这些政治权力的扩大将会阻碍经济增长。原因是：过于倚重公共方案和收入分配不利于经济增长。因为拥有选票的民众只乐于分配财富，反对增加劳动时间、提高税收、减少福利，所以欧盟人口仅占世界的9%，国内生产总值只占全球的25%，但福利开支却占世界的50%。美国只占世界人口5%，却消耗掉全球25%的自然资源，这既不公平也不可持续。一个无法实现增长和持续的社会将会走向何方，这不难得出结论。

在西方现行体制下，最优秀的人才往往不愿意从政，这也是西方难以选出优秀政治人物的原因。一是在经济全球化和金融全球化时代，精英获得财富的能力、速度和领域迅速提升和扩大，而政界则往往难以提供相应的收入和待遇。众所周知，人才都是跟着资源走的，政治领域资源远远少于经济界，其人才素质自然可想而知。二是扭曲甚至无底线的选举过程令优秀人才却步。任何要角逐公职的人士都必须面对两个挑战，一个是私生活不复存在，自己和家庭的隐私都将曝光于世人面前，且容易都被道德化、完美化；另一个是选举期间激烈、不择手段的攻击和各种阴谋陷阱。2017年年初，法国共和党刚刚通过党内初选推出前总理菲永为候选人，很快就被媒体曝光其担任议员时雇用自己的太太和两个儿子担任助理的丑闻。虽然此举并不违反法国法律，但菲永却在道德上被重创，形象大损，支持率随之下降。

一方面政治人才资源短缺，另一方面有限的政治人才在使用上还存在巨大的浪费。由于政党对决，整个国家的政治人才被人为切割成几个部分，并随政党共进退。一党获胜，哪怕原来的政务官再有能力，也统统大换血。这一方面造成人才的短缺，另一方面则造成人才的浪费。政治精英原本就是一种稀缺资源，一个政党连任 8 年，也就意味着另一个政党的政治精英将被闲置 8 年。

总之，一人一票制度下对大众趣味的迎合、程序是权力合法性的唯一来源、不以能力大小为标准、扭曲的选举过程、无法从全国范围选拔人才等因素，造成了人才的逆向淘汰。从这个角度来看，西方屡屡犯下如此之多的低级严重失误，也就不足为奇了。

## 西方长期以来奉行的价值观已经异化成僵硬的教条，限制了整个社会的改革能力

西方奉行的许多价值观之间是有张力的，比如自由绝对化，必然是以安全的下降为代价；公平极端化，必然会牺牲效率。正确的做法应该是根据国家的实际情况在各种价值观之间进行平衡。假如恐怖袭击是头号威胁的时候，就要压缩自由。当经济处于危机之时，就要以效率和发展优先。事实上，在如此之多的危机面前，西方并不是没有解决之道。比如，当难民危机发生时，西方应当立即想办法恢复叙利亚的和平和利比亚的秩序，并在当地迅速建立起难民营。这既可以更有力打击恐怖分子、防止其渗透欧洲，也可以减少难民长途跋涉的艰辛，其直接成本远低于现在的处理方式。但要做到这一点，西方需要改变敌视叙利亚政府的立场。然而这和西方奉行的价值观相冲突，

是政治不正确，所以西方不会选择这种解决问题的方式。

再比如，面对直接决定西方未来的种族结构变化，西方同样有很多牌可以打：强制同化、减少家庭儿童福利等。白人家庭早已自动计划生育，无子化和少子化现象非常普遍，而其他族裔出生率极高，且政府提供的儿童福利就能让他们维持基本生活。但这些措施又和他们的价值观如信仰自由、平等、人权等相冲突，无法实行。

西方受价值观政治正确的影响到了什么荒谬的程度，可由如下一件事窥一斑：2016年，24岁的德国左翼党青年组织负责人瑟琳·格伦被3位难民性侵，她报警时先是向警察说谎话，称是3位说德语的人抢劫了她。事件真相曝光后，她在社交媒体发表一封给难民的公开信，声称，"最让我伤心的是我受到性侵的事件，使得你们遭到更多的种族歧视""我不会眼睁睁地看着种族主义分子把你们视作问题"。

因为被强奸者是政治人物，所以向强奸者道歉，并视此为人道情怀，这种咄咄怪事恐怕也只有在西方这种特殊的政治氛围下才会发生，由此可以想见西方政坛已经把他们那套价值观推到何种离谱的地步。也正是由于今天西方凡事都要问是否符合抽象的西方价值观，而不是从实际出发，所以其制定的政策不但难以解决问题，反而往往成为问题产生的根源。

## 西方的决策机制、监督机制和纠错机制在很大程度上丧失了应有的作用

西方的政治人物选举产生之后，总统或总理便具有庞大的权力，一人就能决定所有重大事件。政府其他人员虽然可以建议和提供咨询，但更多的时候不过是扮演执行者的角色。所以法国各界都认为他们选的不过是有一个任期的帝王罢了。这就是为什么小布什自己就可以决定发动两场战争而没有任

何人能够阻止，这也是为什么默克尔可以独自在短时间内就拍板对国家有重大影响的难民接纳政策，同样也是为什么萨科奇和奥朗德可以迅速决定军事干预利比亚以及单方面对伊斯兰国开战。

西方国家屡屡发生重大决策上的失误，却没有一人承担相关责任，而且由于任期限制，即使要改也只能等4年或8年之后的政党轮替，这导致的后果是极为惊人的。据诺贝尔经济学家斯蒂格利茨研究，美国两场反恐战争耗资4万亿到6万亿美元，严重影响了其应对金融危机的能力。以这次欧洲应对难民危机为例，其造成的后果显而易见：种族结构更加失衡、恐怖袭击更加难以防范、民粹主义席卷欧洲、英国脱欧等，恐怕都不是金钱能够计算的了。而直到现在，这种错误仍然无法纠正，大量难民仍然继续涌向欧洲，欧洲也不得不疲于应对。

西方制度模式弊病百出，运作日益艰难，还和西方民主制度赖以依存的基础——中产阶级日益衰减有关。2015年，美国中产阶级第一次处于绝对少数，低于最富有和最贫穷人口之和。欧盟最大的经济体德国也是如此。美国史学家巴林顿·摩尔说：没有中产阶级就没有民主。美国学者福山也认为，当中产阶级消亡之时，西方的民主制度难以存活。一旦中产阶级成为少数，西方社会将很难产生多数共识，政治走向极化，民粹力量抬头，社会的稳定器不复存在。

可以说，难民危机不过是压倒西方的最后一根稻草，如此之多的危机和无法得到有效解决的根源既在于制度本身，也在于时代的发展和进步，可以说在一定程度上西方制度已经落后于时代。当然，这一切还都需要历史给出最终的答案，我们不妨拭目以待。

《红旗文稿》2017年第10期

# 民粹主义的蔓延与欧洲的未来

史志钦　刘力达[*]

10年前，民粹主义政党在欧洲只是星星之火，迄今它已呈蔓延之势。以2014年5月欧洲议会选举为标志，欧洲民粹主义群体性崛起。2016年，英国通过"脱欧公投"拉开脱离欧盟进程、意大利宪法改革公投失败、奥地利总统选举在绿党与极右翼之间角逐扣人心弦，以及早已觊觎总统宝座的法国国民阵线民意支持率蹿升等，无不标志着欧洲已进入民粹化时代。迄今为止，各种不同形式的民粹政党已经在匈牙利、丹麦、芬兰、葡萄牙、希腊、瑞士、西班牙、意大利、英国、德国等国获得举足轻重的力量，在欧洲未来的政治走向中占有越来越大的权重。

## 一、民粹主义非起始于今日

民粹主义既是一种政治思潮，又是一种社会运动，还是一种政治策略。

---

[*] 作者：史志钦，清华大学国际关系学教授，"一带一路"战略研究院执行院长；刘力达，清华大学国际关系学系博士研究生。

民粹主义的意识形态包括左、中、右三个维度，其目标是通过团结普通民众来反对腐败的精英及其追随者。其基本信仰是，只有通过群众的直接行动才能最好地实现其政治和社会目标。

实质上，学术界对于民粹主义的概念界定，至今没有一个明确的认知。1967年，吉塔·艾尼斯丘和欧内斯特·盖尔纳合编了一本论文集，希望能够解释清楚民粹主义的定义。最后发现，民粹主义并非一个统一的现象。塔格特说，民粹主义实际上是一个支离破碎的概念。《布莱克维尔政治学百科全书》中对于民粹主义的解释，主要来源于美国的"人民党主义"和俄国的"民众主义"两者之间，源自对早期民粹主义在美俄的两种形式的实践总结。作为一种政治立场，民粹主义主要是迎合"人民"，反对精英分子。民粹主义是一种历史复发性的社会政治现象，因而在不同政治氛围、不同的历史时期和不同国家中，民粹主义不时闪现，伴随着这些国家走向现代化的历程。

民粹主义本身没有特定的思想内涵，基本上它可以与任何意识形态相结合，具体要根据其反对的对象和社会环境而确定。民粹主义的核心是界定"人民"的概念，强调"精英"与"民众"二者的分野和互动，通过对"人民"概念的界定来划分"我们"和"非我们"。如此，通过敌我两分法构建合法性，赞成"人民"的直接民主，反对精英掌控的"腐败"的代议制民主。认可直接民主制，反对代议制民主，这使得民粹主义带有反体制特性。而对于"人民"概念的两分法界定，也往往使民粹主义带有不同程度的民族主义、种族主义、排外主义的特征。民粹主义通过对所谓"人民至上"概念的强调，反对政治精英对权力的垄断，将自己打造成大多数人民的代表。从社会运动形式的角度而言，民粹主义反精英、非理性和反体制的特征，意味着对现存制度的质疑、否定、挑战以及广泛的底层群众参与、激进的甚至是暴力的表达方式。

## 二、民粹主义在欧洲已呈燎原之势

当前欧洲民粹主义不是一个单独的政党或者运动，而是在同一时期不同国家出现的、具有一些相同主题特征的、一系列不同政党的政治聚合；既有左翼民粹主义，也有右翼民粹主义，又有各种"温和的"民粹主义。左翼民粹主义主要体现在南欧国家，其典型代表分别是希腊的激进左翼联盟和西班牙的"我们能"；意大利的五星运动虽被归类为右翼，但其许多政治主张具有左翼色彩。西欧、北欧的民粹主义多为右翼诉求，包括地区民粹主义政党、种族民粹主义政党和极端右翼民粹主义政党；中东欧的新民粹主义却并非右翼，既有偏右的"强硬派"民粹主义，还有偏左的"温和派"民粹主义。

与几年前不同，这次欧洲民粹主义与美国当选总统唐纳德·特朗普遥相呼应，构成一种世界政治现象，更鲜明地呈现反全球化、反自由贸易与反外来移民，主流政治的右倾化与保守化趋势明显。英国脱欧，其中一个重要原因是担心大量难民从欧洲大陆潮水般地涌入英伦三岛。脱欧公投后，接替戴维·卡梅伦首相职务的特蕾莎·梅，不惜牺牲对英国经济有利的四大流动自由，执意坚持"脱欧就是脱欧"的硬脱欧理念，不仅在移民问题上态度强硬，禁止所有移民入境，而且还禁止非英国公民参与英国脱欧问题的讨论和设计。

在主流政党之外，欧洲各国反建制的左右翼民粹主义政党纷纷崛起，占据更为重要的位置。法国的国民阵线、德国的另类选择党、意大利的五星运动党、奥地利自由党，以及波兰新右派国会党、匈牙利约比克党、丹麦人民党、荷兰自由党、芬兰"真芬兰人党"、瑞典民主党等，都在本国的政治生活和各层次选举中崭露头角。一时间，欧盟各国涌现出的民粹主义政党不仅站上了政治舞台，还获得越来越多的选票支持，成为主要的或不可忽视的政党。

这些反建制的民粹主义政党虽然具体的主张各异，但有两项主要内容重叠。一是疑欧或反欧盟，主张收回本国在边境控制、移民、货币、金融等方面的主权，以本国利益优先。二是反移民（尤其是穆斯林移民），主要表现为反对无控制地接纳外来难民，对本国的移民少数族裔（尤其是穆斯林）提出更为严苛的、同化主义的要求。本质上说，民粹主义政党的这两项主张都来源于国家民族主义。如此，共同体构建的路径在向民族国家回归，意味着对外偏离超民族国家建构路径，对内排斥异质于本国民族的移民少数民族群体。显然，伴随着这股民粹主义运动，欧洲政治的右倾化与保守化趋势越来越凸显。

## 三、民粹主义在欧洲蔓延将延续时日

从欧洲的发展趋势看，未来无论是主流政党还是非主流的反建制政党上台，欧洲各国国家民族主义的普遍兴起，将使欧洲政治与社会进一步具有民粹主义倾向，欧盟的一体化进程也将遭到更大冲击。

首先，民粹主义在欧洲未来几年将持续发展。实际上，民粹主义蔓延的动向并非 2017 年才出现，而是早已发酵许久。2015 年大规模的中东和北非难民潮涌入西欧，迅速激化了欧洲内部反移民、反穆斯林和反欧盟的情绪。在此之前，自欧债危机开始就已陆续出现反欧、反移民的民粹主义政党。国家债务与欧盟开出的财政紧缩条件加重了成员国与欧盟之间的紧张关系，而欧盟与成员国之间就缓解欧债危机和难民危机的拉锯战进一步凸显了"民主赤字"的问题，由此催生出左翼民粹主义，南欧的希腊、西班牙乃至意大利等国表现尤为突出。经济下滑在福利、就业、安全等方面的影响以及恐怖组织

"伊斯兰国"的壮大,加剧了欧洲中下层民众对穆斯林难民的排斥和对国内融入困难的移民的歧视,国家民族主义者急于打破"政治正确",不满于当下的建制,由此催生出右翼民粹主义。而主流政党为赢得选举或谋求连任成功,会在不同程度上内化和吸收反建制政治力量得以获得选票的主张和政策。因此,整个欧洲政治将继续呈现出民粹主义盛行的趋势。

其次,主要国家主流政党的国家主义将减弱欧盟一体化的动力。脱欧已成英国这几年的中心议题,而英国首相特蕾莎·梅坚定执行公投的脱欧决定。意大利修宪公投失败,中左政党备受打击,在下一次大选中五星运动可能会借势成为议会多数,执掌意大利政府。意大利五星运动虽不至于如英国那样就脱欧与留欧举行全民公决,但一定会借助民意与欧盟讨价还价,像卡梅伦那样向欧盟索取对本国有益的政策好处。法国和德国虽然不会挑战欧盟的整体性,依旧主张留在欧盟,维持欧盟这一超国家结构,但在民粹主义兴起的压力下,会更为强调国家利益优先,例如在难民问题、边境管控问题、欧元问题等方面,将更坚持国家主权。作为欧盟一体化的主要推动者,德国和法国的保守化趋势意味着未来欧盟一体化进程的动力将会被减弱。

最后,欧盟成员国的非主流民粹主义政党,将进一步冲击欧盟作为超国家政治经济组织所拥有的权力,和作为后民族共同体所构建的价值观念。民粹主义政党反对欧盟对民族国家事务的管控权和决定权。左翼民粹主义政党主要反对欧盟在货币和财政紧缩问题上的政策,例如希腊的激进左翼联盟和西班牙的"我们能"。右翼民粹主义政党主要反对欧盟在移民问题上的边境开放、难民安置等安排。同时,面对国内的移民少数族裔尤其是穆斯林移民,右翼民粹主义的主张也具有较多反伊斯兰和排外主义的色彩。右翼民粹主义政党的这些主张,与欧盟的人员自由流动、尊重并促进文化多样性的价值理念是背道而驰的。在未来一段时间内,欧洲民粹主义方兴未艾,会极大冲击欧盟作为超国家共同体的政治权力和价值理念,削弱欧盟建构共同体的意识形态基础。

## 四、民粹主义蔓延是西方社会矛盾积累的结果

欧美政治中的民粹主义现象，是各国社会矛盾的集中体现。"草根型"政治领导人借助民众对现行体制的不满，打着"人民至上"的口号，赢取较高的支持率。在当今西方代议制民主制度下，政治发展越来越精英化，精英集团也越来越国际化和利益化。对现状不满的民众认为，主流政党和政治精英均为利益集团和大资本家所绑架，而民众的利益则被抛弃，只能默默地用选票说话。在民粹主义的浪潮席卷下，建制派或者失语，或者制造社会议题的能力下降，主流精英自恃的"政治正确"渐失人心。"反建制派"的民粹主义者则说出了民众的心里话，掌握了制造社会议题的能力。

从深层次原因来看，冷战结束之后，在新自由主义的影响下世界经济出现了新的趋势，即经济全球化的加速。经济全球化强调人员、劳动力及资本的自由流动，这是新自由主义的题中应有之义。在欧洲，经济全球化反映为欧盟一体化进程的加快。欧洲一体化及其社会变革使得欧洲社会各个群体感到极度缺乏安全感，而欧盟和欧洲各国在应对危机方面的低效，使得这种不安全感更夹杂着对制度的"不信任"，严重冲击了原有的制度认同，由此催生出民粹主义政党的兴起。民粹主义政党不仅反对经济全球化，而且也反对欧洲一体化、反对欧盟，认为经济全球化冲击了欧洲的传统。在美国主导的来势汹汹的经济全球化浪潮下，欧洲人感到自己不是获益者，而是输家。

在全球金融危机的持续冲击下，欧美各国出现普遍的经济增长乏力，失业率居高不下，收入分配差距进一步拉大，1%与99%的鸿沟难以消除。据调查，特朗普的支持者男性居多，受教育程度普遍较低，收入相对较低。同样，法国国民阵线的支持者也多为处于社会中下阶层的人（受教育程度低、收入偏低等），选民多为中青年，且主要是出于移民问题而选择支持国民阵线。世界

权威民调机构益普索关于2014年欧洲议会选举中法国的选民情况调查报告显示：阶层结构上，国民阵线的支持者中，工人阶级占比最多，为43%，其次是职员（白领），为38%；受教育程度上，高中及以下占比最多，为37%，受教育程度越高支持率越低，本科以上学历仅有11%；收入分布上，有收入的和失业的比例差不多，都超过了25%，30%的有收入者属于底层；且值得注意的是，年龄结构上出乎人们的意料，反而多为年轻人（35岁以下），占30%；在问题意识上，主要是受到国内问题的驱动而投票给国民阵线，比例高达58%。

尽管当今世界政治中民粹主义蔓延的趋势，在一定程度上反映了底层民众的诉求和对社会的不满，促使主流政党思考全球化时代下的国家政策，但是其负面影响也是显而易见的。首先，民粹主义对于"人民至上"理念的极端强调，实际上是对代议制民主制度的反动。它所具有的根源于民主的反民主、反体制特色，加之它的"空洞化"特质——可以与其他任何一种意识形态相结合、短时期内发酵为新的反体制力量，会在根本上对欧洲的既有政治体制构成威胁，从而滑向威权主义和专制主义。其次，民粹主义本身不具有建设性，它通常将社会问题的解决单一化、简单化，甚至极端化，而这种解决方式往往具有狭隘的平民主义、极端的民族主义和盲目的排外主义的特点，反而会带来更多的社会问题。最后，民粹主义对于社会强烈的批判意识往往带有理想化的色彩，其还原论的思维方式很容易陷入非理性的逻辑中，在国家决策中容易走向盲目极端化。

法国哲学家、外交家亚历山大·科耶夫曾言，对于欧洲，"民族性政治实体的时代已经结束了。现在则是一个帝国林立的时代，一个跨国性的政治统一体的时代"。欧洲作为统一体的发展系于欧盟的整合，而这与德法的推动、各成员国的支持密不可分。当下，反欧、反移民的反建制民粹主义普遍兴起，这将更添欧盟一体化之艰难，弱化欧洲的整体力量及其在世界政治中的地位，增加欧洲政治的不确定性。

《红旗文稿》2017年第8期

# 美国网络意识形态输出战略没有变

李艳艳[*]

2016年12月，特朗普声明，网络入侵对美国国家安全构成重大威胁，将于上任后组建网络安全团队。2017年1月，他宣布将停止向海外颜色革命组织进行财政支持。特朗普的上述言论引起了思想舆论界人士的纷纷揣测，他是否打算放弃美国多届政府一贯秉承的网络意识形态对外攻势，停止民主输出和颜色革命了呢？为了更加深入地洞悉上述问题，回顾和探析美国网络意识形态输出战略的演变历程，无疑是一个重要的考察维度。

## 一、美国进行网络意识形态输出的政策依据：公共外交战略

意识形态输出是美国政府"公共外交"战略的重要组成部分。根据1997年美国新闻相关政策设计团体的界定，"公共外交"战略是通过理解、增进和影响外国公众的方式来促进美国国家利益的实现。美国前国际交流署署长约

---

[*] 作者：北京科技大学马克思主义学院副教授、中国社会科学院哲学研究所博士后。

翰·莱因哈特点明了"公共外交"战略的实质是"美国政府进入国际思想市场的活动"。意识形态的对外输出是"公共外交"战略的核心内容。冷战期间，美国政府实施了积极而广泛的"公共外交"，它通过向苏联进行单向度的信息输出，实现了对苏联国内舆论的控制，成功地摧毁了苏联人民对自身发展道路和制度的自信，对美国赢得冷战的胜利起到了极为重要的作用。这一"攻心术"的彻底胜利，助推了苏联这个曾经令世界生畏的超级帝国几乎是在苏联全社会的集体沉默中瞬间轰然倒下。

"公共外交"作为一种以意识形态输出为核心内容的国家外交战略，它对于目标国的影响，往往需要借助一个不可或缺的中介——媒体。而当今时代，美国在互联网技术、管理上的优势地位，筑就了其进行意识形态输出的现实基础，也形成了美国在意识形态输出方面的战略优势。互联网把每一个现实社会中的个人链入网络社会之中，使其成为网络世界信息传播过程的一个节点，使得信息能够摆脱传统媒体点对面的单向度传播模式，而是实现信息源多中心的同时发布，使得信息按照一种幂律传播规律迅速扩散。在网络时代，犹如芯片与硬件的关系一般，以控制目标国民众思想为目标的"公共外交"与国际互联网这一互联互通的超级媒体相互借力，美国进而对世界思想舆论的走向产生了决定性作用。

## 二、美国进行网络意识形态输出的三个历史阶段

在 20 世纪末，美国利用互联网进行意识形态输出主要是依托美国新闻署进行，这是美国利用互联网对外进行意识形态输出的第一个阶段。冷战结束以后，主要从事"公共外交"工作的美国新闻署得到的政府拨款、人员编制均大幅降低，为了节省预算，美国新闻署充分利用互联网，依托文化和交换项目以及国际信息项目，逐渐把资金投入从印刷刊物转移到了网络平台这一

低成本的新型媒体上，迅速建立起了一个虚拟社会网络，频繁向境外提供电子期刊、电子学习资源等，积极服务于美国的"公共外交"战略。但是，这一时期美国"公共外交"的网络化还不是真正意义上的网络外交，还只是利用互联网发挥信息搜集、传递、发布的功能，其巨大的社会影响和政治效应并没有充分显现出来。

美国开展互联网意识形态输出得到官方的正式确认，标志着美国开始了网络意识形态输出的第二个阶段。2001年，美国在遭受"9·11"恐怖袭击事件之后，全国上下都在苦苦思索"世界为什么憎恨美国？"，人们很快把原因归结在公共外交的不得力上，于是"公共外交"政策受到了空前的追捧。2002年7月，美国国会通过法案，明确国务院在公共外交方面的职责，重申对外教育和文化交流的重要作用，强调了互联网在开展公共外交活动中的重要作用。2002年12月，《2002年网络政府法案》得到国会的通过，它主张构建一个以运用互联网信息技术为核心的措施框架，服务于世界公众对美国政策的认同。其后，应这一法案的要求，2003年10月，美国国务院在信息资源管理局下设电子外交办公室，专门从事网络外交。作为这一政府部门成立之后的一项重要业绩，2008年10月，据美国信息资源管理局发布的《2008财政年度电子政府建设报告》披露，在其他国家以及非政府组织、公众之间如何借助美国电子政务平台获得最全面、最及时的美国内政外交信息方面，电子外交办公室起到了国际表率作用。通过上述名为信息公开自由、实为信息操控垄断的种种方式，美国将自己想让世界看到的一面，通过国际互联网传播了出去，抢占了其他国家尤其是转型期国家民众对于美国意识形态认同的先机。在这一历史时期，"公共外交"和网络外交开始结合起来，美国意识形态通过政府网站、商业门户新闻网站等网络媒体呈现在世界民众的面前。

基于社交网络的美国意识形态输出是第三个历史阶段。当博客、脸谱和推特等互联网的新应用横空出世以后，社交网络开始以一种空前的速度在全球范围扩展，美国意识形态输出的方式也相应出现了新变化。社交网络基于人际关系网络的传播模式，深度嵌入数以亿计用户的日常生活之中，也成了美国在新世纪极力争夺的媒体资源。自2009年1月奥巴马政府组建以来，美国政府愈加意识到互联网的强大影响力，因而也更加注重运用网络外交来推销其内外政策。2010年和2011年，美国国务卿希拉里先后两次作了"互联网自由"的主题演讲，她明确提出"互联网是加速政治、社会和经济变革的巨大力量"。更为重要的是，希拉里把"网络外交"纳入了美国的外交政策框架，明确提出要积极利用互联网技术和网络平台开展对外交往和传播活动。这一政策的影响，从美国对中国信息传播手段的变化中便可见一斑。2011年10月，历史悠久的"美国之音"停止对华汉语广播，同时裁员55%。正如2011年4月7日"德国之声"公开的《美国之音：网络是接触中国受众的主要途径》一文所预测的，美国不是放松对华意识形态输出，而是"将会把政治意识形态对华输出的重点放在数字领域"，这是因为受众活跃的互联网才是美国真正想要占领的思想阵地。

特朗普当选总统之后，在接受美国NBC电视台采访时毫不掩饰自己对社交网络媒体的热情，称社交网络比起官方新闻稿来，更有利于自己快速地表达想法。日前，在脸谱和推特账号已有数千万粉丝订阅的基础上，他又在脸谱上发布了三个新账号。除此之外，他还接管了奥巴马在脸谱、优兔、Instagram等社交网络平台上的账号。由此可见，在竞选时就善于使用社交媒体进行宣传的特朗普，在就任后并没有放弃运用社交媒体向全世界发声，宣传自己的政治价值观念。

## 三、美国进行网络意识形态输出的基本方式

如上所述，美国正在加紧利用互联网这一新技术工具对所谓"非民主国家"进行意识形态输出，试图通过改造目标国，来实现自身的国家安全、维

护世界霸主地位。近年来，美国利用互联网对中国进行的"民主化"改造步伐日趋紧迫、节节升温。对此，美国采取了制造舆论声势、引导政治话语向大众话语的转化、建立对美国政治价值观的认同机制等方式。

1. 升级传播模式。以社交媒体为代表的网络时代开启了一种全新的信息传播模式。美国著名IT专栏作家丹·吉尔莫在《自媒体》一书中提出："传播方式已经完成了转变。出版社和广播是一对多的媒介，电话是一对一，现在我们有了想怎样就怎样的媒介：一对一、一对多、多对多。"随着全球化程度的显著深化，美国政府致力于推动"公共外交"适应信息文化的转变，充分利用网络技术突破以国家为中心的传统外交模式，甚至提出打造与星巴克商业模式相似的未来外交模式，实现公共外交的"去中心化"和"扁平化"。可见，意识形态输出向多中心、多层次之间的联动成了美国政府的重要战略任务。此外，基于网络的意识形态输出之"草根"特性更加凸显，美国将越来越多地倚重网络技术转变"隔离之墙"：将网页瞄准特定的地区；运用播客将电视演讲传播到世界各地；利用优兔对中东地区的青年进行"民主"价值观的影响。这种全面倚重互联网 Web 2.0 时代新媒体技术进行意识形态输出的新方式，被奥巴马政府称为公共外交 2.0，其目标是使美国的声音传到世界的各个角落。

2. 争夺传播平台。互联网作为领土、领海、领空之外的第四种主权空间，已经取得了国际社会的广泛共识。基于社交媒体的、交互性强的互联网已经成为国内外意识形态斗争的重要战场。事实上，美国近年来对华传播的重点也放在了博客、微博、播客等网络新媒体领域。美国广播管理委员会委员温布什表示："我们将重点放在数字领域，是因为互联网才是我们真正想要的受众活跃的地方。"种种迹象表明，中国已经成为美国全球意识形态输出的主要对象。近年来，网络空间中此起彼伏的意识形态较量、舆论交锋屡屡显现出境外势力的操纵之手，美国政府通过企业资本入股、培植代言人等方式试图控制我国网络传播平台、引导舆论走向的目的日益明显，对于我国社会的意识形态安全造成了严重威胁。

**3. 形成传播链条**。网络已经成为国外敌对势力对我国进行意识形态渗透的主要阵地，美国政府在我国物色网络运营的代理人，栽培代表其利益的网络意见领袖，建设网络水军队伍，还组织一些法轮功、民运、宗教极端势力等反共分子进入网络舆论场，致使各种危害国家安全的信息充斥于网络信息平台，反共反华的书籍在网络空间屡屡出现，严重地搅乱着人们的思想，撕裂着社会共识。从美国反华势力挑起的网络意识形态论争的发生发展轨迹来看，包括境外指挥部、国内据点、网络"大V"、网络水军四级在内的较为系统性的网络意识形态敌军已经初具规模。如今，在一些网络舆论场上，舆论走向已经呈现出了被其操控的特征。通过建构网络舆论传播链条，美国反华势力及其代言人利用网络信息碎片化传播的特点，对于悠久的中国历史进行选择性失忆，对于当今中国取得的伟大成就进行选择性失明，极力煽动群众和党离心离德，成为当今一些地方官民关系紧张的重要肇事者。不仅如此，美国通过建设网络舆论传播链条，也希冀在中国社会形成一些具有亲美特征的社会组织，扶植其发展成为代表美国利益的政治势力，进而影响中国的政治进程和发展趋势。

**4. 掌控舆论导向**。通过争夺传播平台、形成传播链条等方式，美国意识形态在中国互联网空间得到迅速蔓延，并且试图掌握舆论导向。根据俄罗斯学者谢·卡拉·穆尔扎对苏联意识形态瓦解历史教训的总结，美国对苏联的意识形态的操纵导致了苏联自行放弃社会主义意识形态的严重后果。这种意识形态操纵的手法是"我们不强迫你去做，我们要潜入你的心灵，进入你的潜意识，达到你自己愿意去做"[①]。这一手法在瓦解苏联的过程中得逞以后，21世纪以来，该手法开始与互联网紧密结合，形成了"网络外交"的新方

---

① ［俄］谢·卡拉·穆尔扎：《论意识操纵》（上），北京：社会科学文献出版社2004年版，第52页。

式。从 2009 年伊朗大选、2011 年中东北非地区"颜色革命"等事件来看，美国"网络外交"的成熟度更高、效力更大，具有改变目标国政治格局的巨大力量。

通过回顾历史不难看出，美国的网络意识形态输出战略已经比较成熟，而且收获了巨大的经济、政治利益，对此，美国一些官员毫不隐讳地提出"决定美国资本主义命运和前途的是意识形态，而不是武装力量"，"社会主义国家投入西方怀抱，将从互联网开始"，网络意识形态输出已经成为美国政府的一个重要施政方针。一段时间以来，特朗普频繁抛出"让美国再次伟大起来"、计划增加军费预算等言论，这一系列举动表明，特朗普并没有打算放弃干涉主义的对外政策。对此，我们应该有所预见和前瞻，并且给予积极关注、防范和应对。

*《红旗文稿》2017 年第 12 期*